VATEL
et la naissance
de la gastronomie

Dominique Michel

VATEL
et la naissance
de la gastronomie

Recettes du Grand Siècle
adaptées par Patrick Rambourg

Fayard

Le cahier hors texte a été réalisé par Josseline Rivière

À J. L. F.

PREMIÈRE PARTIE

François Vatel,
un homme mystérieux

« *Les hommes qui présidaient aux préparations de ces festins devinrent des hommes considérables, et ce ne fut sans raison ; car ils durent réunir bien des qualités diverses, c'est-à-dire le génie pour inventer, le savoir pour disposer, le jugement pour proportionner, la sagacité pour découvrir, la fermeté pour se faire obéir, et l'exactitude de ne pas se faire attendre.* »

BRILLAT-SAVARIN

Vendredi au soir, 24 avril 1671.

J'avais dessein de vous conter que le Roi arriva hier au soir, à Chantilly : il courut un cerf au clair de la lune ; les lanternes firent des merveilles, le feu d'artifice fut un peu effacé par la clarté de notre amie ; mais enfin, le soir, le souper, le jeu, tout alla à merveille. Le temps qu'il a fait aujourd'hui nous faisait espérer une suite digne d'un si agréable commencement. Mais voici ce que j'apprends en entrant ici, dont je ne puis me remettre, et qui fait que je ne sais plus ce que je vous mande : c'est qu'enfin Vatel, le grand Vatel, maître d'hôtel de M. Fouquet, qui l'était présentement de M. le Prince, cet homme d'une capacité distinguée de toutes les autres, dont la bonne tête était capable de contenir tout le soin d'un État ; cet homme donc que je connaissais, voyant à huit heures, ce matin, que la marée n'était point arrivée, n'en put souffrir l'affront qu'il a vu qui allait l'accabler, et en un mot, il s'est poignardé. Vous pouvez penser l'horrible désordre qu'un si terrible accident a causé dans cette fête. Songez que la marée est peut-être ensuite arrivée comme il expirait. Je n'en sais pas davantage. Présentement. Je pense que vous trouverez que ce n'est pas assez. Je ne doute pas que la confusion n'ait été grande, c'est une chose fâcheuse à une fête de 50 000 écus.

À Paris, ce dimanche 26 avril 1671.

Il est dimanche ; cette lettre ne partira que mercredi ; mais ceci n'est pas une lettre, c'est une relation que vient de me faire Moreuil, à votre intention, de ce qui s'est passé à Chantilly touchant Vatel. Je vous écrivis vendredi qu'il s'était poignardé : voici l'affaire en détail.

Le Roi arriva jeudi au soir ; la chasse, les lanternes, le clair de lune, la promenade, la collation dans un lieu tapissé de jonquilles, tout cela fut à souhait. On soupa : il y eut quelques tables où le rôti manqua, à cause de plusieurs dîners où l'on ne s'était point attendu. Cela saisit Vatel ; il dit plusieurs fois : « Je suis perdu d'honneur ; voici un affront que je ne supporterai pas. » Il dit à Gourville : « La tête me tourne ; il y a douze nuits que je n'ai dormi ; aidez-moi à donner des ordres. » Gourville le soulagea en ce qu'il put. Ce rôti qui avait manqué, non à la table du Roi, mais aux vingt-cinquièmes, lui revenait toujours à la tête. Gourville le dit à M. le Prince. M. le Prince alla jusque dans sa chambre et lui dit : « Vatel, tout va bien, rien n'a été si beau que le souper du Roi. » Il lui dit : « Monseigneur, votre bonté m'achève : je sais que le rôti a manqué à deux tables. — Point du tout, dit M. le Prince, ne vous fâchez point, tout va bien. » La nuit vient : le feu d'artifice ne réussit pas, il fut couvert d'un nuage ; il coûtait 16 000 francs. À quatre heures, Vatel va partout, il trouve tout endormi. Il rencontre un petit pourvoyeur qui lui apportait seulement deux charges de marée ; il lui demanda : « Est-ce là tout ? » Il lui dit : « Oui, Monsieur. » Il ne savait pas que Vatel avait envoyé à tous les ports de mer. Il attend quelque temps ; les autres pourvoyeurs ne viennent point ; sa tête s'échauffait. Il croit qu'il n'y aura pas de marée ; il trouve Gourville, et lui dit : « Monsieur, je ne survivrai pas à cet affront-ci ; j'ai de l'honneur et de la réputation à perdre. » Gourville se moqua de lui ; Vatel monte à sa chambre, met son épée contre la porte, et se la passe au travers du cœur, mais ce ne fut qu'au troisième coup, car il s'en donna deux qui n'étaient pas mortels : il tombe mort. La marée cependant arrive de tous côtés ; on cherche Vatel pour la distribuer, on va à sa chambre ; on heurte, on enfonce la porte ; on le trouve noyé dans son sang ; on court à M. le Prince, qui fut au désespoir. M. le Duc pleura : c'était sur Vatel que roulait tout son voyage de Bourgogne. M. le Prince le dit au Roi fort tristement : on dit que c'était à force d'avoir de l'honneur à sa manière ; on le loua fort, on loua et blâma son courage. Le Roi dit qu'il y avait cinq ans qu'il retardait de venir à Chantilly, parce qu'il comprenait l'excès de cet embarras. Il dit à M. le Prince qu'il ne devait avoir que deux tables et ne se point charger de tout le reste. Il jura qu'il ne souffrirait plus que M. le Prince en usât ainsi ; mais c'était trop tard pour le pauvre Vatel. Cependant, Gourville tâche de réparer la perte de Vatel ; elle le fut : on dîna très bien, on fit collation, on soupa, on se promena, on joua, on fut en chasse ; tout était parfumé de jonquilles, tout était enchanté. Hier, qui était samedi, on fit encore de même ; et le soir, le Roi alla à Liancourt, où il avait commandé un médianoche ; il y doit demeurer aujourd'hui. Voilà ce que m'a dit Moreuil pour vous le mander. Je jette mon bonnet par-dessus les moulins et je ne sais rien du reste.

Sans ces deux lettres de Mme de Sévigné destinées à sa fille Mme de Grignan, sans son talent pour émouvoir la lectrice, Vatel serait-il entré dans l'histoire ? Les quelques lignes que lui consacre Gourville dans ses *Mémoires* auraient-elles suffi à le rendre célèbre ? Les références qui figurent dans les *Défenses* de Fouquet l'auraient-elles tiré de l'anonymat ? Ce qui est sûr, c'est que le nom de Vatel est aujourd'hui universellement connu dans le monde des cuisines.

Mais qui fut-il exactement ? « Un célèbre cuisinier », disent les uns, « un maître d'hôtel », rétorquent les autres, mais tous s'accordent : « Il se suicida parce que la marée n'arrivait pas. » Le mystère de ses origines, les incertitudes sur l'orthographe de son nom, l'imprécision de ses fonctions chez le surintendant Nicolas Fouquet et chez les princes de Condé, tout cela a suscité des biographies romancées, des pièces de théâtre et même des poèmes à travers lesquels s'est élaboré un véritable mythe.

Au XVIIe siècle, les artisans de la naissance des arts de la table ne se souciaient pas de rédiger leurs biographies ou leurs mémoires. Le Grand Siècle est, pourtant, marqué par un bouleversement des habitudes alimentaires. C'est alors que se mettent en place les bases de la grande cuisine et d'un nouveau style culinaire, caractérisé par une épuration et une valorisation du goût alimentaire qui imprégneront les siècles postérieurs. Mais ce nouvel art alimentaire ne se limite pas au contenu de l'assiette. Il englobe la manière de dresser la table, la disposition des mets, l'ordonnancement des services, tout ne devant être qu'élégance, raffinement et délicatesse.

Vatel fut l'un de ceux qui contribua à développer ces arts de la table, qui sont inséparables de l'art de vivre aristocratique. Factotum du surintendant Nicolas Fouquet dont il suivit l'ascension, il fut surtout son maître d'hôtel chargé de la vie quotidienne mais aussi des grandes réceptions, comme celle organisée pour Louis XIV à Vaux-le-Vicomte le 17 août 1661. La disgrâce du surintendant entraîna la sienne, le contraignant à un exil à l'étranger. Puis il revint chez les princes de Condé. Maître d'hôtel et contrôleur général de leur maison, François Watel, ou Vatel, allait pouvoir montrer tous ses talents de gestionnaire et d'organisateur pour offrir une fête somptueuse au roi à Chantilly en 1671. Il mit alors tout son honneur dans ce nouvel art de la table où le plaisir gastronomique participait autant de l'art culinaire que de la mise en scène qui l'entourait.

CHAPITRE PREMIER

Le mythe Vatel

Qu'on ne se plaigne que la chose ait été imparfaite trouvée,
Le prix en est plus grand, l'auteur plus regretté
Que s'il l'eût achevée.

LA FONTAINE

Jean, François, Jean-François, François Fritz Karl, Vatel, Watel, d'origine suisse ou flamande, cuisinier ou maître d'hôtel, maître d'hôtel chez le surintendant puis chez le prince de Condé, maître d'hôtel ou contrôleur chez le prince de Condé, tels sont les noms, les origines et les fonctions qui, depuis trois siècles, lui ont été attribués.

Les dictionnaires ne retiennent aujourd'hui que son nom et sa qualité de maître d'hôtel. Ainsi lit-on dans le *Grand Larousse encyclopédique* : « Vatel maître d'hôtel du surintendant des Finances et du prince de Condé (mort à Chantilly, 1671). C'est chez ce dernier, à Chantilly, que recevant Louis XIV et sa Cour, alors que la marée n'était pas arrivée, il se crut déshonoré et se passa son épée à travers le corps. Sa mort est relatée par Mme de Sévigné. » *Le Petit Robert* est plus succinct : « Vatel (mort à Chantilly, 1671) maître d'hôtel français au service de Fouquet, puis de Condé. Son suicide, causé par le retard de la marée lors d'une fête de Condé, est conté par Mme de Sévigné et par Saint-Simon. »

Son prénom et son origine ne figurent en fait que dans les ouvrages consacrés à la gastronomie. Joseph Favre dans le *Dictionnaire universel de cuisine pratique*, publié entre 1883 et 1889, lui attribue comme prénom Fritz Karl et comme date de naissance 1635. Cette biographie est reprise en 1938 par le *Larousse gastronomique* ou le *Dictionnaire de l'académie des Gastronomes* paru en 1962 qui lui donne des parents suisses.

Est-ce en raison de son suicide ? Vatel est tombé dans l'oubli presque immédiatement après sa mort. Les auteurs d'ouvrages culinaires de la fin du XVIIe siècle, comme L.S.R. dans *L'Art de bien traiter*, Massialot dans *Le Cuisinier roial et bourgeois*, Audiger dans *La Maison réglée* n'en disent pas un mot.

Pourtant L.S.R., en 1674, soit trois ans après la mort de Vatel, n'hésite pas à attaquer Pierre François de La Varenne, auteur du *Cuisinier françois*, dont il dénonce « les absurdités et les dégoûtantes leçons ». Il connaît certainement Vaux puisque, en expliquant la manière de réaliser une collation dans une grotte, il note qu'« il est peu de gens qui n'aient vu Fontainebleau, Saint-Cloud, Rueil, Vaux, Liancourt, et beaucoup d'autres maisons de cette nature qui sont outre la magnificence et la régularité de leurs bâtiments les plus belles maisons du monde pour les eaux[1] ». Quelques pages auparavant, il discourt sur la notion de prévoyance : « La prévoyance est pour ainsi dire une connaissance anticipée des incidents qui peuvent arriver dans la vie pour en prévenir les fâcheux événements, ou en recevoir avec joie les douceurs, et aller avec esprit au-devant des choses, dont la fin serait souvent misérable, si le jugement et la conduite n'y apportaient du tempérament et de l'ordre, par la pratique et le bon usage de cette vertueuse habitude qui mérite justement le titre glorieux, et le nom de prévoyance. Ses effets sont merveilleux dans sa suite, elle fournit les moyens, sinon d'éviter les maux, au moins de les adoucir, elle empêche les surprises, elle nous met à couvert des reproches qui suivent inséparablement le peu d'application que l'on peut avoir à conduire les affaires dont nous avons le régime et l'intendance[2]. »

Audiger, qui consacre un chapitre de son livre à la fonction de maître d'hôtel, reste lui aussi muet. Pourtant, la mort de Vatel n'était pas restée secrète, puisque, affirme Mme de Sévigné, elle fit le jour même l'objet de conversations.

Pas plus que leurs prédécesseurs, les auteurs d'ouvrages culinaires du XVIIIe siècle, comme Menon, Vincent la Chapelle, ou Marin, ne font référence à Vatel. Certes, ces livres sont surtout dus à des cuisiniers, mais leurs préfaces englobent parfois une histoire succincte de la cuisine et de la table.

Le nom de Vatel réapparaît au XIXe siècle. Cuisiniers, gastro-nomes, écrivains le présentent tantôt comme un cuisinier, tantôt comme un maître d'hôtel, tantôt comme l'un et l'autre. C'est alors que se créent les légendes sur sa vie et sur les causes de son suicide. Légendes qui seront entretenues au début du XXe siècle, car elles se fondent sur l'aspect spectaculaire de son geste suici-daire et non sur sa contribution aux arts de la table.

Intrigué par ce personnage qui fait alors l'objet de tant d'écrits, Augustin Jal, ancien historiographe et archiviste de la marine, se livre à une enquête. Il en présente les résultats en 1872 dans son *Dictionnaire critique de biographie et d'histoire… d'après des documents authentiques inédits*, qui contient cette notice : « Wattel (François) dit Vattel ? 1622-1627-1671. »

Parcourant les registres paroissiaux des quartiers où Nicolas Fouquet et les princes de Condé avaient des maisons, à la recherche d'actes de mariage, baptêmes ou décès évoquant une filiation directe avec le maître d'hôtel, il rejette, entre autres, un Claude Vatel, marchand de vin, des Vatel fabricants de talons, un Vatel voiturier, pour s'attacher à une famille de couvreurs : François Vatel et sa femme Jacquette Langlois qui donnèrent le jour à sept enfants. Parmi eux, un Antoine baptisé en 1621 avec pour parrain Jehan Hévérard, traiteur pâtissier, et un François baptisé le 14 juin 1631. Nul doute, affirme Augustin Jal, qu'il s'agit du futur maître d'hôtel François Vatel — même si cette date ne correspond pas avec celle qu'il donne au début de sa notice — ; il s'appuie sur le fait que « François Vatel, maître d'hôtel de M. le Procureur général » tint en 1657 sur les fonts baptismaux le fils d'Antoine son frère.

Ces renseignements — aussi inexacts que le titre de contrôleur en second attribué à Gourville — seront souvent repris. En 1930, Jean Moura et Paul Louvet, dans *La Vie de Vatel*, ou Gaston Lenôtre dans un article du *Temps* s'en inspireront pour construire une jeunesse à Vatel et lui donner un passé professionnel : « Il est vrai que, fils d'un pauvre manœuvre parisien, il fut admis par charité comme patronnet chez le traiteur Hévérard, mais son rôle s'y borna, semble-t-il, à celui d'oublieur » ; on appelait ainsi les petits pâtissiers qui, la nuit venue, s'en allaient dans les tripots et les réunions bourgeoises vendre des oublies et qui annonçaient leur passage dans les rues silencieuses en criant d'une voix sépul-crale : « Réveillez-vous gens qui dormez ; Priez Dieu pour les trépassés ! Oublies ! Oublies ! Voilà le plaisir, mesdames[3]. »

Cuisinier ou maître d'hôtel ?

À la fonction de maître d'hôtel et de contrôleur attribuée à Vatel par Mme de Sévigné et Gourville[4] s'ajoute bientôt celle de cuisinier. À la fin du XVIIIe siècle, la baronne d'Oberkirch, à qui l'on doit des *Mémoires sur la cour de Louis XIV et la société française avant 1789*, est l'une des premières à classer Vatel parmi les cuisiniers. D'origine alsacienne, elle fréquente les réceptions des princes de sang à l'occasion **de** ses deux séjours à Paris, en 1784 et 1786. Les tables sont aussi somptueusement servies que par le passé, constate-t-elle, mais en faisant des critiques sur la manière de manger : « On avale, on ne goûte plus. »

Les gastronomes déplorent une nouvelle tendance qui consiste à rester à table le moins longtemps possible, à ne plus prendre le temps de déguster. Le temps de la gourmandise, regrettent-ils, est passé. Ces amateurs de bonne chère trouvent des subterfuges pour retenir les convives : « J'en sais un qui commençait une histoire intéressante après le premier service, l'interrompant à chaque minute, la coupant par des interrogatoires, des réponses, des jeux de mots, afin qu'elle durât plus longtemps. Il ne la terminait impitoyablement qu'après le fruit, tenant les curieux en suspens, jusqu'à ce que son appétit fût satisfait. Il renouvelait ce manège chaque soir, et il réussissait toujours. » D'autres, comme le prince de Conti, prennent soin de placer auprès de chaque femme l'homme qui lui plaît ou semble devoir lui plaire. Face à ces nouvelles attitudes, les cuisiniers « sont en insurrection ». Aucun cependant ne s'est suicidé : « Jusqu'ici il n'y a pas encore eu de Vatel, cela viendra peut-être[5]. »

En 1848, le marquis de Cussy, ancien préfet de palais sous Napoléon Ier, le classe dans la seconde catégorie dans son *Art culinaire*. Dans le chapitre, « Praticiens, gourmands, buveurs les plus fameux », il cite Archestrate, Apicius, Taillevent et Vatel, « fameux cuisinier du XVIIe siècle, au service de Louis XIV, [...] plus fameux encore dans l'office par sa mort tragique ». Le marquis commet ici deux erreurs : la première sur le métier, la deuxième concernant son service chez Louis XIV[6]. En 1868, Louis Nicolardot récidive et qualifie, lui aussi, Vatel de cuisinier dans son *Histoire de la table*[7].

Amédée Achard, dans le *Grand Dictionnaire universel du XIXe siècle*, lui donne le titre de « célèbre maître d'hôtel du Grand

Condé », mais il ajoute un peu plus loin « un maître d'hôtel célèbre, un cuisinier mourant pour ainsi dire sur la brèche par point d'honneur, devait trouver une place dans les fastes de la gastronomie[8] ». Antonin Carême souligne que les contrôleurs des grandes maisons, comme celles des princes de Condé et de Soubise, étaient des hommes d'un véritable mérite, à la fois cuisiniers et grands administrateurs[9]. Même si Vatel a exercé à un moment de sa vie dans les cuisines, il ne fut pas cuisinier chez Fouquet ni chez les Condé.

Des gastronomes, en particulier Joseph Berchoux, des dictionnaires, des cuisiniers et des pâtissiers professionnels corrigent cependant cette erreur. Ainsi Pierre Lacam, dans le *Mémorial historique et géographique de la pâtisserie*, précise en 1898 : « Vatel, Grimod de la Reynière, Berchoux, Savarin, Carême, voilà des noms historiques qui ont occupé un certain rang dans la gastronomie... Vatel, célèbre maître d'hôtel, ordonna d'abord les fêtes du surintendant Fouquet et ensuite celles de M. le Prince. Bon organisateur d'un dîner, sachant commander et diriger le service en grand[10]. »

Gaston Lenôtre, dans une description quelque peu lyrique et un peu lointaine de la fonction de maître d'hôtel, conclut en 1930 : « Nous avions tort de nous représenter Vatel coiffé du mitron blanc, affublé de la veste blanche et du tablier blanc des cuisiniers, tournant des sauces et mijotant de fins ragoûts. C'est une manière de seigneur, chapeau à plumes, manchettes en dentelles, habit brodé, chausses à rubans, canne en main et épée au côté, toujours prêt à se présenter chez les ministres, chez les grandes dames, à recevoir les altesses et les reines, comme à faire le choix d'une étoffe rare ou d'un tableau, à suivre les répétitions d'un ballet ou à combiner un feu d'artifice[11]. »

Quelle véritable fonction occupa Vatel chez le prince de Condé ? Tous les auteurs s'accordent aujourd'hui à reconnaître qu'il ne fut pas un cuisinier, comme le précise encore en 1920 Bertrand Guégan dans *La Fleur de la cuisine française*[12], mais il reste pour tous « maître d'hôtel du prince de Condé ».

Un geste spectaculaire

Quelle que soit la fonction que cuisiniers, gastronomes et écrivains attribuent à Vatel, tous estiment que c'est surtout en raison de sa disparition dramatique que son nom est resté dans les mémoires et qu'il a suscité tant de légendes. Grimod de la Reynière, pour qui le siècle de Louis XIV a vu naître ou développer le génie d'une foule de grands hommes, aussi bien dans les lettres et les arts que dans la cuisine, rappelle qu'en ce domaine, à la différence des autres, les hommes qui se distinguent sont à peine connus, même de leurs contemporains, à moins d'une action mémorable : « La Postérité ne nous a conservé que le nom de Watel et celui du marquis de Béchamel, dont l'un s'est immortalisé par sa mort, et l'autre par le procédé qu'il trouva pour apprêter à la crème le turbot et la morue[13]. » Si Vatel ne s'était pas tué, « il aurait passé sans un brin d'histoire[14] », conclut Pierre Lacam.

Son geste fut diversement apprécié au cours des siècles. Mme de Sévigné écrit que, le jour même de sa mort, « on le loua, on loua et blâma son courage ». Dès le début, Vatel eut ses admirateurs et ses détracteurs. En tout cas, la postérité ne l'oublia pas puisqu'en 1862, l'*Almanach des gourmands* l'introduit au panthéon gastronomique parmi les grands noms de la gastronomie. À chaque jour de l'année est attaché un nom, un mets ou un produit : au mardi 7 janvier, les gourmets se voient proposer de célébrer le nom de Vatel.

Curieusement, en revanche, Brillat-Savarin, pour qui « convier quelqu'un c'est se charger de son bonheur pendant tout le temps qu'il est sous votre toit[15] », ne cite jamais le nom de Vatel et n'exprime pas la moindre opinion sur sa conduite. Peut-être l'inclut-il dans son analyse sur les siècles de Louis XIV et de Louis XV où toutes les fêtes se couronnaient par de somptueux banquets et « par une conséquence nécessaire, les hommes qui présidaient aux préparations de ces festins devinrent des hommes considérables, et ce ne fut sans raison ; car ils durent réunir bien des qualités diverses, c'est-à-dire le génie pour inventer, le savoir pour disposer, le jugement pour proportionner, la sagacité pour découvrir, la fermeté pour se faire obéir, et l'exactitude de ne pas se faire attendre[16] ».

Le premier cuisinier à faire l'éloge de Vatel est Antonin Carême. Il voit en lui un homme incapable de vivre sous l'opprobre d'un échec professionnel : « Le cuisinier français est mû dans son travail par un point d'honneur inséparable de l'art culinaire : témoin la mort du grand Vatel[17]. »

Quelques années auparavant, en 1805, Joseph Berchoux, s'inspirant de la lettre de Mme de Sévigné, écrivit un poème intitulé *La Mort de Vatel* qu'il intégra dans *La Gastronomie ou l'Homme des champs à table*. Cet ouvrage, qui retrace l'histoire de la table, est moins un traité dogmatique qu'un badinage satirique. S'il présente Vatel comme un maître d'hôtel talentueux et travailleur, celui-ci manque à ses yeux de génie. Il est simplement une « victime déplorable » :

Condé, le grand Condé, que la France révère
reçoit de son roi la visite bien chère
dans ce lieu fortuné, ce brillant Chantilly
longtemps de race en race à grands frais embelli
jamais plus de plaisirs et de magnificence
n'avaient d'un souverain signalé la présence,
tous les soins des festins furent remis à Vatel,
du vainqueur de Rocroi fameux maître d'hôtel
il mit à ses travaux une ardeur infinie ;
mais avec des talens, il manqua de génie.
Accablé d'embarras, Vatel est averti
que deux tables en vain réclamaient leur rôti ;
il prend pour en trouver, une peine inutile.
« Ah, dit-il s'adressant à Gourville
de larmes, de sanglots, de douleur suffoqués,
je suis perdu d'honneur, deux rôtis ont manqué ;
un seul jour détruira toute ma renommée ;
mes lauriers sont flétris, et la Cour alarmée
ne peut plus désormais se reposer sur moi
j'ai trahi mon devoir, avili mon emploi. »
Le prince, prévenu de sa douleur extrême,
accourt le consoler, le rassurer lui-même.
« Je suis content, Vatel, mon ami, calme-toi :
rien n'était plus brillant que le souper du roi.
Va, tu n'as pas perdu ta gloire et mon estime :
deux rôtis oubliés ne sont pas un grand crime. »
« Prince, votre bonté me trouble et me confond :
puisse mon repentir effacer mon affront ! »
Mais un autre chagrin l'accable et le dévore ;
le matin, à midi, point de marée encore.
Ses nombreux pourvoyeurs, dans leur marche entravée,

à l'heure du dîner n'étaient point arrivés.
Sa force l'abandonne, et son esprit s'effraie
d'un festin sans turbot, sans barbue et sans raie.
Il attend, il s'inquiète, et, maudissant son sort,
appelle en furieux la marée ou la mort.
La mort seule répond : l'infortuné s'y livre.
Déjà percé trois fois il a cessé de vivre.
Ses jours étaient sauvés, ô regrets ! ô douleurs !
s'il eût pu supporter un instant son malheur.
À peine est-il parti pour l'infernale rive,
qu'on sait de toutes parts que la marée arrive :
on le nomme, on le cherche... on le trouve ;... grands dieux !
La parque pour toujours avait fermé ses yeux.
Ainsi finit Vatel, victime déplorable
dont parleront longtemps les fastes de la table[18].

Parmi les détracteurs de Vatel, le marquis de Cussy estime que sa mort frappe, mais ne touche pas. Ne voyant en lui qu'un homme de devoir et d'étiquette, il ne le considère que comme un serviteur dévoué, incapable de percevoir les hauteurs de son art. Il lui reproche son incapacité à commander et à faire cuisiner en quantité suffisante la nourriture afin d'être à l'abri des mauvaises surprises : « Vous ne pensez pas qu'aucun de nos cuisiniers élèves de Carême ne put jamais tomber dans sa faute. Quoi laisser manquer le rôti ! Ils ont toujours constamment, à l'exemple des deux grands maîtres [Laguipierre et Carême] des réserves imposantes ; un jour de gala si c'est à la cour, 50 gigots ou 50 dindes ou 200 poulets, 50 pâtés, des jambons rôtis pleins de saveur. Il y a ici un principe éternel, qu'il en est d'une fête gastronomique comme d'une armée, on ne sait jamais au juste ce que l'on aura sur les bras : il faut avoir de splendides réserves[19]. »

Alexandre Dumas, dans son *Grand Dictionnaire de cuisine*, considère lui aussi que le suicide de Vatel révèle plutôt l'homme de l'étiquette que l'homme de dévouement : « Laisser manquer le poisson dans une saison, où grâce à la fraîcheur de l'atmosphère et à la glace sur laquelle on l'étend, on peut conserver le poisson trois ou quatre jours, c'est d'un homme imprévoyant qui ne va pas au-devant par l'imagination des accidents dont peut l'écraser la mauvaise fortune[20]. »

Manque d'imagination ou méconnaissance des rigueurs du service à la française, des circuits d'approvisionnement, des conditions de conservation ? Qu'ils voient en lui un cuisinier ou un maître d'hôtel, ses détracteurs lui reprochent de n'avoir ni su prévoir ni su improviser. Compte tenu des exigences du service en vigueur à l'époque, il aurait été certainement possible d'inventer à la dernière minute quelques rôts supplémentaires. Mais il n'existait aucun moyen pour servir un menu de jour maigre à plusieurs centaines de convives si le poisson faisait défaut au dernier moment.

Au début du XXᵉ siècle, on juge Vatel tout aussi sévèrement. Maurice des Ombiaux, dans *L'Art de manger et son histoire* paru en 1928, le condamne aussi pour son imprévoyance. Mais l'analyse psychologique du personnage s'enrichit. Pour Ombiaux, c'est le nom de Gourville, un fin gastronome, que l'histoire aurait dû retenir et non celui de Vatel « qui n'était même pas cuisinier, qui n'inventa pas un plat et qui fit preuve de manque d'imagination tout autant que de caractère ». Comment un homme d'une telle capacité, capable de soutenir un État, « capable de remplacer Colbert dans l'administration de la France », a pu perdre la tête parce qu'il devait faire éclater aux yeux du roi et de la Cour la magnificence de son illustre maître ? Certes, le rôt manqua, mais il n'y a pas de quoi parler d'affront. Vatel n'était quand même pas aussi désinvolte que le valet de Françoise d'Aubigné – quand elle n'était encore que Mme Scarron –, qui, lorsque le rôti manquait, s'approchait de sa maîtresse et lui disait à l'oreille « Madame vite, encore une histoire, il n'y a plus de rôti ! »

À un état d'anxiété lié au surmenage et à douze nuits sans sommeil « qui s'appelle aujourd'hui neurasthénie et relève de la pathologie » s'ajoute, dit Ombiaux, un autre symptôme, l'hypocondrie : « Il attend la marée comme un homme atteint d'hypocondrie, c'est-à-dire qu'il est persuadé qu'elle n'arrivera pas, qu'elle ne peut arriver. » Le suicide, qu'il condamne, devient une fuite, une échappatoire. Vatel abandonne son poste au moment du combat, au moment où il a une responsabilité à prendre, où il faut agir. « Il mit dans l'embarras le meilleur des maîtres en l'encombrant, par surcroît d'un cadavre importun [...]. Si la marée avait réellement manqué à Chantilly, au printemps de l'année 1671, et si Vatel, au lieu d'éluder le problème en se suicidant, avait cherché à parer cette déconvenue [...], nous saurions depuis plus longtemps que l'on ne peut travailler qu'avec les matières premières dont on dispose, mais aussi que l'art enseigne à en tirer le maximum d'effet. »

De plus, en choisissant d'avertir le roi et la Cour, les hôtes transforment une crise privée en un événement public : « Sans doute vit-on dans le suicide de Vatel une manière inédite de flatter Louis XIV. Un homme s'était suicidé tant il était chagrin de ne pouvoir traiter le roi comme il l'avait espéré, quel encens pour un potentat. On comprit que ce serait le plus beau souvenir qu'emporterait le monarque de son passage à Chantilly, et l'on ne manqua pas d'embellir Vatel de toutes les vertus du sacrifice [...]. Vatel n'est devenu un grand homme que parce qu'on faisait l'impossible pour flatter le Roi-Soleil. La bassesse des flatteurs atteindrait parfois au génie si le génie pouvait poursuivre des fins aussi dépourvues de sens moral, de dignité et de noblesse[21]. » Analyse pour le moins curieuse pour quelqu'un qui considère le Grand Condé comme le meilleur des maîtres !

Le monde des cuisiniers garde en mémoire l'acte de Vatel quand une situation se détériore. Brazier n'évoque-t-il pas le cas de Baleine, célèbre restaurateur parisien qui, ne voyant pas sa commande d'huîtres arrivée, « descendait puis [...] remontait ; c'était pitié à voir. En vain nous cherchions à le rassurer, en lui disant qu'un dîner sans huîtres n'en était pas moins un excellent dîner. Rien ne pouvait lui faire entendre raison. Nous avions vraiment peur qu'il ne se portât à quelque extrémité, et ne renouvelât la scène de l'infortuné Vatel. Enfin, un garçon vint annoncer la fameuse bourriche ». De même, il arriva à un autre restaurateur lors d'un festin officiel de ne plus trouver une seule pièce de gibier à mettre à la broche : « Le Vatel de la sous-préfecture ne se perça point de son épée, mais il s'en prit à ses cheveux et s'en arracha deux à trois poignées[22]. »

Pour tous ces auteurs, le suicide, l'abandon d'un poste et des responsabilités qui y sont liées, la désorganisation immédiate que provoque un tel acte, ne sont pas admissibles et ne reflètent qu'un manque de caractère. « Si nous, chefs de cuisine, écrit Philéas Gilbert, dont la manche de veste pourrait s'orner de quatre ou cinq chevrons indiquant chacun dix années de service, nous évoquions nos souvenirs, tous, nous pourrions citer tels cas de désastres survenus subitement dans les services et où, selon l'exemple de Vatel, le hara-kiri se serait imposé. Mais l'appel au tranche-lard (à défaut à l'épée) n'aurait rien résolu, et c'est dans les circonstances difficiles que s'affirme réellement la fermeté du caractère de celui qui commande et résume en lui le coup d'œil infaillible, la volonté de fer, le sentiment porté au plus haut degré des responsabilités, l'expérience qui dicte les décisions promptes et énergiques. Celui-là ne perd pas la tête et ne songe pas à se suicider. Un appel autoritaire à la bonne volonté de la brigade un instant désemparée, quelques ordres brefs et clairs clamés dans le tumulte des cuivres bousculés et le mal est réparé, le service continue. Mais, lors même que Vatel ne fut que maître d'hôtel, nous pouvons, quand même, admettre qu'il fut un peu du bâtiment[23]. »

L'absence de rôt, le retard de la marée, largement dus à son imprévoyance, l'imperfection du feu d'artifice, le surmenage, un épuisement conduisant à une neurasthénie et à une hypocondrie, telles sont les raisons invoquées pour expliquer le geste de Vatel. Certains ajoutent même la non-réussite d'un *plum-pudding*, plat qui n'apparaît sur les tables françaises qu'au XIXᵉ siècle.

Un homme amoureux

Quelques-uns parlent aussi d'affront, de déshonneur, mais le XIXᵉ siècle préfère mettre en avant un autre sentiment pour justifier l'acte suicidaire : la passion. Il lui faut une version plus romantique, une belle histoire d'amour. Ainsi peut-on lire dans le très sérieux *Dictionnaire universel* de Bouillet (1841-1842) : « Watel, fameux maître d'hôtel, ordonna d'abord les fêtes du surintendant Fouquet [...]. On a aussi expliqué la mort de Vatel par une passion malheureuse qu'il aurait eue pour une des dames de la Cour. »

En 1870, Bescherelle précise dans le *Dictionnaire national* : « Célèbre maître d'hôtel [...]. Il se tua de désespoir, se croyant perdu d'honneur parce qu'une partie des préparatifs qu'il avait ordonnés avait manqué son effet, la marée n'étant pas arrivée à temps. D'autres prétendent qu'épris d'une des dames de la Cour, il lui fit l'aveu de sa passion le jour de cette fête, et que se croyant repoussé, il s'est tué de désespoir. » Cette version est reprise en 1889 par Dezobry et Bachelet.

Louis Lurine – pseudonyme Louis Burgos – se fait le porte-parole de cette histoire d'amour dans *La Véritable Mort de Vatel* en

1854 qui a pour cadre l'hôtel Carnavalet. Là, il réunit autour de Mme de Sévigné, le 26 avril 1671, une foule de beau monde auquel la marquise donne lecture d'une lettre destinée à sa fille, Mme de Grignan. M. d'Hacqueville[24] donne alors son point de vue sur les véritables causes de la mort de Vatel. S'adressant à son hôtesse, il déclare : « Vous avez décrit une petite fantaisie romanesque, et je vous dirai tout simplement une petite histoire véritable, dans laquelle il ne s'agit ni de collation, ni de rôti, ni de marée ; les bruits de la Cour ont fait de M. Vatel un serviteur fanatique : mes souvenirs en feront, je l'espère, un homme de cœur, un galant homme sensible, un malheureux fort à plaindre, et qui avait les tristes raisons du monde pour se condamner à mourir ! »

Pour M. d'Hacqueville, Vatel, qui a l'habitude louable de tout sacrifier à l'administration rigoureuse de son service, n'en est pas moins un homme. Vêtu comme un homme simple et portant le nom de Julien, il rencontre, lors d'une chasse amoureuse dans un faubourg de Paris, une jeune grisette qui prétend se nommer Denise. Tous les dimanches, il la retrouve dans sa mansarde. Un jour, Vatel découvre à son doigt une bague enrichie d'une perle précieuse. Fou de jalousie, il ouvre la fenêtre et jette la bague par la fenêtre. Le lendemain, lors d'une promenade avec Gourville dans les jardins de Versailles, il croit reconnaître dans une femme « sa Denise », qui n'est autre, selon son compagnon, que la duchesse de Ventadour, arrivée le matin même et qui appartient à la maison de Madame. Alors que Vatel se promet de révéler son identité et sa fonction véritables, la jeune fille ne se présente plus au rendez-vous. Quatre semaines s'écoulent. Enfin, un dimanche, au moment de quitter la mansarde pour les fêtes de Chantilly, il reçoit un billet : « Vous m'avez trompée, vous n'êtes pas un ouvrier de Versailles nommé Julien ; vous êtes monsieur Vatel, au service de M. le Prince. J'ai quitté ma chambrette du faubourg Saint-Antoine, et bientôt je quitterai Paris, afin de ne jamais vous revoir. Adieu Monsieur, c'est bien mal, allez, d'avoir ensorcelé une pauvre fille, trop misérable pour devenir votre femme, trop orgueilleuse pour continuer à être votre maîtresse. »

Ce billet est le coup de grâce pour l'esprit et le cœur du malheureux. « Étonnez-vous, après cela, que Vatel ait passé douze longues nuits sans dormir, et que le rôti ait manqué. » Lors de la fête, Denise ou plutôt Mme de Ventadour est bien sûr présente. À l'issue du premier souper, le maître d'hôtel se promène dans le parc éclairé et au détour d'un bosquet rencontre sa bien-aimée. Chacun révèle sa vraie identité et durant le feu d'artifice, à minuit, elle déclare : « "Adieu Julien ! Je vous ai parlé pour la dernière fois peut-être et c'en est fait à jamais de votre bien-aimée Denise : vous ne rencontrerez plus à Versailles que Mme la duchesse de Ventadour ! Le roi, fatigué de ce qu'il appelle ma coupable extravagance, m'a donné à choisir entre l'ennui de mon ménage et la solitude des carmélites. J'ai promis à Sa Majesté de m'ennuyer raisonnablement... Mon cœur reste avec vous, Julien. – Partez donc, madame ! répondit tristement le maître d'hôtel, emmenez bien vite la duchesse... J'ai découvert le moyen infaillible de toujours garder ma Denise." Le lendemain à quatre heures, il monte dans sa chambre et se tue d'un coup d'épée. Mon récit ne ressemble pas à celui de Moreuil et je vous assure que la marée de Chantilly n'a rien à voir dans la véritable mort de Vatel[25]. »

Telle fut sans doute l'origine des notices des dictionnaires de Bouillet et de Bescherelle. Au début du XXᵉ siècle, dans *La Vie de Vatel*, Jean Moura et Paul Louvet, tout en émettant des doutes, avancent l'idée qu'une dame de qualité se soit déguisée en fille de chambre pour séduire le maître d'hôtel, simple plaisanterie pour se moquer de sa déconvenue. Ne pouvant supporter l'idée d'être la risée des dames de la Cour, Vatel aurait préféré se suicider. Comment croire qu'un homme d'âge mûr choisisse ce jour précis pour se suicider par désespoir d'amour ? Mme de Sévigné, si au fait des anecdotes de la Cour, et qui connaissait bien Vatel, ne dit mot de cette passion et des rumeurs qu'elle aurait pu faire naître. Cette histoire n'a pas de fondement réel, mais elle permet au XIXᵉ siècle de donner une autre dimension au geste : elle relativise la notion d'honneur et sublime en même temps l'acte. Mourir par amour devient plus noble que mourir par conscience professionnelle.

Vatel sur les planches

Notre « héros » inspira beaucoup le XIXᵉ siècle. La lettre de Mme de Sévigné est à l'origine de nombreux textes dont *La Mort de Vatel*, poème de Berchoux, repris en 1859 par Étienne Morel dans un recueil de morceaux en vers français, puis *La Mort tragique à Chantilly du célèbre cuisinier Wattel ou Vatel* de Ferdinand Pouy en 1874.

Le théâtre s'empare à son tour du personnage dans une comédie-vaudeville en un acte, *Vatel ou le petit-fils d'un grand homme*, écrite par MM. Scribe et Mazères et représentée pour la première fois, le 18 janvier 1825, au théâtre de Madame, duchesse de Berry, par les comédiens ordinaires de son Altesse Royale. Les dramaturges choisissent pour cadre les cuisines d'un ambassadeur qui va donner un grand dîner et mettent en scène un maître d'hôtel Vatel, petit-fils du vrai Vatel, et son fils César Vatel, amoureux de Manette la cuisinière. À ces principaux personnages s'ajoutent un intendant Canivet et un cuisinier Larido. Le thème, traité avec humour, repose sur la fierté de porter le nom d'un père et d'un grand-père cuisinier, mort au champ d'honneur. Ainsi peut-on lire dans une scène entre César et Manette :

CÉSAR : *Entrez, Mademoiselle, n'ayez pas peur, mon père n'y est pas.*
MANETTE : *Il est si méchant votre père !*
CÉSAR : *Méchant ! non, il n'est point méchant, papa ; il est fier.*
MANETTE : *Et pourquoi est-il fier ?*
CÉSAR : *Manette, vous me demandez pourquoi ? Parce qu'il s'appelle Vatel.*
MANETTE : *Mais qu'est-ce donc que cet aïeul ?*
CÉSAR : *Ah ! c'était un malin celui-là… un cuisinier de grande maison qui a eu le bonheur de mourir la même année que M. de Turenne. Ç'a été une désolation dans toute la France. Mais comme dit mon père en ôtant son bonnet de coton : "Il n'y a rien à dire, il est mort au champ d'honneur."*
MANETTE : *Au champ d'honneur !*
CÉSAR : *Oui… son champ d'honneur à lui… la cuisine. Un beau jour, le jour d'un grand dîner, comme aujourd'hui, la marée n'arrivait pas… Grand-Papa Vatel s'est mis en colère ; il s'est cru déshonoré, comme si l'honneur tenait à quelques saumons de plus ou de moins… Il a pris son épée ; il n'a fait ni une, ni deux… Et v'lan dans le cœur !… Il est mort !… et la marée est arrivée tout de suite après : voilà ce qu'il a gagné ! C'est une histoire bien connue… Mme de Sévigné en parle.*

Avant de se voir contraint d'accepter le mariage de son fils avec Manette, Vatel demande à la jeune femme de ne plus s'intéresser à celui-ci, car il peut poursuivre des études : « César est du sang des Vatel... Nous sommes fils et petits-fils de cordons-bleus. » La pièce se termine sur un somptueux repas préparé par ces descendants de Vatel qui ont hérité, en plus du nom, de ses talents[26].

Une autre pièce, *Vatel, tragédie (si l'on veut) ou drame burlesque en trois actes et en vers par un gastronome en défaut*, vit le jour en 1845. Sous la dédicace de D.D. C.[...] H[...] de la Bque de P[...] se dissimule M. Doussin-Delys, conservateur honoraire de la bibliothèque de Poitiers. C'est à la suite de la lecture du poème de Berchoux que l'auteur a eu l'idée de créer une bagatelle. Reprenant la trame de Chantilly, il donne à Vatel une fille Augustine et imagine une histoire d'amour entre celle-ci et le fils du chef de cuisine. Vatel, bien sûr, refuse ce qu'il considère comme une mésalliance.

Finalement, dans ces deux pièces de théâtre, la pseudo-passion contrariée de Vatel concerne ses descendants. Les indications sur le ton et les attitudes des acteurs sont révélatrices : Vatel, maître d'hôtel, nouveau parvenu, doit adopter un enthousiasme forcé, alors que Gourville, intendant, joue avec une dignité sans affectation mais avec le ton des raisonneurs. Brochard, le chef de cuisine, homme du commun, a des manières et un débit négligés, tandis que son fils Germain, premier piqueur du prince, a des manières aisées et de la chaleur dans la voix. Le premier jour, Vatel, imbu de lui-même, conscient de son rôle historique, de la responsabilité de sa charge, explique :

> « *Mes ordres sont donnés : oui nous aurons ce soir*
> *le poisson le plus beau que jamais on put voir !*
> *Le souper de Louis doit compléter ma gloire ;*
> *Il me fait figurer à jamais dans l'histoire.* »
> *S'adressant à Monsieur de Gourville :*
> « *Je vous laisse, et m'en vais régler la symétrie.*
> *J'en ai dressé le plan, cela ne suffit pas ;*
> *Je dois veiller à l'ordre du repas,*
> *car je réponds de tout.*
> *Ainsi donc, si demain sur la table du roi,*
> *le poisson que j'attends avec impatience*

venait à nous manquer par trop d'imprévoyance,
à qui s'en prendrait-on, si ce n'est à Vatel ?
Le prince ne connaît que son maître d'hôtel
Vous concevez le poids qui pèse sur ma tête
Et si l'on me trahit, surtout un jour de fête... »

Le deuxième jour, Fricoteau, premier garçon de cuisine, annonce à Gourville que l'essieu de la voiture qui contient le poisson tombe en ruine, celui-ci le coupe :

« Point de nouvelles encore : nous attendons Germain (qui est parti au-devant)
verrons-nous la marée arriver ce matin ?
Pauvre Vatel ! bientôt il perdra patience.
Il dit que tout le monde est ligué contre lui ;
que moi-même... Qui sait ce qu'il pense aujourd'hui ?
Je le cherche, il m'évite, et dans la solitude
il nourrit sa fureur par son inquiétude
je crains que s'oubliant dans ses fougueux accès,
il ne se porte enfin à de fâcheux excès. »

De son côté, Vatel, qui a deux rôts sur le cœur et une fille qui veut se marier contre son gré, envisage sa mort si la marée n'arrive pas avant le souper :

« Que va penser Louis ? Que va dire le prince ?
Bientôt on apprendra de province en province
que le roi sans poisson put souper en ces lieux :
que diront les Français ? que diront nos neveux ?
Il me reste un moyen de conserver l'honneur :
je puis, en l'écoutant, terminer mon malheur.
La marée ou la mort ! il y va de ma gloire ;
il faut savoir mourir pour vivre dans l'histoire !...
Le dessein en est pris : je subirai mon sort
Et j'attends aujourd'hui la marée ou la mort. »

La pièce s'achève sur la mort de Vatel qui a cependant accepté l'amour de sa fille !

Tous ces textes illustrent plus que ceux des dictionnaires ou des « culinographes » le mythe qui entoure le nom de Vatel au XIXᵉ siècle. L'imprécision de sa fonction – cuisinier ou maître d'hôtel –, la présence du roi, l'honneur, les trois coups d'épée, une histoire d'amour, autant d'éléments qui renforcent le pathétique.

Vatel auteur

En 1894, Henri Cherrier annonce la découverte d'un portrait de Vatel figurant dans *L'Art de l'escuyer tranchant*, « utile à tous les gentilshommes de cet emploi par moi J. Vatel, escuyer maître d'hôtel de M. Le Prince, 1665 ». Il précise : « Je l'écris Vatel, avec un seul "t" et non Wattel et je le prénomme Jean. »

Ne fournissant que le fac-similé de la page de couverture et un portrait, Henri Cherrier décrit un ouvrage de trente-deux pages gravées – à chacune de ces planches correspond une page de texte manuscrite – et affirme que, papier, écriture, encre, filigrane du papier sont d'époque : « Deux cachets appliqués à la tête et en fin de volume, qui portent l'empreinte des armes du Grand Condé, sont collés en guise de sceau. Sur un pain à cacheter est placée une rosace en papier, sur le milieu de cette rosace a été appliqué le cachet qui représente les armes de Condé : d'azur aux trois fleurs de lys d'or avec le bâton péri. » Il reconnaît cependant que les planches gravées ne sont pas dues à Vatel. Ce sont celles que Vicaire dans sa *Bibliographie gastronomique* « décrit sous l'article Pierre Petit ». Selon Vicaire, en effet, sous Louis XIII, Pierre Petit, écuyer-tranchant, avait composé *L'Art de trancher la viande et toutes sortes de fruits nouvellement à la françoise*, manuscrit de trente-cinq planches gravées.

Mais il n'avance rien d'autre sur le contenu du livre. Vatel utilisa-t-il ces planches pour faire des commentaires ? Ce manuscrit parvint-il entre ses mains ? Plusieurs éléments semblent suspects : l'orthographe et la calligraphie du nom de Vatel sont sans rapport avec celles apposées sur les documents authentiques trouvés dans les archives des Condé ; les deux fonctions, bien que distinctes dans cette maison princière, sont juxtaposées et surtout le titre ne correspond pas à sa fonction ; outre le prénom erroné, la présence d'un portrait est surprenante à une époque où ce type d'ouvrage ne comportait pas le portrait de l'auteur. Ce manuscrit reste malheureusement introuvable et l'on ne peut en vérifier l'authenticité.

L'utilisation du nom de Vatel

Bien que Vatel n'ait jamais rédigé la moindre recette de cuisine, des cuisiniers n'hésitent pas à utiliser son nom. Un livre

de cuisine paraît en 1886 sous le titre de *La Cuisine de nos pères.*
L'art d'accommoder le gibier suivant les principes de Vatel et des grands
officiers de bouche. Deux cents recettes à la portée de tout le monde.
Deux ans plus tard, l'auteur récidive avec *L'Art d'accommoder le*
poisson, toujours selon les principes de Vatel qu'il omet de citer
– forcément – dans le contenu des textes. Profitant de la
renommée du personnage, un garçon de café, Jules Vatel, fils de
notaire à Nancy, publie ses mémoires sur un métier qu'il a exercé
à New York et à Paris, mais sans jamais faire référence au maître
d'hôtel qui l'a précédé.

Après lui avoir prêté une histoire d'amour, des livres, des
préceptes, il n'y avait aucune raison qu'on ne lui attribue pas la
création ou la diffusion de recettes. Ainsi, aujourd'hui encore, on
lui impute la création de la crème Chantilly. « La ville de Chantilly donna son nom à la crème Chantilly qui fut précisément
inventée par Vatel "cuisinier" du Grand Condé[27]. » Contre toute
logique, on peut aussi lire que Vatel fit connaître cette crème
fouettée lors d'une réception donnée par Fouquet à Louis XIV
au château de Vaux-Pralin. Pourquoi appeler « Chantilly » un
entremets créé à Vaux ? En réalité, des crèmes fouettées sont
fabriquées depuis au moins Catherine de Médicis, mais elles ne
portent pas encore le nom de Chantilly. Ainsi, en 1650, une
crème battue avec des branches de buis et d'osier est servie à
Bagnolet lors d'un repas offert à la Cour comme en témoigne
Loret : « On servit beaucoup de lait/quantité de crème
fouettée[28]. » Les livres de cuisine de l'époque donnent des
recettes de crème :

Cresmes façonnées

Si vous vous fouettez de la cresme avec des verges, et que vous
adjoustez un peu de blanc d'œuf elle s'entretiendra en neige fort
légère, la hauteur de plus d'un demy pied de haut dans le plat ;
pour la conserver longtems en estat, il faudroit mettre dessous une
mie de pain blanc pour attirer l'humidité, qui fondoit la neige[29].

D'autres, sans parler de création, évoquent – hélas sans citer
leurs sources – des mets que Vatel aurait eu l'occasion de servir
comme une surprise glacée et sucrée, compacte comme du

marbre, chez le Grand Condé ou des darioles à Christine de Suède, mets déjà très apprécié au Moyen Âge :

Darioles

Faites une petite croste ainsi que nous l'avons dits aux pastez, et par dedans mettras deux roux dœufs bien batus, du laict, cynamome, succre : et le mestera au feu jusques commencera a espoissir[30].

En revanche, il n'y a aucune équivoque sur les plats dits « à la Vatel » : il s'agit simplement de plats baptisés par un autre cuisinier en hommage à Vatel. Ces appellations culinaires, qui sont l'une des particularités de la grande cuisine, évoquent soit un mode de préparation, soit le nom d'un grand seigneur, d'un membre de l'aristocratie ou celui d'une personnalité des Arts et des Lettres, ou encore un lieu. Sortant l'aliment de sa banalité, cet usage révèle l'intérêt porté aux arts culinaires par les milieux de la Cour. Bien que le cuisinier François de La Varenne ait donné son nom « aux œufs à la Varenne », la tendance à baptiser les recettes reste exceptionnelle au temps de Vatel. Elle s'amorce plutôt à la fin du XVIIe siècle avec Massialot, l'auteur du *Cuisinier roial et bourgeois*. Selon une étude de Neirinck et Poulain, le nombre de recettes baptisées atteint 10 % chez ce cuisinier ; il s'élèvera à 14 % dans la *Cuisinière bourgeoise* de Menon au milieu du XVIIIe siècle, pour atteindre 68 % dans l'*Art de la cuisine française au XIXe siècle* de Carême.

Au dire de Grimod de la Reynière, les appellations culinaires ont avant tout une fonction évocatrice, poétique, et servent d'amplificateur au plaisir gourmand. Lorsque son jury dégustateur donne un nom à un plat, il montre que nommer c'est créer, et contribue à fixer un univers stable, une référence commune, témoin des mentalités d'une société. Dans ce domaine, là encore, le XVIIIe siècle ignore Vatel. Antonin Carême semble être le premier à lui dédier trois recettes : un palais de bœuf à la Vatel, un turbot en maigre à la Vatel, un cabillaud en maigre à la Vatel[31] :

Palais de bœuf en tortue à la Vatel

Après avoir parfaitement nettoyé vingt-six palais de bœuf gras et blancs, vous les coupez en deux en travers, en parant le gros bout de forme ovale, ensuite vous séparez l'autre partie, en supprimant une raie de sang noirâtre qui s'y trouve ; puis vous les parez en escalopes ; après quoi vous les faites dégorger quelques heures en eau tiède, puis vous les blanchissez quelques secondes, les égouttez, les rafraîchissez, les essuyez, et les faites cuire dans une poêle ou mirepoix succulente passée avec pression par l'étamine. Après deux heures de cuisson, vous les égouttez et dressez les grosses parties en turban autour d'une croustade ; ensuite vous faites bouillir pendant quelques secondes les escalopes de palais de bœuf dans la sauce indiquée Tortue au vin de madère ; puis vous y joignez une poignée de rognons de coq, une de champignons et idem de truffes parées en escalopes et cuites dans la sauce, placez autour de grosses crêtes doubles, masquez avec soin le turban autour dudit ragoût, ajoutez autour un cordon de grosses crêtes et de rognons de coq ; placez sur la croustade dix hâtelets composés de crêtes, écrevisses, crêtes et truffes noires glacées. Servez avec une saucière garnie de sauce tortue... La sauce tortue se fait avec un verre de madère sec, un peu de maigre de jambon émincé, une pincée de mignonnette, idem de piment, idem de poivre de Cayenne, et une échalote hachée. Une fois réduite, il faut y ajouter deux cuillerées de consommé et éventuellement de la sauce tomate. Après une nouvelle réduction, on y joint un quart de verre de vin de madère et au moment de servir un peu de beurre.

Par la suite, d'autres cuisiniers donneront le nom de Vatel à des recettes, comme Henri-Paul Pellaprat qui garnit un château-briant Grand-Vatel de pommes de terre soufflées et d'une sauce béarnaise servie à part[32].

Au XXe siècle, après les recettes, le nom devient l'enseigne d'établissements. Courtine cite à Paris le restaurant le *Grand-Vatel*, rue Saint-Honoré, où, en 1929, l'on se rendait pour se régaler d'une sole à la Vatel et, en 1934, d'un caneton à la rouennaise[33]. De nos jours, rues, hôtels, traiteurs, instituts de formation, clubs se multiplient en France et dans le monde qui portent également le nom de Vatel. Aux États-Unis, la publication *Les Toques blanches*, fondée en 1959, « la seule revue culinaire de langue française en Amérique du Nord », explique que le Vatel

Club fut créé dans le but « d'améliorer le sort des cuisiniers soit en luttant contre les vautours des bureaux de placement, soit dans sa persévérance à convaincre les employeurs que, pour être un cuisinier, on n'en est pas moins un homme ». Ces clubs, qui se sont développés aux États-Unis mais aussi au Mexique, Luxembourg, etc., ont maintenant des sites sur Internet. À l'aube du XXIᵉ siècle, le cinéma s'empare à son tour du personnage.

Vatel, un substantif prestigieux

La confusion qui entoure, au cours du XIXᵉ siècle, la véritable fonction de Vatel a fini par faire de son nom un substantif : ce nom masculin et adjectif est devenu un synonyme de grand renom, qui, selon le dictionnaire Quillet, est parfois utilisé ironiquement. Pour honorer un grand cuisinier, on dit de lui qu'il est un « grand Vatel ». « Émule de Vatel », « moderne Vatel », « disciple de Vatel » dit-on à quelqu'un qui a réussi un bon plat.

Le monde de la restauration n'est pas le seul à l'utiliser puisque la littérature s'en est aussi emparé. Marcel Proust dans *À l'ombre des jeunes filles en fleur* le reprend pour vanter les talents de Françoise-Céleste Albaret, remarquable cuisinière de ses parents, lors du dîner offert à M. de Norpois : « Le bœuf-carotte fit son apparition, couché par le Michel-Ange de notre cuisine sur d'énormes cristaux de gelée pareils à des blocs de quartz transparent : "Vous avez un chef de tout premier ordre, madame, dit M. de Norpois. Et ce n'est pas peu de chose. Moi qui ai eu à l'étranger à tenir un certain train de maison, je sais combien il est souvent difficile de trouver un parfait maître queux. Ce sont de véritables agapes auxquelles vous nous avez conviés là." Et en effet, Françoise surexcitée par l'ambition de réussir pour un invité de marque un dîner enfin semé de difficultés dignes d'elle s'était donné une peine qu'elle ne prenait plus quand nous étions seuls. "C'est admirable ! Permettez-moi d'y revenir, ajouta-t-il en faisant signe qu'il voulait encore de la gelée [qui ne sente pas la colle]. Je serais curieux de juger votre Vatel maintenant sur un mets tout différent, je voudrai, par exemple, le trouver aux prises avec le bœuf Stroganof." » En fait, il dut se contenter d'une salade d'ananas et de truffes, mais Françoise accepta les compliments avec la « fière simplicité, le regard joyeux et − fût-ce momentanément − intelligent d'un artiste à qui l'on parle de son art[34] ».

La comtesse de Ségur dans les *Mémoires d'un âne*, publiés en 1860, assimile aussi complètement la notion de cuisinier au nom de Vatel. Lors d'une dispute entre le cuisinier, le cocher et un domestique au sujet d'une petite fille trouvée et installée au château, elle écrit : « Le Vatel a raison. Thomas tais-toi, tu nous amènes toujours quelque chose comme querelle[35]. » Mais ce même écrivain utilise aussi la notion de « moderne Vatel » pour féliciter celui qui a en charge le repas de la noce d'Elfy. La scène se déroule dans l'*Auberge de l'ange gardien* : cinquante-deux personnes ont pris place autour d'une table splendidement ornée de cristaux, de bronze, de candélabres dans une cour transformée en salle à manger, où des tentures rouges cachent les murs. À chaque fois sont annoncés par le maître d'hôtel des « bisque aux écrevisses, potage à la tortue, turbot sauce crevette, saumon sauce impériale, filets de chevreuil sauce madère, ailes de perdreaux aux truffes, volailles à la suprême, poulardes du Mans, faisans rôtis, coqs de bruyère, gelinottes, jambons de marcassin, homards en salade, asperges, petits pois, haricots verts, artichauts farcis » qui précédent les crèmes, « puis les pâtisseries, babas, mont-blanc, Saint-Honoré, talmouses, croque-en-bouche achevèrent le triomphe du moderne Vatel[36] ».

La transformation du rôle de Vatel au cours du temps s'explique certainement par l'évolution des fortunes, mais aussi par celle de l'art de la table et de la manière de servir. Tout au long du XIXe siècle, le prestige de la fonction réelle de Vatel diminue, tandis que parallèlement celui des cuisiniers, des grands chefs, s'accroît. Les Carême, Beauvilliers, Viard, Urbain-Dubois, Gouffe, Escoffier de ce siècle, qui organisent des réceptions grandioses de plusieurs milliers d'invités, sont avant tout des cuisiniers et pâtissiers.

CHAPITRE II

Au service de Fouquet

François Vatel est le fils de Pierre Watel, laboureur, et de Michèle Caudel, qui s'étaient mariés le 13 mars 1624. Ses parents habitaient à « Alaigne proche de Péronne », dans le bailliage de Péronne, nom correspondant à la localité d'Allaines, parfois orthographiée Allaigne. Nous ignorons sa date de naissance, car les registres de catholicité de ce village furent détruits au cours de la Première Guerre mondiale. Le nom de Watel est alors assez répandu en Picardie, région où, selon le *Dictionnaire de Trévoux*, un watel désigne un gâteau[1], une « espèce de pâtisserie, ordinairement plate et ronde, faite avec du beurre et de la farine ».

On connaît donc son milieu familial : parmi ses héritiers, la plupart font métier de « labourer la terre », les autres sont marchands de bois (voir en annexe, « la famille de François Vatel »). Mais on ignore tout de son enfance et de ses débuts professionnels. Comment ce fils de laboureur fut-il engagé chez Fouquet, alors surintendant des Finances de Louis XIV, demeure un mystère.

Or être maître d'hôtel impliquait responsabilités et prestige. « Dans les maisons qualifiées, la charge de maître d'hôtel n'est pas une des moins considérables[2] », dit un manuel enseignant l'art de l'exercer ; il a lui-même un valet pour le servir ; celui qui occupe une telle fonction doit craindre le déshonneur. Est-ce ce qui poussa Vatel à se suicider ? On peut facilement imaginer un homme au tempérament fier, qui entre dans la salle où se tient le repas à la tête d'une armée de domestiques chargés de mets somptueux ; l'épée au côté, il porte un chapeau et un manteau flottant sur une épaule, l'autre étant couverte d'une serviette blanche pliée en long, cette serviette qui est marque de son pouvoir. On l'imagine encore arpentant les appartements et les salons d'un château, à la recherche du moindre manquement dans l'ordonnancement des lieux, descendant dans les cuisines où écuyers, responsables d'office, rôtisseurs, servantes et marmitons s'affairent dans le bruit et la chaleur.

Un maître d'hôtel réputé

Comment Fouquet fit-il la rencontre de Vatel ? Lors de son interminable procès, le surintendant se contente d'affirmer que « ledit Vatel a été [son] maître d'hôtel, chargé du soin de ce qui était à faire dans [ses] maisons » et son « principal domestique en ce temps-là[3] ». Ces propos ne laissent aucune ambiguïté sur la charge de Vatel, ou Watel, selon l'orthographe du surintendant, mais ils ne font aucune allusion aux débuts de Vatel comme écuyer de cuisine ni à une quelconque ascension dans la hiérarchie domestique. On sait seulement qu'en 1657 Fouquet, qui craint déjà d'être emprisonné, souhaite, en cas d'arrestation, avoir avec lui ce « valet » qui est alors à la tête de sa domesticité[4].

Les missions que le surintendant va lui confier dépassent largement la charge de maître d'hôtel. En fait, ses fonctions consistent à s'occuper de tout. À partir de 1656, des documents se multiplient sur les tâches que remplit Vatel. Cet homme, dont la « bonne tête était capable de soutenir tout le soin d'un État », doté d'un sens de l'organisation porté à son plus haut degré, est fait pour plaire à un homme tel que Fouquet qui, par goût et besoin, aime et doit recevoir force gens de qualité. Le surintendant s'appuie « sur un groupe de fidèles qui le servent et qu'il sert dans un échange d'aides réciproques, note son biographe Daniel Dessert. Au premier plan, figurent ses proches, mère, frères, sœurs, puis, en cercles concentriques de plus en plus éloignés par le sang, ses cousins, ses alliés, ses amis, enfin la cohorte de ses domestiques, de ses commis[5] ». Dans ce Grand Siècle où la société est un réseau de dépendances, les services sont difficiles à séparer et Vatel comme les domestiques les plus proches de Fouquet verront leurs charges s'élargir.

Vatel n'a pas été le seul maître d'hôtel de Fouquet. D'autres ont occupé cette charge : Pouilly, qui lui-même succéda à un homme dont on ignore le nom, précéda Vatel. Reigner, qui fut le dernier maître d'hôtel en 1661, selon un document saisi lors du procès, occupait en fait ce poste à Saint-Mandé lorsque Vatel était à Vaux.

L'ascension de Vatel semble liée à celle de son maître. Né à Paris en 1615, d'origine nantaise, Nicolas Fouquet, avocat, conseiller au parlement de Metz, maître des requêtes de Paris, intendant aux Armées devient, pendant la Fronde, proche de Mazarin. En 1650, il reçoit la charge de procureur général du parlement de Paris, puis, en 1653, celle de surintendant des Finances aux côtés d'Abel Servien. À cette charge s'ajoute celle de ministre qui fait de lui un membre à part du Conseil d'en haut, organe politique suprême de la monarchie. Veuf depuis 1641, il épouse en secondes noces, dix ans plus tard, Marie-Madeleine de Castille de Villemareuil, fille de François de Castille, président d'une des chambres du parlement de Paris et nièce de Henri de Castille, intendant du duc d'Orléans. C'est alors qu'il engage comme maître d'hôtel Pouilly, un domestique de sa belle-mère. L'accroissement de ses fonctions, de sa clientèle et de sa fortune, conduit le surintendant à monter sa maison sur un pied qui répond mieux à son image et à son train de vie qui devient de plus en plus luxueux. Vatel entre certainement à son service à ce moment-là, en raison de l'âge assez élevé de Pouilly et de Courtois l'intendant[6].

Entre Saint-Mandé et Paris

Vatel **va** exercer ses fonctions de maître d'hôtel dans plusieurs résidences. Fouquet, en raison de ses fonctions, possède un appartement au Louvre, mais il préfère s'installer dans la demeure de sa seconde épouse rue Vieille-du-Temple, dans un espace entouré de vastes jardins. En 1658, il achète l'hôtel de Narbonne dont les communs, installés de l'autre côté de la rue, sont reliés à sa demeure par un passage souterrain. Puis, sur ordre de Mazarin, il acquiert l'hôtel de son prédécesseur à la surintendance des Finances, Particelli d'Emeri.

Chaque fois que Fouquet change de résidence, le plus souvent pour suivre la Cour, Vatel s'occupe d'organiser les déplacements. Il doit veiller aux achats, à la constitution des réserves alimentaires, mais aussi au déménagement d'une partie des meubles et de la vaisselle, ou encore à la remise en état des lieux. Ainsi, lorsque, pour agrandir l'hôtel Emeri, le surintendant acquiert une maison et un jeu de paume, Vatel doit faire déménager les meubles les plus précieux.

C'est cependant à Saint-Mandé que Fouquet vit le plus souvent. C'est là qu'il possède sa demeure de prédilection. Voulant rester proche de Mazarin et de la Cour, qui passent une partie de l'été à Vincennes, dès 1654, il acquiert à Saint-Mandé des terres puis une maison et un parc fermé de quatorze arpents[7]. Située à l'ombre du pouvoir, cette propriété, modeste à l'origine, fait l'objet de nombreux travaux d'embellissement. L'intérieur du bâtiment principal, où se succèdent salons, antichambres, cabinets, chambres et bibliothèque, est luxueusement aménagé. Dans les pièces décorées par Charles Le Brun pour les peintures, Jean Lepautre pour les menuiseries, Pietro Sassi pour les stucs, Michel Anguier et Pierre Sarazin pour les sculptures, Vatel peut admirer des tableaux de ses contemporains, comme la *Manne* de Nicolas Poussin, des tableaux de Véronèse ou des antiquités égyptiennes parmi lesquelles deux momies que l'on croyait celles de Chéops et Chéphren :

En ce superbe appartement,
Où l'on a fait d'étrange terre,
Depuis peu venir à grand'erre,
(Non sans travail et quelques frais)
Des rois Cephrim et Kiopès,
Le cercueil, la tombe ou la bière[8].

La bibliothèque – que Fouquet a héritée en partie de son père – ne contient pas moins de trente mille volumes et plus de mille manuscrits ornés des armoiries de sa famille, les écureuils ombragés d'un panache de gueules onglés de sable, et de la devise « *quo non ascendam* ». À l'extérieur, les animaux se répartissent entre les écuries – Vatel a la responsabilité de nourrir les chevaux – et une ménagerie, où sont enfermés les fauves. Les jardins, par lesquels on peut se rendre au château de Vincennes, sont entretenus par un jardinier allemand Jacques Besseman. Deux cents orangers[9], de nombreux ifs et sapins y sont plantés, et au printemps, des tulipes et une collection unique d'anémones dont Fouquet, selon les dires de son frère, est « mieux pourvu qu'homme de France[10] », fleurissent au milieu d'une multitude de jets d'eau. Le jardin potager est entretenu par Charles de La

Noué, et, en saison, on y cueille pour la cuisine des légumes frais comme les concombres, les courges, les melons sous serres, les fraises et les salades. Il y a aussi un jardin médicinal dont les herbes et plantes, destinées peut-être aussi aux cuisines, permettent à Pecquet, médecin ordinaire de Fouquet, de faire des expériences — il travailla sur le rôle des vaisseaux chylifères pendant la digestion et sur la composition des eaux minérales.

Pour la seule année 1661, l'ensemble des travaux d'embellissement s'élève à 11 000 livres et les frais d'entretien à 6 ou 7 000 livres[11]. Ces chiffres donnent une idée des richesses accumulées par Fouquet. Dissimulées dans des bâtiments d'apparence discrète, d'une architecture simple, elles correspondent certes aux goûts de Fouquet, mais aussi à son besoin d'inspirer la confiance pour obtenir les crédits indispensables à son fonctionnement personnel et à la royauté.

Une grande table

Passe encore de bâtir, mais ce qui importe — et qui coûte —, c'est d'utiliser ce cadre pour montrer sa grandeur aux yeux des autres en recevant. Or un des grands luxes de ce temps est la table. Vatel trouve à Saint-Mandé, comme bientôt à Vaux, le cadre nécessaire tant pour les réceptions de la Cour, que pour celles, plus intimes, regroupant famille, amis, commis ou artistes de son maître.

Ainsi en mai 1656, il organise un repas somptueux pour la Cour, qui suscita l'admiration de l'écrivain et gazetier Loret :

Les sauces vraiment sans pareilles,
Les ragoûts friands à merveille,
Les fleurs brillant de tous côtés,
Les bisques, gâteaux, pâtés,
Et les tourtes de fines herbes.
De ce banquet des plus superbes
Où l'on but à la santé du roi[12].

Trois mois plus tard, en plein mois d'août, tous les cuisiniers, les rôtisseurs, les officiers s'activent pour recevoir le frère du roi, Gaston d'Orléans. Vatel organise l'une des premières grandes réceptions sur laquelle on possède un témoignage. Les participants admirent son art de dresser et de servir les divers services, son génie d'organisation. Grâce au réseau d'approvisionnement qu'il a mis en place à travers toute la France, les meilleurs produits sont présentés sur la table. Même la glace pour rafraîchir le vin ne fait pas défaut, bien qu'il fasse très chaud, comme le précise, par ouï-dire, Loret :

> *Fouquet, procureur général*
> *D'honneur un franc original*
> *Et qu'on croit jusque dans la Perse*
> *Digne des charges qu'il exerce,*
> *Dimanche traité, ce dit-on,*
> *L'Altesse Royale Gaston,*
> *À Saint-Mandé, maison assez proche,*
> *Où l'on vit tourner mainte broche,*
> *Pour rôtir de bon gibier frais,*
> *Apporté de loin à grand frais.*
> *L'affluence en ce lieu fut grande,*
> *Tant du fruit, que de la viande*
> *J'ai su, sans aller au Devin*
> *Qu'on y bût pour cent francs de vin,*
> *Et plus frais que la glace même,*
> *Nonobstant la chaleur extrême ;*
> *Et puis, ensuite du dessert, on entendit un grand concert*[13].

Le château royal de Vincennes se situe près de Saint-Mandé, ce qui permet à Fouquet de s'y rendre facilement, mais aussi d'en recevoir les résidants. Les soupers, les collations sont généralement accompagnés de divertissements ; on y organise des loteries, des concerts, des représentations théâtrales, des bals[14].

Parfois, il ne s'agit que d'une visite de voisinage comme le 11 novembre 1657 :

> *Notre roi dimanche au matin,*
> *Jour et fête de Saint-Martin,*
> *Étant suivi de son Éminence*
> *Et d'autres gens de conséquence,*
> *A été ouï messe et prié Dieu*
> *Fut voir cet agréable lieu*[15].

C'est donc à Vatel qu'il incombe de traiter somptueusement Mazarin et le roi, mais aussi des ambassadeurs et des personnalités françaises ou étrangères qu'invite son maître. Il n'est pas rare que ces invitations lui soient imposées par le cardinal et cela souvent aux frais du surintendant.

Tous les ans, et pendant plusieurs jours de suite, à la veille ou au retour d'un voyage de Louis XIV, il revient à Vatel de « faire la dépense », de nourrir le roi et toute sa suite « sous prétexte que son équipage était déjà parti, ou qu'il n'était point encore arrivé » explique Fouquet, qui ajoute « toutes ces dépenses étant excessives en elles-mêmes ; et de plus m'obligeant d'acheter des meubles, et de la vaisselle proportionnée à la qualité des personnes qu'il me fallait recevoir[16] ». C'est parce que Vatel avait l'honneur d'assurer le service de la Cour à Vincennes que Clément Cherruel écrivit à tort que Vatel fut le maître d'hôtel du roi.

La réputation de Vatel est si bien établie que Mazarin et Colbert l'empruntent tour à tour à son maître quand ils reçoivent quelque hôte d'importance. Ainsi il est détaché auprès du duc de Mantoue venu à Paris, à la demande de sa tante, la princesse Palatine, pour négocier un traité qui donnerait aux Français la place de Casal. Il est alors chargé par Colbert de faire la dépense : « C'est Watel qui a tenu toutes ses tables, qui l'a défrayé et en a touché l'argent du Roi[17]. » Ces emprunts démontrent le savoir-faire et l'expérience qu'on lui reconnaît. Dans les mêmes années, il occupe une petite charge chez Monsieur dont Henri de Castille, l'oncle de Mme Fouquet, est l'intendant.

Quand Vatel s'absente de Saint-Mandé, ce sont les autres maîtres d'hôtel, Pouilly dans les premiers temps, puis Reignier qui assurent la relève. Ainsi, lors de la réception de la reine Christine de Suède. Cette forte personnalité, parlant huit langues, a abdiqué peu de temps auparavant en faveur de son cousin Charles Gustave. Venant de Rome par la mer, elle aborde la France non loin de Marseille le 9 août 1656. À l'issue d'un périple d'un mois, elle arrive à Paris. Mazarin souhaitant qu'on lui rende les grands honneurs, les invitations se succèdent réunissant hommes de Cour, prélats et poètes. À Paris, les hôtes, les cuisiniers et les maîtres d'hôtel semblent rivaliser pour accueillir : « L'admirable Christine pour lequel on prend grand souci/De la bien régaler ici[18]. »

Lors de son souper avec M. de Guise et le comte de Nogent, la reine fut régalée de quelques bouteilles d'excellente eau de jasmin, citrons et oranges de la part de son Éminence[19]. Quand le roi invite, le 19 septembre, son maître d'hôtel ordinaire reçoit les éloges du chroniqueur du *Mercure galant*. Sans doute étaient-ils mérités ! Le repas comportait « trois entrées, chacune de vingt-quatre grands plats de viandes, les plus exquises, outre les entremets et les assiettes, dont la belle disposition n'était pas moins admirable que leur rareté, laquelle parut principalement en une quatrième entrée de douze grands bassins de fruits et de confitures en pyramide[20] ». Christine de Suède est assise au haut bout d'une table à laquelle ont pris également place la reine mère, le roi et Monsieur, isolés de la foule des spectateurs par une épaisse haie de gardes du corps armés. La soirée se termine par un bal, puis par une collation de fruits et de confitures. Chantilly, Senlis, Liancourt, le château de Fayelle, où la reine trouve dans sa chambre « une splendide collation composée de douze grands bassins de confitures des plus exquis et des fruits aussi les plus rares de la saison[21] », puis Compiègne lui font les honneurs où, le temps qu'elle y fut, on tâcha de lui donner tous les divertissements possibles comme les Comédiens-Français et Italiens et les vingt-quatre violons du roi[22]. Vatel participe au bon déroulement de ce séjour, puisque le roi le charge d'en assurer une partie des dépenses. C'est lui qui préside le 28 septembre au grand banquet d'adieux que Fouquet offre à Melun à la reine Christine qui s'achemine vers la Savoie[23].

Entre-temps, Vatel continue à remplir les devoirs de sa charge dans les maisons parisiennes ou à Saint-Mandé et à donner des dîners et soupers pour la famille du surintendant et ses relations. L'organisation et l'ordonnancement de la table ne sont pas une mince affaire, la multiplication des repas et leurs richesses reflétant la notoriété du dispensateur. Pour étendre leurs réseaux, les grands commencent par offrir leur amitié, et celle-ci implique de tenir table ouverte, « moyen pour attirer des clients et en faire, littéralement, des nourris[24] », note l'historienne Arlette Jouanna. Fouquet, mondain qui a un goût pour les belles choses, les belles femmes, les belles-lettres, sait ce que le rang exige en matière de représentation et grâce à son maître d'hôtel, se crée une aura qui conforte son prestige.

Cet homme qui « aimait fort les louanges et n'y était pas même délicat », au dire de Gourville, tient donc table ouverte, comme la plupart des grands seigneurs. Les familiers y ont un couvert mis en permanence et viennent sans prévenir. Selon les jours, au côté de Mme Duplessis-Bellière, grande amie et voisine à Saint-Mandé, de Mme de Sévigné ou de la duchesse de Valentinois prennent place des hommes de lettres. Boisrobert, Loret, Scarron, Corneille, Molière, La Fontaine[25] comptent parmi les fidèles et les pensionnés de Fouquet avec Martin Cureau de La Chambre, médecin et académicien, Nicolas Gervaise, médecin lettré. À ces prestigieuses assemblées participent Louis Le Vau, Charles Le Brun, André Le Nôtre et Jean de La Quintinie. Fouquet aime à être entouré, par plaisir ou à des fins politiques. Comme Richelieu et Louis XIV, il connaît l'utilité des faiseurs de renommée, il sait se servir des hommes ou femmes de lettres, et traite somptueusement son groupe de fidèles sur lequel il s'appuie pour mener à bien ses différentes opérations. Sa maison est aussi bien ouverte aux gens d'esprit qu'aux gens d'affaires. Les commis des finances, Bruant des Carrières, Bernard, Lépine, de Lorme, Gourville, Pellisson, qui travaillent avec le surintendant restent souvent à dîner ou à souper.

Conversations, ballets, concerts alternent dans ces soirées qui se terminent souvent par le jeu et où Vatel présente des rafraîchissements, des fruits frais, des confitures, des sorbets. Le surintendant, comme sa femme, sont des joueurs et partagent cette passion avec Gourville dans le cabinet des jeux, décoré de fleurs, d'amours et d'écureuils. À l'instar de Louis XIV qui prête aux courtisans, Fouquet utilise à des fins politiques la passion du jeu : ainsi met-il dans sa dépendance Hugues de Lionne, le secrétaire de Mazarin. La vie familiale donne l'occasion de réceptions, par exemple le mariage de la fille de Fouquet avec le fils du comte de Charost, gouverneur de Calais et capitaine des gardes du roi le 12 novembre 1657[26].

Premières réceptions à Vaux

À partir de 1659, Vatel officie de plus en plus à Vaux. Le domaine n'est pas une nouvelle acquisition. C'est en 1641 que Fouquet, désireux de se doter d'une propriété de prestige « lui permettant de glisser de la bourgeoisie à la noblesse terrienne et seigneuriale », a commencé à acheter ou échanger des terres. En février 1641, il a acquis la terre et seigneurie de Vaux, puis quatre mois plus tard la moitié de la vicomté de Melun, dont dépend Vaux. Il reprend sa politique d'acquisition en 1654 ; au total, il signe deux cents contrats concernant des terrains petits et grands où il va édifier une demeure luxueuse[27]. Toutes ces terres ou propriétés comme celles déjà citées, puis celles de Belle-Île, lui procurent un pouvoir patrimonial et des rentes régulières.

Les travaux de Vaux commencent réellement en 1656. Fouquet fait raser le village, les hameaux de Jumeaux et Maison-Rouge ainsi que le vieux château, il confie la réalisation aux plus grands noms de l'époque. Louis Le Vau, premier architecte du roi depuis 1654, travaillant alors à la transformation du château de Vincennes, est chargé des plans et de leur exécution. Charles Le Brun, qui dispute à Nicolas Poussin le titre de premier peintre du roi, s'occupe de la décoration intérieure. Pour les jardins, Le Nôtre, encore en attente de sa renommée, est assisté du jardinier Antoine Trumel et du chef fontainier, Claude Robillart. Jean de La Quintinie organise un potager et une orangerie. Le chantier est immense. Il faut acheminer de très loin les matériaux, comme les pierres de Creil, capter des sources, détourner un cours d'eau, établir des canalisations, créer de toutes pièces un jardin, élever un château, construire des écuries, une sellerie, une armurerie, des ateliers de tapisserie et de plomberie, des communs pour loger l'intendant Courtois, le concierge, le médecin et les autres domestiques. Il faut donc recruter, loger et nourrir d'innombrables ouvriers.

L'animation est grande sur le chantier. La rumeur d'une construction immodérée commence à courir, invitant Fouquet à se montrer prudent. Dans une lettre du 8 février 1657, il indique à Bénigne Courtois qu'« un gentilhomme du voisinage qui s'appelle Villeversin a dit à la Reine, qu'il a été ces jours-ci à Vaux, et qu'il a compté à l'atelier neuf cents hommes ». Il recommande donc à son intendant la discrétion : « Il faudrait, pour empêcher cela autant qu'il se pourra, exécuter le dessein qu'on avait de mettre des portières et de tenir les portes fermées. Je serais bien aise que vous avanciez tous les ouvrages le plus que vous pourrez avant la saison où tout le monde va à la campagne, et qu'il y ait en vue le moins de gens qu'il se pourra ensemble[28]. »

Au fur et à mesure que le temps passe et que les premiers nuages s'accumulent au-dessus de la tête du surintendant, ce dernier multiplie les recommandations à Courtois, prouvant qu'il cherche à dissimuler les énormes dépenses : « Le Roi va dans huit ou dix jours à Fontainebleau pour y faire quelque séjour. Je vous prie entre ici et ce temps-là sans en parler à personne qu'à M. Roussel d'apporter tous vos soins pour avancer les grands ouvrages qui sont imparfaits comme est la terrasse, afin qu'étant remplis il n'y paraisse plus rien... Si quelqu'un va à Vaux, faites en sorte de les accompagner et de leur montrer peu de chose, ne les pas mener du côté du nouveau canal, ni aux lieux où il paraît beaucoup d'ouvrages ; si l'on pouvait se clore en sorte que l'on n'entrât pas partout, cela serait bon ; mandez-moi votre avis[29]. »

Un autre billet daté du 8 juin, mais sans adresse ni signature, reprend le même thème : « Le Roi doit aller dans peu de temps à Fontainebleau à environ le dix-huit ou vingt ; j'aurai grande compagnie à Vaux, mais il ne faut point parler, et débarrasser pendant ce temps toutes choses, pour qu'il y paraisse moins qu'il se pourra d'ouvrages à faire[30]. »

Colbert, décidé à la perte de Fouquet, se rend lui-même à Vaux sans invitation. Cette visite est à l'origine d'une des trois seules lettres signées Watel qui ait été conservée. Datée du 30 mai, mais ne portant pas d'indication d'année, elle presse Courtois d'éclaircir Fouquet sur la présence et la conduite de l'intendant de Mazarin : « J'oubliais à vous mander que Monseigneur a témoigné qu'il serait bien aise de savoir quand M. Colbert a été à Vaux qui fut un jour ou deux après qu'il en fut parti, en quels endroits il a été et qui l'a accompagné et entretenu pendant sa promenade, et même ce qu'il a dit ; ce qu'il faut tâcher de savoir sans affectation et même les personnes à qui il a parlé[31]. »

En février 1659, après la mort d'Abel Servien, Nicolas Fouquet resta seul à la tête des Finances. Or ses manières de gérer les fonds publics, son caractère ambitieux, l'étalage croissant de sa fortune, sa façon de considérer le roi « comme un adolescent prolongé[32] », tout cela conduit Colbert à trouver une manière de disgracier le surintendant, tout en restant en bons termes avec Mazarin qui protège Fouquet. Mais il faut le ménager, car le roi doit au surintendant, ou à ses prêteurs, plus de 5 millions de livres. Dès lors, le roi et son entourage acceptent les invitations à Vaux, laissant même supposer, devant tant d'honneurs successifs, que le surintendant a encore les faveurs royales. Et c'est ainsi qu'en plein chantier, Vatel se voit confier l'organisation de la réception d'illustres invités. La première débute au mois de juin, période où la Cour a l'habitude de séjourner à Fontainebleau. Le 25 juin, avant de partir le mois suivant pour les Pyrénées afin de conclure la paix, le cardinal Mazarin s'y arrête, comme le rapporte Jean de La Fontaine dans une ode pour la paix :

> *Quand Jules, las de nos maux,*
> *Partit pour la paix conclure,*
> *Il alla coucher à Vaux,*
> *Dont je tire bonne augure*[33].

Toujours soucieux de cacher les dépenses, Fouquet a fait congédier les journaliers et les maçons du grand canal. Profitant de cette visite, où Le Brun travaille alors à la décoration du salon des Muses et où Le Nôtre achève les jardins, Mazarin demande au surintendant de lui avancer 150 000 livres sur ses gages. À la suite de la description admirative (ou accusatrice) des fontaines et du parc faite par le cardinal, le roi veut se rendre compte par lui-même de ces magnificences. Avant de partir pour Bordeaux et Saint-Jean-de-Luz, Louis XIV, Anne d'Autriche, Monsieur, son frère s'invitent le jeudi 14 juillet pour « voir les fontaines, sur ce que leurs Majestés avaient ouï dire, que votre Éminence ne les avait point trouvées désagréables. Je crus être obligé de m'y trouver et de leur faire préparer une collation sans aucune cérémonie. La journée se trouva fort belle et leurs Majestés parurent fort satisfaites du lieu et me firent l'honneur de me traiter avec beaucoup de bonté et de civilité[34] ».

On ne sait si l'aménagement du sous-sol est alors complètement terminé, or c'est là qu'est regroupé tout ce qui a trait à la préparation des mets[35]. À partir de 1659, des améliorations ont été en effet apportées au projet dessiné par Le Vau. Dans les sous-sols, les pièces de service sont distribuées le long d'un couloir. D'un côté se trouve une cave entourée de salles et de chambres pour les officiers et le commun. De l'autre, sont disposés la cuisine et le lavoir, la cuisine pour l'extraordinaire, leurs garde-manger respectifs, et de l'autre part la sommellerie pour le fruit, la paneterie, les confitures. La distribution des pièces ne facilitait pas la tâche du maître d'hôtel car les cuisines, qui se trouvent en dessous des salons et du cabinet de jeux, ne communiquent jusqu'alors avec la salle à manger et le buffet que par des escaliers placés de chaque côté du vestibule. Or c'est par ce vestibule que devait se faire tout l'approvisionnement et les livraisons. Pour éviter d'avoir à parcourir de longues distances et faciliter la livraison des denrées, deux couloirs latéraux couverts donnant directement à l'extérieur sont réalisés en 1659 sur ordre de Vatel[36]. Ces couloirs ont certainement été l'objet de discussions entre concepteurs et utilisateurs.

Quelles que soient les difficultés techniques auxquelles Vatel fait face, cette réception fait l'objet de louanges :

> *Durant mon séjour au château,*
> *Comme est dit de Fontainebleau*
> *J'entendais parler à toute heure,*
> *Mais non sans admiration*
> *De la belle réception*
> *Et du festin incomparable*
> *Poli, délicat, abondant*
> *Que monsieur le surintendant,*
> *Qui sait user avec largesse*
> *De ses biens et de sa richesse,*
> *Fit à Leurs Majestés dans Vaux,*
> *Ou par cent régales nouveaux,*
> *Dont on peut garnir une table,*
> *Et par un ordre inimitable,*
> *Où ne survint nul désarroi,*
> *Il charma le roi et la reine :*
> *Et toute leur nombreuse suite,*
> *Qui fut volontiers introduite,*
> *Dans cette admirable maison[37].*

Le 17, Monsieur, alors à Fontainebleau, revient dîner à Vaux[38]. Le mariage d'une nièce de Fouquet, Madeleine Hay de Couëllans, fille d'un conseiller au parlement de Bretagne, avec Charles-Louis de Simiane Claret, le 26 septembre 1659 en l'église de Maincy, clôt cette première année de réceptions dans un Vaux encore en chantier.

Deux jours après, Fouquet décide brusquement de rejoindre Mazarin à Saint-Jean-de-Luz. On ne sait si Vatel fut du voyage, mais il lui revint de pourvoir aux chevaux et aux équipages et d'organiser les provisions de ce déplacement. Ce voyage n'est pas gratuit dans la pensée de Fouquet. Les agissements de Colbert contre lui en sont la cause. Détournant un pli – le service des postes faisant partie de ses attributions –, Fouquet prend connaissance d'un mémoire rédigé par Colbert demandant qu'on lui retire sa fonction de surintendant et qu'on le fasse passer en jugement devant une chambre de justice. Pour l'intendant, « richesse = pouvoir = concussion[39] », écrit Daniel Dessert. À Saint-Jean-de-Luz, Fouquet assure Mazarin de sa fidélité et de son bon vouloir. Le cardinal invite même les deux hommes à se réconcilier.

De festin en bal masqué

L'année 1660 s'ouvre dès le 6 janvier par une réception organisée à Saint-Mandé en l'honneur de Colbert. Puis les festivités reprennent à Vaux, par un nouveau mariage le 3 mai 1660. Dans la chapelle du château, le plus jeune frère du surintendant Gilles Fouquet, premier écuyer de la Grande Écurie, épouse Anne d'Aumont, fille du marquis César d'Aumont et de Clairvaux, gouverneur de Touraine. *La Gazette* célèbre dans ses colonnes cet hymen entre « un jouvenceau de belle espérance » et une jeune fille « d'illustre lignée ».

En juillet, Mazarin s'invite avec quelques financiers. Mais le temps fort se situe lors de la réception de ses Majestés le 19 juillet. Au retour des Pyrénées, où a été célébré le mariage de Louis XIV et de l'infante Marie-Thérèse, la Cour s'installe quelques jours à Fontainebleau avant de regagner Vincennes pour les grandes festivités prévues à Paris. Accompagnés de Mme de Montpensier, le roi et la nouvelle reine viennent dîner à Vaux[40] :

Fouquet, bien-aimé des puissances,
Seul surintendant des Finances,
De plus procureur général,
Étans de ces biens libéral,
Traita, lundi, la cour royale
Par un superbe et grand régale,
Dans sa belle maison de Vaux,
Où par ses soins et ses travaux,
Et ses honorables dépenses,

Paraissent cent magnificences
Soit pour la structure, ou les eaux,
Pour les dorures et les tableaux,
Ou pour les jardins délectables [...].
Mais outre le zèle et l'ardeur,
Ce fut avec tant de splendeur
Ce fut avec tant d'abondance
Et même en si belle ordonnance,
Que les banquets d'Assuérus,
Prédécesseur du grand Cyrus,
Soit pour les pâtures exquises,
Soit pour les rares friandises,
Les breuvages, les fruits, les fleurs,
Conserves de toutes couleurs,
Fritures et pâtisseries,
N'étaient que des gargoteries,
En comparaison du banquet,
Que fit alors Monsieur Fouquet[41].

Par ces quelques vers, Loret – est-il encore besoin de le nommer –, toujours aussi peu avare de louanges et de grandiloquence pour son mécène, l'est aussi sans le citer pour le grand ordonnateur de la soirée, Vatel. Il n'est pas le seul convive à apprécier la magnificence de la table. Mme de Montpensier évoque « un lieu enchanté », et corrobore cet enthousiasme par cette conclusion : « on peut juger du repas[42] ».

Cette visite royale donne l'impression à Fouquet d'une faveur retrouvée. Mais bientôt les bruits pessimistes recommencent à courir. Le surintendant se préoccupe toujours de dissimuler les travaux considérables entrepris à Vaux, comme il le dit dans une lettre du 21 novembre 1660 envoyée à son intendant Courtois : « J'ai appris que le Roi doit aller, et toute sa Cour, à Fontainebleau dès le printemps, et comme dans ce temps-là le grand nombre d'ouvriers et les gros ouvrages du transport de terres ne peuvent pas paraître sans me faire bien de la peine, je veux maintenant les finir. Je vous prie, en cette saison que peu de gens sont à Vaux, de doubler le nombre de vos ouvriers. Je vous enverrai autant d'argent qu'il en faudra[43]. »

Au début de l'année 1661, Vatel organise un bal masqué dans l'hôtel parisien :

Samedi, monseigneur Fouquet
Avoit, ce dit-on le bouquet,
C'est-à-dire en d'autre langage
Que cet illustre personnage,
Surintendant de la Toison,
Dans son opulente maison
Bien éclairée et bien musquée
Reçut la cour masquée
Qui fut lors, selon sa grandeur,
Traitée avec tant de splendeur[44].

Mais la mort, le 9 mars 1661, du cardinal Mazarin accélère la disgrâce de Fouquet et, par voie de conséquence, celle de son fidèle maître d'hôtel. La veille, Colbert a été nommé intendant des Finances. Louis XIV « a en lui toute confiance possible [...], connaissant ses vertus d'application, d'intelligence et de probité[45] ». Le roi, comme il le fait écrire dans ses Mémoires, commence « à jeter les yeux sur toutes les diverses parties de l'État, et non pas des yeux indifférents, mais des yeux de maître, sensiblement touché de n'en avoir pas une qui ne m'invitât et ne me pressât d'y porter la main [...]. Le désordre régnait partout[46] ».

Dès le lendemain du décès de Mazarin, Louis XIV convoque ses ministres. Avant de rejoindre Fontainebleau, le 20 avril 1661, il organise le nouveau gouvernement : Fouquet reste surintendant des Finances et ministre aux côtés de Lionne et de Le Tellier. Colbert est chargé de vérifier les comptes de Fouquet, et ses attaques, ajoutées aux insinuations des Le Tellier, Talon, Hervart vont bientôt porter leurs fruits. Dans un mémoire de 1663, Colbert indique que le roi décida, le 4 mai, la perte du surintendant, mais que celle-ci fut différée pour éviter de nuire aux recouvrements et rentrées d'impôts.

Averti des intrigues, Fouquet va à Fontainebleau pour confesser ses fautes passées, ses dépenses excessives et tenter de s'allier la reine mère. Mais il commet une série d'erreurs, travaillant définitivement à sa perte. Il vend sa charge de procureur général au parlement de Paris qui lui permettait de jouir d'un privilège de juridiction – en cas d'accusation, il ne pouvait être déféré qu'au parlement et jugé par ses pairs. Peut-être s'intéresse-t-il un peu trop à Mlle de La Vallière : il lui fait offrir, par l'intermédiaire de Mme Duplessis-Bellière 20 000 pistoles, geste qui aurait outragé le roi. Peut-être aussi ne croit-il pas au désir de Louis XIV de prendre en main les affaires du gouvernement, estimant qu'il ne s'agit que d'une envie passagère qui disparaîtra face aux plaisirs, comme le note rétrospectivement l'abbé de Choisy : « Il se flattait d'amuser un jeune homme [le roi] par des bagatelles et ne lui proposait que des parties de plaisir[47]. » Libéré de son mentor, Louis XIV s'est installé en effet de nouveau à Fontainebleau où il profite des amusements, comédies, promenades et chasses : « La jeunesse de roi, l'abondance qui régnait encore dans le monde, jointes aux spectacles et aux fêtes, firent que la Cour parut à Fontainebleau pendant l'été 1661 plus brillante et plus belle qu'elle n'avait jamais été : et comme chacun dans le commencement d'un gouvernement nouveau est rempli d'espérance, ce ne furent que festins, jeux et promenades perpétuelles, où un jeune roi, après avoir choisi une maîtresse digne de lui, commençait à jouir de la liberté et de la royauté[48]. »

Comme Fontainebleau, Vaux, où les travaux ne sont pas encore achevés, s'anime en cet été 1661. Confiant le gouvernement de Saint-Mandé à Reignier, Vatel commence les préparatifs pour les fêtes qui doivent marquer la saison. Le 12 juillet, la reine d'Angleterre, veuve de Charles Ier, accompagnée de sa fille Henriette d'Angleterre et de son gendre Monsieur, Philippe de France, duc d'Orléans, sont reçus. Aux plaisirs de la collation, servie dans l'un des salons du rez-de-chaussée, se joint celui de la promenade dans les jardins et du spectacle de la comédie. Dans le salon des Muses, Molière écrit et joue *L'École des Maris* lors d'une journée qui enthousiasme encore une fois Loret :

Ici je passe sous silence
La multitude et l'excellence,
Et même la diversité
Des jets d'eau [...].
Mais pour dire un mot des régales,
Qu'il fit aux personnes royales
Dans cette superbe maison,
Admirable en toute saison,
Après qu'on eut de plusieurs tables,
Desservi cent mets délectables,
Tous confits en friands appas,
Qu'ici je ne dénombre pas,

Outre et concerts et mélodie,
Il leur donna la comédie[49].

Cette fête n'est que le prélude à celle du 17 août 1661.

Le factotum de Fouquet

Vatel n'est pas seulement le grand ordonnateur de la table et de ses plaisirs. Parmi ses attributions, il a d'autres responsabilités qui concernent directement sa charge. Ainsi s'occupe-t-il de l'achat et du règlement de la vaisselle et du matériel pour la table et les cuisines et écuries de la maison de Fouquet, mais aussi des achats de chevaux pour l'armée, comme cela figure dans ses recettes[50]. À vrai dire, nous ignorons les raisons de cette mission. Les haras du royaume étant en fort mauvais état, il fit peut-être venir des chevaux des diverses provinces françaises réputées pour l'élevage, comme le Limousin, le Poitou, la Normandie et l'Auvergne, ou d'Angleterre.

Mais la fonction de maître d'hôtel est plus large. Ainsi Vatel règle-t-il lui-même les dépenses concernant les achats de meubles, la construction des bâtiments, des jardins et autres ouvrages ainsi que les factures des divers corps d'état qui travaillent aux résidences de Fouquet. Desbournais, premier valet de chambre de Richelieu, en 1639, avait déjà fait l'avance de certains frais d'ameublement[51]. Nous reviendrons plus loin sur les multiples attributions qui incombaient au maître d'hôtel des grandes maisons.

Tous ceux qui entourent Fouquet s'occupent de la rentrée ou de la sortie des fonds publics ou privés. Cette confusion conduit Mme Duplessis-Bellière à tenir les registres des pensions et gratifications du surintendant, à offrir des sommes à des communautés religieuses, à verser de l'argent au cardinal. Son médecin Pecquet règle des livraisons de tapisseries et de meubles, des traitants, comme Claude Girardin, paient les troupes[52], les commis Bruant, Pellisson, Bernard règlent les pensions, les placements et même les dépenses de la famille. Vatel reçoit donc d'eux des sommes mais aussi des remboursements dont il a gardé des traces dans ses papiers. Ainsi, le 13 juillet 1661, Fouquet reconnaît que « le Sieur Wattel, ci-devant son maître d'hôtel lui a rendu bon et fidèle compte de tous les deniers qu'il a reçus à lui appartenant, tant de messieurs de Lorme, Bruant, Pellisson, Bernard et de monsieur Janin que d'autres, lesquels deniers il a tous employés sur ordre dont il veut que ledit seing privé lui serve de quittance générale[53] ». Les domestiques du surintendant, selon la formule de Christian Petitfils, s'occupent des affaires de l'État et les commis des affaires privées.

L'inventaire dressé après le décès de Vatel contient plusieurs pièces témoignant de ces agissements. Il y figure un billet, signé de Fouquet le 17 février 1661, par lequel le surintendant s'engage à lui rembourser la somme de 20 000 livres. Cette somme concerne des projets pour la réception de leurs Majestés et de la reine mère d'Angleterre, « un premier article commençant par ces mots au sieur Jean Hartaut marchand de pierre et le deuxième article par ceux-ci à des hommes de journées[54] ». Le 4 septembre 1661, c'est-à-dire la veille du jour où Fouquet sera arrêté, Vatel règle une quittance de 300 livres pour le marbre et la pierre qui doivent être livrés pour la chapelle de la maison de Saint-Mandé[55]. C'est d'ailleurs pour les travaux d'entretien et d'embellissement des bâtiments que l'on possède les seules notes écrites de la main de Vatel, comme celle du 27 août 1656 conseillant à Fouquet le règlement des fournitures livrées à Saint-Mandé par les plombiers, qui « pressent fort Monseigneur de leur faire bailler de l'argent [...] ; je crois qu'il est justice de le faire, car je fais état qu'ils ont fourni pour bien près de quarante mil livres de plomb sur quoi ils n'ont reçu que vingt-deux mil livres[56] ». Une autre lettre, celle-là adressée à Courtois et datée du 18 avril – mais sans indication d'année –, concerne le transport de marchandises vers Vaux : « À l'égard du plomb, il y en a deux cent vingt-deux saumons que pourrez faire voiturer à Vaux, puisque vous avez les chartiers suffisamment. » Il ne s'agit pas, comme certains l'ont prétendu de poissons, mais de masse de plomb d'Angleterre, que l'on utilisait pour les travaux de canalisation de la rivière d'Anqueil[57].

Fouquet a chargé Vatel de s'occuper de toutes ses maisons et il lui semble donc normal de lui confier l'armement de plusieurs résidences, comme en témoigne cette lettre du maître d'hôtel destinée à Courtois en date du 22 juin 1658 : « J'ai fait charger aussi dans le chariot vingt-quatre fusils, douze mousquetons, et des moules à faire du plomb ; j'ai ordonné audit Robert de prendre à Saint-Mandé quarante ou cinquante grenades de fer, au cas qu'il les puisse trouver où je les ai mises[58]. » L'armement de ces maisons qui incombe à Vatel en tant que responsable des biens et des gens de son maître sera utilisé par les accusateurs de Fouquet lors de son procès. Or celui-ci le justifie pour les demeures de Saint-Mandé, Vaux et Belle-Île, par leur isolement – « ce sont des maisons seules à la campagne, exposées aux voleurs » – et par les vols de meubles et de couvertures de plomb qui avaient déjà eu lieu. D'où sa volonté de fournir quelques armes aux valets afin qu'ils puissent se défendre contre les voleurs, « ce qui m'obligea d'écrire un mot sur cet agenda, pour me souvenir de donner ordre à mon maître d'hôtel de mettre dans toutes mes maisons quelques quantités d'armes et de poudre dont quelqu'un fut nommément responsable avec charge de n'en point laisser prendre sans en faire mention afin que l'on vît toujours ce qu'il y aurait pour s'en servir et y avoir recours en cas de besoin[59] ».

La confiance que Fouquet place en son maître d'hôtel va bien au-delà. Ce « valet », qui si l'on en croit Molière est souvent un confident chargé des besognes difficiles, devient parfois un espion, un transporteur de fonds dans des missions plus délicates et secrètes. Espion, selon les dires de Gourville dans une histoire avec l'abbé Fouquet, frère de l'intendant. Cet abbé, mécontent du fait que M. de Lorme soit chassé de chez le surintendant, attribue ce départ à Gourville et décide de le déconsidérer aux yeux de ce dernier. Il invente une histoire soi-disant fondée sur des propos obtenus lors d'une confession par un jésuite. Le péni-tent prétend avoir entendu au Louvre une personne proposer à Gourville de rentrer en cabale contre Fouquet. Ce pénitent – qui a eu la bonne idée de laisser son adresse – est chargé de recon-naître le conspirateur. Fouquet, selon Gourville, fait alors appeler « Vatel son maître d'hôtel, homme de confiance, pour lui dire de voir avec cet homme comment on pourrait faire pour connaître la personne dont il est question ». Trois jours de suite, Vatel l'ac-compagne au Louvre et découvre qu'il s'agit de M. de La Rochefoucauld[60].

À l'exemple de Richelieu qui envoyait son premier valet de chambre pour payer des pensions à ses protégés, Fouquet a recours à son homme de confiance pour des maniements d'ar-gent destinés au cardinal, au roi ou à d'autres personnages de l'entourage curial. Ces sommes sont parfois remises au destinataire directement par Vatel – « [...] il a porté même de l'argent à M. le Cardinal par mon ordre, et acquitté plusieurs dettes[61] » – ou gérer et régler par son intermédiaire, comme cela apparaît dans les recettes et dépenses d'un compte de Vatel, arrêté le 1er janvier 1660, « par lequel il paraît que la recette faite par ledit Watel, il en a été fourni à Toulouse quatre mille louis d'or au roi, deux mille pistoles au sieur de Graves pour la reine mère, deux mille trois cent quatre une pistoles à M. de Willacerf pour partie des appointements de M. Le Tellier, cinq cents pistoles à M. le Cardinal, avec cinq cents autres donnés auparavant, deux ou trois cents pistoles en voyage de poste pour les voyages du roi, quatre mille livres à la compagnie des gardes de M. le duc d'Anjou[62] ». Dans ce cas, il arrive au maître d'hôtel de devoir prendre des mesures sur les transports de ces fonds. Ainsi Vatel est requis pour faire préparer des relais sur la route de Flandres afin d'apporter quelque 900 000 écus au cardinal pour les armées.

Ces diverses missions, le paiement des gardes françaises et suisses, comme celui pour les bâtiments du château de Fontainebleau dépassent le cadre des attributions d'un maître d'hôtel chargé des affaires domestiques. Vatel est à la fois domestique, homme de confiance et un factotum. Fouquet, qui s'appuie sur ses amis, ses parents pour ses affaires, s'appuie également sur son maître d'hôtel et sur ses autres domestiques dont il connaît la fidélité. Être domestique englobe la notion plus large de service, d'appartenance. La confusion fréquente entre le privé et le public, le mélange de l'un et de l'autre qui se retrouve dans son extraordinaire désordre comptable, qui traduit une conduite habituelle d'un argentier en période de pénurie, sans qui le trésor public serait en faillite, conduit à l'utilisation de « ses créatures » dans tout ce qui concerne sa vie privée ou publique.

CHAPITRE III

La fête de Vaux

« Des lieux qui, pour leurs beautés,
J'aurais pu croire enchantés,
Si Vaux n'était pas de ce monde. »

LA FONTAINE

Au dire de La Fontaine, jamais Vaux ne fut plus beau qu'en cette soirée qui enchanta tous les sens. Les témoins contemporains, plus ou moins partiaux, partagent ce sentiment. Dès le lendemain, un des chroniqueurs de *La Gazette*, l'organe officiel de la Cour, s'empresse de prendre sa plume :

De Fontainebleau, le 18 août

Hier au soir, le Roi ayant avec lui dans sa calèche Monsieur, la Comtesse d'Armagnac, la Duchesse de Valentinois, et la Comtesse de Guiche, alla à Vaux, comme aussi la Reine Mère accompagnée dans son carrosse de plusieurs dames, et de Madame pareillement, en litière. Cette auguste compagnie et sa suite, composée de la plupart des seigneurs et dames de la Cour, y fut traitée par le surintendant des Finances avec toute la magnificence imaginable, la bonne chère ayant été accompagnée du divertissement d'un fort agréable ballet, de la comédie et d'une infinité de feux d'artifice dans les jardins de cette belle et charmante maison, de manière que ce superbe régal se trouva assorti de tout ce qui peut se souhaiter dans les plus délicieux, et que Leurs Majestés, qui n'en partirent qu'à deux heures après minuit, à la clarté de grand nombre· de flambeaux, témoignèrent en être parfaitement satisfaites[1].

Loret que Fouquet lui-même invita, mais sans beaucoup de succès, à modérer ses éloges renchérit quelques jours plus tard dans ses lettres :

Mercredi dernier, étant, donc,
En ce lieu beau, s'il en fut onc,
Le Roi, l'illustre Reine mère,
Monseigneur d'Orléans, son frère,
Et Madame, pareillement,
Y vinrent par ébatement,
Suivis d'une Cour si brillante,
Ou pour mieux dire si galante,
Que Phébus, au chef radieux,
N'en éclaira jamais de telles.
Là cent objets miraculeux,
Des grands princes, des cordons-bleus,
Tous gens choisis et d'importance,
Bref la fleur de toute la France,
Arrivèrent en bel-aroi,
Avec notre cher et grand Roi,
Que ce fameux et beau génie,
De sagesse presque infinie,
Monsieur Fouquet Surintendant,
En bon sens toujours, abondant,
Ainsi qu'en toute politesse,
Reçut avec grande allégresse,
Et son aimable épouse aussi[2].

Le 22 août, La Fontaine adresse une lettre de plusieurs pages à son ami M. de Maucroix, alors à Rome pour s'occuper des affaires de Fouquet. Pensionné par le maître des lieux, il le dépeint comme « un si grand héros » qu'on dirait que « la renommée n'est faite que pour lui seul », puis passe en revue tous les événements mémorables de cette soirée où « tout combattit pour le plaisir du roi[3] ».

D'autres témoins, sans doute plus objectifs puisqu'ils n'appartiennent pas à la clientèle ou à l'entourage direct de Fouquet, évoquent cette journée qui allait devenir historique. Mme de La Fayette se rappelle dans ses *Mémoires de Cour* : « Toute la Cour alla à Vaux et M. Fouquet joignit à la magnificence de sa maison toute celle qui peut être imaginée pour la beauté des divertissements et la grandeur de la réception... La fête la plus complète qui n'ait jamais été[4]. » L'abbé de Choisy, dans ses *Mémoires pour servir l'histoire de Louis XIV*, souvent inexacts, rapporte les faits plus sobrement : « Le roi ne put s'empêcher d'aller à Vaux, où tout était prêt pour le recevoir... On y représenta pour la première fois *Les Fâcheux* de Molière, avec des ballets et des récits en musique dans les intermèdes. Le théâtre était dressé dans le jardin, et la décoration était ornée de fontaines véritables et de véritables orangers : et il y eut un feu d'artifice et un bal, où l'on dansa jusqu'à trois heures du matin[5]. »

Vatel a consacré tous ses talents d'organisateur à cette fête où, selon l'abbé de Choisy, plus de six mille personnes furent présentes[6]. Ce chiffre paraît élevé par rapport au nombre de couverts servis et à celui des courtisans, mais sans doute englobe-t-il les cochers et les laquais qui suivaient la Cour dans ses déplacements. Quoi qu'il en soit, cette journée allait changer le destin de Vatel.

Pour le plaisir des yeux

Le mercredi 17 août, vers trois heures de l'après-midi, toute la Cour – à l'exception de la reine, alors enceinte – quitte Fontainebleau. Trois heures plus tard, la tête du cortège arrive à Vaux. Nicolas et Marie-Madeleine Fouquet accueillent leurs hôtes royaux et leur font les honneurs de la visite du château. L'intérieur est splendide. Tentures, miroirs, tissus brodés d'or et d'argent rehaussent le ton des fauteuils de peluche de Chine, les cuirs dorés de Flandres, les tables de porphyre et de marbres meublent les vestibules et les salons en enfilade. Les plafonds de Le Brun ne sont qu'allégories sculptées ou peintes. Dans le salon des Muses, Mars représentant la valeur, Mercure la vigilance, Vertumne l'abondance et Jupiter la puissance, Hercule, le demi-dieu arrivant à l'Olympe, se mêlent aux fleurs et aux fruits, symboles de la paix, ou à des jeux d'enfants. Si l'on en croit l'abbé de Choisy, les courtisans, qui prennent garde à tout, remarquent dans tous les plafonds et aux ornements d'architecture, la devise du surintendant ou son emblème, l'écureuil – en langue poitevine, un écureuil, se dit fouquet.

Leurs Majestés se reposent dans des appartements qui leur sont destinés puis, la chaleur du jour déclinant, « le Roi entra dans le jardin où l'art a employé tout ce qu'il y a de beau. On voit en entrant deux grands canaux aux deux côtés ornés de quatre jets d'eau d'une hauteur extraordinaire. Leurs Majestés firent leur promenade par la longueur d'une allée et d'une largeur fort grande. Au lieu d'espaliers ordinaires elle est bordée d'un canal dont l'eau coule dans les bords de gazon, faisant un agréable murmure par la chute de plus de deux cents jets d'eau d'une même hauteur, et l'on voit dans les divers compartiments des parterres, cinquante fontaines jaillissantes de diverses figures[7] ».

Afin d'éviter toute peine aux hôtes royaux, des calèches sont mises à leur disposition pour aller dans les jardins. La reine mère reste assise ainsi toute la promenade, découvrant au bout de l'allée « un fort beau carré d'eau, au-delà duquel le roi trouva deux cascades qui arrêtèrent sa vue et sa promenade par leur beauté et par la grande quantité d'eau qui s'y voit[8] ».

Subjugué par la beauté, l'auteur anonyme de cette narration n'hésite pas à reconnaître que les réalisations des Italiens comme Tivoli et Frascati n'ont rien de comparable avec celles de Vaux : « Ce n'est rien dire que cent jets d'eau de plus de trente-cinq pieds de hauteur de chaque côté faisaient qu'on marchait dans une allée comme entre deux murs d'eau. Il y en avait encore pour le moins plus de mille qui tombant des coquilles et des bassins merveilleusement bien taillés faisaient un si grand et si beau bruit que chacun jurait que c'était le trône de Neptune. Ces deux cascades font deux canaux fort grands et fort beaux qui en font un troisième de plus de mil pas[9]. »

Ces merveilleuses fontaines sont l'œuvre de Claude Robillard ; jouant sur les différences de niveau des terrains pour obtenir l'effet de mur, il a amené de l'eau de la petite rivière d'Anqueil par des canalisations souterraines en plomb (dont les deux cent vingt-deux « saumons » que Vatel expédia à Courtois en avril 1657). Autour du canal, dit de la Poêle, s'élèvent deux compositions architecturales, les grandes cascades et la grotte dessinée par Le Nôtre. Toutes ces fontaines, ces cascades sont, selon La Fontaine, des sujets de discussions entre les courtisans quant à savoir celle que chacun préférait.

Les calèches traversent un pont de bois puis montent par une sorte d'amphithéâtre où le roi « trouva encore une fort belle chose au plus haut du jardin. C'est une gerbe d'eau de la grosseur du corps d'un homme et de la hauteur de plus de vingt pieds sortant avec tant de force et de violence, que c'est une des plus belles choses qui soit dans l'Europe de cette façon[10] ». C'est de ce terre-plein que la Cour prend la mesure de Vaux-le-Vicomte, de la succession des terrasses et des bassins, des parterres de fleurs : « Je ne peux partir de cet endroit sans vous dire qu'on voyait la plus belle perspective du monde ; le château qui est un des beaux édifices que l'on voit, en fait le point de vue avec les deux corps de logis des basses-cours, qui, quoique assez éloignées, semblent avoir été jointes au château pour le faire paraître d'une plus grande étendue. Toutes ces eaux jaillissantes, tous ces canaux, ces parterres, ces cascades, un bois de haute futaie d'un côté, un taillis de l'autre, ces allées remplies de dames, les courtisans chargés de rubans et de plumes faisaient le plus bel aspect qu'on puisse imaginer[11]. »

Plusieurs historiens affirment que c'est en voyant Vaux que Louis XIV voulut Versailles. Sans aucun doute toutes les réalisations qu'il y admira contribuèrent à le décider et à faire travailler ceux qui les avaient exécutées.

La magnificence du régal

Le jour commençant à tomber, tous se dirigent vers le château pour le souper organisé et servi par Vatel. En raison du nombre considérable d'invités, il a choisi de les répartir dans les diverses pièces. Les hôtes royaux, en entrant dans la chambre qui leur est réservée, trouvent une table dressée couverte d'un « ambigu », « où la délicatesse et la profusion disposaient à l'envi », et sur lequel quelques privilégiés purent jeter un regard. L'ambigu est à la fois un souper et une collation : au lieu de partager le repas en plusieurs services, tous les mets chauds et froids, salés et sucrés, sont présentés en même temps, « mais avec un ordre et un compartiment fort juste qui réjouit agréablement les sens, et qui donne de l'appétit aux plus dégoûtés[12] ». Cette manière de servir s'apparente aux buffets actuels avec, toutefois, une différence : les convives prennent place autour de la table où les couverts sont déjà répartis.

Les ambigus supposent un cadre élégant : une disposition recherchée de produits rares, de plats enjolivés, de pyramides de fruits, tout doit être mis en scène pour surprendre les convives dès leur entrée dans la pièce consacrée. Par leur luxe et leur opulence, ces ambigus traduisent la richesse et la grandeur du maître de maison. Là, comme dans les autres repas, Vatel répond au souci de Fouquet : affirmer la réussite financière et politique de son maître et « son désir d'être agréable à tous ». Vatel peut laisser libre cours à son imagination et à son sens du décor. Les budgets qui lui sont accordés lui permettent de rivaliser, voire de surpasser les maîtres d'hôtel des autres grands seigneurs. La surprise provoquée par la vision d'un ambigu est une des clés de la réussite : « Comme tout ce qui surprend en cette nature d'affaires est plus touchant, et plus beau, que ce qui est vulgaire, ordinaire, et commun, aussi cette façon extraordinaire de servir doit donner plus d'admiration, que celle dont l'usage est parmi nous familier, et domestique ; pour donner lieu à cette surprise il faut observer ce qui se pratique chez tous les gens raisonnables, et qui ne vont pas de pair avec la plèbe, et la canaille, que les conviés n'entrent jamais d'abord dans la salle à manger, qu'au moment que la table sera couverte[13]. »

« Le dessein en est beau, mais fort difficile à exécuter », selon l'auteur de *L'Art de bien traiter* qui donne en 1674 plusieurs exemples d'ambigus en fonction des saisons, selon aussi la qualité de celui qu'on désire servir, la dépense envisagée, le nombre d'invités, mais également le talent de son personnel. Le maître de maison peut s'adresser à des traiteurs ou en confier le soin à son propre maître d'hôtel, car « ce n'est pas une petite affaire que la disposition d'un régal de cette nature ». Il est d'ailleurs conseillé de faire des répétitions avant le grand jour : « Il est bon de mesurer les plats, et les assiettes avec leurs colliers sur la table, les y disposer en ordre, et en la figure que vous désirez, afin de voir quel terrain ils peuvent occuper tous ensemble[14]. » L'agencement des mets, les fleurs, les girandoles, les pyramides alternant avec des assiettes, des bassins, des soucoupes doivent charmer les yeux ; ils seront répartis sur la table et, éventuellement, sur des guéridons, dans des niches ou sur des cheminées « et par un avant-goût de bontés qui s'y rencontrent, il semble d'abord qu'on aille dévorer ces mets délicieux, le plaisir de les voir est plus grand que celui de les toucher, et c'est une satisfaction inconcevable pendant le repas d'avoir des objets si plaisants, qui excitent d'autant plus l'appétit, qu'ils sont fait exprès pour le réveiller, et servir d'embellissement à la magnificence du régal[15] ».

À Vaux, le plaisir des yeux et le plaisir de la gueule se conjuguent à la musique de vingt-quatre violons. En servant dans une vaisselle d'or massif ou de vermeil, selon les informateurs, Vatel s'est peut-être inspiré – ou a été l'inspirateur – de l'une des descriptions qui seront réunies un peu plus tard dans *L'Art de bien traiter*. Les chroniqueurs de l'époque restant muets, quelques conseils de cet ouvrage réputé permettent d'imaginer les prouesses que dut réaliser Vatel :

> *Une table carrée à douze bassins, six assiettes et dix porcelaines.*
> *Il faudra ranger les douze bassins sur la table qui occuperont en égale distance toute la superficie, de même qu'un jeu de quilles auquel on ajouterait encore un rang pour en faire un carré juste ; dans les bassins des quatre angles de la table on mettra, savoir dans les deux de coin en coin les viandes rôties [...] dans les deux autres bassins, des fruits crus, dans les deux qui seront des deux côtés du nombre de trois, et qui font face aux couverts de l'opposite l'un de l'autre seront les daubes, et autres mets de cette nature, les deux du milieu seront, l'un une tourte de pigeons, de chapons désossés, ou autres, l'autre de melons, si le temps y est, ou des fricassées chaudes comme des poulets, marinades, poitrines de veau farcies frites, poulardes en ragoût, quartier de veau mariné, gigot à la royale. Les deux bassins restant d'un côté, l'un comme l'autre aura des citrons doux ou communs, l'autre des fruits crus de diverse espèce, les deux bassins restant de l'autre part, aussi l'un contre l'autre, l'un aura des oranges de Portugal, ou autres, l'autre des fruits crus aussi agréablement diversifiés, sur les deux assiettes du milieu on mettra des confitures sèches, des quatre autres seront de confitures liquides ou deux seulement de crème... Dans les dix petites porcelaines qui seront proprement posées dans les entre-deux des douze bassins un peu en retirant du côté des couverts, sera mis, à savoir quatre d'icelles de coin en coin du sucre râpé, dans les six autres, des olives, et des salades toutes différentes d'herbelettes, de citron, d'anchois, ou autres les plus convenables de la saison[16].*

Si les viandes doivent être placées sur la table, les desserts peuvent être disposés partout dans la salle du festin, sur des buffets et, quand le temps vient de les consommer « on n'aura pas loin à aller quérir, ces objets agréables, après avoir diverti les yeux, achèveront ainsi le plaisir des autres sens ». Les bouteilles, flacons et fioles de cristal remplis de vins et de liqueurs sont installés sur des cabinets ou sur le dessus de la cheminée entre des pots de fleurs, ces derniers pouvant juste être « rangés galamment » derrière. Les couleurs riches de ces boissons sont éclairées par des flambeaux ou des girandoles. Vatel utilise certainement l'artifice des lumières et des plaques à miroirs pour rehausser la splendeur de la table, car « la beauté d'un repas est infiniment plus considérable le soir aux flambeaux que pendant le jour, et même qu'on mange mieux, comme dans un temps où les affaires ont un peu de relâche, que le nombre d'importuns est moins grand, et qu'il semble qu'il soit naturellement destiné à la découverte des plus doux plaisirs de la vie[17] ».

Si l'ambigu permet à Vatel de montrer son sens de l'art de la table où l'esthétisme se conjugue à la finesse de la cuisine, il témoigne aussi de son sens de l'organisation. Cette formule n'exige en effet qu'un minimum de service et peu d'allées et venues entre les cuisines, qui se trouvent au sous-sol, et le lieu du festin. Lui-même et une partie de ses valets peuvent ainsi se consacrer aux invités. Fouquet et Vatel ont certainement voulu aussi souligner une distinction entre le roi et sa Cour. Seul le couple royal est régalé d'un ambigu. Pour les courtisans, Vatel revient à une formule plus classique, celle du service à la française. « Une grande quantité de tables fort longues et fort bien servies furent dressées en même temps. Tout est si bien ordonné que chacun y trouve sa place[18] », note le chroniqueur anonyme. Les tables sont relevées cinq ou six fois – nombre variable selon les observateurs – par des plats à base de faisans, d'ortolans, de cailles, de perdreaux, des bisques, des ragoûts et d'autres bons morceaux, de toutes sortes de vins en abondance et de desserts. Délicatesse, finesse et abondance se lient pour

Remplir intestins et boyaux,
Ni de jambons, ni d'aloyaux,
Mais d'infinités de viandes
Si délicates, si friandes,
Y compris mille fruits divers,
Les uns sucrés les autres verts,
Que cela chose très certaine,
Passe toute croyance humaine[19].

Vatel dut apprécier ces vers de Loret ! Après le souper, chacun se rend à la comédie. Le Brun a fait dresser un théâtre de verdure où Molière et ses comédiens jouent *Les Fâcheux* :

Cet endroit qui n'est pas le moins beau
De ceux qu'enferme un lieu si délectable,
Au pied de ces sapins et sous la grille d'eau,
Parmi la fraîcheur agréable
Des fontaines, des bois, des ombres et des zéphyrs,
Furent préparés les plaisirs
Que l'on goûta cette soirée.
Des feuillages touffus la scène était parée,
Et de cent flambeaux éclairée ;
Le ciel en fut jaloux. Enfin, figure-toi
Que lorsqu'on eût tiré les toiles,
Tout combattit à Vaux pour le plaisir du Roi :
La musique, les eaux, les lustres, les étoiles[20].

Molière ouvre lui-même le spectacle. Prétendant n'avoir eu ni le temps ni les acteurs pour organiser à Sa Majesté le divertissement prévu, il escompte un secours. Au même instant, la célèbre Béjart sort d'un rocher qui s'entrouvre en équipage de déesse et récite un prologue, écrit par Pellisson, exaltant la justice du roi.

Ce divertissement est suivi d'un feu d'artifice que la Cour admire près de la première cascade. Le parc n'est qu'illuminations. « Des lanternes qu'on avait posées les unes proches des autres sur les corniches du château faisaient paraître le bâtiment tout en feu et faisaient une confusion d'obscurité et de lumière qui surprenait la vue, écrit notre chroniqueur anonyme. De l'autre côté, le dessus et les deux montées de la dernière cascade étant éclairés de la même façon montraient un amphithéâtre de feu[21]. » Le célèbre Giacomo Torelli, surnommé le « Grand Sorcier », a prévu que les fusées en retombant fassent mille figures, forment des fleurs de lys, marquent des noms et représentent des chiffres, pendant qu'une baleine s'avance sur le canal de laquelle sortent des fusées qui serpentent sur l'eau, donnant l'impression que feu et eau ne sont plus qu'une seule et même chose.

Le spectacle fini, le cortège s'en retourne vers le château pour une collation – c'est-à-dire des rafraîchissements et « toutes sortes de fruits les plus beaux et les plus rares ». Mais avant même que les carrosses aient rejoint la demeure, « on vit en un moment le ciel obscurci d'une épouvantable nuée de fusées et de serpenteaux : faut-il dire obscurci ou éclairé ? Cela partait de la lanterne, du dôme ». Est-ce la voûte de feu qui couvrit le jardin ou le bruit ? Deux chevaux moururent de peur : « Je ne croyais pas que cette relation dut avoir une fin si tragique et si pitoyable[22] », conclut ce jour-là La Fontaine, qui ne prévoyait pas les événements futurs.

Il est trois heures du matin, la Cour repart pour Fontainebleau.

Lendemain de fête

Beaucoup de légendes se sont constituées au fil des siècles sur cette fête, sur les sommes dépensées, sur le nombre d'invités, sur l'attitude du roi. Ne lit-on pas qu'elle coûta 40 000 écus, à 120 000 livres – hélas nous n'avons aucun état des dépenses pour cette seule journée – que 6 000 personnes y participèrent, qu'il fallut 500 douzaines d'assiettes d'argent et 120 douzaines de serviettes et 36 douzaines de plats. Soit une assiette par personne pour cinq ou six services et une serviette pour quatre, à une époque où les auteurs de traités de civilités et d'ouvrages culinaires recommandent de changer d'assiettes à chaque service et de serviette de deux en deux... Mais ces chiffres concernant la vaisselle sont extraits des inventaires de saisie, et ne tiennent compte que de la vaisselle d'apparat ; ils ne disent rien sur les autres couverts et les verres qui ont pu être loués, selon l'usage, tant pour le service de table que pour le matériel des cuisines. Or Vatel, au moins pour les cuisines, fit appel « à un cabaretier qu'on appelle le traiteur pour l'avoir fait venir du cabaret où il demeurait auparavant au lieu de Guignes[23] ». Tallemant des Réaux avance qu'il y eut six cents courtisans, ce qui semble plus plausible[24].

Quant à la loterie où les invités auraient gagné des bijoux et des armes, eut-elle vraiment lieu ? Aucun témoin ne l'évoque. Louis XIV a-t-il dicté ou inspiré dans *Les Fâcheux* la scène du chasseur, comme l'affirme Michelet selon qui le vrai fond de la fête fut en réalité une chasse, la chasse de Fouquet par ses ennemis, la chasse de Mlle de La Vallière pour la livrer au roi[25]. Mme Duplessis-Bellière, absente de cette fête, envoya-t-elle au cours des festivités un billet au surintendant pour l'informer de l'intention du roi de le faire arrêter[26] ? François Bluche, dans sa biographie de Louis XIV, estime que cette arrestation avait été envisagée pour ce 17 août au milieu de la fête, mais qu'elle fut retardée, car la reine mère fit remarquer qu'un grand roi ne pouvait pas violer les lois de l'hospitalité. Louis XIV, offusqué d'une telle magnificence, a-t-il déclaré à la reine mère « Ah ! Madame ! est-ce que nous ne ferons pas rendre gorge à tous ces gens-là ? » comme le rapporte l'abbé de Choisy[27] ?

Cette mémorable féerie, dont Vatel fut, au côté des génies de son temps, l'un des principaux metteurs en scène, a sans doute accéléré la chute de Fouquet, mais elle n'en est nullement la cause profonde car Louis XIV avait déjà décidé de destituer son trop puissant surintendant. Par son luxe ostentatoire, elle confirme le roi dans ses soupçons sur le rôle et la fortune de l'« écureuil » : « J'avais de jour en jour découvert de nouvelles marques de leurs dissipations [des principaux officiers] et principalement du surintendant, écrit le roi dans ses *Mémoires*. La vue des vastes établissements que cet homme avait projetés, et les insolentes acquisitions qu'il avait faites ne pouvaient qu'elles ne convainquissent mon esprit du dérèglement de son ambition[28]. »

La fête de Vaux met en évidence la pauvreté – relative – de la maison du roi, alors « que les dépenses les plus nécessaires et les plus privilégiées de ma maison et de ma personne étaient ou retardées contre toute bienséance ou soutenues par le seul crédit[29] ». Divertir la noblesse est un droit régalien. Fouquet s'en est arrogé la qualité, se substituant au roi en personne. Le château de Vaux, son incroyable richesse, l'enchantement des jardins, des spectacles, du festin lui laissent penser qu'un État dans l'État, réalisé sur les deniers de celui-ci et regroupant l'élite du royaume, s'est constitué. Alexandre Dumas, décrivant la soirée dans *Le Vicomte de Bragelonne*, traduit ce sentiment dans les propos que d'Artagnan échange avec Aramis : « L'idée m'est venue que le vrai roi de France n'est pas Louis XIV, c'est Fouquet[30]. » Tout cela contribue au ressentiment et à la dureté du roi lors du procès qui suivra l'arrestation.

Le roi était déjà venu à Vaux, mais si l'on en croit Mme de La Fayette, il en fut « étonné, et M. Fouquet le fut de remarquer que le roi l'était. Néanmoins, ils se remirent l'un et l'autre[31] ». Colbert, bien qu'absent, ne put s'empêcher de le souligner : « Les bâtiments, les meubles, l'argent et autres ornements n'étaient que pour les gens de finance et les traitants, auxquels ils faisaient les dépenses prodigieuses, tandis que les bâtiments de Sa Majesté étaient bien souvent retardés par le défaut d'argent, que les maisons royales n'étaient point meublées, et qu'il ne se trouvait même pas une paire de chenets d'argent pour la chambre du roi[32]. » À Vaux, le roi est servi dans de la vaisselle en or – massif selon les accusateurs de Fouquet ; « c'est là un détail irritant pour celui qui a pris la décision d'envoyer sa propre vaisselle à la fonte afin de faire face aux dernières dépenses de la guerre de Trente Ans ». Pensant raffermir son crédit ébranlé, détourner le jeune roi de ce qu'il pense n'être que des velléités de travail, « prendre son jeune roi dans cette maison de voluptés, comme Zamet eut chez lui Henri IV, et Montmorency Henry II[33] », Fouquet ne court qu'à sa perte. Louis XIV ne lui pardonne pas cette magnificence qu'il considère comme une humiliation. Bientôt, ce sera Versailles, en dépit de l'opposition de l'avare Colbert, et avec toute l'équipe des bâtisseurs, des décorateurs, des hommes d'art qui firent Vaux. Charles Le Brun, Louis Le Vau, Jean de La Quintinie, André Le Nôtre, Molière, Lully seront désormais à son service. Vatel n'en fera pas partie. Le nom de l'homme sur lequel repose une bonne partie des divertissements n'est même pas mentionné par les témoins présents le 17 août 1661.

CHAPITRE IV

Pour éviter un injuste traitement

> *« En vérité, dira-t-on que ceux qui ont eu*
> *crainte d'un pareil traitement [ont] eu grand*
> *tort de différer un peu le retour ? »*
>
> FOUQUET

La disgrâce du surintendant

Au lendemain de la fête de Vaux, des avis menaçants parviennent à Fouquet. Le 29 août, Louis XIV, accompagné du prince de Condé, du duc d'Enghien, du comte d'Armagnac et d'une trentaine de courtisans, quitte Fontainebleau pour Nantes afin de présider l'ouverture des états de Bretagne. Le surintendant, de plus en plus inquiet, fait le voyage avec Hugues de Lionne et s'installe à l'hôtel de Rougé, qui appartient à la famille de Mme Duplessis-Bellière, à proximité de sa propriété de Belle-Île[1]. Le 5 septembre, le roi, à la sortie d'un conseil matinal, donne l'ordre d'arrêter Fouquet. Cette mission est confiée à Charles Batz-Castelmore, sieur d'Artagnan, sous-lieutenant des mousquetaires. Colbert, la couleuvre, a vaincu Fouquet, l'écureuil. De Nantes, il est transféré à Angers, à Vincennes, puis à la Bastille à Paris.

L'annonce de la disgrâce du surintendant des Finances éclate comme un coup de tonnerre. À Paris, « la nouvelle a bien surpris du monde[2] ». La Fontaine s'étonne de la décision du roi dans une lettre à son ami Maucroix : « Je ne puis te dire de ce que tu m'as écrit sur mes affaires, mon cher ami ; elles ne me touchent pas tant que le malheur qui vient d'arriver au surintendant. Il est arrêté et le roi violent est contre lui, au point qu'il dit avoir entre les mains des pièces qui le feront prendre. Ah ! s'il le fait, il sera autant cruel que ses ennemis, d'autant qu'il n'a pas, comme eux, intérêt à être injuste[3]. »

Les scellés sont posés dès le 7 septembre à Fontainebleau, à Saint-Mandé, à Vaux et dans les autres demeures de Fouquet. Les propriétés de ses amis et commis Pellisson, Mme Duplessis-Bellières, Bruant des Carrières, Girardin subissent le même sort[4]. Pellisson est arrêté à Nantes, puis vient le tour des domestiques et commis Delorme, Bernard de Richemont, Jeannin, Mommerot, Pouilly et Courtois, les deux derniers n'étant incarcérés qu'en mars de l'année suivante. Mme Fouquet est assignée à résidence ainsi que Mme Duplessis-Bellières. Des secrétaires d'État, comme Plessis-Guéguenaud et Arnauld de Pomponne, sont poursuivis en justice, mais ce dernier sera envoyé à Verdun. Bruant des Carrières, après un séjour en prison, s'enfuit. Gourville, qui a déjà goûté de la Bastille de novembre 1656 à avril 1657, se précipite à Dijon, chez le prince de Condé. Créatures, amis ou domestiques de Fouquet, tous connaîtront des moments difficiles jusqu'à la fin du procès. Au total, plus de soixante personnes, des domestiques aux avocats, se retrouveront embastillées.

Vatel, lui, n'est pas arrêté. Il n'a pas fait partie du voyage de Nantes, comme le laisse supposer une quittance pour du marbre[5] que Philippe de Zegre de la Sannière a reçue « par les mains dudit Wattel » le 4 septembre 1661. Il est probablement resté à Vaux ou à Saint-Mandé pour remettre les lieux en état après la fête. Les précautions du surintendant lui ont sans doute permis d'emporter ses propres effets. La Forêt, un de ses valets, a quitté Nantes dès son arrestation et a pu rejoindre Paris douze heures avant Vouldi, le gentilhomme ordinaire chargé de poser les scellés[6]. Lorsque le 13 septembre, les conseillers d'État et maîtres des requêtes pénètrent « dans le cabinet du maître d'hôtel, pour faire les inventaires, ils ne trouvent qu'une table de bois seulement avec une armoire que nous avions fait ouvrir par le serrurier, en laquelle il n'y avait pas grand-chose[7] ».

Des inventaires sont dressés dans les diverses demeures de Fouquet, mais leur lecture laisse perplexe car ils semblent très incomplets. L'accusation se contentera — volontairement — de papiers fragmentaires, alors que Fouquet ne cesse de réclamer un réel inventaire. Pour les biens matériels, le conseiller d'État de La

Fosse indique que les meubles et ustensiles de Saint-Mandé ne sont pas fort considérables : « Nous n'y trouvons ni or, ni argent, ni pierreries, ni même de vaisselle d'argent, qu'en fort petit nombre, le surplus ayant été porté à Vaux lors du grand festin, à ce que les serviteurs nous disent[8]. » Or à Vaux il n'est dénombré, dans la salle à manger, que trente et une chaises en bois de noyer tourné, clouées avec galon de soie, ainsi que trois tables dont une de marbre et deux lustres de cristal. À la vaisselle, utilisée lors de la fête, s'ajoutent quelques pièces – un bassin, des aiguières, des réchauds et des flambeaux d'argent ou de vermeil. À propos de la chambre de Charles Le Brun – dans laquelle le peintre ne coucha jamais –, l'inventaire mentionne un lit, quatre fauteuils, six chaises, une tapisserie de Bergame, cinq bustes, des tableaux, une table, une grille et une pelle. Celle de M. d'Angeville ne contient qu'un lit avec un oreiller et une paire de draps, une tapisserie, des chaises, un fauteuil, six escabeaux, un miroir et une chaise percée.

Contrairement à ce qu'ont laissé penser certains de ses biographes, Vatel ne s'enfuit pas immédiatement à l'étranger. Lors de son procès, Fouquet déclare : « Il a été assez de temps en état d'être interrogé si l'on avait voulu être éclairci[9]. » D'autres domestiques, en revanche, sont arrêtés : Jacob Besseman, Charles de La Noué et Perrine Tarton sa femme, le garde et sa femme, Jeanne, la servante qui avait la garde des cuisines. Vatel ne risque-t-il pas de corroborer des arguments présentés par Fouquet que ni l'accusation ni surtout Louis XIV ne veulent entendre ou accepter – en particulier tout ce qui touche aux dépenses du surintendant ? Comme le souligne Daniel Dessert, dans sa biographie de Fouquet, l'absence de Bruant des Carrières et de Gourville, alors tous deux en fuite, prive le procès de deux protagonistes dont les interrogatoires auraient peut-être été plus gênants pour l'accusation que pour l'accusé[10]. Il en allait de même de Vatel.

Un témoin qui ne fut pas interrogé

Le procès s'ouvre le 14 novembre 1661 et durera jusqu'au 20 décembre 1664. Louis XIV crée une commission de vingt-deux membres pour juger l'accusé. Présidée par le chancelier

Séguier[11], elle comprend, entre autres, Pussort, oncle de Colbert, et M. de Sainte-Hélène. Talon remplit la fonction de procureur général, Olivier Lefèvre d'Ormesson celle de rapporteur. Fouquet assure lui-même sa défense. L'instruction est parsemée de détournements et falsifications de papiers, de défauts dans l'apposition des scellés, d'erreurs dans l'établissement des inventaires et dans l'enregistrement des documents. Des pressions sur les témoins et même sur les magistrats sont exercées. En fait, il s'agit d'établir les crimes de Fouquet, sans faire le procès de Mazarin.

Deux chefs d'accusation sont retenus contre Fouquet. Premièrement, son crime de lèse-majesté, en raison des fortifications et du « projet de Saint-Mandé ». Deuxièmement, ses malversations au préjudice du Trésor royal dans l'exercice de sa charge de surintendant des Finances, comme par exemple l'obtention à bas prix de créances sur l'État non recouvrables, des pots de vin, etc. Aux yeux de l'accusation, son fabuleux train de vie ne pouvait être couvert uniquement par les revenus de ses terres ou de ses héritages, ses traitements de surintendant et ses gratifications officielles. Il s'est donc enrichi en grande partie au détriment du Trésor royal − on parlerait aujourd'hui d'un détournement de fonds public pour son usage personnel : « La dépense domestique de l'accusé a été très grande... Il a fait de grandes dépenses aux bâtiments de Saint-Mandé, il a fait des travaux de toute sorte à Vaux, lesquels il a tâché de cacher[12]. »

L'argent qui passe entre les mains de Vatel et de ses commis est en effet énorme. Les recettes comme les dépenses ont été inscrites dans des registres (certains auraient été brûlés par Bruant des Carrières), que le procureur général va utiliser pour constituer un dossier à charge. Dans les pièces comptables produites au procès, il apparaît que les revenus de Fouquet, du 25 février 1653 à fin décembre 1656, s'élèvent à plus de 23 millions de livres, dont un peu plus de 3 millions d'appointements et gages, la différence étant composée essentiellement par des billets d'épargne, des sommes reçues des traitants et gens d'affaires (les revenus personnels et les recettes destinées à l'État sont assimilés dans la même gestion). Sur cette somme, 5 millions de livres environ ont servi à des amortissements de rentes et à des remboursements, 1 million et demi de livres a été versée à des particuliers, souvent membres de la Cour, près de 3 millions à Fouquet et son épouse, le surplus ayant été utilisé pour des achats de meubles, des acquisitions de terres, ou encore des travaux à Saint-Mandé, Paris et Belle-Île. Les registres de Taffu, commis de Bruant des Carrières, font état de sommes inférieures à celles données par l'accusation, selon laquelle, du 7 mai 1657 au 14 août 1661, Fouquet aurait touché plus de 16 millions de livres, dont moins de 800 000 livres seraient revenues au roi ; il aurait utilisé le reste pour Vaux et pour les dépenses domestiques. D'après l'accusation, les livres de Vatel établissent que 5 millions de livres avaient été dépensées dans les travaux de Saint-Mandé et de Vaux[13] (ces registres ont malheureusement disparu).

Fouquet argumente en rappelant qu'il est entré riche à la surintendance, mais qu'il est à présent ruiné. Quand il déclare que ses dettes dépassent son actif, on refuse de l'écouter et de dresser l'inventaire qu'il réclame. Or, selon l'analyse de Daniel Dessert, en 1653, l'état de ses biens, incluant héritage paternel et biens de ses deux épouses, se monte à 3 411 000 livres. Très riche avant de devenir surintendant, sa fortune grandit par la suite. En septembre 1661, au lendemain de Vaux, son actif se monte à 15 442 473 livres, mais le passif s'élève à 15 531 725 livres[14] (il doit d'ailleurs 25 000 livres à Vatel). Seul le crédit lui permet de tenir. Le luxe ostentatoire satisfait ses goûts d'esthète, mais lui permet en même temps de rassurer ses créanciers et d'obtenir des fonds de l'État. « Les dépenses de l'État n'eussent pu être faites, ni les deniers fournis à temps pour les besoins et les nécessités les plus urgentes, si je n'eusse pas pu les faire fournir, affirme-t-il pour sa défense. Si l'apparence de mon bien, la dépense, l'éclat, la libéralité, joints à l'observation inviolable de mes paroles, ne m'en eussent donné le crédit[15]. »

Vatel aurait pu être interrogé, mais on ne le fait pas dans l'immédiat, on l'a dit. Puis il s'enfuit, ce qui fut sans doute préférable pour lui car, comme l'écrit M. de la Rochefoucauld à Gourville, qui est alors réfugié chez lui, « les choses s'aigrissent contre les gens qui avaient été attachés à M. Fouquet[16] ». En effet, son nom figure sur un papier trouvé à Saint-Mandé derrière un miroir. Or dans ce papier, écrit en 1657, à la suite d'un différend avec Mazarin, et lors d'une crise de paludisme, Fouquet prévoit les dispositions à prendre en cas de disgrâce. S'imaginant arrêté, il organise la conduite à suivre par sa famille, ses amis dont Mme Duplessis-Bellière, ses commis, et leur demande de faire

« tout ce qu'ils pourraient, premièrement pour me faire avoir un valet avec moi, et ce valet, s'ils en avaient le choix, serait Vatel ; si on ne pouvait l'obtenir, on tenterait pour Longchamps, sinon, pour Courtois ou la Vallée. Quelques jours après l'avoir obtenu, on ferait instances pour mon cuisinier, et on laisserait entendre que je ne mange pas, que l'on ne doit refuser cette satisfaction à moins d'avoir mauvais dessein[17] ». Il les invite à se réfugier dans les places bretonnes de Concarneau, à l'île d'Yeu et de munir toutes « nos places des choses nécessaires et des hommes ». Comme le souligne Daniel Dessert, cette invitation « devient pour l'accusation un plan de soulèvement et Belle-Île une place forte[18] ». Mais ce projet n'a pas eu le moindre commencement d'exécution, et l'accusation de lèse-majesté n'est finalement pas retenue.

Profitant de l'extraordinaire désordre comptable des affaires du surintendant et de la confusion entre privé et public, l'accusation veut également prouver que toutes les sommes dépensées par Fouquet ne peuvent être imputées qu'à son train de vie. Vatel aurait pu expliquer que certaines dépenses ne concernaient pas uniquement Fouquet, et peut-être confirmer des éléments de la défense du surintendant. Lorsque ses accusateurs lui demandent « si ledit Vatel a eu quelques maniements ? » – c'est-à-dire s'est occupé de la gestion de ses biens –, Fouquet répond : « Il a fait quelque maniement de dépense et d'affaires domestiques. Interrogé s'il a rendu compte de son maniement. A dit que ledit Vatel a rendu ses comptes à lui répondant, et ne sait où ils sont[19]. »

Fouquet cherche à diminuer ses dépenses en montrant qu'elles ne concernent pas toutes ses propres affaires domestiques. Mais comme il ne peut quand même pas nier son train de vie, il s'efforce de le justifier : « Ma dépense a contribué aux crédits du roi, mon crédit a soutenu les affaires[20]. »

Vatel, nous l'avons dit, ne s'occupe pas seulement des affaires domestiques de la maison de Fouquet. Mais les registres des recettes et dépenses qu'il a tenus, comme la comptabilité du surintendant, ne distingue pas toujours ce qui relève des affaires privées et ce qui relève des affaires publiques. Dans un compte, arrêté le 1er janvier 1660 par Vatel, parmi toutes les dépenses, on trouve, par exemple, les sommes fournies à Toulouse à Louis XIV, à la reine mère, celles versées pour les appointements de M. Le Tellier, celles correspondant à des voyages de postes pour le service du roi, ou encore les soldes de la compagnie des gardes du duc d'Anjou. Or, le total de presque 100 000 francs « n'a rien de commun avec ma table ni mes affaires domestiques[21] ».

Répondant sur les comptes présentés par l'accusateur, Fouquet souligne que, bien souvent, Vatel porta des sommes au cardinal, au roi et à sa famille, parfois sur ses deniers personnels, sommes qui figurent sur le registre de son maître d'hôtel : « S'il avait plu à mes parties rendre tous les autres comptes qu'ils doivent avoir trouvés dans mes papiers, j'y ferais voir encore plusieurs sommes considérables portées à M. le Cardinal par ledit Vatel. De sorte qu'il faut se restreindre pour justifier ma dépense domestique, à ce qu'ils voient actuellement écrit et spécifié pour dépense domestique, et puis je leur demanderai quel intérêt ils y ont, puisque ce ne sont point les deniers du Roi qui y ont été employés[22]. » Déjà, avant son arrestation, La Fontaine l'invitait à renvoyer tous les demandeurs :

La Cour, la paix, le mariage,
Et la dépense du voyage,
Qui rend nos coffres épuisés[23].

Fouquet rejette les chiffres avancés par l'accusation concernant le coût des bâtiments de Vaux car, explique-t-il, au début de l'année 1659, sur cette somme, 1 750 000 livres furent en réalité destinées à Mazarin. Quant à ses dépenses de table, il déclare que sur les 150 000 livres mentionnées par Vatel dans le compte arrêté le 1er janvier, « il n'y en a pas plus de 32 000 qui aient été employées pour les dépenses de la maison[24] ». Ce sont là des affaires domestiques, conclut-il, qui ne regardent ni le roi ni le public. Il lui semble aussi étrange que le procureur général s'étonne de la présence, dans les états de Vatel, de remboursements correspondant à des déplacements liés à sa charge – ses notes de frais professionnels : « Qu'y a-t-il d'étrange, si en partant pour faire un grand voyage de quatre ou cinq cents lieues à aller et revenir, j'ai fait quelques dépenses de chevaux et d'équipage, et que j'aie donné charge au maître d'hôtel d'en laisser les mémoires au sieur Bruant pour en faire le paiement[25]. »

Le même embrouillamini existe concernant les recettes dans les livres de Vatel. Les sommes reçues et notées par le maître d'hôtel ne proviennent pas toutes du surintendant ou de ses commis et ne peuvent donc pas être imputées à Fouquet, puisque Vatel a reçu – et dépensé – de l'argent d'autres personnes pour des missions :

> *Et moi je puis prouver que Watel a fait beaucoup de recette qui n'était pas pour mon compte, et qu'il a reçu des deniers souvent qui ont été employés aux affaires du Roi et à celles de M. le Cardinal. Watel a été employé même par M. Colbert à faire la dépense de M. le Duc de Mantoue, quand il est venu à Paris, c'est Watel qui a tenu toutes ses tables, qui l'a défrayé et en a touché l'argent du Roi. Il a encore une petite charge chez Monsieur, et a fourni une partie de la dépense de sa maison ; de sorte que d'argumenter de sa recette pour conclure la nature de la dépense qu'il a faite, cela ne se peut*[26].

De plus, la totalité de certaines dépenses, comme celles liées au voyage de la reine de Suède, faites sur ordre du roi, ont été réglées par Fouquet et lui ont été imputées.

Ne pouvant se dérober devant l'ampleur de ses dépenses personnelles, Fouquet, le 13 décembre 1664, reconnaît ses excès, mais nie avoir dilapidé les deniers du roi. Sa prodigalité, se défend-il, vient de son désir d'être agréable à tous, « pour satisfaire aux commandements que j'ai eu de M. le Cardinal de recevoir le Roi, la Reine, les ambassadeurs, et de faire la dépense du Roi, et la sienne pour sa table, et pour toute sa suite à Vincennes tous les ans plusieurs jours de suite ; lors qu'il partait pour un voyage ou qu'il en revenait, sous prétexte que son équipage était déjà parti, ou qu'il n'était point encore arrivé. Toutes ces dépenses étant excessives en elles-mêmes ; et de plus m'obligeant d'acheter des meubles, et de la vaisselle proportionnée à la qualité des personnes qu'il me fallait recevoir[27] ». Fouquet estime que ce « n'est point excessif pour une personne au poste où j'étais[28] ».

Même si l'on avait pu prouver que l'argent des dépenses domestiques provenait des revenus liés aux charges, rentes, fortune personnelle et crédits de Fouquet, l'accusateur Talon aurait trouvé un autre crime à lui reprocher : « Mais quand toutes ces prétendues justifications seraient véritables, quand il n'aurait jamais employé les finances du Roi pour subvenir à ses dépenses domestiques, quand il aurait consommé quatre [ou] cinq millions dont il se dit redevable au-delà de la valeur de son bien, si par là il évite le crime de péculat ne tombe-t-il pas dans celui de trompeur et de banqueroutier[29] ? »

Une fuite pardonnée

Vatel quitte le royaume, sans qu'on sache dans quelles conditions ni à quelle date. Nous retrouvons sa trace, en 1663, grâce à un témoignage de Gourville mais pour peu de temps. Ce dernier, accusé d'abus, de malversations et de vols – Talon ayant découvert ses relations suspectes et un intérêt pris dans la ferme des Aides –, est condamné à mort par pendaison en avril 1663. Quittant La Rochefoucauld, il se réfugie dans un premier temps à Dijon auprès du prince de Condé, puis choisit l'exil. Après des détours par Paris et Amsterdam, il arrive en Angleterre où il retrouve M. de Saint-Évremond et y reste six semaines : « J'y trouvai aussi M. de Lépine qui avait été à M. Fouquet, et le sieur Vatel, son maître d'hôtel, qui prirent alors le parti de quitter Londres pour venir faire leur séjour à Bruxelles[30]. »

M. de Saint-Évremond, sur le point d'être arrêté à propos d'une lettre irrévérencieuse envers le cardinal, était passé en Angleterre. En souvenir de Gourville auquel il devait de n'avoir pas goûté à la Bastille, il fait bon accueil à Vatel et le conduit chez un cabaretier qui lui offre le gîte et le couvert. Les Giraud, couple de défroqués – lui ancien cordelier, elle religieuse – accueillent aussi M. de Lépine et Gourville. Pourtant, ce n'est guère le moment pour un Français de venir habiter en Angleterre. « Nous aimons tout naturellement les Espagnols, nous haïssons les Français », constate Samuel Pepys[31]. Un fait récent venait de donner la mesure de cette haine populaire : en septembre 1661, il y avait eu une bagarre entre les gens de l'ambassadeur d'Espagne à Londres et ceux de l'ambassadeur de France ; le peuple prit nettement parti pour les Espagnols. Pendant plusieurs jours, les Français n'auraient osé se montrer dans les rues de peur d'être tués[32]. Cependant le duc d'York, le roi Charles II, qui a passé une partie de son exil en France, et la Cour ne partagent pas ces sentiments. Dans la noblesse, avoir un cuisinier, un maître écuyer français est du dernier chic. Pepys, lui-même, se convertit à la cuisine française et se fait servir « une agréable fricassée de veau pour le dîner[33] ».

Les exilés ne semblent toutefois pas beaucoup apprécier l'Angleterre, puisqu'ils décident de rejoindre Bruxelles. Est-ce dans ce pays que Vatel apprend la condamnation de Fouquet ? Nous l'ignorons. Gourville ne le cite pas une seule fois dans ses récits relatant ses différents séjours dans cette ville.

Le samedi 20 décembre 1664, la Chambre de justice, par une majorité de treize voix contre neuf, condamne l'ancien surintendant au bannissement avec confiscation de ses biens. Certains de ses amis, comme Mme de Sévigné, qui se rendit plusieurs fois sur les lieux du procès à l'Arsenal, s'attendaient à la peine de mort : « Louez Dieu, M. [de Pomponne], et le remerciez ; notre pauvre ami est sauvé : il a passé treize à l'avis de M. d'Ormesson, et neuf à celui de Saint-Hélène. Je suis si aise que je suis hors de moi[34]. » Louis XIV, insatisfait de ce jugement, l'aggrave et fait emprisonner Fouquet à Pignerol, en Piémont, où il devait mourir après quinze ans de captivité en 1680.

Durant tout son procès, Fouquet reçoit le soutien de ses amis. Nicolas Gervaise, médecin lettré, compositeur des inscriptions latines de la maison de Fouquet à Saint-Mandé est le premier à avoir publié un petit poème latin *Fucquetus in vinculis, ad Dei matrem*, pour défendre le surintendant[35]. Parmi eux, Mme Duplessis-Bellière, Scarron, Corneille[36], La Fontaine, qui rédige *Le Songe de Vaux*, Mlle de Scudéry, qui évoque Saint-Mandé dans *Clélie*, le poète Marigny, l'abbé poète Boisrobert. Des défenses circulent clandestinement, malgré la censure. Des courtisans qui regrettent la prodigalité de Fouquet face à l'avarice de Colbert, des financiers, des gens de robe l'appuient, mais ce mouvement est plus le fait d'une opposition à Colbert et à Séguier qu'une réelle défense de Fouquet.

Les agissements de l'accusateur, les pressions exercées sur les témoins sont aussi une des causes de ces soutiens. Dans ses *Défenses*, Fouquet condamne les procédures et l'acharnement à l'égard de tous ceux qui le servirent ou furent ses amis :

> *On a tâché de corrompre les présents et les absents ; les promesses, les espérances, les artifices et les menaces n'y ont été non plus épargnées que les mauvais traitements... La Bastille a été remplie de ceux qui m'ont servi, sans qu'il y ait de plainte, information, raison d'État, ni prétexte... On emprisonna mes domestiques, on dépouilla de leurs charges, emplois et gouvernements tous ceux qu'on voulut faire croire être de mes amis, et on donna une si grande terreur à tous ceux qui pouvaient prendre part à mes intérêts, ou observer leur conduite qui se*

tiendrait dans mes affaires domestiques que chacun craignant sa ruine,
l'exil, la prison, ne songea plus qu'à s'enfuir ou désavouer de me
connaître[37].

L'acharnement du roi et des accusateurs à l'égard de deux
domestiques, déjà âgés, indigne Fouquet : « N'est-ce pas assez
d'avoir emprisonné mes proches et mes domestiques. Mes
ennemis devraient avoir honte d'avoir déjà vu mourir dans la
prison deux ou trois misérables sans autre accusation contre eux
sinon qu'ils étaient mes domestiques. » Parlant de Pouilly, il
ajoute : « Ce pauvre homme simple, sans charge, et sans biens a
été traîné en prison, tenu dans la Bastille et tourmenté, intimidé,
maltraité, pour le forcer à parler contre moi[38]. » Arrêté le 25 mars
1662, mais bientôt à l'extrémité, on le libère le 21 octobre, sous
l'engagement de revenir lorsqu'il serait guéri. Il meurt presque à
sa sortie de la Bastille. Courtois quant à lui meurt en prison :
« Un autre domestique de mon père, qui n'avait en sa vie fait
autre fonction pour moi, que celle de faire travailler les ouvriers
qui avaient été employés à Vaux a été traité de la même façon,
sans que son âge septuagénaire, ni sa femme, ni ses enfants, aient
pu obtenir sa liberté pendant qu'il était en santé, ni même à
l'agonie, la grâce de mourir hors la prison, dans laquelle il est
enfin mort, sans qu'on puisse alléguer une autre cause de ce traitement, sinon seulement pour ce qu'il avait été à moi[39]. » Dans
une lettre à M. de Pomponne, datée de janvier 1665, Mme de
Sévigné souligne que Pecquet et La Vallée sont encore à la
Bastille : « Y a-t-il rien au monde de si horrible que cette injus-
tice[40] ? » Pellisson ne sera libéré que le 16 janvier 1666. La fuite,
condamnable aux yeux de certains, est totalement excusable à
ceux de Fouquet : « On ne devrait pas trop alléguer la fuite des
hommes pour un indice de leur faute, après les traitements insupportables qu'on a faits à ceux qui étaient présents ; ceux qui ont
eu peur se sont retirés et ceux qui sont revenus n'ont pas été trop
sages, comme il a paru. Qui est l'homme bien sensé qui voudrait
s'exposer au cruel et injuste traitement qui a été fait à l'un de mes
commis nommé Pouilly[41] ? »

Ne pardonne-t-il pas à Vatel de n'être pas à ses côtés, alors
qu'il avait souhaité l'avoir auprès de lui s'il était emprisonné, par
ses propos ?

En un mot, chacun jugera si un homme bien sensé quelque innocent qu'il soit, viendra s'exposer à la merci et à l'humanité des gens qui n'en ont point, pour pourrir dans les prisons où les juges n'ont pas de pouvoir et y passer sa vie, à l'exemple de ceux qui y languissent, sans qu'ils puissent donner une requête, sans qu'il leur soit permis de demander justice du traitement qui leur est fait et sans qu'on fasse leur procès dans les règles. Voilà le beau secret qu'on a trouvé pour inviter les hommes à venir. En vérité, dira-t-on que ceux qui ont eu crainte d'un pareil traitement ont eu grand tort de différer un peu le retour[42] ?

CHAPITRE V

Au service des Condé

> « *La cuisine du siècle de Louis XIV fut soignée, somptueuse, assez belle, et presque très délicate chez Condé.* »
>
> MARQUIS DE CUSSY

Nous n'avons aucune certitude sur la date du retour en France de François Vatel. Cependant, une quittance, présente dans son inventaire après décès et datée du 9 juillet 1665, montre qu'il a été cette année-là argentier des écuries de Monsieur, frère du roi[1]. Vers 1665, Vatel occupe aussi peut-être une fonction de maître d'hôtel chez les princes de Condé, mais ce n'est qu'à partir de 1667 qu'il apparaît dans les papiers de la maison de ces princes, avec la charge de contrôleur général ; néanmoins, Mme de Sévigné le qualifie toujours de maître d'hôtel. Les traités et marchés précisent que François Watel, ou Wattel, a bien pour titre « contrôleur général de la maison de Leurs Altesses Sérénissimes », c'est-à-dire Louis II de Bourbon, prince de Condé, premier prince de sang, premier pair et grand maître de France, duc d'Enghien, et Henri-Jules de Bourbon, son fils, prince de Condé, duc d'Enghien, prince de sang, pair et grand maître de France. Il succède à Julien Cordier du Buisson à la fin de l'année 1667. En témoigne le grand registre trouvé dans son inventaire, commençant par ces mots : « États des certificats donnés pour les six dernières semaines de l'année 1667 [...] et contenant treize feuilles, le tout concernant les dépenses des maisons de S.A.S. »

Le prince de Condé a-t-il choisi Vatel en raison de sa réputation ? Il a eu l'occasion d'apprécier les talents du maître d'hôtel à Vaux. Mais il est aussi lié à Gourville, ce financier adroit qui aime la bonne chère, tient table ouverte grâce à un cuisinier de talent et une cave fort estimée, qui se flatte, dans ses voyages, d'emmener ses officiers pour se faire servir, pour son ordinaire, un bon potage, quatre entrées, un grand plat de rôt, deux salades et deux entremets et du plus beau fruit qu'il put se procurer. Gourville est sûrement le trait d'union entre Fouquet, Condé et Vatel. Ayant appartenu à La Rochefoucauld, amant de Mlle de Longueville, la sœur du Grand Condé, il s'était réfugié à Dijon chez ce dernier avant son exil. « Né pour les grandes choses, avide d'emplois, touché du plaisir de plaire et de bien faire[2] », apparemment peu troublé par sa condamnation à mort, il revient souvent en France. Ainsi, au cours d'un voyage à Paris, au début de l'année 1666, il rencontre Condé, mais ce n'est qu'en 1668, durant un séjour à Chantilly que « M. le Prince et M. le Duc qui avaient pris goût pour moi [...] souhaitèrent fort de vouloir m'attacher à leur service, leur maison étant en extrême désordre[3] ». En 1669, il accepte le titre d'intendant des maisons et des affaires du prince, et, au début du mois d'avril 1671, il obtient les lettres d'abolition du roi qui lui permettront de rentrer en possession de ses biens. Les services que ce condamné à mort rend au congrès de Breda en 1667, puis aux ducs de Brunswick et de Hanovre, l'accomplissement d'une mission en Espagne que lui confie Louvois, son poste chez les Condé et la grande fête à Chantilly en présence du roi lui valent cette grâce.

Le rétablissement des princes de Condé

Louis II de Bourbon, quatrième prince de Condé, vainqueur de Rocroi (1643), de Nördlingen (1645), de Lens (1648) qui hâte la préparation du traité de Westphalie, oscilla au début de la Fronde entre le parti de Mazarin, qu'il n'apprécie guère, et les frondeurs. Il apporta d'abord son soutien au gouvernement, puis se rapprocha des opposants et prit la tête de la Fronde des princes ; mais il se fit battre par Turenne à Bléneau et au faubourg Saint-Antoine (1652).

La Fronde vaincue, l'autorité du roi est progressivement restaurée. Plaisirs et divertissements, qui n'avaient pas cessé, connaissent un nouvel éclat. Mais sans Condé, car le premier prince de sang passe à l'ennemi. Ayant rejoint l'armée espagnole, il séjourne entre deux campagnes à la Cour de Bruxelles. Son hôtel parisien, lieu de rencontre des beaux esprits, et Chantilly lui sont confisqués. Le 12 novembre 1652, Louis XIV le déclare coupable du crime de lèse-majesté en même temps que le prince de Conti, son frère, la duchesse de Longueville, leur sœur, et d'autres seigneurs de la Fronde. Condé est sommé « de se mettre en état aux prisons de la Conciergerie », mais, bien entendu, ne répond pas à cet ordre. Il est déclaré déchu du nom de Bourbon, de ses dignités et de ses charges, et ses biens sont confisqués pour être remis au domaine royal.

La paix des Pyrénées, qui met fin à la longue guerre franco-espagnole, marque le début du retour du prince en France. Il quitte Bruxelles et arrive à Aix le 18 janvier 1660 où il rencontre Louis XIV et la reine mère, venus visiter les provinces du Sud, pendant que son ambassadeur, M. de Gramont, présente à Madrid la demande officielle de mariage du roi avec l'infante d'Espagne. Condé, écrit l'historien François Bluche, « domptant son honneur, vint rendre foi et hommage à son cousin. Dominant sa rancune, Louis se montra fort courtois envers l'ancien rebelle, allant jusqu'à l'inviter à son mariage, ce que Condé eut à son tour la délicatesse de refuser[4] ». Car il avait compris, au dire de Mme de Motteville, « qu'il était temps de s'humilier ». Il retrouve alors son hôtel parisien, son château de Saint-Maur, son domaine de Chantilly, le gouvernement de Bourgogne et la charge de grand maître de France. Colbert le reçoit à Vincennes, et Mazarin l'invite aux fêtes royales de France et d'Angleterre que le cardinal donne en septembre 1660. L'année suivante, il accompagne le roi en 1661 aux fêtes pour les épousailles de Monsieur, son frère, et d'Henriette d'Angleterre, en tant que grand maître, et est présent à Vaux. En 1662, il prend sa place au carrousel. Deux ans plus tard, à Versailles, son fils ferme la marche des compagnons de Roger, lors de la première grande fête du règne, les Plaisirs de l'île enchantée, qui, pendant huit jours, rappelèrent les heures fastueuses de Vaux. Le 21 février 1665, à Paris, la reine ouvre le bal avec Condé. Mais en dépit de cette présence aux manifestations royales, le roi garde quelque défiance envers l'ancien frondeur.

La fin de l'année 1667 voit son vrai retour en grâce. Louis XIV décide de s'emparer de la Franche-Comté. Ayant besoin de ses talents militaires, le roi, sur les conseils de Louvois qui le préfère à Turenne, le désigne pour commander une armée – il est d'ailleurs gouverneur de Bourgogne. En trois semaines, Condé prend la Franche-Comté. Cette conquête rapide, qui sera suivie du traité d'Aix-la-Chapelle, donne lieu le 18 juillet 1668 au Grand Divertissement royal de Versailles.

Au lendemain de la victoire, le prince de Condé change de comportement. « Autrefois incompatible avec la Cour, hautain avec les grands, insatiable de courtisanerie avec ses familiers, autant il est devenu maintenant le servile partisan du ministère, courtois, facile, agréable », observe la Princesse Palatine, qui ajoute cependant : « Quand une occasion de rendre service ou la nécessité ne l'obligent pas à venir à la Cour, il s'en tient éloigné. » Dès lors, le Grand Condé se montrera un fidèle serviteur de Louis XIV. Le 10 décembre 1686, la veille de sa mort, il écrit : « Je n'ai rien épargné pour le service de Votre Majesté, et j'ai tâché de remplir avec plaisir les devoirs auxquels ma naissance et le zèle sincère que j'avais pour la gloire de Votre Majesté m'obligeaient. Il est vrai que dans le milieu de ma vie j'ai eu une conduite que j'ai condamnée le premier et que Votre Majesté a eu la bonté de me pardonner. J'ai ensuite tâché de réparer cette faute par un attachement inviolable à Votre Majesté[5]. »

Ainsi Vatel, par un cheminement curieux, a servi deux hommes accusés de crime de lèse-majesté pour des raisons diverses et plus ou moins fondées. Moins de dix ans après Vaux, il entre donc chez un ancien frondeur repenti. Il n'est pas le seul des proches de Fouquet que l'on retrouve auprès du Grand Condé et du roi. Pellisson, libéré en 1666, mettra au point en 1671 les *Mémoires* de Louis XIV pour les années 1660-1661. Arnauld de Pomponne remplacera Hugues de Lionne aux Affaires étrangères en 1671. La veuve de Scarron deviendra la célèbre Mme de Maintenon. Presque tous les hommes et femmes de lettres, les artistes présents à Vaux vont faire partie des amis ou des pensionnés de Condé.

Du maître d'hôtel au contrôleur général

La « maison » dans laquelle entre Vatel est organisée sur le même principe que Versailles, puisque Condé est un prince du sang, mais elle est bien sûr plus limitée. La Maison civile du roi, à son apogée, ne compte en effet pas moins de vingt-deux départements. Le plus important, la « bouche », est lui-même divisé en sept offices, dont la « cuisine bouche » qui confectionne les repas de la table royale, le « gobelet bouche » – il réunit « l'échansonnerie bouche », chargée du vin et des autres boissons, et la « paneterie bouche », responsable de ce qui concerne le couvert du roi (pain, salade, fruit, linge, vaisselle). D'autres offices assurent le service des tables des officiers vivant à Versailles. L'approvisionnement, la préparation et le service des repas et des collations occupent au total plus de cinq cents officiers, dont la plupart servent par quartier, c'est-à-dire qu'ils n'exercent leur charge que trois ou six mois par an. En théorie, ils travaillent sous l'autorité du grand maître de la Maison du roi, également chargé de surveiller les dépenses, mais, dans les faits, la responsabilité incombe au premier maître d'hôtel.

À Versailles, le premier maître d'hôtel dirige le « service de table ». Il reçoit du roi l'ordre du boire et du manger, et le transmet aux officiers du gobelet et de la bouche. Il est secondé par un maître d'hôtel ordinaire et par douze maîtres d'hôtel servant par quartier. Les maîtres d'hôtel font aussi partie du « bureau du roi », qui arrête les dépenses journalières et passe les marchés avec les fournisseurs. Une fois par semaine, il fixe les « menus », c'est-à-dire le nombre de plats servis à la table du roi, de la reine, du maître d'hôtel, des aumôniers, des valets de chambre, etc. Dans ces réunions, qui se tiennent deux ou trois fois par semaine, siège le contrôleur général. Celui-ci est chargé de vérifier toutes les dépenses de bouche, ainsi que de la vaisselle d'or, d'argent et de vermeil. Assisté de seize « contrôleurs d'offices », qui surveillent les fournitures de toute la maison et, à partir de 1665, d'un « contrôleur ordinaire », il supervise les livraisons matinales, examine les viandes, les poissons, les fruits, puis, avant le repas, vérifie que toutes les pièces prévues d'après les menus sont employées. Lorsque le roi donne à manger, en particulier aux princesses et aux dames au retour de la chasse, c'est encore au contrôleur général que revient l'honneur de poser les viandes et les fruits sur la table.

Les grandes maisons aristocratiques cherchent à imiter la Maison du roi. Le maître d'hôtel y détient également la responsabilité de tout le service bouche, une tâche qui exige de multiples talents, lorsque le seigneur offre des réceptions somptueuses et des banquets d'apparat. L'élégance de la table, la finesse de la cuisine participent au prestige et à la renommée du maître de maison. L'homme en charge d'organiser la vie quotidienne, l'« ordinaire », et les grands moments, l'« extraordinaire », doit donc avoir un sens aigu de l'organisation, du commandement, mais aussi une aptitude à la gestion financière. Dès qu'il prend possession de sa charge, il est invité à faire un inventaire des biens existant dans les diverses cuisines et offices : vaisselles, argenterie, ustensiles, linges, provisions... Chaque mois, il va rendre un état des dépenses dont il assure le suivi au contrôleur général ou à l'intendant. Ce dernier gère tous les biens, revenus et affaires en ville ou à la campagne.

Le maître d'hôtel s'occupe de l'approvisionnement de la maison, de la table aux écuries. Ainsi, Daniel de Ricous, conseiller et premier maître d'hôtel du Grand Condé, conclut le 20 décembre 1669 un traité pour la fourniture des maisons de Leurs Altesses, Louis duc de Bourbon et Henri-Jules de Bourbon, et leurs familles. Il accepte de fournir à ses frais, pendant un an, tout ce qu'il conviendra comme pain, vin, viandes de boucherie et rôtisserie, poissons frais, secs et salés, d'eau de mer et d'eau douce, entremets, fruits, confitures, limonades et vins de liqueurs, nouveautés en toutes saisons, linge et blanchissage de ce linge pour les tables. Il s'engage aussi à fournir la table de la Palatine quand elle réside à Chantilly, et à couvrir, à ses frais, tous les repas extraordinaires que les princes envisageraient d'offrir à d'autres princes, seigneurs et ambassadeurs et autres, à l'exception des repas et festins donnés en l'honneur du roi, de la reine, de Monsieur, de Madame ou de Mademoiselle. À cela s'ajoutent les draps des quatre maisons, le bois et le charbon des appartements et des domestiques, les flambeaux et bougies et tout ce qui est nécessaire pour la nourriture et ferrure des chevaux de carrosse et de selle. Les frais pour le transport des meubles et des ustensiles d'office liés au déplacement de Leurs Altesses et familles lui incombent également ainsi que le paiement des gages d'une partie du personnel. Pour ce marché de 400 000 livres tournois, Daniel de Ricous reçoit dans l'immédiat une somme de 50 000 livres, le reste étant payable l'année suivante sur les revenus des terres et duchés et rentes assignées sur l'Hôtel de Ville de Paris que possèdent les princes[6].

Ce type de contrat signé entre prince, contrôleurs généraux et maîtres d'hôtel, modifie les rapports de dépendance qui unissent traditionnellement le maître et ses services, en introduisant « une relation contractuelle d'affaires qui mue les seconds en entrepreneurs[7] ». Le maître d'hôtel doit négocier les prix et les serviteurs avec des « pourvoyeurs » soit directement, soit en le sous-traitant avec des officiers qui sont sous ses ordres. Le pourvoyeur joue donc le rôle de courtier pour l'approvisionnement, son contrat allant en général de un à trois ans. Les prix fixés sont fermes et définitifs : le pourvoyeur reçoit chaque mois une somme. S'il ne peut fournir ce qui lui est demandé, les marchandises sont achetées à ses dépens, quel qu'en soit le prix. Ces marchés concernent l'« ordinaire », c'est-à-dire le quotidien. Pour l'« extraordinaire », les grands repas, les banquets d'apparat, les prix sont parfois débattus au coup par coup. Les contrats peuvent s'étendre à la fourniture et au blanchissage du linge de table et de cuisine, ou même à des objets comme les balais ou les habits de garçon de cuisine.

Les marchés signés avec les pourvoyeurs se révèlent très lucratifs pour les officiers de bouche. L'obligation de présenter chaque mois les quittances des paiements n'empêche pas les contrats fructueux et de substantiels bénéfices, auxquels s'ajoutent parfois des « présents qui seront faits à Leurs A.S. [Altesses Sérénissimes] concernant la bouche comme vin, fruit et viande [et qui] demeureront au profit dudit sieur de Ricous[8] ». Les occasions de « ferrer la mule », c'est-à-dire de profiter sur l'achat qu'on fait pour un autre, pratiqué par les cuisinières des petites maisons existent aussi dans les grandes maisons et permettent à certains d'accroître leurs rétributions directes. Les maîtres de l'art de la table, ceux qui contribuent à la naissance de la grande cuisine, sont aussi des hommes d'affaires qui savent gérer des sommes importantes et faire fructifier leur portefeuille.

Lorsque Condé rentre en France, sa maison domestique compte plus de cinq cents personnes, mais d'après les calculs de l'historienne Katia Béguin, le personnel diminue de moitié en 1664[9]. Parmi les 274 personnes qui travaillent encore au service du Grand Condé, il y a d'abord le groupe des valets, femmes de chambre, concierges, chefs de cuisine, d'office, etc., souvent issus de la bourgeoisie urbaine, des petits marchands, qui ont des fonctions strictement domestiques. Vatel appartient à une seconde catégorie, celle des hommes d'affaires, des gestionnaires, intendants, secrétaires des commandements et secrétaires ordinaires, trésoriers, contrôleurs généraux ou ordinaires, conseillers ; ils sont une quarantaine, en général issus du monde de la robe, des finances ou des marchands. Les charges de chambellans, de gentilshommes servants, d'écuyers d'écurie, de fauconnerie ou de vénerie et de maîtres d'hôtel, constituent une troisième catégorie, théoriquement réservée à la noblesse. Au cours du XVIIᵉ siècle, la fonction de maître d'hôtel est principalement remplie par des nobles. C'est peut-être la raison du titre donné à François Vatel sur les papiers de la maison de Condé, alors que son prédécesseur Julien Cordier, sieur du Buisson, portait celui de maître d'hôtel et contrôleur général.

Les fonctions de Vatel en tant que contrôleur général s'étendent aux diverses maisons où résident les princes de Condé : l'hôtel parisien, le domaine de Chantilly et le château de Saint-Maur-des-Fossés. Ce titre désigne selon le *Dictionnaire de l'Académie française* « un officier dont la charge est de tenir contrôle de certaines choses ». En tant que gestionnaire, Vatel vérifie pour les divers fournisseurs les marchés et états, les mémoires de fourniture, les ordres ou mandements de paiement, les quittances, les rôles – liste, catalogue – des dépenses, les assignations. Cela concerne tout ce qui touche à l'alimentation et à la table, aux écuries en passant par le blanchissage du linge. Ainsi, il contracte des marchés pour la fourniture de chevaux, foins et carrosses[10] ou un marché de blanchissage conclu entre Daniel de Ricous, Vatel et Jean Desjardins, blanchisseur du corps de la maison de Condé en 1669, qui inclut le linge et les dentelles de la famille mais aussi de leur garde-robe, c'est-à-dire celui de leurs valets ou femmes de chambre, nourrices, aussi bien à Paris qu'à la campagne[11]. Ses vérifications portent aussi sur le personnel : l'inventaire après décès de Vatel contient une liasse de quatre-vingt-une pièces qui sont « mémoires, certificats de maladies de maître Piques de la maison de S.A.S. qui ont été traités chez la dame Dupont[12] ».

Son rôle ne s'arrête pas là. Sa participation à l'élaboration et à la réalisation de la grande fête du mois d'avril 1671 laisse penser qu'il est chargé de l'« extraordinaire » des repas et festins offerts à Leurs Majestés, à Monsieur, Madame ou à Mademoiselle, puisque ceux-ci sont exclus du traité contracté par les Condé avec Daniel de Ricous. Il revient alors à Vatel de se charger des préparatifs, de conclure des marchés avec les pourvoyeurs. Il doit aussi tenir des conciliabules avec les cuisines et officiers pour préparer les menus et procéder à d'éventuelles locations de matériel.

La vie à Chantilly

Avant même son complet retour en grâce, le Grand Condé a commencé à embellir Chantilly et à constituer autour de lui une cour d'amis sûrs, gentilshommes et gens de plume qui refusent de se soumettre aux cérémonies de Versailles à longueur d'année. Vieilli, souvent malade car atteint de la goutte, Condé, devenu courtisan, demeure cependant loin de la Cour.

Dès 1662, il fait appel à Le Nôtre pour réaliser des modifications dans le parc et la forêt entourant le château de style Renaissance. Selon La Rochefoucauld, cette résidence a « les beautés qui conviennent à la grandeur d'un prince[13] ». Les travaux vont durer plus de vingt-deux ans, mais la boue des chantiers ne fera pas reculer les invités. Des fêtes vont se succéder avec ce « goût exquis » qui, au dire de Saint-Simon, est l'« apanage particulier » des Condé[14]. S'assurant le concours de Jean de La Quintinie, de l'architecte Daniel Gitard, du paysagiste Desgotz, de l'ingénieur Jacques de Manse, de Francine, le fontainier de Versailles, Le Nôtre se met à l'ouvrage. Il agrandit les jardins situés à l'ouest du château, et, bientôt, on peut accéder à la terrasse par une large rampe et redescendre aux nouveaux parterres par un escalier à deux paliers et une triple rampe. En 1666, il dessine et aménage le grand jardin à la française. En octobre 1669, visitant Chantilly en compagnie de sa femme, Olivier Lefèvre d'Ormesson remarque « les fontaines admirables par leur abondance[15] ». La maison de Sylvie sera construite l'année suivante et, en 1671, on achèvera de creuser le grand canal en canalisant la Nonette ; on le peuple de cygnes, d'oies et de canards, tandis que les douves sont remplies de carpes.

L'intérieur du château connaît aussi de nombreuses transformations. Épris de beauté et ami des artistes, Condé fait venir Charles Le Brun, Pierre Mignard, des Flamands comme Levin, de Wittetrades, de Polignac, Duquesne. Peu à peu, les pièces s'enrichissent d'œuvres d'art, de meubles et de tapis de luxe, de sièges recouverts de moquette ou de maroquin rouge frangé d'or et d'argent, et aussi de glaces, de vaisselles, de flambeaux de vermeil et d'argent.

Les travaux d'embellissement, les embarras financiers et l'attitude royale n'empêchent nullement Chantilly de reprendre un air d'animation. Louis XIV fait attendre sa visite officielle, mais ne trouve pas mauvais que sa famille et les principaux membres de sa Cour y soient reçus. Le duc et la duchesse d'Orléans, Henriette d'Angleterre, sont parmi les premiers à s'y rendre du 27 au 29 juillet 1662. Comme la princesse de Condé, dont l'esprit commence à donner des signes de dérangement, vit à Paris, c'est la Princesse Palatine, Anne de Gonzague, qui dirige la Maison du prince. La fille de cette ancienne frondeuse, Anne de Bavière, se fiance en décembre 1663 avec le duc d'Enghien. La naissance de Mlle de Bourbon, le 1er février 1666, puis de son frère Louis, en novembre 1667, donnent lieu à des réceptions.

M. de Turenne, le maréchal de Gramont, les hommes de lettres comme Boileau qui introduit Racine, Corneille, Bossuet, La Fontaine, Mme de La Fayette s'y réunissent pour disserter. Molière est, lui aussi, dans l'intimité du Grand Condé. Il est venu pour la première fois à Chantilly le 29 septembre 1663. Sa compagnie reste toute une semaine pour jouer ses comédies lors d'une visite de Monsieur et Madame pour lesquels Condé, selon Loret : « Fit des chères sans égales/À ces deux altesses royales,/Donna des divertissements/À causer de ravissements,/Pêche, chasse, danse, musique[16]. » Condé devient son protecteur et c'est grâce à lui que *Tartuffe* put enfin être joué[17]. Pendant toutes ces années, réceptions, fêtes se succèdent, délicates et distinguées. « Si la Cour de Fontainebleau surpasse celle de Chantilly en nombre, celle-ci ne lui cède nullement en galanterie et en divertissement, s'exclame Lefèvre d'Ormesson. Outre la beauté du site, la chasse, le jeu, la musique, la comédie, les promenades se trouvaient en ce lieu en abondance[18]. »

Quand Vatel découvre Chantilly, il constate que l'architecture du château n'a rien de commun avec la symétrie de Vaux, mais que, là aussi, les travaux ne sont pas finis. Il retrouve des familiers de Fouquet, mais la situation financière est différente. À partir de 1669, aux côtés d'Antoine Caillet, qui devient secrétaire, Gourville prend en charge la partie financière et administrative. Les dettes de Condé, à l'en croire, se montent, en 1670, à 8 millions de livres. Les embarras financiers de M. le Prince semblent inextricables. Dans un premier temps, il pare au plus pressé. Fort d'un emprunt de 40 000 écus, il exige qu'on lui donne tous les quinze jours un état des recettes et des dépenses afin que, « si l'on eut besoin d'argent, il pût en fournir sur son crédit ». À partir de 1670, de retour d'Espagne, d'où il apporte 500 000 livres en espèces et en lettres de change[19], il s'occupe activement des affaires de Condé, obtient qu'on lève les saisies sur les terres de Chantilly, Dammartin et Montmorency, et signe des accords avec les fournisseurs : « M. le Prince était accablé d'un grand nombre de créanciers qui se trouvaient dans son antichambre quand il voulait sortir. Ordinairement, il s'appuyait sur deux personnes ne pouvant marcher et passant aussi vite qu'il pouvait, il leur disait qu'il donnerait ordre qu'on les satisfît[20]. »

Le Grand Condé continue à souffrir de la goutte, malgré les régimes préconisés par son médecin ordinaire Bouillet, qui, avec un chirurgien et un apothicaire, réside à Chantilly et par l'abbé Bourdelot, premier médecin, qui partage son temps entre le château du prince et Paris où, parmi son illustre clientèle, il compte Mme de Sévigné. L'âcreté goutteuse, fruit de mauvaises digestions et d'une transpiration irrégulière, est le fait des gens qui se livrent à des excès de table, aux plaisirs de l'amour, à l'inaction[21]. Un régime léger, rafraîchissant, qui maintient soigneusement la liberté du ventre, sans grosses pièces de viandes, gibiers qui échauffent le sang et rendent toutes les fureurs aux humeurs, mais avec des bonnes viandes blanches, des bons bouillons qui purgent, des fruits et des légumes et surtout du lait est alors de rigueur.

On imagine mal Condé suivre ce régime, lui qui apprécie la bonne chère mais a la réputation d'être un piètre cuisinier. Du moins, si l'on en croit Gourville qui, pour une « course » militaire, avait fait « mettre dans des paniers du pain, du vin, des œufs durs, des noix et du fromage. Avec ces provisions, nous marchâmes bien avant dans la nuit et entrâmes dans un village où il y avait un cabaret. L'on y demeura trois ou quatre heures, et, n'y ayant trouvé que des œufs, M. le Prince se piqua de faire une omelette. L'hôtesse lui ayant dit qu'il fallait la tourner pour la mieux faire cuire, et enseigné à peu près comme il fallait faire, l'ayant voulu exécuter, il la jeta bravement du premier coup dans le feu. Je priai l'hôtesse d'en faire une autre, et de ne pas la confier à cet habile cuisinier[22] ».

En dix ans, Gourville va redresser la situation financière. Mais l'équilibre est loin d'être atteint lors de la grande réception de 1671, qui coûtera 180 000 livres.

L'ère des fêtes

Au moment où Gourville commence à redresser la situation financière des Condé, le retour de la faveur royale marque le début de l'ère des grandes fêtes de Chantilly. Dans une situation économique difficile, la prodigalité exposée aux yeux de tous illustre, comme au temps de Fouquet, la vertu d'une forte dépense comme soutien de crédit. L'éclat des réceptions étouffe les rumeurs de banqueroute et rassure les créditeurs. Pensées et animées par le fils du Grand Condé, Henri-Jules dont Saint-Simon dira que « personne n'a jamais porté si loin, l'invention, l'exécution, l'industrie, les agréments, ni la magnificence des fêtes. Il savait surprendre et enchanter dans toutes les espèces inimaginables[23] », elles s'inscrivent dans la lignée des grandes fêtes de Versailles, tout en s'en démarquant par l'organisation de chasses dans les forêts de Chantilly.

Ces brillantes fêtes commencent en octobre 1669, avec la réception de Jean II Casimir. Du 13 au 17 octobre, chaque soir, des soupers somptueux et des comédies succèdent aux promenades, chasses au cerf et parties de pêches de la journée pour distraire le roi de Pologne, qui vient d'abdiquer le 8 septembre 1668, après la mort de sa femme Louise-Marie de Gonzague de Nevers.

L'année suivante, Monsieur et Madame, en route pour Villers-Cotterêts, séjournent du 13 au 17 octobre à Chantilly. Louis XIV s'y arrête aussi, sans grand apparat toutefois, prenant au passage le prince pour effectuer une tournée des places de Flandres et d'Artois[24]. Mais au printemps suivant, à la veille d'une nouvelle guerre, avant d'entreprendre un voyage d'inspection qui précède les prises d'armes, le roi veut donner à Condé une marque de ses sentiments et honorer le prince. Il ne s'agira pas, comme dans le passé, d'une simple visite, car cette fois il restera plusieurs jours avec la Cour. Il s'est fait annoncer dans tout l'appareil de Sa Majesté. Le soin de le recevoir est confié à Vatel.

CHAPITRE VI

L'ultime fête

« On le loua fort, on loua et on blâma son courage. »

MME DE SÉVIGNÉ

Dans l'après-midi du jeudi 23 avril 1671 débute, en présence du roi et de toute la Cour, la somptueuse fête de Chantilly qui s'achève le samedi suivant. Un peu moins de dix ans se sont écoulés depuis les réjouissances de Vaux.

« Une des choses les plus galantes qui soient faites pour le plus grand monarque du monde »

Logement, ravitaillement, illuminations, divertissements reposent sur les épaules de Vatel. Du 23 au 25 avril 1671, deux mille personnes environ vont être les hôtes du Grand Condé. Mais deux semaines auparavant, Vatel ignore, à plusieurs centaines de personnes près, le nombre de convives et le jour précis où il plaira à Sa Majesté de s'arrêter à Chantilly. Déjà des rumeurs circulent sur la somptuosité et le coût de la réception. En témoigne une lettre que Mme de Sévigné envoie à sa fille le 17 avril 1671 : « Le roi ira le vingt-cinquième de ce mois, il y sera un jour entier. Jamais il ne s'est fait tant de dépense au triomphe des Empereurs qu'il y en aura là ; rien ne coûte ; on reçoit toutes les belles imaginations sans regarder à l'argent. On croit que M. le Prince n'en sera pas quitte pour 40 000 écus. Il faut quatre repas ; il y aura vingt-cinq tables servies à cinq services, sans compter une infinité d'autres[1]. »

La date enfin fixée, Vatel n'a plus que quinze jours pour s'occuper des préparatifs de cette fête qui sera le symbole de la reconnaissance de Condé, du pardon définitif de son passé de frondeur. Le compte à rebours commence. Il exige de Vatel une organisation sans défaut puisqu'il doit non seulement divertir, mais aussi nourrir et loger le roi, la Cour, sans compter les équipages ainsi que le personnel et les domestiques embauchés en supplément.

La fièvre s'empare du château. Des artisans finissent les derniers aménagements, tandis qu'à l'extérieur les jardiniers s'activent sous la direction de Le Nôtre, fauchent les pelouses, taillent les arbres, nettoient les allées, disposent des fleurs dans les vasques. Les fontainiers vérifient les jets d'eau, les artificiers préparent les illuminations et les feux d'artifice. Pour décorer les appartements royaux et les chambres des autres invités, on fait venir des meubles de Paris ; ceux incrustés de bois précieux et de polychromes sont oints d'huiles parfumées, ce qui leur donne plus de galanterie. Mme de Sévigné déguise un de ses domestiques en gentilhomme et fait apporter dix coffres de linges à Chantilly.

Le château n'est pas assez grand pour accueillir tous les invités et leur suite. Ses dépendances, et même un débarras, où l'on range habituellement les arrosoirs, sont convertis en chambre. Gourville se voit obligé de se réfugier à La Canardière[2] et de dormir sur la paille. Les maisons et auberges des villages circonvoisins sont réquisitionnées pour loger dames, courtisans, officiers, serviteurs. Vatel accompagne parfois Gourville pour aménager les chambres et faire procéder à leur nettoyage.

Vatel convoque tous ses pourvoyeurs, dépêche des courriers aux fermes alentours, aux métairies, à plusieurs ports, car il doit faire venir des quantités énormes de volailles, de porcs, de moutons, de bœufs, mais aussi de poissons puisqu'il y aura plusieurs jours maigres. Il lui faut aussi prévoir les fruits les plus rares et les plus exquis pour la table royale. Il engage de nouveaux laquais, des cuisiniers, des marmitons. Dans le même temps, il élabore les menus, prépare des plans de table, vérifie l'arrivée des marchandises, surveille les cuisines, discute avec le panetier, avec Daloyau, chef de la fruiterie, et François Dupuy, chef de l'échansonnerie, les quantités de pain, de vins, de boissons nécessaires aux dîners, soupers et collations. Tout cela représente une tâche immense, d'autant qu'officiers et serviteurs sont également nourris et hébergés aux frais du prince, et que l'on doit trouver les provisions pour ces hommes et les chevaux dans les villages avoisinants. Il faut aussi organiser l'arrivée des « corbeilles », ces carrosses chargés de bagages, leur déchargement et leur transfert vers leurs lieux de résidence « de sorte qu'à mesure qu'ils arrivaient à Chantilly on leur donnait un billet pour le village où ils devaient être logés[3] ».

La fête approche et Vatel fait dresser pour les repas des tentes sur la pelouse et les décors pour les collations. Il donne ses derniers conseils au personnel recruté pour la fête en leur indiquant la place de chaque mets, et pour certains, peu habitués aux grandes maisons, la manière de servir et de desservir. Enfin, les musiciens arrivent car on a fait venir de Paris « tout ce qu'il y avait de musique, de violons et de joueurs d'instruments », et on les conduit, dans des carrosses, là « où étaient leurs logements et où ils étaient fort bien servis[4] ».

En fin d'après-midi, le jeudi 23 avril 1671, les préparatifs sont terminés. Si l'on en croit Mme de Sévigné et Gourville, Vatel n'a pas dormi depuis onze nuits. Mais tout est en place pour l'arrivée du roi. Et même la pluie, qui tombait depuis plusieurs jours, a cessé le matin, faisant place à un temps radieux.

Les témoignages sur cette fête en l'honneur de Louis XIV dont nous disposons sont malheureusement plus rares que les descriptions des festivités de Vaux. Mme de Sévigné, très éprouvée par le suicide de Vatel, comme Gourville, dans ses *Mémoires*, parlent plus de son geste que des réjouissances. *La Gazette de France* a publié deux récits dans les jours suivant la réception. Le premier, en date du 29 avril, résume en une trentaine de lignes les grands moments de ces trois jours de festivités incessantes. Le deuxième, sans date, inséré à la suite du précédent, évoque en une douzaine de pages les lieux et les festivités. Selon le rédacteur anonyme, la fête de Chantilly « a été trop belle et trop solennelle, pour ne pas intéresser l'Histoire à en faire un tableau qui la représente, autant qu'il sera possible, à tous les étrangers, et qui en conserve la mémoire, comme de l'une des choses des plus galantes, et des plus magnifiques qui se soient faites pour le plus grand monarque du monde[5] ». Ce préambule, qui ne laisse aucun doute sur la raison de ces journées, reprend l'idée du rôle des fêtes comme instrument de démonstration du pouvoir du roi et de la richesse de son pays aux yeux de l'histoire et des étrangers. Mais cette volonté de démontrer à tous que ces journées ont été parfaites conduit *La Gazette* à rester silencieuse sur le suicide de Vatel et à diminuer les demi-échecs qui les ont marquées. Or la presse du temps, si elle a surtout l'habitude de rapporter avec admiration les grands moments, souligne aussi parfois sans hésitation les imperfections. Ainsi, quelques années plus tard, *Le Mercure galant* évoque lors d'un bal masqué donné chez le Dauphin les difficultés pour servir une collation qui « consistait en 60 grandes corbeilles qu'il aurait fallu plus de 60 hommes pour porter, si elles avaient pu pénétrer dans tous les lieux où elles devaient être portées[6] ».

Les informateurs de *La Gazette* n'auraient-ils pas eu connaissance du suicide de Vatel ? Mme de Sévigné, informée le jour même, obtient une narration détaillée de la bouche du comte Alphonse de Moreuil, premier écuyer. Il est difficile de croire que la nouvelle ne parvienne pas aux oreilles des auteurs, alors que le roi l'apprend par le prince lui-même et qu'elle fait l'objet de conversations entre les invités : « On le loua fort, on loua et blâma son courage. » *La Gazette* préfère-t-elle omettre cette nouvelle puisque la fête continue et que le suicide est condamnable en lui-même, surtout en présence d'un roi ? En outre, ne s'agit-il pas du suicide d'un homme qui, quel que soit son prestige, n'est qu'un domestique ? La mention du nom de Vatel ne risque-t-elle pas d'évoquer aux lecteurs un autre nom, celui de Fouquet, un procès peu glorieux, et de rappeler que « le Soleil a ses taches », selon le titre d'un chapitre de la biographie que François Bluche a consacrée à Louis XIV ? Les descriptions de *La Gazette de France*[7], en mettant en avant la splendeur de ces trois jours, permettent cependant de mesurer une fois encore l'étendue des talents de Vatel, en particulier son sens de l'organisation et son imagination.

Les plaisirs de la première journée

En ce 23 avril, les invités arrivent au château de Chantilly, qui est par « ses bâtiments, ses forêts, ses parcs, ses jardins, ses eaux, et les autres embellissements, l'une des plus délicieuses maisons qui puisse se voir[8] ». On peut facilement imaginer les embarras de circulation que provoque un tel déplacement. Partis vers les dix heures du matin de Saint-Germain-en-Laye, Leurs Majestés se restaurent au village de Moisset. Elles continuent par la route de Luzarches, où elles reçoivent les hommages du président Molé, et n'arrivent à l'entrée de la forêt de Chantilly que le soir. Le prince de Condé, le duc d'Enghien, le duc de Longueville, à la tête d'une importante troupe de personnes de qualités, se portent au-devant d'eux. Le roi, la reine et Monsieur sont d'abord conduits dans les jardins,

> *qui semblèrent lors, avoir augmenté les beautés qu'ils reçoivent de l'art et de la Nature, pour mieux plaire : et Leurs Majestés furent, de là, conduites en un petit bois, appelé Bois des Canaux, qui est des plus agréables par les eaux qu'on y voit serpenter de toutes parts, formant un nombre infini de petits ruisseaux, dont le murmure est des plus délicieux. Elles y rencontrèrent un berceau de feuillages, à la construction duquel on n'avait rien oublié, pour lui donner tous les ornements qui pouvaient les inviter à s'y rafraîchir. Il était ouvert par quatre portiques, dont les impostes étaient embellis de festons de fleurs, et enfoncés de quatre niches, garnies de caisses de citronniers et d'orangers, qui rendaient les dehors de cette belle feuillée, des plus riants, et des plus capables d'exciter la curiosité d'en voir les dedans[9].*

Ce cabinet de verdure, éclairé de trente lustres et trente girandoles, répandent leur lumière sur soixante vases de porcelaines, remplis de jonquilles, de narcisses et d'anémones. André Le Nôtre avait pris conseil auprès d'Henri Caboud, un avocat réputé pour avoir le plus beau jardin de fleurs de Paris. Au centre de cette feuillée de verdure, un jet d'eau s'élève en une haute pyramide, « laquelle était reçue, et renvoyée par trois nappes à coquille, de l'un et l'autre : au travers de la délicatesse desquelles, on découvrait l'or et le marbre qui en faisaient l'ornement, en sorte qu'il semblait que cette eau ne fut autre chose que les deux, entremêlées de cristal, qui devenus liquides, coulaient ainsi. Cette pyramide retombant dans la dernière des coquilles se perdait sous ce rond avec un petit bruit, qui ne flattait pas moins l'oreille qu'un agréable concert ».

Près de là, le roi découvre une collation de quarante bassins, « rangée sur ce rond, à l'entour du pied de la pyramide d'eau, avec une propreté et une politesse surprenante ». Dans un cabinet attenant, le cabinet des peintures, des jeunes filles chantent un air du dernier ballet du roi dans lequel Vulcain encourage ses cyclopes à travailler à des vases d'or destinés à embellir le palais pour Psyché. Le chroniqueur de *La Gazette* ne tarit pas d'éloges : « Les eaux, par leur bruit, les fleurs par leur éclat et leur odeur, les feuillages, par leur verdure, et les Zéphirs, par leurs douces haleines, essayaient, à l'envie, de charmer Leurs Majestés, joignant tous leurs agréments à la symphonie des violons et des muses, à laquelle tous les oiseaux des Bois vinrent, aussi, mêler leurs ramages[10]. » Quittant ce lieu, Leurs Majestés admirent le château qui paraît en feu tant il est éclairé. Puis elles gagnent leurs appartements, où l'on a disposé une telle quantité de vases de fleurs qu'on se « serait cru dans un jardin enchanté ».

Arrive enfin l'heure du souper, « servi avec une abondance prodigieuse de viandes, les plus exquises, ainsi qu'avec une magnificence et une politesse extraordinaire, une somptuosité extraordinaire servie en cinq services ». Leurs Majestés et Monsieur prennent place à la table qui leur est réservée. La seconde est tenue par le prince de Condé, la troisième par le duc d'Enghien et la quatrième par le duc de Longueville. Les autres seigneurs et dames de la Cour se répartissent autour des autres tables, dont le nombre varie selon les sources. *La Gazette* parle de soixante tables, Mme de Sévigné mentionne vingt-cinq tables fixes et une infinité d'autres. Gourville se contente de dire : « On avait fait mettre une quantité de tentes sur la pelouse de Chantilly, où on servit toutes les tables qu'il avait accoutumée de se servir chez le roi, et dans d'autres endroits, et encore plusieurs tables que l'on faisait remplir à mesure qu'il y avait des gens pour les remplir[11]. » Ces vingt-cinq tables fixes sont en fait les tables des invités d'honneur. Ce soir-là, comme lors des trois autres repas qui se tiendront les jours suivants, Vatel a choisi de faire porter les viandes et les boissons principalement par les Suisses — les gardes suisses avaient eu pendant deux siècles la spécialité de servir à table lorsque les valets étaient en nombre insuffisant.

On soupa somptueusement, même s'il y eut quelques tables où le rôti manqua en raison de la présence de plusieurs dîneurs inattendus. La compagnie s'apprête à se retirer pour la nuit, dans les appartements du château ou ailleurs :

*Elle fut bien surprise de voir que les ombres commençaient à faire place,
de tous côtés, à la lumière, ainsi qu'il arrive à la naissance du jour.
L'orient paraissant lors, vers un lieu appelé le port de la Gerbe, on vit
en sortir l'Aurore, sur un nuage d'or, de pourpre, et d'azur, accompagné de douze amours : lesquels, au lieu de semer sa route de fleurs,
comme on les représente d'ordinaire épanchaient une quantité de feux,
si prodigieuse, qu'ils couvraient toute la tête du canal. Tandis que cette
avantcourière du jour s'avançait avec tant de pompe, et d'éclat, le
tintamarre de quatre cents boîtes annonça la venue du soleil : et en
même temps, il sortit du fond, environné de cent fusées volantes, sur
un char des plus brillant, attelé de quatre chevaux, tous en feu, et suivi
des heures, qui s'étaient rassemblées des deux côtés de ce canal,
formant un cercle, d'où partait, encore, une infinité de fusées. Ce spectacle qui dura plus de deux heures, avec tout le succès qu'on pouvait
désirer, termina, enfin, les plaisirs de cette première journée*[12].

Le troisième coup

En réalité, le feu d'artifice ne fut pas aussi parfait que le prétend
La Gazette. Son demi-échec était dû non à une défaillance
humaine, mais à la clarté trop intense de la lune ou à la présence
de nuages. Mme de Sévigné, sous l'emprise de l'émotion, écrit
dans sa lettre du 24 avril, qu'il fut « un peu effacé par la clarté de
notre amie », c'est-à-dire la lune. Deux jours plus tard, elle
corrige : « il fut couvert d'un nuage » et ajoute : « il coûtait
16 000 francs ». La douce clarté d'une lune amie qui estompe un
peu la splendeur laisse place à un nuage qui la couvre, comme si
la marquise voulait donner un caractère théâtral à son récit. Le
feu d'artifice « un peu effacé » devient un feu d'artifice qui ne
réussit pas. À la suite du rôt manquant, le nuage se transforme en
présage...

Ces deux incidents perturbent Vatel. Il est chargé de toute la
réception, et tout manquement, toute erreur dans son organisation, comme l'absence de rôt aux « vingt-cinquièmes tables », lui
sont insupportables. Même s'il ne s'agit ni de la table royale ni de
tables accueillant les hôtes plus illustres, c'est un affront qui
tourne à l'obsession. Il dit plusieurs fois : « Je suis perdu d'honneur ; voici un affront que je ne supporterai pas. » Gourville, qui

accepte de l'aider à donner les derniers ordres pour le lendemain, sent que l'homme est épuisé, qu'il perd le contrôle de lui-même, et en appelle au prince de Condé pour lui apporter un réconfort. Le prince se rend alors à la chambre de Vatel : « "Vatel, tout va bien, rien n'a été si beau que le souper du roi" ; il lui dit : "Monseigneur, votre bonté m'achève : je sais que le rôti a manqué à deux tables." "Point du tout, dit M. le Prince, ne vous fâchez point, tout va bien." » Cette version des faits, rapportée par Gourville, est contredite par Mlle de Montpensier : « Un maître d'hôtel, qui avait paru et qui était en réputation d'être un homme très sage, se tua parce que M. le Prince s'était fâché d'un service qui n'était pas arrivé à temps pour le souper du roi[13]. »

La dernière nuit de Vatel est certainement difficile. Pas plus les propos de son maître que quelques heures de sommeil ne semblent pas avoir été d'aucun secours à cet homme ébranlé. À la pointe du jour, il se présente aux cuisines pour vérifier la livraison des dernières marchandises. « À quatre heures, Vatel va partout, il trouve tout endormi. Il rencontre un petit pourvoyeur qui lui apportait seulement deux charges de marée ; il lui demanda : "Est-ce là tout ?" Il lui dit : "Oui, monsieur." Il ne savait pas que Vatel avait envoyé à tous les ports de mer. Il attend quelque temps ; les autres pourvoyeurs ne viennent pas ; sa tête s'échauffait[14]. »

Les contrariétés éprouvées la veille portent son exaltation à son comble. Il redoute plus que tout la défection, toujours possible, de la « marée ». Or dans un grand repas donné un jour maigre[15], l'absence de marée fraîche, de poissons, d'huîtres paraît alors inconcevable. Par la suite, certains, comme Alexandre Dumas, dans son *Grand Dictionnaire de cuisine*, ont reproché à Vatel d'avoir fait preuve d'imprévoyance dans l'achat de sa marée, en méconnaissant les règles des circuits d'approvisionnement et des problèmes de conservation des aliments. Au Grand Siècle, en effet, la glace, alors très en vogue pour rafraîchir les boissons et pour confectionner des sorbets, n'est pas encore utilisée, du moins en France, pour transporter ou conserver les aliments.

Vatel a certes pris la précaution de s'adresser à plusieurs ports de pêche. Les arrivages ont-ils eu du retard par rapport aux prévisions — de juin à septembre les livraisons de poisson se faisant à cinq heures du matin[16] ? Vers les huit heures du matin, le poisson n'est pas arrivé, Vatel est convaincu qu'il est définitivement déshonoré. A-t-il trouvé une dernière fois Gourville pour lui faire part de ses appréhensions et déclaré, comme le relate Mme de Sévigné dans sa seconde lettre : « "Monsieur, je ne survivrai pas à cet affront-ci ; j'ai de l'honneur et de la réputation à perdre." Gourville se moqua de lui. » Gourville n'évoque pas ses propos dans ses *Mémoires* et se contente d'écrire : « On vint m'avertir dans la Canardière où je dormais sur la paille de ce qui venait d'arriver. »

Selon Mme de Sévigné, Vatel va dans sa chambre, met son épée contre la porte et se la passe au travers du corps. Le 24 au soir, elle achève son récit par un sec « en un mot, il s'est poignardé ». Mais le dimanche, la marquise renforce l'intensité dramatique de cet instant dans sa seconde lettre et retrouve sa grandiloquence : « Vatel va à sa chambre, met son épée contre la porte, et se la passe au travers du cœur, mais ce ne fut qu'au troisième coup, car il s'en donna deux qui n'étaient pas mortels ; il tombe mort. La marée cependant arrive de tous côtés ; on cherche Vatel pour la distribuer ; on va à sa chambre ; on heurte, on enfonce la porte ; on le trouve noyé dans son sang[17]. »

Ainsi « le grand Vatel, cet homme d'une capacité distinguée de toutes les autres », aurait-il, par conscience professionnelle, choisi la mort.

La même abondance que le jour précédent

Nous sommes le vendredi 24 au matin. La Cour commence à s'éveiller. Elle ne repartira que le samedi 25 en fin d'après-midi. Le fête doit continuer. Gourville ordonne qu'on transporte le corps de Vatel sur une charrette dans une paroisse située à une demi-heure pour le faire enterrer. De nos jours, à la mairie de Vineuil-Saint-Firmin figure cette brève mention du curé : « Le 24 avril 1671 a été amené ici dans un carrosse de Monseigneur le Prince le corps de Vatel, contrôleur général, pour être inhumé dans le cimetière par l'ordre que m'en ont apporté messieurs ses officiers, qui ont signé pour ma décharge. »

La marée commençant à arriver, Gourville informe M. le Prince qui fut au désespoir et M. le Duc qui pleura, car sur Vatel reposait son futur voyage en Bourgogne pour y tenir les états. Le roi, mis au courant, fait remarquer qu'il retardait son voyage à

Chantilly depuis cinq ans parce qu'il comprenait tout l'embarras que causait une telle réception et ajoute à l'égard de M. le Prince qu'à l'avenir « il ne devait avoir que deux tables et ne se point charger de tout le reste. Il jura qu'il ne souffrirait plus que M. le Prince en usât ainsi ».

Investi des fonctions de Vatel, Gourville réunit tous les officiers et leur demande de procéder selon les plans prévus. La fête reprend. « On dîna très bien, on fit collation, on soupa, on se promena, on joua, on fut en chasse ; tout était parfumé de jonquilles, tout était enchanté[18]. » À la lecture de *La Gazette*, il semble pourtant que l'enthousiasme du premier soir soit un peu retombé, car les textes consacrés aux deux derniers jours sont moins longs.

Le vendredi, la marée étant arrivée, les mets préparés, le dîner « où toute sorte du plus beau poisson fut servi, avec la même abondance et la somptuosité que le jour précédent » fut suivi d'une promenade en calèche dans les jardins jusqu'au canal où Leurs Majestés

> *s'embarquèrent sur des gondoles qui les attendaient au port de la Gerbe, lesquelles étaient toutes dorées, et très lestement équipées, avec les pavillons et guidons au vent, chacun de différente couleur. Ayant, ainsi à force de rames, abordées de l'autre côté, elles y remontèrent dedans les calèches, qui avaient fait le tour du canal, par-dessus des pontons de planches, couvertes de sable et de gazon : et continuèrent leur route vers un amphithéâtre qu'on avait dressé, sous un haut dais, au milieu de la plaine, qui sépare le bois de Vineuil. C'était là que tous étant préparés pour la chasse du cerf, on voit renfermé très grand nombre dans les toiles : lesquels, comme des victimes, destinées au plaisir de Leurs Majestés perdirent leur vie à leurs pieds, après avoir, plusieurs fois, passé devant l'amphithéâtre, étant poursuivis par les chiens.*

Pendant trois heures, on chasse ainsi le cerf, mais aussi le daim, le lièvre, la pie, le faisan. Après cette activité – ô combien fatigante –, la Cour se rend à la maison de Sylvie que le duc d'Enghien vient de faire bâtir dans un petit parc à droite du château « dont l'invention et l'ajustement sont de dernière galanterie. Ce palais est placé au milieu de quatre routes qui lui servent d'avenues, dont celle qui fait face à la sortie est accompagnée de deux autres de chaque côté qui forment une demi-étoile, ceint de berceaux à treillages par lesquels sont séparés du côté du bois, des parterres en compartiments de broderie, si remplis de fleurs qu'on les foule à chaque pas[19] ».

Une collation attend dans une salle ouverte des deux côtés, et « ce régal était accompagné d'un charmant concert de violons et hautbois ». Au soir de cette deuxième journée, un souper de la même force que le dîner précède le jeu.

Le samedi, Leurs Majestés entendent la messe au château, puis on leur sert un autre repas maigre avec une quantité prodigieuse de poisson « le plus beau et le mieux apprêté[20] ». Satisfaite de ces régals et de ces divertissements, la Cour prend congé pour aller coucher à Liancourt, où Louis XIV avait commandé un média-noche, le souper de viandes qui clôture un jour maigre.

Le lendemain, le roi partit inspecter les places du Nord. Condé est à ses côtés. De Dunkerque, M. le Prince, comblé, peut écrire à l'évêque d'Autun : « Ce que l'on vous a mandé du bon traite-ment que le Roi me fait est véritable, et j'ai, en effet tous les sujets du monde de me louer des bontés que Sa Majesté a pour moi[21]. » Ainsi s'achevait la première fête royale de Chantilly pour laquelle la dépense s'était montée à « cent quatre-vingt et tant de mille livres[22] ».

Durant les deux jours de fête qui suivirent la mort de Vatel, tout se déroula, aux dires des témoins, parfaitement. Sa mort ne perturba pas le cours des événements, pas plus qu'elle ne troubla l'organisation qu'il avait conçue et mise en place. « On ne s'aperçut pas que cet homme eût été chargé de rien[23] », affirme Gourville, entendant par là que son absence en tant qu'ordon-nateur et exécuteur passa inaperçue. Tout avait été prévu, et chacun, des cuisines aux serviteurs, joua le rôle qui lui incombait. Le minutieux travail de préparation, le soin apporté à chaque détail, tout cela permit la réussite d'une fête qui immortalisa le nom de Vatel dans les arts de la table et du divertissement.

L'honneur d'un homme de condition

Comment un homme ordonné, méticuleux, habitué aux grandes réceptions, ayant servi des tables royales, dont les talents de maître d'hôtel sont reconnus par ses contemporains est-il arrivé à ce geste extrême ?

Mme de Sévigné et Gourville n'ont aucun doute : ce sont des difficultés d'ordre matériel qui expliquent le suicide de Vatel, mais son comportement bizarre indiquait bien avant l'arrivée de la marée − ou plutôt de son éventuelle arrivée − un homme en proie à une anxiété croissante. Toute personne qui organise de nos jours une réception, quel que soit son talent d'organisateur, sait d'expérience que la tension monte au sein de son équipe au fur et à mesure que s'approche l'heure où vont arriver les invités. Or Vatel n'est pas seulement responsable d'un souper, d'un spectacle et d'une collation, comme il le fut à Vaux, il doit organiser quatre repas principaux, des collations, des déjeuners − nos petits-déjeuners actuels −, des divertissements variés, et cela pour deux mille personnes, dont il faut prévoir l'hébergement pour deux nuits, alors que le château et les auberges avoisinantes sont largement en dessous des besoins.

Vatel est donc un homme surmené. Or la moindre contrariété, le moindre ratage exacerbent la tension de quiconque se trouve dans cet état. Chez Vatel, la crainte de l'échec amplifie l'absence de rôt même si l'incident a concerné non pas la table royale, mais la vingt-cinquième table. « Je suis perdu d'honneur ; voici un affront que je ne supporterai pas. » Dès le premier soir, il n'a pas atteint la perfection qu'il exige de lui-même, et qu'il estime que les autres attendent de lui. Même s'il n'est pas directement en cause, cette absence dénote aux yeux de tous son imprévoyance. Elle désorganise en outre la perfection de son service, puisqu'elle bouleverse ses plans de table. Or le service à la française, comme nous le verrons, exige que chaque service comporte le même nombre de mets et que chaque mets occupe une place déterminée. La parfaite symétrie dans la présentation, l'équilibre du nombre de mets sont la condition de la perfection. La parfaite ordonnance n'a donc pas été respectée. Ce manquement où certains ne verraient qu'une vexation devient à ses yeux une affaire d'honneur.

Dès lors, la lune ou le nuage qui gâche une partie du feu d'artifice est forcément un mauvais signe. Lorsque la marée se fait attendre, Vatel est dans la spirale de ce qu'on a coutume d'appeler la « loi de Murphy » dans les pays anglo-saxons ; Barbara Wheaton a expliqué cette attitude qui consiste à croire que si quelque chose peut aller de travers, cela arrivera certainement. En France, nous parlons plutôt du syndrome de la « tartine beurrée ». Comme « un malheur ne vient jamais seul », Vatel conclut que la marée n'arrivera pas. Curieusement, l'arrivée des deux premières charges ne diminue pas son angoisse, mais au contraire l'accélère. Il est alors persuadé qu'il sera dans l'impossibilité de faire servir des repas maigres.

Aux côtés de cet apparent déséquilibre psychologique que mettent en avant Mme de Sévigné et Gourville, s'en ajoutent certainement d'autres, plus souterrains, mais non moins vraisemblables. Vatel n'a pas laissé d'écrit pour expliquer son acte. Que le lecteur nous permette d'avancer des hypothèses pour essayer de mieux cerner son état d'esprit.

La fête de Chantilly marque, nous l'avons dit, le rétablissement de Condé dans la faveur royale. Consciencieux à l'extrême, Vatel mesure l'importance de cette réception pour son maître et n'ignore pas que toute imperfection dans son déroulement risque d'avoir des conséquences négatives pour le prince. De plus, la chute de Fouquet reste attachée aux fêtes de Vaux et la disgrâce du surintendant a rejailli sur son maître d'hôtel. Vatel a connu l'exil. Chantilly est le symbole de son retour et de la confiance que lui accorde le prince puisque c'est la première fois, depuis qu'il est rentré, qu'il a la charge d'organiser une fête pour Louis XIV. Son échec ne pourrait que retentir sur son avenir. Comment pourrait survivre cet homme chez qui la notion d'honneur semble portée à un haut niveau ? N'a-t-il pas répété plusieurs fois : « Je suis perdu d'honneur ; voici un affront que je ne supporterai pas... Monsieur, je ne survivrai pas à cet affront-ci ; j'ai de l'honneur et de la réputation à perdre. »

La charge du maître d'hôtel est plus une charge d'honneur que de service. Pour Vatel, elle n'implique pas uniquement des comportements extérieurs, comme le port des signes distinctifs. Il est homme de devoir et d'étiquette. C'est par fidélité à un idéal de son temps qu'il se transperce de son épée plutôt que de subir le déshonneur. L'honneur est alors considéré comme l'apanage le plus précieux de l'homme, sans lequel « la vie [...] n'est plus une vie[24] », et cet honneur vis-à-vis de soi-même comme vis-à-vis des autres constitue un devoir. Qu'on songe à Don Diègue dans *Le Cid* pour qui « l'honneur est plus cher que le jour ». Vatel voit surgir devant lui la perte de l'estime de soi et le mépris des autres. Les propos que Mme de Sévigné prête à Vatel ne laissent place à aucune ambiguïté sur ce point. Mais acquérir de l'honneur, c'est aussi avoir de la réputation, faire parler de soi[25], comme l'a montré l'historienne Arlette Jouanna. Le désir d'occuper une place dans l'opinion des hommes a donné naissance à la réputation, à la célébrité, à la renommée. Une erreur aussi grave que celle de n'avoir su correctement nourrir la Cour n'aurait pu que le déconsidérer, et il aurait subi une humiliation : d'abord le jour même de la fête, puis dans les mois suivants. Son déshonneur aurait été connu de tous et même les Cours d'Europe auraient été informées par les journaux. Ayant servi chez Fouquet des gens illustres, il a eu l'occasion d'entendre des propos sur des confrères. Ainsi le cuisinier du marquis d'Uxelles, François de La Varenne, ne fait-il pas l'objet de critiques de la part de la marquise de Sablé alors que d'autres disent : « Vous comprenez bien la réputation que cela donne à votre maison, depuis que cet homme aussi remarquable qu'une perle orientale s'est fait quelque renom dans le monde des cuisines. Il en possède tout le jargon, et quoi qu'en dise Mme de Sablé, me paraît fort habile homme[26]. »

L'honneur est l'instinct de la vertu et il en fait le courage. Il se traduit par l'intériorisation d'une forte exigence morale et caractérise les natures fortes. L'homme d'honneur « pense, parle et agit avec une sorte de hauteur, et semble être son propre législateur par lui-même [...] il n'examine point, il agit sans feinte, même sans prudence[27] », écrira un siècle plus tard Duclos. Dans une époque obsédée par le sentiment de grandeur, où baroque et classicisme cohabitent, Vatel, homme de devoir, mais aussi homme fidèle, qui n'a pas trahi Fouquet, qui garde même un portrait de lui dans sa chambre, choisit de mettre fin à ses jours par un geste empreint de noblesse. Il aurait pu mettre fin à ses jours par d'autres manières. Il se transperse de son épée, l'épée qui est le symbole de sa charge. Si le suicide est condamné par la religion catholique ou protestante, un courant philosophique, dès le XVIe siècle en France, semble disposer à ne voir dans l'homicide de soi-même que « le triomphe d'une âme forte sur la faiblesse de la nature humaine et les trahisons de la nature[28] ». C'est précisément ce sentiment que Brantôme prête à Philippe de Strozzi, père des Strozzi qui entrèrent au service de France, prisonnier dans son château de Florence : « Puisque je n'ai su bien vivre, c'est bien raison que je sache bien mourir et que je mette fin à ma vie et à mes misères par un cœur généreux[29]. »

Fils d'un laboureur de Picardie, Vatel estime que la réputation qu'il défend est celle de son talent. Pour l'honnête homme français du XVIIe siècle, qui se veut encore un homme de bien, c'est-à-dire homme brave, courageux et guidé par l'honneur, il n'est pas nécessaire en effet d'être bien né. La naissance peut être remplacée et compensée par d'autres valeurs. Boileau, Racine, bien qu'issus de la bourgeoisie, contribuent à illustrer le portrait de l'honnête homme ; ils le font par leurs mérites. Désormais, « on peut être homme de qualité distingué par ses talents ou ses services, sans être obligatoirement homme de condition[30] ». Vatel s'est distingué de son milieu d'origine par sa valeur. « Et comme l'honneur est infiniment plus précieux que la vie[31] », il choisit l'honneur.

CHAPITRE VII

Inventaire après décès d'un homme de qualité

Quo non ascendet ?
(Devise de Fouquet)

L'historien ne peut faire qu'un constat : la vie privée de François Vatel nous échappe complètement. On ne connaît même pas l'âge exact auquel il s'est donné la mort. Ses parents s'étant mariés en 1624, il devait avoir tout au plus quarante-six ans. Il était alors célibataire – situation courante à cette époque parmi les domestiques des villes – et n'avait pas d'enfant en vie. C'est ce que nous révèle l'inventaire de ses biens, établi après son décès. Ce document est précieux puisqu'il nous permet de reconstituer son cadre de vie, ses goûts et ses modèles culturels, ainsi que l'état de sa fortune. Comme tous les inventaires du Grand Siècle, il n'est sans doute pas exhaustif ni totalement fiable, puisque des objets peuvent être estimés en dessous de leur valeur pour avantager les héritiers. L'inventaire, d'une manière générale, permet aux héritiers comme aux créanciers de se défendre ; c'est un acte coûteux réservé aux personnes aisées.

Un logement secret

François Vatel occupait à Paris deux logements. Le premier, à Saint-Germain-des-Prés, dans l'hôtel de Condé. Dans cette maison, située dans un triangle délimité par la rue de Vaugirard, la rue Neuve-Saint-Lambert et la rue des Fossés-de-Monsieur-le-Prince, habitent plus de la moitié des officiers chargés de la maison des princes de Condé. C'est là que « se négocie la majeure partie des affaires de la maison » d'après Katia Béguin. L'obtention d'un logement, qui venait souvent récompenser des années de service, correspond aux responsabilités exercées. Selon leur importance, valets, gentilshommes, hommes d'affaires, secrétaires disposent d'appartements plus ou moins grands pour eux, leur famille et leur propre domesticité. Gourville bénéficie d'un pavillon. L'intendant François de Riou et sa famille occupent sept pièces. Jacques Caillet, premier secrétaire des commandements, a cinq pièces. L'aumônier Bernard Lénet ou l'écuyer Charles-François de Grosolles en disposent respectivement de trois, tandis que les valets de chambre Aubriet et Constant jouissent chacun d'une chambre et d'un cabinet.

Vatel, peut-être en raison de son peu d'ancienneté et de son célibat, s'est vu attribuer « un appartement » de deux pièces. La première est « une petite chambre où le feu sieur Vatel tenait son bureau, décorée d'une tapisserie de Bergame de quinze ou vingt aunes de large sur une aune et demie de hauteur[1], huit chaises recouvertes de moquette et un tapis à franges de serge verte ». La deuxième pièce, qui lui servait de chambre, comportait trois chaises de moquette, une petite table ronde de bois de noyer à pilier tourné couverte d'un tapis de serge verte et un lit de plumes, « couvert de coutil, une paillasse traversin aussi rempli de plumes, une paire de draps de toile de chanvre, un matelas rempli de bourre camisse couvert de futaine, une couverture de laine blanche, un tour de lit de damas jaune, une courtepointe, une bonne grâce, un ciel de lit et un soubassement de même damas jaune le tout à frange avec les rideaux » et un miroir de toilette. C'est dans ces deux pièces que Vatel classe tous les papiers concernant son travail de contrôleur.

Comme les domestiques de Condé, qui n'ont pas de chambre de service dans l'hôtel, il possède un lieu de résidence à l'extérieur, rue Saint-Joseph, dans la paroisse Saint-Eustache, chez le sieur François Blondel, « bourgeois de Paris ». N'étant pas propriétaire, Vatel lui paie un loyer (à cette époque, il oscillait entre 50 et 100 livres pour deux pièces). Son logement de la rue Neuve-Saint-Lambert donne une impression de vide, d'impersonnalité, comme s'il ne s'agissait que d'un appartement de fonction. Les deux chambres qu'il loue chez Blondel révèlent plus d'intimité. Aux murs, il a accroché un portrait de Fouquet près de quatre autres tableaux, dont l'un représente un petit plat de fraises, un autre une statuette dorée, et les deux autres, la Vierge et une crucifixion. Ils sont estimés à 12 livres, valeur supérieure à celle de la plupart des tableaux et gravures inventoriés des inventaires parisiens de l'époque. La première pièce, l'antichambre, contient une carte marine représentant « la mer océane », une petite écritoire de maroquin rouge, ainsi qu'un écrin de bois de noyer, garni de brocatelle[2]. Elle est décorée d'une « vieille tenture de tapis série de Rouen d'une superficie de douze aunes environ ». Ce goût pour les murs tapissés n'est pas rare. Les trois quarts des habitations parisiennes en possèdent[3], les tapisseries de Bergame[4] et de Rouen étant les plus répandues et les plus communes. D'aspect grossier, elles font en général le tour d'une pièce et sont constituées par différentes matières filées, comme la soie, la laine, le coton, le chanvre, le poil de chèvre, de bœuf et de vache ; elles apparaissent aussi dans des intérieurs plus riches. Dans cette chambre où il y a une cheminée[5], Vatel conserve ses papiers familiaux, ses rentes, ses quittances et tout ce qui a trait à son activité chez Fouquet ; ses bijoux comme une paire de diamants, avec un doublet et une petite bague d'une valeur de 100 livres, deux canifs et un couteau, une fourchette à manche d'os blanc étaient rangés dans des petites cassettes. Une épée avec son fourreau, ses pistolets se trouvent chez Condé.

Isolant sa fenêtre par un rideau de serge blanche, Vatel s'est entouré de meubles qui correspondent aux goûts de l'époque, identiques à ceux de son autre appartement : une paire d'armoires de bois de poirier noirci, à doubles battants ; une table « de bois de noyer figurée à piliers tournés garnie de son tiroir et d'une autre petite table ovale de bois blanc » ; deux chaises de bois de noyer couvertes de « crin et coussinets de petite brocatelle » et six autres couvertes de moquette avec leurs housses de serge rouge et un tapis de table également de serge rouge. Dans ces années-là, les bois les plus appréciés pour les meubles sont le sapin, le noyer, le bois blanc, l'orme ou le hêtre. Pléthoriques dans toutes les maisons, les chaises sont en paille dans les intérieurs simples ; dans les milieux aisés, elles sont rembourrées de crin ou de bourre et recouvertes de tissus divers comme les moquettes, le damas, la serge, le drap et, chez les plus riches, par du velours d'Utrecht, de la soie ou de la tapisserie des Gobelins. À la place d'une simple nappe, Vatel préfère un tapis de serge.

Sur ce tapis de serge, ou de Turquie, on dresse parfois le couvert, comme le précise La Fontaine dans la fable du rat des villes : « Sur un tapis de Turquie/Le couvert se trouva mis. »

Délaissant le coffre destiné à entasser le linge ou la vaisselle, Vatel préfère les armoires, qui permettent un rangement plus rationnel. Ces armoires munies d'une double porte de bois de noyer à quatre guichets fermant à clef et deux layettes coulissantes sont des meubles solides et constituent généralement l'une des pièces maîtresses des intérieurs parisiens du XVIIᵉ siècle. Selon le goût du temps, Vatel a rehaussé la couleur du bois de poirier noirci par les deux couleurs dominantes de l'époque, le rouge et le vert, avec des galons, rubans, franges et brocatelles apportant une note plus claire. Chez Condé, le tour et le soubassement de son lit sont en damas jaune ; chez Blondel, ils sont en serge rouge, en harmonie avec le reste de l'ameublement. Pour les lits, la couleur la plus courante est alors le vert, mais le rouge est également très prisé, en particulier le cramoisi dans les intérieurs riches. La valeur de ce lit est supérieure à celle de celui de l'hôtel de Condé – 80 livres contre 60 – bien qu'il soit plus simple. Il s'agit d'une « couche de bois de noyer garnie de son enfonçure, paillasse, lit et traversin rempli de plume, un matelas rempli de bourre camisse couvert de futaine, une grande couverture de laine blanche, une autre couverture de coton piquée, le tour de lit en housse de serge rouge ». Le « lit » désigne alors soit un espace clos par des rideaux, soit, comme ici, une espèce de matelas fait de plumes enfermées dans du coutil. Le bois du lit s'appelait « couche ». La garniture complète d'un lit à pilier comprend une enfonçure (c'est-à-dire un assemblage de petites lattes), parfois un sommier en crin couvert de toile grise, une paillasse, un ou plusieurs matelas, un lit, un traversin, un ou deux oreillers, une ou plusieurs couvertures, un couvre-pieds, une courtepointe faite d'étoffe doublée et rembourrée de laine ou de coton servant de dessus-de-lit. Le tour, ou la housse de lit, se compose aussi de multiples éléments : des « bonnes grâces » ou rideaux étroits, qui descendent le long des piliers, un fond ou un ciel, des bandes de tissus disposées horizontalement autour du ciel pour dissimuler les tringles, un dossier ou pièce d'étoffe placée verticalement le long du chevet, un soubassement ou garniture d'étoffe au bas du lit et, enfin, des rideaux. Ce modèle, très en vogue dans les années 1670, figure dans toutes les gravures d'Abraham Bosse. Comme ses contemporains, Vatel possède une couverture de laine blanche et pour la couverture complémentaire préfère le coton à la flanelle ou au taffetas. La valeur respective de deux lits de Vatel – 80 et 60 livres – se situe en dessous de la moyenne, mais représente un investissement total de 140 livres.

Dans la maison de Blondel, on a retrouvé ses ustensiles et son matériel de cuisine et d'office. Nous ne savons pas s'ils étaient destinés à son usage personnel et/ou s'il les louait dans les grandes maisons. Ils sont estimés à plus de 234 livres, somme nettement supérieure à la moyenne des inventaires domestiques parisiens, où la valeur totale des objets en fer ne dépasse guère 2 à 3 livres et ceux en cuivre 2 à 10 livres[6]. L'ensemble se composait de

> *douze cuillères, douze fourchettes, une écuelle couverte et trois petits flambeaux le tout d'argent... la quantité de cent soixante livres d'étain servant en plusieurs ustensiles d'hôtel... une cuvette de cuivre rouge avec son pied... une fontaine de cuivre rouge tenant quatre seaux... trois marmites de cuivre rouge, quatre chaudrons de cuivre jaune, trois poêlons aussi de cuivre rouge, un poissonnier de cuivre rouge, une cuiller à pot aussi de cuivre rouge, une écumoire, un briquet, quatre casseroles de cuivre rouge... une crémaillère, un gril, trois poêles, deux réchauds, deux contuchalaters le tout de fer... deux draps de toile de chanvre de deux lez chacun... trois paires de gros draps de grosse toile de chanvre servant aux valets... une douzaine de serviettes de toile de chanvre vieilles et telles quelles avec douze nappes aussi de toile de chanvre vieilles[7].*

C'est également chez Blondel que l'on a retrouvé son « petit carrosse coupé garni de son train et roues avec deux chevaux sous poil noir », prisé 300 livres, qu'il utilisait peut-être pour se rendre à Chantilly ou rue Neuve-Saint-Lambert.

Un habit de camelot de Bruxelles, sept chemises neuves...

Comme la table, le vêtement fait partie des dépenses ostentatoires[8]. Ainsi les domestiques sont généralement mieux vêtus que les autres employés. Parmi eux, ceux qui portent la livrée et les marques distinctives de leur fonction, comme l'épée, affirment le rang et la fortune de leur maître, les plus riches officiers calquant

leur comportement sur eux. Les vêtements, mais aussi les acces-
soires, les bijoux sont des marqueurs sociaux ; mais plus que leur
valeur marchande c'est la qualité, le nombre de pièces et la capacité à les associer qui est importante. C'est la haute société qui
dicte les règles du savoir s'habiller, comme elle dicte les règles du
savoir bien manger. M. Jourdain en témoigne, lui qui a la préten-
tion de devenir un homme de qualité. Lorsqu'il fait un peu
attendre son maître de musique et son maître à danser, il se
justifie : « C'est que je me fais habiller aujourd'hui comme les
gens de qualité[9]. »

Pour Vatel, cet homme d'origine rurale, le changement
d'habit symbolise la métamorphose. Au XVIIe siècle, l'habit
complet, qui est dans toutes les armoires, comporte trois
éléments essentiels : le justaucorps, la veste et la culotte. Dans la
noblesse, d'après les inventaires analysés par Daniel Roche, un
quart des garde-robes de l'homme élégant contient plus de six
pièces d'habit rehaussés par des broderies et des garnitures[10].

Chez Condé, Vatel, de façon surprenante, n'avait que peu de
vêtements – deux justaucorps, un haut-de-chausses et des
culottes de drap d'Espagne noir, un bonnet de laine et un de
taffetas, une coiffe, deux chemises de toile de Hollande, une
grande paire de bas de drap blanc, une paire de bas de soie d'Angleterre, un nœud et des cravates.

En revanche, dans son domicile privé, on a retrouvé quatre
habits complets composés de culottes, justaucorps, pourpoints,
hauts-de-chausses, vestes[11] :

> – *un habit de camelot de Bruxelles composé de haut-de-chausses,
> culottes, justaucorps et le pourpoint de tabis piqué garni de ruban
> feuilles mortes, prisé 12 livres ;*
> – *un autre habit de drap de Hollande noir composé du haut-de-
> chausses, culotte, pourpoint, justaucorps et une veste de taffetas noir
> telle quelle et garnie de ruban noir, prisé 14 livres ;*
> – *un autre habit composé de culotte et justaucorps de droguet rayé de
> fil et laine et une veste de taffetas rayé, prisé 16 livres ;*
> – *un autre habit d'étamine grise composé de culotte, justaucorps
> doublé de tabis gris piqué le pourpoint aussi de tabis piqué doublé de
> taffetas blanc garni de ruban noir avec un pourpoint de tabis noir, prisé
> 8 livres ;*

— deux autres justaucorps de drap gris blanc avec un autre justaucorps et un haut-de-chausses et culotte de drap d'Espagne noir et une coiffe, prisés 20 livres.

Le noir est alors la couleur la plus répandue dans toutes les couches de la société, le gris est plutôt réservé à la domesticité, le blanc à la noblesse[12]. Parmi les tissus, Vatel choisit pour ses vêtements chauds du drap de Hollande, ou camelot (fait de poil de chèvre mêlé de laine et de soie), du droguet (étoffe de laine et de fils), matériaux plus usités dans la domesticité que dans la noblesse, des taffetas et du tabis (taffetas ondé) surtout utilisé pour les habits de parade et toujours garni de rubans de couleur noire ou feuilles mortes. Il possède aussi quatre paires de pantalons dont « trois de toile de Troyes et un de même toile garni d'une paire de bas de coton avec un caleçon de toile de chanvre, prisés 6 livres » (les pantalons sont alors un habit d'une pièce qui prend depuis le col jusqu'aux pieds).

Parmi le reste de son linge, on dénombre :

— huit paires de bas de soie dont quatre de soie noirs, trois gris et un blanc et trois autres paires de bas de laine dont deux noires et une blanche prisées 16 livres et une paire de bas de soie d'Angleterre neuve prisée 10 et une paire de bas de drap blanc ;
— dix chemises de toile de Hollande dont sept neuves et une telle quelle, prisées 24 livres ;
— quatre camisoles[13] dont trois de futaine blanche et une de fine toile de Hollande garnie de points de Flandres prisées 10 livres.

À la fin du siècle, tous les domestiques portent des chemises, mais seule la moitié des nobles en possède[14]. Quant aux bas et aux chemises, leur nombre élevé s'explique par le fait que chez un domestique la capacité à les renouveler souvent exprime aux yeux d'autrui sa propreté.

En tant qu'homme élégant, Vatel se doit de porter une perruque – il en possède trois. En combinant les diverses pièces de ses habits, en alliant un justaucorps de drap gris blanc avec une veste de taffetas noir ou avec une de taffetas rayé, il varie sa mise qu'il agrémente obligatoirement de garnitures pour mettre son rang en valeur. Leur liste donne une idée de son raffinement :

— un nœud de galandes, deux cravates de toilettes garnies par les côtés de broderie avec sept vieux rabats, prisés ensemble 8 livres ;

*— deux rabats de pourpoint avec leurs paires de manchettes, prisés
25 livres ;*
*— deux cravates avec trois paires de manchettes de pussort dit de
Flandres prisées 16 livres ;*
*— quatre autres paires de manchettes de pussort dit à l'antique, prisées
60 sols ;*
*— trois cravates[15] avec quatre paires de manchettes simples et six rabats
de toile fine et trois coiffes de nuit, prisées 20 livres ;*
*— dix-neuf mouchoirs de poche de toile de Hollande dont trois neufs
garnis de glands et les autres tels quels avec une toilette aussi de toile de
Hollande et garnie de glands, prisés 10 livres.*

Autre signe du soin qu'il porte à sa personne, les objets de
toilette qu'il range dans une petite trousse de taffetas rouge :
« Quatre rasoirs, deux frisoirs, une boîte à mettre poudre, deux
pierres à rasoirs, une paire de ciseaux, trois peignes, un étui le
tout avec une boîte de bois blanc. » Il se rase au-dessus d'un
bassin d'étain dans lequel il verse l'eau de son « coquemar[16] ».
Notons que les instruments pour les ablutions sont rares dans les
inventaires parisiens[17] – les rasoirs ne figurent que dans 7 %
d'entre eux[18] –, car les hommes préfèrent le barbier ou se font
raser par leurs domestiques ou par un barbier qui vient à domicile. Quant au miroir, signe de coquetterie, besoin de paraître,
conformité aux règles de bienséance du temps, on en possède
facilement deux ou trois. Prisé en général 7 à 20 livres – Vatel en
avait un d'une valeur de 60 livres –, il se compose en général
d'une petite glace dans une bordure de bois cintrée en noyer ou
en palissandre peinte ou vernie, souvent dorée ou rougie.

Un homme riche

Les biens matériels inventoriés par les notaires dans les deux
logements de Vatel représentent plus de 1 400 livres dont
environ 25 % pour ses vêtements et les attributs du paraître[19]. Sa
fortune est composée de biens d'usage – c'est-à-dire les vêtements, les meubles et bijoux – et de biens d'« échange » ou de
réserves, c'est-à-dire les placements, les rentes, les créances, l'argent comptant, ce dernier ne représentant qu'une centaine de
livres.

Les inventaires ne détaillent pas toujours les actifs et les passifs, les papiers et les titres. Ils n'évoquent pas les donations entre vifs, dots ou autres, et ils sont parfois modifiés par des dépôts ultérieurs de documents. Comme l'a montré Katia Béguin, l'inventaire après décès de Gourville illustre ces lacunes : il ne retient que la somme de 550 000 livres sans tenir compte des 620 000 livres distribuées à sa famille mais aussi au fils de Nicolas Fouquet. Dans la maison des Condé, la fortune des gestionnaires s'échelonne entre 50 000 et 150 000 livres et se constitue de biens immobiliers, argent comptant, portefeuille, vaisselle d'argent et bijoux. Ces fortunes ont plusieurs sources, directes ou indirectes. Les officiers sont rétribués en livrées et en gages. Les livrées, qui désignent la nourriture, le bois et les chandelles, sont fournies soit en nature soit payées en numéraire. Les gages alloués aux officiers non nobles se situent entre 300 et 500 livres, mais les nobles touchent des rétributions, allant de 1 500 à 6 000 livres[20]. Il y a toutefois des exceptions. L'attachement du prince de Condé à certains de ses officiers pour des services rendus, comme le concierge de l'hôtel, modifie les échelles de salaire. Son salaire de 1 800 livres est en effet supérieur à celui du contrôleur général et du premier maître d'hôtel.

Pensions viagères, gratifications, legs testamentaires de la famille princière, privilèges comme celui des juridictions, exemptions de charges publiques, comme le logement des gens de guerre, exemption de la taille sont sources d'enrichissement que l'on peut investir dans un portefeuille. À cela s'ajoute que les principaux officiers sont intégrés dans la machine économique des Condé, ce qui leur permet d'obtenir des bénéfices substantiels, par exemple par le biais des marchés de pourvoirie. Dans les grandes maisons, les maîtres d'hôtel et les contrôleurs généraux à la fin de leur vie sont donc des hommes riches. À sa mort, le contrôleur général Gabriel Gaillard est à la tête d'une fortune qui s'élève à plus de 80 000 livres et son homologue responsable des écuries, Claude de Sourdon, à environ 170 000 livres[21].

Vatel était loin de posséder de telles sommes du moins si l'on s'en tient aux pièces portées dans l'inventaire. Sa fortune, constituée à cette date de rentes, billets, promesses et obligations, s'élève à 26 000 livres environ, somme incluant les biens matériels. Il est surprenant qu'il ait acquis la plus grande partie de son patrimoine pendant qu'il était au service de Fouquet. De cette époque, il conserve une créance de 20 000 livres due par Fouquet depuis 1661[22], une rente sur les parties casuelles de Sa Majesté de 3 000 livres datée de 1659 : ces rentes d'État sont un placement privilégié pour les domestiques qui possèdent plus de 5 000 livres, les autres ne pouvant se permettre de les acquérir. À partir de 1666, on retrouve parmi ses papiers trois promesses – une forme de crédit courant chez les particuliers, rétribué au denier légal de 5 % –, pour un montant total de 316 livres et 25 louis d'or, l'une en date du 12 février 1666, et les autres du début de l'année 1671. La raison pour laquelle il n'a pas agrandi son patrimoine quand il était chez les Condé demeure un mystère. Il a certainement dû reconstituer son cadre de vie et faire face à des dépenses matérielles. Il est très probable aussi qu'il ait acheté sa charge. Peut-être a-t-il fait des dons à sa famille. Enfin, il n'est pas exclu que certains de ses papiers aient été supprimés à la suite de son suicide.

En tout cas, on est loin du mythe qui faisait de Vatel un pauvre petit pâtissier arpentant les rues de Paris pour vendre ses oublies. Ce fils de laboureur paysan, propriétaire de ses terres, a sans conteste gravi plusieurs échelons de la société, même si, à sa mort, il n'est pas à la tête des richesses que détiennent certains contrôleurs et maîtres d'hôtel des grandes maisons.

DEUXIÈME PARTIE

Les arts de la table

« *De tous les sens, il n'y en a point de plus délicieux ni de plus nécessaire à la vie que celui du goût.* »

NICOLAS DE BONNEFONS

L'art de la cuisine se transforme profondément au XVIIᵉ siècle. Le comportement vis-à-vis de la diététique ancienne évolue, certains goûts changent, de nouveaux produits arrivent, les instruments de cuisson s'améliorent et les cuisiniers se soucient de plus en plus du raffinement. Tout en perfectionnant les techniques de base, ils créent des recettes et multiplient la variété des préparations, soignent la présentation. Mais le nouveau style culinaire ne se limite pas au contenu des marmites et des assiettes.

La composition des repas, l'organisation du service à la française sont étroitement liées aux nouveaux savoirs culinaires. On ne parle plus seulement de l'art de la cuisine mais de l'art de la table. « Délicatesse, ordonnance et propreté » sont désormais les trois préceptes des cuisiniers et des maîtres d'hôtel. Le plaisir du manger doit se conjuguer au plaisir de la vue et à celui de l'odorat. La table tout comme le cadre où le repas se déroule deviennent l'objet d'une mise en scène. Le décor, le raffinement des ustensiles de table, de la vaisselle, du linge, des fleurs, l'intelligence de leur disposition, relèvent des talents du maître d'hôtel. Celui-ci doit veiller à disposer les plats sur la table selon une parfaite symétrie, ce qui implique une minutieuse organisation des services auxquels il préside.

Ce n'est donc plus uniquement par l'abondance de la nourriture, par la rareté des produits ou leur valeur marchande, que les maîtres de maison montrent leur opulence, mais aussi par la qualité et la complexité des moyens que mettent en œuvre le cuisinier et le maître d'hôtel. La table, tout comme l'ameublement des appartements ou les vêtements, devient un élément de distinction sociale qui érige en règle la notion de bon goût et implique une autre manière de vivre. Ainsi se développe une sensibilité gastronomique qui reste encore limitée à un cercle étroit. Vatel a largement contribué à la naissance de cette « nouvelle cuisine » et des arts de la table qui requièrent d'abord un parfait maître d'hôtel.

CHAPITRE VIII

Le parfait maître d'hôtel

*« Dans les maisons qualifiées, la charge de
Maître d'hôtel n'est pas une des moins considérables. Le nom emporte la signification de la
chose et la fait connaître, sans qu'il soit besoin
d'un long discours pour en donner la définition et la division. »*

L'ESCOLE PARFAITE DES OFFICIERS DE BOUCHE.

Montaigne voit dans le maître d'hôtel du cardinal Carafa, un
homme instruit, qui sait disserter des saveurs mais aussi de la
diététique :

*Je lui faisais conter sa charge. Il m'a fait un discours sur cette science de
gueule, avec une gravité et contenance magistrale, comme il m'eût parlé
de quelque grand point de théologie. Il m'a déchiffré une différence
d'appétits : celui qu'on a à jeun, qu'on a après le second et tiers
service ; les moyens tantôt de l'éveiller et piquer ; la police des sauces,
premièrement en général et puis, particularisant les qualités des ingrédients et leurs effets ; les différences des salades selon leur saison : celle
qui doit être réchauffée, celle qui veut être servie froide, la façon de les
orner et embellir pour les rendre encore plus plaisantes à la vue. Après
cela il est rentré dans l'ordre du service plein de belles et importantes
considérations, et tout cela, enflé de riches et magnifiques paroles, et
celles mêmes qu'on emploie à traiter du gouvernement d'un empire[1].*

Au Grand Siècle, le maître d'hôtel des grandes maisons doit
s'occuper non seulement du service de table mais aussi de l'approvisionnement et de ce que nous appellerions la gestion du
personnel. Il élabore les menus quotidiens ou ceux des récep-

tions, en consultant les goûts de son maître. La connaissance des livres de cuisine et de diététique, les discussions avec ses cuisiniers lui permettent de diversifier et de multiplier les mets. Il est l'unique coordinateur des préparations confectionnées à la cuisine et à l'office. C'est à table que les invités jugent ses qualités. Sur lui reposent l'art de dresser la table, la succession de l'ordre des mets, la justesse du service, la qualité du contenu et de la présentation des plats. Observé par son maître, il l'est aussi par les autres convives, voire par les journaux. L'archevêque de Reims, Léonor d'Étampes-Valençay, ayant mal dîné chez le coadjuteur de Paris, convoqua ses officiers : « Il y avait ceci et cela, tel ou tel défaut. Je vous le dis afin que vous ne preniez garde de n'y pas tomber, car s'il vous arrivait de me traiter comme cela, autant vous vaudrait être morts[2]. »

Cette charge est traditionnellement réservée à la noblesse – elle n'est occupée parfois que par des nobliaux désargentés –, parce qu'elle implique une disposition naturelle que seule la naissance, dans les mentalités du temps, peut transmettre. Les qualités d'un maître d'hôtel ou d'un sommelier sont innées ; elles ne sauraient s'apprendre. Cependant, tous les maîtres d'hôtel n'appartenaient pas à la noblesse. Vatel en est un exemple, tout comme Audiger, auteur d'un recueil de conseils sur l'art de bien diriger sa maison, qui servit un dîner au roi à l'hôtel de ville de Paris. En 1662, l'auteur anonyme de *L'Escole parfaite des officiers de bouche* note avec condescendance que les gens de basse extraction parvenus à cette charge « conservent toujours le caractère ordinaire au laquaïsme[3] ».

« *Épargnez le bien de votre maître* »

Le maître d'hôtel est chargé de la table du maître et de sa famille, et il doit aussi nourrir son personnel. Les aliments ou les morceaux choisis ne sont pas forcément les mêmes : « C'est à lui à faire [passer] marché avec un bon boulanger, tant du pain de la table que celui des domestiques[4]. » Pour tous ces achats, il doit faire preuve de prévoyance. « Épargnez le bien de votre maître[5] » en achetant intelligemment, dans les saisons voulues et en faisant des provisions en leur temps, conseille un ouvrage d'économie domestique.

Quelle que soit l'importance d'une maison, les commandes et les achats se feront durant la période où les prix et la qualité sont les plus intéressants afin de constituer des provisions pour les autres saisons. Il faut éviter d'acheter au « détail qui non seulement chagrine furieusement à force de tirer pièce à pièce, mais encore incommode extraordinairement les bourses, car [...] on aura pour trente pistoles en gros ce que cinquante ne peuvent payer en détail[6] ». En été, le maître d'hôtel fera rentrer du bois et du charbon, toutes sortes de confitures tant sèches que liquides, des pâtés, des fruits, des sirops rafraîchissants, des concombres, du pourpier, des passes-pierres[7] salés et vinaigrés, des morilles, des mousserons secs, du vinaigre de toutes sortes de fleurs et de goûts. En automne, il reconstituera pour l'hiver sa réserve de bois et de charbon, s'occupera du lard à larder, des chandelles, etc. En hiver, il approvisionnera de glace et de neige les glacières, choisira des liqueurs comme le rossolis, le populo, l'angélique ; il lui faudra aussi se procurer les épices, les aromates, les sucres, l'huile, les fruits secs constituant l'épicerie, ces « provisions nécessaires » étant enfermées dans des caves ou des garde-manger. Bien organiser l'approvisionnement et constituer de réserves est un impératif : « Vous évitez de plus la peine et l'embarras de sortir cent fois pour des bagatelles qui vous amusent davantage que de bonnes choses[8]. »

Dans les grandes maisons, le maître d'hôtel doit également faire face aux problèmes liés aux déplacements de ses maîtres. Fouquet, on l'a dit, s'installe à Paris près du Louvre quand le roi ou Mazarin y séjournent, à Saint-Mandé quand la Cour demeure à Vincennes, à Melun et Vaux quand la Cour prend ses quartiers à Fontainebleau. Il doit aussi suivre son maître quand celui-ci part en campagne militaire.

Il est alors dans l'obligation de pourvoir à l'approvisionnement et de veiller au transport du matériel de cuisine. *L'Art de bien traiter* décrit minutieusement ses innombrables tâches. Une fois les provisions faites, il doit les faire serrer dans un coffre qui sera chargé sur un chariot. Il fait de plus emplir les caves (caisses où l'on met les bouteilles pour les transporter) et les cantines de bouteilles de vin de Bourgogne, de liqueurs et de vinaigre et d'huile pour les salades. Il n'oublie pas la vaisselle d'argent, le linge de table et les ustensiles nécessaires pour la cuisine et l'office comme un four de cuivre rouge, un fourneau de fer, une bassine, des poêlons, des verres et des bouteilles, un mortier pour l'office. Pour la cuisine, il choisit des marmites, des chaudières, des cassolettes, des poêles à frire, à fricasser, un poêlon, des cuillères, des écumoires, des lardoires, des trépieds, des chenets, des broches. Il contrôle que le chef d'office et l'écuyer de cuisine emportent bien une bougette garnie d'assiettes, couteaux, cuillères, fourchettes et autres choses semblables pour couvrir la table, sans oublier des plats et des assiettes pour dresser.

Enfin, il revient au maître d'hôtel de gérer l'« extraordinaire », c'est-à-dire d'organiser les réceptions des grands de ce monde. Lorsqu'il advient « que Monsieur désire traiter quelqu'un extraordinairement, vous devez recevoir son ordre, et observer de point en point ce qu'il vous dira[9] ». Parfois, comme chez les Condé, ces dépenses ne font pas partie des budgets initialement prévus, et sont l'objet de marchés particuliers[10]. C'est ainsi que Vatel dut plusieurs fois, tant chez Fouquet que chez le prince de Condé prendre en charge ces grands festins. Doté « d'une dépense extraordinaire », le maître d'hôtel s'informe chez les pourvoyeurs ou les marchands pour savoir ce qu'il y aura de meilleur chez le boucher, le rôtisseur, au marché.

Quelles que soient les circonstances, les achats sont remis entre les mains des officiers compétents chargés d'en faire la distribution. Les justificatifs des dépenses semblent une question primordiale. Le maître d'hôtel « sera bien soigneux de faire des mémoires bien au net[11] ». Tout ce qui est acheté, reçu, donné par jour, est noté afin d'en rendre compte chaque semaine ou chaque mois au contrôleur général ou à l'intendant vis-à-vis duquel il est responsable. « Quand les parties d'un maître d'hôtel ne cadrent pas avec l'argent dont il est comptable le reste est moutarde[12]. » Dans l'intimité du cabinet du maître d'hôtel, un livre de comptes, plumes, écritoire, poids et balance voisinent avec les symboles de sa fonction : épée, serviette, manteau et chapeau.

Responsable des officiers, maîtres queux, marmitons,...

Établir et maintenir le bon ordre de la maison, engager et diriger un personnel nombreux, tout cela entre également dans les attributions du maître d'hôtel. Chez les Condé, par exemple, le maître d'hôtel Daniel de Ricous paie aussi les gages des aides, garçons d'office, piqueurs, huissiers, servantes de cuisine, tourne-broches, porteurs de chaises et autres employés[13]. Les rapports de dépendance entre le maître et les serviteurs se retrouvent dans le monde des cuisines. « Tant que le domestique est en service, le maître lui doit trois choses : la subsistance, l'occupation et la correction[14]. » Travail, pain, remontrances ! Bien que les moralistes vers la fin du Grand Siècle conseillent de plus en plus de réserve envers les domestiques, maître et serviteur restent liés, et ce lien, conséquence d'une communauté de vie, n'exclut pas brutalité des uns et ruse des autres[15].

Bien régler ses domestiques fait partie des devoirs d'un père de famille, après celui de ménager sa femme et de bien élever ses enfants. En 1692, *La Maison réglée*, affirme que si des maîtres ou maîtresses de maison veulent avoir de bons domestiques, il faut qu'ils leur soient bons eux-mêmes et qu'ils les regardent non comme des esclaves, mais comme leurs enfants adoptifs. Il est de leur devoir d'en prendre soin et de leur enseigner ce qui est nécessaire tant pour leur salut et le service du maître que pour l'établissement de leur fortune. Déléguant cette charge au maître d'hôtel, ce dernier doit donc tenir le rôle du maître et songer « que vous êtes comme un père de famille[16] ».

Le maître de maison « veut que vous soyez indifférent à tous et sans exception de qui que ce soit, vous les teniez sous le joug de l'obéissance pour son service[17] ». L'abbé Fleury, sous-précepteur des princes de Conti, qui éleva le fils légitimé de La Vallière, le comte de Vermandois et les trois petits-fils de Louis XIV, estime que, comme son maître, il doit avoir soin quand il parle aux domestiques de ne pas avoir des manières « rudes et sèches[18] ». Il est de son devoir d'empêcher le bruit et le tumulte dans la cuisine, d'apaiser les querelles[19] et de ne pas laisser les officiers maltraiter leurs inférieurs par des paroles offensantes ou des coups, comme le font souvent les marmitons. Il doit veiller à ce « qu'ils ne consomment point excessivement de bois, de charbon ; de sel, de vin, de beurre, d'épices, de sucre, et des autres choses nécessaires pour les sauces ou les confitures. La plupart se font un honneur de prodiguer tout cela, prétendant que la profusion sied bien aux grandes maisons : ce n'est que vanité et négligence[20] ».

Comme père de famille dont les devoirs ne se limitent pas aux aspects purement matériels, le maître d'hôtel est responsable de la vie morale des serviteurs. Il doit corriger leurs errances, puisqu'ils sont naturellement portés vers le vice comme en témoignent les locutions familières, « les laquais et les pages sont de la mauvaise graine », ils ont une « âme basse ». Pour éviter le vol dans les cuisines, le maître d'hôtel s'appliquera à exercer une surveillance vigilante afin que « les domestiques mariés ne fassent pas une coutume d'emporter chez eux leur ordinaire, si ce n'est avec la permission expresse du maître[21] ». Le cuisinier ne doit pas prendre la liberté de donner des repas avec les restes de la table du maître, ni les emporter à l'extérieur ; l'officier n'est point autorisé à donner à des gens du dehors des confitures, des pâtes, des conserves, des liqueurs ou choses semblables, ni à boire le vin de son maître. Des lois sévères punissent les auteurs de vols domestiques, surtout quand ils ont dérobé des pièces en argenterie ; ces lois peuvent conduire à la potence, mais plus souvent au bannissement.

Au maître d'hôtel encore de contrôler le temps libre laissé aux serviteurs habitant les communs. Les blasphèmes ou les jurons sont corrigés, les amoureux impudiques sont congédiés. Les fréquentations dangereuses, le jeu et le divertissement, qui occupent l'après-dîner doivent être remplacés par la lecture et la prière[22]. Les règlements généraux de la maison du prince de Conti, gouverneur du Languedoc, exigent que les maîtres d'hôtels et ses contrôleurs assistent aux exercices de piété. Chaque jour, le seigneur et les domestiques doivent prendre part à la prière du matin et du soir, dite par l'aumônier.

Enfin, le maître d'hôtel est chargé de prendre soin des domestiques malades, laissant au seigneur celui de s'occuper des vieux domestiques, à l'instar du prince de Condé, qui, selon Audiger, leur assignait des pensions ou des emplois sur ses terres « où ils pouvaient doucement et sans peine passer le reste de leurs jours[23] ». Pour cet ancien maître d'hôtel, les domestiques, s'ils sont correctement rétribués par des gages et des récompenses, doivent s'attacher sincèrement à leurs maîtres et les regarder comme leurs véritables père et mère.

À la fin du siècle, dans les grandes maisons, un maître d'hôtel touche 500 livres, le cuisinier 300 livres, les valets de chambre 200 livres par an. À ses gages s'ajoutent des avantages en nature et des profits provenant de la vente de produits. Ces profits représentent des sommes non négligeables : si l'on croit Tallemant des Réaux, les laquais donnaient 10 pistoles au maître d'hôtel pour entrer au service du financier Montauron.

Selon l'importance des maisons, le maître d'hôtel prend ses repas différemment. À Versailles, le marquis de Livry, premier maître d'hôtel du roi, a sa table. Dans les maisons particulières, le maître d'hôtel préside au bout de la table ; à ses côtés, sont assis l'aumônier, l'écuyer et le valet de chambre. Les autres officiers, comme les pages, le cocher, s'intallent plus loin, mais ils mangent parfois à une table à part, et certains reçoivent de l'argent pour se nourrir ailleurs. Il est moins cher de les nourrir car on peut leur donner des restes ou des mets qui ne sont pas présentables à la table du maître. Si leur nourriture doit être bonne et abondante, il faut, « s'il était possible, en retrancher toutes sortes de délicatesses, ce qui est bien difficile dans les maisons où l'on tient grandes tables[24] ».

**Modèle de repas servi à la table
du marquis de Livry en juin 1690, selon Massialot**

Premier service
Potages : Un potage de poulets aux pois garni de concombres – une bisque de pigeons – un potage de navets au canard – un potage de choux aux perdrix – un potage de santé au chapon – un potage de casserole au parmesan – un potage de ramereaux – et un autre de cailles aux racines – une cuisse de fan – une pièce de bœuf à demi salé à la braise – et pour grande entrée, un ros de bif, garni d'une marinade et cotelettes de veau frites.
Aiant levé les potages on a mis les plats suivants :
Hors-d'œuvre : pieds de mouton farcis, de même que les croquets – un filet de poularde aux huîtres – des langues de mouton grillées, une ramolade pour la sausse – une fricassée de poulets au brochet – un dindonneau farci aux fines herbes.

Second service
Le rôt : composé d'un grand plat de toutes sortes de gibier, avec quatre salades.
L'entremets : une tourte d'amandes – des artichaux à la Saingaraz, garnis d'artichaux frits – un ragoût de foie gras, champignons et jambons – des pois à la crème, garnis de ramequins au fromage.
Hors-d'œuvre : quatre : un de beignets à l'eau – un de rissoles – un de champignon à la crème – un d'œufs à l'orange[25].

Les maisons des financiers sont très recherchées par tous les domestiques puisqu'ils y ont l'assurance de bien manger et bien boire et de travailler avec un personnel nombreux. Mais beaucoup de seigneurs se mettent dans une situation financière qui leur interdit la moindre récompense. Chez les particuliers, il n'est plus possible, après les années 1660, selon Jean-Pierre Gutton, de s'entourer d'un grand nombre de domestiques pour s'attacher des clients. M. de Lesdiguières, gouverneur du Dauphiné, « était un des seuls, au dire de Primi Visconti, qui, par la quantité de ses domestiques, gentilshommes, train de maison, bonne table et libéralités de toute chose, fit honneur à la réputation de la noblesse française[26] ».

Une littérature au service du maître d'hôtel

Les premiers livres consacrés à la fonction, au rôle et aux devoirs du maître d'hôtel, sont apparus en Italie. Le XVIIᵉ siècle italien s'est en effet appliqué à la réédition des grands succès de la Renaissance dans ce domaine. Françoise Sabban et Silvano Serventi, auteurs de *La Gastronomie au Grand Siècle*[27], ont dénombré au moins treize traités inédits consacrés aux arts de la table entre 1621 et 1694. Parmi eux, deux ouvrages, publiés à Naples, méritent d'être mentionnés. Le premier, *La Lampe des courtisans* (*La Lucerna de corteggiani*, 1634), adoptant une présentation alors en vogue, fait dialoguer le maître et son disciple sur les usages de la Cour et les vingt-quatre offices d'une maison, de la fonction du surintendant à celle du page, en passant bien sûr par le maître d'hôtel. Le second, *Le Maître d'hôtel moderne (Scallo alla moderne)*, qui compte deux volumes (1692 et 1694), est dû à Antonio Latini, dont le parcours pourrait ressembler à celui de Vatel. Antonio Latini a laissé une autobiographie manuscrite dans laquelle il raconte comment il a gravi tous les échelons du service bouche. Son récit est d'autant plus précieux que les informations biographiques de ce type sont rares en Italie comme en France. Né en 1642, de parents modestes, orphelin à sept ans, il « survit tant bien que mal d'abord en mendiant, puis en trouvant à se placer dans des maisons aisées, qui, en échange de quelques travaux et services, lui assurent le gîte et le couvert. Passant d'une maison à l'autre au gré des circonstances, il finit par être hébergé pendant deux ans dans une riche famille de Matelica où il a l'occasion d'apprendre à écrire et de s'initier à la gestion d'un domaine agricole. Son destin se fixe en 1658 lorsque, à seize ans, il part pour Rome où il réussit à entrer au service du cardinal Antonio Barberini, neveu du pape Urbain VIII. Affecté d'abord aux cuisines, il se forme très vite au métier de cuisinier, puis passant par divers postes du service du palais, il parvient à se hisser au rang de maître d'hôtel, fonction qui le conduira à Naples au service du Premier ministre du royaume. Cette remarquable ascension qui vaudra à Antonio Latini d'être nommé au rang de chevalier et d'être fait comte palatin est aussi exemplaire des possibilités de promotion sociale qu'offrait le service bouche, dès lors qu'on se montrait à la hauteur de la tâche[28] ».

Une littérature spécialisée voit le jour plus tardivement en France. En 1641, le sieur Crespin adresse un discours aux maîtres d'hôtel dans *L'Œconomie ou le vray advis pour se faire bien servir*. Occupant lui-même cette fonction chez la marquise de Lezay, à laquelle il dédicace son ouvrage, il rappelle ce que le maître de maison attend de son confrère : « Il est bon que vous voyez un peu comme l'on sert à la maison des grands et particulièrement pour votre cuisinier[29]. » Une vingtaine d'années plus tard, certains maîtres d'hôtel, se mettant au goût du jour, rédigent à leur tour des ouvrages. Ainsi paraît en 1659 *Le Maistre d'hostel qui apprend l'ordre de bien servir sur une table et d'y ranger les services*, qui comporte un chapitre intitulé « L'ordre et le pouvoir du Maistre d'Hostel. » En 1662, Pierre de Lune signe *Le Nouveau et Parfait Maistre d'hostel royal, enseignant la manière de couvrir les tables dans les ordinaires et festins*, qui est simplement une suite de plans de table indiquant les différentes manières de disposer les mets de façon harmonieuse. *L'Escole Parfaite des officiers de bouche contenant le Vray Maistre d'Hostel, mais aussi le grand écuyer tranchant, le sommelier royal, le cuisinier royal et le pâtissier*, plagiat de plusieurs ouvrages, est réédité quatre fois entre 1662 et 1696. Il faut cependant attendre *La Maison réglée* d'Audiger en 1692 pour voir en détail tout le fonctionnement d'une maison. Son auteur, un ancien maître d'hôtel, devenu limonadier à Paris, a appris en Italie à confectionner les eaux et liqueurs, art auquel il consacre trente-huit chapitres.

La lecture de ces manuels est vivement recommandée à celui qui a la charge de veiller au bon ordre de la vie domestique.

Nicolas de Bonnefons, dans la troisième partie des *Délices de la campagne*, qu'il dédie aux maîtres d'hôtel des grandes maisons de la noblesse, s'adresse directement à ceux-ci dans son « Instruction pour les Festins » : « Le maître d'hôtel observera plusieurs sujétions nécessaires. » Il est aussi « nécessaire que le maître d'hôtel voie ce qui se passe dans les grands festins, afin qu'il contrôle en son particulier, ce qu'il trouvera ne pas s'accorder à son sentiment, et aussi qu'il y apprendra toujours quelque nouveauté[30] ». Ces conseils sur la manière de gouverner la maison d'un grand seigneur et sur les dépenses de la table sont destinés aux maîtres d'hôtel déjà en place aussi bien qu'à ceux qui aspirent à le devenir. À une époque où la formation professionnelle, dans les métiers de la bouche, se faisait « sur le tas », de tels instruments étaient certainement utiles « pour apprendre le métier[31] ».

À cette littérature particulière s'ajoutent, à partir de la seconde moitié du XVIIᵉ siècle, des livres de cuisine comportant des recettes et parfois des modèles de menus. Il existait des manuscrits culinaires depuis le Moyen Âge. Les recettes du recueil connu sous le nom de *Petit traité de 1306*, les « *Viandiers de Taillevent* » – ouvrage qui regroupe plusieurs « Viandiers » dont ceux de Sion et du Vatican –, *Le Ménagier de Paris*, rédigé par un anonyme en 1393, fournissaient au maître queux des recettes et à la maîtresse de maison des conseils pour diriger sa maisonnée. Ces ouvrages, qui allaient bénéficier de l'invention de l'imprimerie, restèrent les seuls jusqu'au XVIᵉ siècle. Le *Livre de Cuysine très utille et prouffitable*, publié à Paris en 1540, le *Livre fort excellent de cuisine*, publié successivement à Lyon en 1541 et à Paris en 1555, le *Grand Cuisinier de toute Cuisine*, les livres de cuisine italiens dans leur langue originale ou traduits, comme l'ouvrage de Bartolomeo Platina, *Platine en françoys*, publié à Lyon en 1505, et des ouvrages concernant l'art de l'écuyer tranchant marquent le XVIᵉ siècle. L'*Excellent et moult utile opuscule* de Michel Nostradamus, publié à Lyon en 1555 et *Les Secrets du seigneur Alexis piémontois*, publié à Paris en 1561, permettent aux officiers de réaliser des confitures au sucre, au miel ou au vinaigre.

Un siècle plus tard, paraissent à nouveau les ouvrages, « singulièrement nécessaires à tous maîtres d'hôtels et écuyers de Cuisine[32] ». Parmi les principaux : *Le Cuisinier françois* de François de La Varenne en 1651 ; *Le Jardinier françois* et *Les Délices de la campagne* de Nicolas Bonnefons, publiés respectivement en 1651 et 1654 ; *Le Pâtissier françois* en 1653 ; *Le Cuisinier où il est traité de la véritable méthode pour apprêter toutes sortes de viande* de Pierre de Lune en 1656 ; *Le Cuisinier méthodique* ; *Le Confiturier françois*, ouvrages anonymes, en 1660. À ces titres dont Vatel a pu avoir connaissance s'ajoutent, après sa mort, *L'Art de bien traiter* du mystérieux L.S.R. en 1674, *Le Traité des confitures*, en 1689, et enfin, les deux ouvrages de Massialot, *Le Cuisinier roïal et bourgeois* (1691) et *La Nouvelle Instruction pour les confitures* (1692), et *La Maison réglée* d'Audiger (1692).

Ces ouvrages de cuisine, dont l'essor s'inscrit dans celui du livre de vulgarisation scientifique et technique, constituent des sources précieuses pour ceux qui s'intéressent à l'histoire de la gastronomie. Nous les retrouverons dans les chapitres suivants.

CHAPITRE IX

Le monde des cuisines

« *Un cuisinier quand je dîne*
Me semble un être divin,
Qui du fond de sa cuisine
Gouverne le genre humain.
Qu'ici bas on le contemple
Comme un ministre du ciel
Car sa cuisine est un temple
Dans les fourneaux sont l'autel[1]. »

DÉSAUGIERS

Olivier de Serres, dans son *Théâtre d'agriculture et le mesnage des champs*, conseillait en 1600 d'installer les cuisines au premier étage de la maison, près de la salle commune, afin de pouvoir mieux surveiller le personnel, et cela même de nuit, car, en bas, « c'est la pire assiette de la maison pour contrarier à la santé, à la sûreté, et à l'Espagne[2] ». Cependant, les architectes ne semblent pas suivre ce conseil dans les riches demeures parisiennes où les cuisines, la sommellerie, les garde-manger, la salle du commun[3] resteront longtemps au rez-de-chaussée ; Vaux, où les cuisines sont au sous-sol, demeure une exception.

La place de la cuisine et des pièces nécessaires au « service bouche » font l'objet de multiples expériences. Les architectes et les maîtres d'ouvrages sont en effet pris entre deux exigences contradictoires : rapprocher le plus possible l'endroit où l'on prépare les repas et celui où on les consomme, mais l'éloigner des pièces d'habitation à cause des bruits liés à leur préparation, et aux odeurs, « n'y ayant rien de si désagréable que l'odeur de la cuisine et des viandes à l'issue du repas[4] ». À la fin du XVIIe siècle, la Princesse Palatine se plaint de cette proximité : « Dès que je suis seulement deux heures à Paris, j'ai mal à la tête, et il me prend à la gorge un picotement qui me fait constamment tousser. Je ne peux pas non plus y faire grand-chose, attendu que les cuisines sont au-dessous de ma chambre[5]. »

Au tournant de la seconde moitié du XVIIe siècle, une nouvelle disposition semble s'établir. Lorsque le corps du bâtiment est entre cour et jardin, la cuisine est installée dans l'aile et non plus sous le corps principal. En revanche, dans les hôtels dont le corps principal donne sur rue, on continue à préférer les superpositions. Ainsi, Pierre Le Muet, concepteur de plusieurs hôtels parisiens, place les cuisines le plus loin possible des appartements principaux ; il faut ainsi monter des escaliers ou sortir dans les cours quand on veut rejoindre les antichambres et les chambres où sont disposées les tables. À l'hôtel Louvois, rue de Richelieu, le personnel doit traverser trois cours réunies par d'étroits passages. Pour remédier à ces inconvénients, on s'attache à relier cuisines et salles où l'on mange par un passage ou une galerie couverte, comme à l'hôtel de Sully, ou par un souterrain, comme à l'hôtel de Rambouillet. Fouquet fait également creuser un souterrain à l'hôtel d'Émeri, qui permet de rejoindre les communs situés de l'autre côté de la rue.

C'est au XVIIe siècle qu'apparaît peu à peu une salle spéciale à manger. Dès 1634, on trouve à l'hôtel de Sully une « petite salle » meublée de tables et de chaises et séparée du commun par un petit escalier. En 1644, Pierre Le Muet consacre une pièce à cet usage dans les plans de l'hôtel de Claude d'Avaux[6] sous la désignation explicite de « salle à manger » : contiguë au grand appartement du corps principal qu'elle prolonge en équerre, elle est séparée de la cuisine par un passage couvert qui relie cour et basse-cour. Dix ans plus tard, l'hôtel Tubeuf est équipé de deux salles à manger : l'une, au rez-de-chaussée, séparée des cuisines par un passage couvert passant sous une volée d'escaliers ; l'autre, juste au-dessus, au premier étage, qui sert surtout en hiver[7].

Une cuisine modèle

Dans les grandes demeures, on prépare les repas dans deux pièces bien distinctes : la cuisine et l'office. La cuisine est un lieu vaste, bien équipé, mais généralement surchauffé. Plusieurs personnes s'y côtoient, chacune préparant sa spécialité – potages, pâtisseries, rôt, – et les bouillons, farces, sauces, garnitures.

À l'époque de Vatel, les cuisiniers disposent d'un espace rationnellement organisé. La cuisson à l'âtre n'avait longtemps permis que « trois plans de cuisson : celui du chaudron pendu à une crémaillère ; celui où l'on plaçait grils et pots au-dessus ou à l'intérieur des braises [...] ; enfin, une rôtisserie[8] » située entre deux chenets. Au XVIIe siècle, un nouveau plan de cuisson apparaît dans les grandes demeures : le « potager ». Semblable à un fourneau mais s'intégrant à la maçonnerie de la cuisine, ce foyer – l'ancêtre des cuisinières – est une table de maçonnerie à hauteur d'appui, où il y a des réchauds scellés, alimentés au bois ou au charbon. C'est là que le cuisinier mitonne les potages et les ragoûts, car leur hauteur lui permet de voir plus commodément dans les pots – c'est pour des raisons d'éclairage qu'ils sont disposés près ou sous les fenêtres. Il peut ainsi contrôler la chaleur de chaque foyer et élaborer des sauces et des préparations plus délicates, alors que la cheminée qui imposait des positions plus ou moins confortables permettait surtout la cuisson à grand feu ou sur la braise.

Il n'est donc pas surprenant que L.S.R., l'auteur de *L'Art de bien traiter*, recommande dans sa description d'une cuisine modèle de faire « construire deux potagers à quatre ou cinq réchauds chacun de diverses grandeurs, placés aux endroits les plus commodes[9] ». Pour être complète, une cuisine doit avoir « deux cheminées d'une bonne grandeur », de sorte que l'on puisse préparer les plats « sans peine et confusion » ; l'une des deux doit être carrelée ; il faut aussi élever un petit muret qui permettra d'installer des crémaillères sur lesquelles on posera « les poêles, poêlons, marmites sans pieds, chaudrons, bassines, casseroles pour donner plus de liberté à M. l'Écuyer et ses aides de vaquer à leur négoce pendant que la fricassée se fait, afin de ne point les embarrasser, et occuper inutilement à tenir à la main ces ustensiles, selon le proverbe commun il n'y a point de plus empêché que celui qui tient la queue de la poêle[10] ».

Dans la cheminée, on doit placer un tourne-broche mécanique – cette petite machine en bois, constituée d'un balancier, de poulies, de roues, de vis, d'un châssis, d'un contrepoids et de cordes, est apparue dans les années 1620. Cet ustensile est plus commode, au dire de L.S.R., que les rôtissoires où l'on tourne les pièces à la main. Son utilisation est plus humaine que celle des laridons, ces chiens que l'on enfermait dans des gros tambours de bois pour faire tourner la broche. La Fontaine y fait allusion dans la fable où il conte la vie de deux chiens : le premier, César vit tranquillement sa vie de chien, tandis que le second, Laridon, reste dans la cuisine.

Faute de cultiver la nature et ses dons,
combien de César finiront en laridon[11].

C'est également dans la cheminée que l'on place un four en brique pour cuire la pâtisserie, ce qui évite d'aller porter chez le boulanger la préparation crue, ou de faire cuire celle-ci sous les cendres dans l'âtre comme on le fait dans les maisons de moindre importance. Les grandes demeures ont, en outre, un fournil indépendant, composé de deux fours de forme circulaire ou elliptique, l'un étant destiné au pain et l'autre à la pâtisserie.

La batterie et les ustensiles de cuisine, en nombre toujours imposant, sont rangés sur des tablettes ou des râteliers scellés aux murs. Parmi ceux qui servent à la cuisson, les grils, les broches, ainsi que les marmites[12] ; l'une sert de « nourricière pour le reste, qui est la grande marmite pour le bouillon en général que l'on fera étamer de temps en temps pour éviter la noirceur que les bouillons peuvent contracter en y séjournant, et les conserver dans leur pureté[13] ». C'est là aussi qu'on trouve les pots de terre à trois pieds, de toutes grandeurs, les terrines, les casseroles de cuivre étamées, ovales ou rondes, avec couvercles étamés, les caqueroles – d'après le *Dictionnaire* de Furetière, c'est une petite casserole de cuivre, munie de trois pieds et d'une longue queue, ce qui permet de l'approcher du feu pour secouer les fricassées ou autre mets –, ainsi que les chaudrons de cuivre jaune, bassins d'étain, poissonnières, longues, rondes ou ovales, turbotines, tourtières, les moules à biscuits et d'autres ouvrages nécessaires à la pâtisserie, et encore poêles à fricasser, à frire et à marrons, gaufriers, lèchefrite. On range également sur les étagères les ustensiles pour la cuisson à l'étouffée, comme les braisières ou daubières, munies de trois pieds pour assurer leur stabilité, que l'on pose sur la braise, dans un coin de l'âtre. En recouvrant leur couvercle de braise, de cendre ou d'eau chaude, les cuisiniers en font de véritables fours mobiles, où la chaleur est répartie partout. On y met encore des tourtières ou des fours de campagne que les pâtissiers utilisent parfois pour faire cuire sur la braise tourtes, tartes et autres gâteaux : la tourtière, relativement plate et montée sur trois pieds, possède deux poignées fixes inclinées et est munie d'un couvercle avec une poignée qui ne s'emboîte que légèrement ; la partie supérieure du couvercle bombé est entourée d'un bord très relevé qui permet de retenir la braise. Les fours de campagne se posent directement sur la braise ; leurs couvercles, plus hauts que celui des tourtières, peuvent contenir une plus grande quantité de braises.

Enfin, il faut disposer une grande table au milieu de la cuisine : on pourra y « briser les viandes, couper des os, trancher et hacher ». On prendra soin de mettre au bout, « toujours à la droite, un fort billot de bois[14] ». Les instruments tranchants, comme les tranchoirs, les couperets, les gros couteaux, mais aussi les rouleaux à battre la viande, les lardoires sont attachés au mur. Outre cette table, deux autres sont indispensables pour préparer les plats, mais aussi « dresser les services[15] ». Enfin, « en quelque lieu commode, un peu éloigné du feu seront deux fontaines de cuivre pour y conserver les eaux, tant celles que l'on veut boire, que celles qui peuvent servir à lavasser dans la cuisine[16] ».

L'office, haut lieu de la gourmandise

L'office, ainsi nommé parce que le chef d'office, « l'officier d'office », y travaille, est généralement une pièce plus petite et plus fraîche que la cuisine. Consacrée à la confiserie et la distillation, on y confectionne et apprête tout ce qui concerne le dernier service du repas, les collations froides, mais aussi les salades qui accompagnent le service du rôt.

Comme dans la cuisine, on y trouve une imposante cheminée carrelée : « Elle sera disposée d'une manière que pour y travailler l'officier ne soit pas obligé de se baisser [...] ; son âtre étant d'une élévation proportionnée, il lui fournira toute la facilité possible pour les ouvrages qu'il sera obligé d'y faire[17]. » La cheminée de l'office est équipée d'un fourneau plus large que celui des cuisines afin que le feu donne une plus grande étendue pour cuire, au charbon de bois, les compotes et les confitures. Un four ou un four de campagne en cuivre rouge, ou en fer, est placé sous cette même hotte pour la pâtisserie.

L'office comporte un vaste plan de travail, au-dessus duquel de nombreuses étagères servent à entreposer le sucre, les eaux de senteur, les sirops et autres. Le matériel qu'il contient est très spécialisé. Les cloches en fonte sont destinées aux compotes. Pour cuire les confitures, caraméliser des amandes, avec l'aide de gâches ou spatules en cuivre rouge ou en argent, ou pour faire des dragées, on prend des poêlons, des poêles, ou encore des bassins en cuivre rouge – plats pour les fruits qu'il faut faire baigner dans leur sirop, ou creux pour ceux qu'il faut tirer au sec ou blanchir.

Faire des dragées

Il faut avoir une grande bassine de cuivre rouge avec deux ances et plate par le fond, ou d'argent, soustenue en l'air avec deux cordes à la hauteur de la ceinture ou environ, sous laquelle vous mettrés un rechaud ou une terrine avec du feu médiocre pour faire les dragées perlées. Il faut aussi avoir un outil de cuivre rouge en façon d'entonnoir, [dont] le goulot [doit être] de la grosseur d'un ferret d'équilette, lequel vous suspendrés en l'air au-dessus du milieu de la bassine, dans lequel vous mettrés le syrop[18].

C'est dans l'office que sont rangés les ustensiles destinés à la fabrication des desserts. Les écumoires, les étamines de fer blanc permettent d'égoutter les fruits blanchis avant la cuisson, de passer les gelées ou d'achever de faire sécher les confitures sèches. Les tourtes et tartes d'office, les biscuits, les gâteaux, les macarons sont cuits dans des tourtières, des moules ou des feuilles de papier. Les massepains, cannelons, pâtes de fruits doivent leur forme particulière aux emporte-pièces. Des mortiers en marbre, parfois des meules, permettent de réduire en poudre les épices ou le chocolat. Ajoutons les pots en verre, coffrets, galons, boîtes de sapin garnis de papier qui attendent les confitures, sans oublier l'alambic, dans lequel on distille des fleurs, d'anis, de cannelle.

Le sucre s'humidifie facilement, et l'art de la confiserie est particulièrement difficile dans la chaleur qui ramollit vite les friandises. Aussi l'officier installe, de préférence dans une pièce attenante, une étuve qui sèche lentement les fruits, les gâteaux d'amandes, les biscuits. Cette étuve est une sorte de cabinet chauffé au charbon de bois dans laquelle un réchaud communique une chaleur douce à des tablettes posées horizontalement les unes sur les autres, chacune étant doublée de tôle ou de fil d'archal ; les fruits y sont mis à sécher sur des ardoises, sur des feuilles de fer blanc, sur des tamis ou encore sur des clayons (ronds de fils d'archal en treillis). Il existe des étuves portatives, mais parfois un placard est transformé à cet usage.

Cerises à noyaux

Prenez des cerises bien meures, laissez les queües, faites-les bouillir vingt bouillons avec un peu d'eau, égouttez-les et faites cuire du sucre à plume, et mettez les cerises dedans, faites les bouillir demy quart d'heure, mettez les dedans une terrine et les y laisser huict jours, apres remettés les dans la bassine, et faites cuire le syrop à perle menu, remettés les dans la terrine, et estant froide faites les égouter et les dresser sur des ardoises, et les faites seicher à l'étude, et ayez soin de les retourner[19].

Une autre pièce sert à préparer les fruits hâtifs ; on y conserve les boissons rafraîchissantes, les salades et autres ouvrages qui donneraient de l'humidité dans l'office. L'office étant une pièce plus sèche et mieux ventilée que la cuisine, où la cheminée ne dégage pas une fumée salissante, l'officier d'office y presse le linge de table et la vaisselle d'argent utilisée pour le service de table.

Moins fréquenté que les cuisines, l'office offre plus de garantie de sécurité contre le vol. Il faut éviter de laisser cette vaisselle précieuse « en proie dans un lieu public ou maintes gens peuvent entrer [...] d'où il est souvent ensuivi des pertes considérables par une certaine négligence à laquelle on doit bien remédier en tenant toutes choses sûrement, et ne donnant point un si libre accès dans les maisons à tant d'incommodes, et à tant d'affamés, qui sont les pestes communes des lieux les mieux établis[20] ». C'est donc dans l'office que le maître d'hôtel dirige la répétition, sur une table recouverte d'une nappe blanche, de la disposition des plats de chaque service et celle de la construction des buffets des collations et ambigus.

Cette propreté qui charme les yeux

La propreté ne concerne pas seulement les manières de table, même si l'individualisation du couvert – assiettes, verres, couteaux, cuillers et fourchettes individuelles – et la proscription de l'usage des doigts pour manger sont plus visibles. L'abondance des références à la propreté est frappante dans les ouvrages culinaires d'un siècle, qui, par ailleurs, fut sans doute l'un des plus sales sur le plan corporel. La propreté est alors l'équivalent de l'élégance et de la netteté. Selon le *Dictionnaire français* de Richelet, elle signifie, entre autres, ce qui est bien ajusté, bien mis : « La beauté, la propreté d'un bâtiment consiste à bien l'appareiller. Le cuisinier accommode proprement à manger, donne proprement à manger, on mange proprement chez un hôte. »

L'art de cuisiner et de servir au XVIIᵉ siècle englobe les diverses acceptions de la propreté. À table, on ne se contente plus d'empiler des viandes, d'entasser des montagnes de rôts redoublés d'assiettes volantes et d'entremets spectaculaires. Désormais, « le choix exquis des viandes, la finesse de leur assaisonnement, la politesse et la propreté de leur service, leur quantité proportionnée au nombre de gens et enfin l'ordonnance générale des choses[21] » doit contribuer à la « bonté » et à l'ornement d'un repas. La Bruyère d'ailleurs associe propreté et élégance : « Si vous entrez dans les cuisines, où l'on voit réduit en art et en méthode le secret de flatter votre goût et de vous faire manger au-delà du nécessaire ; si vous examinez en détail tous les apprêts des viandes qui doivent composer le festin que l'on vous prépare ; si vous regardez par quelles mains elles passent et toutes les formes différentes qu'elles prennent avant de devenir un mets exquis, et d'arriver à cette propreté et à cette élégance qui charment vos yeux, vous font hésiter sur le choix et prendre le parti d'essayer le tout ; si vous voyez tout le repas ailleurs que sur une table bien servie, quelles saletés, quel dégoût[22]. »

Si le cuisinier ou l'officier doit avoir soin d'accommoder proprement ses plats, de les dresser soigneusement, il doit aussi veiller à la propreté des ustensiles et à la netteté des lieux. Cela concerne aussi bien tous les objets que l'on voit durant les repas, comme les couverts, les verres, les bouteilles, que ce qui reste dans la cuisine ou l'office. Un bon écuyer de cuisine doit vérifier chaque matin, en entrant dans son domaine, que ses tables et son garde-manger sont « bien propres et bien nettoyés[23] ». Dans les maisons plus simples, c'est la servante de cuisine qui balaiera et lavera la cuisine chaque jour, récurera les vaisselles.

Les livres culinaires insistent aussi sur la netteté des mains, du linge et des plats : « On aura des terrines toutes prêtes et propres[24]. » Pour faire vos confitures, il vous faudra tenir « bien nets vos bassins, ou poêlons[25] » et bien rincer les pots[26]. Les mêmes conseils d'hygiène se retrouvent dans les garde-manger, sommellerie ou réserve qui complètent les cuisines dans les grandes maisons. C'est dans ces pièces peu exposées à la chaleur du soleil et au froid, et surtout éloignées des vapeurs des cuisines que le maître d'hôtel conserve les provisions et le pain.

La fruiterie et le plaisir de l'œil

Nommée fruitier, fructier, fruicterie, serre, réserve ou réservoir, la fruiterie a une double fonction : pendant le mois d'été, et à l'automne, on y entrepose les fruits – il est recommandé de laisser les fruits un ou deux jours au repos avant de les consommer –, en hiver elle sert à conserver les fruits de garde. Cet endroit ne peut être ni une cave, où la chaleur est trop humide, ni un grenier, trop froid et humide. La fruiterie doit être exposée au midi et au levant, avoir des murs de quatre pouces d'épaisseur, une double porte d'entrée et des fenêtres avec double châssis de papier bien calfeutré. Pour une parfaite conservation, il faut éviter le voisinage du foin, de la paille, du fumier, du fromage et du linge sale. On prendra soin en outre de poser des pièges pour les rats et d'aérer la pièce quand le temps le permet.

Au centre, une table sert à trier et préparer les corbeilles de fruits. Un petit tabouret permet d'atteindre les tablettes fixées aux murs, régulièrement espacées, en pente douce vers l'extérieur pour que l'on puisse mieux voir les fruits. Chaque tablette sera bordée d'une petite tringle pour éviter au fruit de tomber. Cette installation fait l'unanimité des spécialistes du XVIIe siècle, mais la protection des tablettes provoque des divergences : certains conseillent la paille, d'autres le papier, la mousse bien sèche ou le sable fin.

« Il n'y a rien de plus agréable [...] que de voir cette serre de tablettes bien ordonnées, ces tablettes dans l'automne et l'hiver chargées de beaux fruits, écrit Jean de La Quintinie ; ces fruits diversement placés avec des étiquettes volantes pour marquer leur espèce et leur maturité par rapport à la suite des mois ; mais voit-on des bergamotes en un endroit, les vigouleuses en un autre, là les fruits tombés, ici ceux qui ont été cueillis, là ceux du nord, ici ceux des bons espaliers, là ceux des arbres à tige, ici ceux des buissons[27]. » Cette description fait songer aux fruiteries de l'Antiquité, quand les Romains poussaient le raffinement jusqu'à revêtir de marbre, ou poussière de marbre, les murs, les voûtes et planchers pour obtenir plus de fraîcheur. Certains avaient l'habitude de dresser leur *triclinium* pour y dîner[28].

Les fruits de garde, conservés d'une manière naturelle, sont principalement les pommes, les poires, les raisins, les nèfles et les cormes, les oranges et les citrons. Ils sont installés par variétés et de manière à ne pas se toucher, les fruits tombés étant séparés des fruits ramassés ou cueillis, les fruits à cuire des fruits à manger crus. On a pris soin de les poser sur leur base, la queue en haut, à l'exception des poires que l'on met sur le côté afin que la queue ne prenne pas l'évent qui pénétrerait jusqu'au cœur. Les fruits qui mûrissent plus rapidement sont à portée de main, ceux d'arrière-saison sont disposés plus haut, et prennent peu à peu la place de ceux qui sont consommés. Poires et raisins demandent plus d'attention que les autres fruits. « Empoisser » leurs queues est vivement conseillé. Les poires sont parfois enveloppées dans une feuille de papier, qu'on tord et qu'on replie sur la queue, après avoir celé pour les espèces les plus belles, comme le bon chrétien ou la double fleur, les queues avec de la cire rouge d'Espagne, ce qui arrête la sève. Les raisins sont de préférence pendus au plafond, parfois couverts de papier pour les protéger de la poussière, ou posés entre des feuilles de vigne dans des paniers suspendus.

La conservation des fruits ne fait pas toujours l'objet de tant de soins. Dans les maisons plus simples, le sommet d'une armoire dans une pièce non chauffée, des tiroirs de commodes ou grandes boîtes suffisent, à condition que les fruits ne se touchent point, et surtout qu'ils soient à l'abri de l'air extérieur et de la lumière.

Les glacières, ou l'envie de froid

Le besoin de rafraîchir les boissons, de boire ou consommer du froid n'est pas nouveau, et on en trouve les traces au Proche-

Orient dès l'Antiquité. Cette pratique, très usuelle à Rome, se répandit dans l'ère méditerranéenne, tant musulmane que chrétienne, après la chute de l'Empire romain. Les Français du Nord ne découvrirent, toutefois, l'utilisation de la « neige » et de la glace qu'à l'époque de la Renaissance, et cet usage ne se généralisa dans les milieux privilégiés qu'au XVIIᵉ siècle.

Au cours des siècles, par plaisir, ou pour des raisons médicales, les hommes ont imaginé toutes sortes de procédés pour conserver la glace et la neige de l'hiver dans des glacières. Usitée d'abord pour rafraîchir les boissons, dont le vin, la glace va entrer, à la fin du XVIIᵉ siècle, dans la congélation artificielle, elle-même étant obtenue avec du salpêtre, du sel et plus tard de l'ammoniaque pour fabriquer des sorbets puis des glaces. Mais dès le milieu du XVIIᵉ siècle, la glace est un luxe qui apparaît sur les tables bien servies.

Dès lors, on commence à construire dans les châteaux des lieux pour conserver la glace, la neige descendue des montagnes, ou recueillie sur des étangs ou des rivières glacées. Dans un ouvrage publié en 1685, Louis Savot recommande de choisir un lieu sec, non marécageux, ni exposé au soleil pour y creuser une fosse ronde (de deux toises et demie ou trois de diamètre par le haut) finissant en forme d'entonnoir ou de pain de sucre renversé. Plus la glacière est grande et creuse, dit-il, mieux la glace et la neige s'y conservent. L'intérieur sera recouvert d'une cloison de charpenterie garnie de chevrons, mais ceux-ci ne doivent pas descendre jusqu'au fond « afin de laisser un espace à vide au-dessous, pour recevoir ce qui se pourrait fondre de la glace ou de la neige[29] ». Les parois et le fond de la glacière à claire-voie – par le moyen de pièces de bois qui s'entrecroisent – sont recouverts d'un lit de paille, en forme de pain de sucre ou de pyramide, de telle façon que les bouts de la couverture touchent jusqu'à terre. On entre dans la glacière par une allée ou une petite galerie, tournée côté nord, longue de quelque huit pieds, et large de deux pieds et demi environ, cette ouverture étant fermée par deux portes aux deux bouts. Pour mettre la glace, il faut choisir un jour où il fait froid et fort sec : les blocs de glace sont disposés comme les pierres de maçonnerie, le dernier rang étant recouvert d'un rang de paille sèche ; quant à la neige, elle est roulée en grosses balles et comprimée.

Une armée de domestiques

L'importance de la cuisine dépend bien sûr de la fortune et de la position sociale de son propriétaire, l'une et l'autre déterminant les dépenses consacrées à la bouche et le nombre de personnes nécessaires. À l'époque de Vatel, l'aristocratie qui cherche à imiter le roi se dote de vastes cuisines et engage un personnel nombreux. Mais, dans les maisons où il n'y a qu'un seul domestique, la servante fait le marché, la cuisine, le nettoyage de la cuisine et de ses dépendances, le ménage et doit savoir prendre soin des enfants. Les petits seigneurs, les gens d'affaire ou les riches bourgeois ont quelquefois un cuisinier, mais le plus souvent une seule cuisinière placée sous la responsabilité du maître d'hôtel.

Au sommet de la pyramide du monde de la bouche, le maître d'hôtel, qui est à la tête d'une armée de domestiques dont les tâches sont minutieusement réparties. Aux cuisines, il a sous ses ordres l'écuyer ou officier de cuisine, le rôtisseur, les aides cuisiniers et les garçons de cuisine.

À la Cour et dans les maisons princières, cet écuyer de cuisine est lui-même assisté de maîtres queux, qui s'occupent plus particulièrement des entrées, de potagers, qui confectionnent les bouillons et les potages, de pâtissiers, qui font les grosses et menues pâtisseries chaudes ou froides servies parmi les entrées ou les entremets. Dans la maison d'un grand seigneur, comme celle décrite par Audiger, l'écuyer de cuisine, ou maître cuisinier, doit chaque jour « mettre son pot au feu et disposer ses viandes », au goût du seigneur. Il est dans sa charge de savoir bien faire la pâtisserie froide et chaude, ainsi que toutes sortes de ragoûts et entremets chauds et froids. Il faut encore qu'il sache « faire le partage pour toutes les tables et domestiques de la maison, et qu'il ait soin de bien ménager [économiser] les viandes qui restent du midi pour le soir, et du soir pour le lendemain midi, afin de faire le profit de la maison, en les employant souvent à de petites entrées[30] » comme dans les petits pâtés d'assiettes. Grâce à la diversité des garnitures, il pourra réutiliser une viande ou un poisson. Les cuisiniers indiquent peu de recettes de « plats de desserte » (restes de plats ou plats non entamés), mais cette pratique semble fréquente, comme le laisse penser Mme de Maintenon qui conseille à son frère, M. d'Aubigné, lorsque celui-ci songe à se marier, de ne pas s'entourer de plus d'une dizaine de serviteurs – ses revenus ne dépassant pas plus de 5 500 livres par an, soit 15 livres par jour – et d'éviter le gaspillage ; ainsi pour les compotes de fruits, il peut « fonder un plat de pommes et de poires qui passe la semaine en renouvelant quelques vieilles feuilles qui sont en dessous » ; « je mets deux pièces de rôti, ajoute-t-elle, dont on épargne une le matin quand Monsieur dîne en ville, et une le soir quand Madame ne soupe pas[31] ». Enfin le cuisinier doit savoir déguiser toutes sortes de poissons, œufs et légumes pour les nombreux repas maigres, et avoir soin de tenir toujours son dîner et souper prêts aux heures qui lui sont prescrites par le maître d'hôtel.

Responsable de ses aides et de ses garçons, l'écuyer est aussi tenu de rendre des comptes concernant tous les produits qui lui sont remis, y compris le bois et le charbon. Touchant des gages oscillant entre 600 livres à la Cour et 300 livres dans les maisons particulières, il bénéficie d'avantages en nature : les cendres du feu, les graisses des viandes qui tombent dans le lèchefrite, les levures de lard, qu'il peut utiliser à titre personnel ou revendre. Aucun de ses aides n'a droit à ce type d'avantages. Les garçons de cuisine sont chargés du nettoyage des lieux et des ustensiles, de l'approvisionnement du bois et du charbon, et participent à la confection des mets. Ils ont, entre autres, la tâche de « mettre le pot au feu aux heures nécessaires, de bien écumer la marmite, de préparer tout ce qu'il faut mettre dans les pots, suivant les ordres donnés par leur chef, de bien éplucher les herbes et autres légumes, tant pour les entremets que les ragoûts, afin que l'écuyer trouve tout prêt lorsqu'il veut s'en servir[32] ». Il leur incombe de surveiller les allées et venues dans les cuisines, de prendre garde que personne ne s'approche des mets, « pour qu'il n'y jette quelque chose qui fasse préjudice au seigneur ou qui marque que leur chef a manqué[33] ». Les servantes touchent les mêmes gages qu'eux, environ 75 livres par an en 1692. Ce sont elles qui balaient la cuisine et lavent les vaisselles (pour les vaisselles d'argent, avec de l'eau de son ou des cendres de foin, mais jamais de grès ni de sable fin). Elles aident à éplucher les légumes et remplissent une multitude de menues besognes, parfois avec l'aide de galopins ou enfants de cuisine ; ces petits marmitons, le plus souvent non rémunérés, courent et galopent deçà delà pour les besoins de la cuisine et aident à tourner les broches du rôtisseur[34].

On devient cuisinier, on naît rôtisseur, dira Brillat-Savarin. Au XVIIᵉ siècle, le rôtisseur a pour fonction de choisir les viandes, de faire engraisser et tuer les volailles ; il doit surtout savoir les larder et les rôtir. Il apprête également les viandes en blanc que le cuisinier utilise dans les potages, les entrées ou les pâtés[35].

Le personnel d'office est dirigé par l'officier d'office ou sommelier, cette double appellation venant du fait que l'officier, dans beaucoup de maisons, remplit la fonction de sommelier. Ce dernier, qui a le soin de la cave et du pain, garde le linge et la vaisselle à l'office, « le lien où l'on fait la sommellerie ». Dans les grandes maisons, ce rôle est dévolu à un « officier », dont la principale fonction est de préparer le service du dessert ou du fruit et particulièrement des confitures et des confiseries. C'est à lui de mettre le couvert, à faire rincer les verres et « à prendre garde à ce que l'eau destinée à boire soit toujours bonne, bien propre et bien nette ». En fait, il délègue à des garçons d'office l'entretien de la vaisselle et autres ustensiles, la mise en place du couvert et le tri du linge propre et sale, ce dernier étant remis à des lavandiers. Les garçons d'office, comme ceux de cuisine, doivent obéissance à leurs supérieurs « afin de parvenir à être maître après avoir été garçon[36] ». Touchant des gages inférieurs au cuisinier – environ 200 livres par an –, l'officier a aussi des droits et profits. Dans le marché conclu avec le boulanger, il lui revient le treizième du pain qui est livré, sur le vin, il conserve la lie et les futailles – les tonneaux – du vin consommé.

Le budget d'une maison

Les gens des cuisines sont chargés de nourrir la table du maître ou de la maîtresse de maison, leur famille et les invités, mais également la quasi-totalité du personnel employé. Selon Audiger, en 1692, la maison d'un grand seigneur célibataire doit se composer d'au moins trente-six personnes, chiffre comprenant les domestiques des officiers, comme le valet de l'intendant, de l'aumônier, du secrétaire, de l'écuyer et du maître d'hôtel. Cette maison augmente lorsqu'il se marie. Plus de quinze personnes, dont un maître d'hôtel, un cuisinier, un officier, une servante de cuisine constituent alors la maison de sa femme, nombre qui s'accroît encore avec la naissance d'enfants. À la fin du XVIIᵉ siècle, à l'hôtel de Guise, l'unique survivante de la famille est entourée de soixante-dix officiers. Le duc de Créquy se contente d'une trentaine de serviteurs dans son hôtel parisien. À Versailles, Mme de Maintenon, qui ne possède point de maison, n'a que quelques serviteurs fidèles, un écuyer, trois valets de chambre, un maître d'hôtel, des cochers et des cuisiniers, trois laquais, deux porteurs de chaise et trois femmes de chambre.

Les dépenses pour le personnel d'une maison de trente-six personnes reviennent à 9 536 livres par an, dépenses incluant la nourriture, le bois, le charbon et les chandelles et l'entretien des batteries de cuisine selon Audiger. Afin que personne ne se plaigne, ce dernier conseille de fournir à chacun une livre et demie de viande de boucherie, quantité incluant les viandes utilisées pour faire les bouillons, les jus, les coulis et les entrées de grosses viandes pour la table du maître, soit cinquante-quatre livres de viande représentant la somme d'environ 14 livres. Il conseille aussi de remettre à chacun une livre et demie de pain pour un total de 5 livres 8 sous. Les officiers et les cochers reçoivent trois chopines de vin, tandis que les autres domestiques ne reçoivent qu'une pinte soit un total de 7 livres 9 sous. Sel, poivre, épices, herbes, légumes, vinaigre, verjus se montent à 40 sous par jour.

La dépense ordinaire du maître de maison pour la table se monte à 11 880 livres par an. Ce budget, qui inclut le bois pour le chauffage, les bougies et le blanchissage du linge de table et de cuisine, englobe les deux principaux repas, le dîner et le souper, pour douze convives. À midi, Audiger recommande un repas en trois services. Au premier, il faut un potage, quatre petits plats et deux assiettes de hors-d'œuvre ; au second, deux salades accompagnent un grand plat de rôts puis deux entremets ; pour le troisième service, un grand plat de fruits et quatre compotes. Le soir, le rôt et les entremets, parfois servis ensemble, précèdent le fruit. Si l'on s'en tient à ces modèles – ce qui n'est pas toujours le cas –, le coût de la viande se monte à 10 livres par jour (elle comprend huit pièces, soit un chapon ou une autre volaille pour mettre au pot, des poulets pour faire une entrée, trois pièces de rôt pour le midi et autant pour le soir). Le pain représente 36 sous, et le vin 10 livres. Pour les légumes, ragoûts et entremets, crêtes, ris de veau, foies gras, champignons, morilles, truffes, artichauts, cardons, œufs, farine, beurre, lard, saindoux, sel, épiceries, sucre et herbes, la dépense se monte à 4 livres par jour, comme pour les fruits et les compotes.

Ces deux exemples montrent à l'évidence que l'alimentation n'est pas la même à la table du maître et à celle des domestiques. Cependant, le personnel des grandes maisons, le plus souvent bien ou correctement nourri, se considère comme l'aristocratie de la profession. Ce sont ces hommes qui vont secouer les habitudes culinaires héritées des siècles passés.

CHAPITRE X

Naissance de la cuisine moderne

> *« La découverte d'un mets nouveau fait plus pour le bonheur du genre humain que la découverte d'une étoile[1]. »*
>
> BRILLAT-SAVARIN

« En soulevant les couvercles du Moyen Âge, vous sentez monter à vos narines une âpre vapeur carnée avec des senteurs de girofle, de safran, de poivre, de gingembre et de cannelle mêlée à l'acidité du verjus. En vous penchant sur les bassines de la Renaissance, vous respirez un brouillard doux et fruité de sucre cuit et de jus de poire ou groseille, en train de bouillonner ensemble, silencieusement », résume Jean-François Revel qui estime que le Moyen Âge fut l'ère des ragoûts assaisonnés, et la Renaissance l'âge des friandises[2]. Au XVIIᵉ siècle, le style de cuisine se défait des habitudes médiévales. Mais en quoi cette cuisine se transforme-t-elle, en quoi devient-elle moderne ?

Le vrai goût des aliments

C'est dans l'assaisonnement que les modifications du goût sont les plus apparentes. Elles se traduisent principalement par une diminution de l'usage des épices au profit des plantes et herbes aromatiques indigènes, un meilleur dosage des ingrédients acides, l'introduction de beurre et une diminution de l'usage du sucré dans les plats salés.

Le Moyen Âge se caractérisait par un fort goût pour les épices orientales. Safran, cannelle, gingembre, graine de paradis, clou de girofle, noix de muscade ou macis, galanga étaient largement présents dans les recettes d'un même plat. À partir de la Renaissance, les goûts se portent vers une cuisine plus élaborée, et le nombre d'épices utilisés dans un seul plat tend à se restreindre. Les recettes que donnent les livres de cuisine du XVIIe siècle montrent non seulement un recul et une limitation dans les doses, mais aussi une transformation significative dans leur choix : on se sert en particulier de poivre, peu utilisé en France jusqu'au XVIe siècle, de clous de girofle – cloutés dans un morceau de citron vert ou dans un oignon – ou de muscade.

Choux-fleurs au beurre blanc

Quand vos choux fleurs seront bien espluchez faites les cuire avec de l'eau, sel, beurre, en grand feu, un clou de girofle, faites les bien esgoutter et les mettez avec beurre dans un plat pour les tenir chauds, puis faites une sauce liée avec beurre, vinaigre, sel, muscade, poivre blanc et tranches de citron que vous mettrez quans vous les aurez dressez[3].

Le galanga, le macis, la graine de paradis, la cardamome, le poivre long et surtout le safran, employé comme colorant, disparaissent presque des livres de cuisine. Le gingembre, également en recul, est réservé aux pâtisseries, et la cannelle est souvent associée aux préparations sucrées[4].

Tourte d'oranges

Ostez l'escorce des oranges, et les coupez par tranches, ostez les pépins, et les mettez en paste déliée avec sucre, un maquaron pillé, canelle, un peu de pistaches coupez, couvrez-la et la servez avec sucre musqué[5].

À la place des épices exotiques, la cuisine recourt davantage aux herbes indigènes. Menthe, hysope, oseille et romarin remplissaient les jardins médicinaux du Moyen Âge et de la Renaissance. Les cuisiniers ne les ignoraient pas, pas plus que l'ail et l'oignon, mais les herbes étaient alors moins appréciées que les épices. Au milieu du XVIIe siècle, elles se multiplient. La menthe et l'hysope régressent dans les recettes ; en revanche, le persil, le cerfeuil, l'estragon, le basilic, le thym, le laurier, la ciboulette, la pimprenelle s'imposent. Oignon, échalote, ail alimentent les bases des préparations culinaires aux côtés du « paquet », notre bouquet garni. Cette évolution ne s'explique sans doute pas seulement par des raisons diététiques ; il est possible qu'elle soit liée à la volonté des Européens d'affirmer leur prééminence dans le monde. Les fleurs, qui décorent les plats et flattent la vue ainsi que l'odorat, sont aussi consommées en salade.

Salade de santé

Prenez au printemps toutes sortes de bonnes herbes, jettons de roses, de fenoüil, et violettes, faites que les herbes soient bien meslées, elle se peut servir avec du sucre[6].

Les champignons et les truffes font une entrée en force dans les coulis, les ragoûts, les garnitures. Autre nouveauté, l'utilisation des câpres et des anchois, parfois associés, pour assaisonner les plats. Après s'être cantonné à la cuisine provençale jusqu'à la fin du XVIᵉ siècle, l'anchois au sel a conquis toute la France, en particulier dans les sauces qui accompagnent les viandes ou les poissons, apportant la quantité de sel nécessaire pour conforter le goût naturel, rendre les mets plus piquants, exciter l'appétit et aider à la digestion. Mais, comme pour les autres assaisonnements, la modération est de rigueur : « un anchois y est fort bon[7] ».

Aloyau de bœuf à l'angloise

Il faut un aloyau avec le filet, et ostez le gros de l'arreste, la larder de gros lard, assaisonner de sel, poivre, fines herbes, l'envelopper de papier, le faire cuire à demy à la broche, et puis le mettre avec la sauce dans une terrine avec boüillon, un verre de vin blanc, champignons, le tout bien boucher qu'il ne prenne point d'air ; quand il sera pourry de cuire mettre anchois, capres, huistres, et jus de citron, servez à courte sauce avec le tout par-dessus[8].

La modération est aussi de rigueur pour l'eau de fleur d'oranger, l'eau de rose, le musc ou l'ambre qui parfument les tourtes et pâtisseries d'entremets.

Le goût pour les acides culinaires n'est pas nouveau. Avant le XVIe siècle, la plupart des sauces accompagnant les poissons et les viandes étaient acides et maigres, c'est-à-dire sans matière grasse. Outre des herbes comme le persil et des épices comme le gingembre, on y trouvait des acides forts – verjus, vinaigre ou jus d'agrumes –, et parfois des acides moins vigoureux, comme le vin ou des jus de fruits sauvages. À la Renaissance, les sauces sont adoucies par l'adjonction de miel ou de fruits. Le nombre de recettes acidulées régresse légèrement[9] au XVIIe siècle ; si le goût de l'acidité reste en vogue, la part d'acide diminue dans les recettes. Vin blanc, vinaigre, verjus, jus ou écorce de citron ou de bigarade, qui excitent l'appétit, sont introduits dans les bases de cuisson ou les courts-bouillons.

Membre de mouton à la daube

Il le faut bien larder de gros lard, puis l'empoter avec de l'eau et l'assaisonner ; lorsqu'il sera presque cuit, mettez du vin blanc à proportion, et le ferez achever de cuire avec fines herbes et écorce de citron ou d'orange, mais fort peu [de] crainte d'amertume ; lorsque vous le voudrez servir, garnissez les bords du plat de persil et de fleurs[10].

L'auteur de *L'Art de bien traiter* recommande de mettre juste une cuillerée ou deux de verjus ou de vinaigre, délayées dans beaucoup d'eau et amorties par la cuisson. Ces acides sont présents dans presque toutes les marinades dont le but est de « mieux faire prendre le goût » aux viandes et poissons avant la cuisson. Ils sont aussi ajoutés à la fin de la cuisson des viandes blanches, des abats, des légumes, ainsi que dans les liaisons pour aiguiser les sauces ou corser la fadeur de certaines viandes trop débiles. Ainsi, les sauces aigres des siècles passés accompagnant les viandes ne disparaissent pas ; mais la tendance est à corriger leur vivacité par l'adjonction de corps gras, beurre ou huile.

Œufs brouilliez au verjus avec beurre

Faites fondre du beurre dans un plat ou une poësle, battez quatre œufs avec du verjus adjoustez-y du sel, versez-les dans le beurre, et remuez jusqu'à ce qu'ils soient pris et époissis, raspez y un peu de muscade par dessus[11].

L'introduction du beurre est l'une des grandes transformations de la cuisine aristocratique du XVIIᵉ siècle, et les assaisonnements gras deviennent les plus estimés, car plus délicats et discrets. Au Moyen Âge, l'utilisation du beurre était commune en France, chez les pauvres[12], mais les milieux aisés employaient d'autres matières grasses comme l'huile, le lard, le saindoux ou les graisses animales. Quelques recettes du *Mesnagier de Paris*, ouvrage destiné aux cuisinières bourgeoises, comportent du beurre, mais jamais dans les sauces, ni même pour faire revenir des viandes ; il l'indique uniquement pour faire frire des légumes, des poissons, des crêpes en période maigre. Mais pendant le Carême il est interdit, en tant que produit d'origine animale, comme la viande, les œufs et autres laitages. Dès la fin du XVᵉ siècle, les dispenses, individuelles et collectives, se multiplient, et le beurre apparaît dans les plats de légumes, de poissons, puis de viandes. À partir du milieu du XVIIᵉ siècle, il devient nécessaire pour faire revenir des viandes − avant, éventuellement, de les emporter avec un bouillon −, et prend une place importante dans les liaisons, les roux et les sauces blanches ou rousses. Brut, ou parfois retravaillé avec des amandes ou des noisettes, il accompagne aussi les hors-d'œuvre dans des assiettes ou des cristaux maintenus dans la glace. Son emploi n'exclut pas celui d'autres corps gras.

Beurre d'amandes

Pilez une vingtaine d'amandes douces mondées, mettez-y une demie livre de beurre frais, une grande assiette de sucre en poudre, un peu d'eau de fleurs d'orange, pilés le tout ensemble et le dressé sur assiette, ou le faites en telle forme que vous voudrés. Le beurre de pistaches et le beurre de noisette se font de mesme que celuy d'amande : on peut le verdir avec du jus de poiré[13].

De l'Antiquité à la Renaissance, les cuisiniers recouraient à un agent sucrant pour corriger la brutalité des acides, mais la proportion des plats salés-sucrés n'avait jamais été très importante en France. C'est seulement à partir du XVe siècle que le goût pour l'aigre-doux et le salé-sucré s'est développé. Le sucre, comme les épices, fut longtemps considéré comme un produit cher. Puis la production allant croissant, sa consommation a augmenté entre le début du XVIe siècle et le XVIIIe siècle[14]. Auparavant, le sucre, le miel ou les fruits sucrants, comme les raisins secs, les dattes, les pruneaux, les écorces d'agrumes confites, entraient dans les potages, les entrées, les rôts, les entremets et les desserts. À partir du XVIIe siècle, leur usage est en régression dans les plats des premiers services. Bien qu'il y ait de moins en moins de sucre dans les plats de viande et de poisson, les cuisiniers François de La Varenne et Pierre de Lune présentent encore des potages, comme les « alouettes à la sauce douce » ou à l'hypocras, un « poupeton à l'anglaise » composé de pigeonneaux, ris de veau, lard, dattes, raisins de Corinthe, sucre, écorce de citron, moelle de bœuf, cannelle, sel et poivre blanc, ou un

---

Potage aux framboises

Mettez environ une chopine de framboises dans un pot de terre avec eau, un verre de vin blanc, et le faites bouillir, assaisonnés de canelle, sucre, un peu de sel, les dressez sur un macaron mitonné et les garnissez d'autres framboises confites dans le sucre et groseilles blanchies dans le sucre pillé[15].

Ces recettes font frémir d'indignation L.S.R. Mieux vaut assaisonner les rôts d'une vinaigrette ou une poivrade, car les servir avec une sauce douce – réduction de vin rouge, sucre, cannelle, girofle – avec les levrauts est « fort impertinent et fort ridicule[16] ». Malgré ces survivances, le sucré tend à être repoussé vers l'entremets, dans les tourtes, gâteaux, crèmes et laitages et les mets à base d'œufs, et vers le dessert.

Tourte d'espinars

Prenez des feüilles d'espinars, et les faites amortir dans un pot de terre avec un demy verre de vin blanc, et quand tout le vin sera consommé hachés bien menu, assaisonnés de sucre, canelle, escorce de citron confite, un peu de sel, deux maquarons, un peu de beurre, et mettés en paste fine, et la couvrés en bandes[17].

Les cuisiniers du Grand Siècle veulent respecter la saveur des aliments. La réduction des épices et du sucre, l'introduction des graisses qui adoucissent les assaisonnements, les méthodes de cuisson, toutes ces techniques correspondent au besoin de ressentir le vrai goût des choses. Les ouvrages culinaires y font largement écho. Ainsi lit-on dans *Les Délices de la campagne* de Nicolas de Bonnefons : « ce troisième [livre, c'est-à-dire la partie consacrée aux maîtres d'hôtel], a pour sujet le vrai goût qui se doit donner à chaque viande » ; un peu plus loin, il explique qu'un « potage de santé » doit être « un bon potage de bourgeois, bien nourri de bonnes viandes bien choisies, et réduit à peu de bouillon, sans hachis de champignons, épiceries, ni autres ingrédients ». Selon lui, il est indispensable que le potage aux choux « sente entièrement le chou », celui aux poireaux le poireau, celui aux navets le navet[18]. L.S.R. recommande, pour sa part, de déguster une viande rôtie sans aucun artifice : « La vraie, la meilleure façon, et la plus saine de manger le rôti, tel qu'il puisse être, c'est de le dévorer tout sortant de la broche dans son jus naturel, et pas tout à fait cuit, sans y apporter de précautions incommodes, qui détruisent par leurs façons étrangères le goût véritable des choses[19]. »

Cette volonté de conserver le goût des aliments se retrouve chez les consommateurs. Bussy-Rabutin, dans une lettre adressée à sa cousine Mme de Sévigné, revendique de pouvoir proposer à ses convives « de bons faisans, pris à la campagne qui sentent bien chacun selon leur goût ce qu'ils doivent sentir ». Mais il ne faut pas que le produit ait un goût trop prononcé, désagréable. Massialot, qui utilise dans des œufs à la bourguignonne une betterave, recommande qu'elle « ne sente pas le terroir[20] ».

Un assaisonnement équilibré, des cuissons justes permettent de conserver la saveur propre de l'aliment. Les cuissons simples et courtes à l'eau, à l'étuvée, les liaisons douces à la crème ou au beurre respectent le légume. Les champignons se préparent à la crème. Les asperges, jetées dans l'eau bouillante où elles ne restent que cinq ou six bouillons « car il faut que l'asperge croque sous la dent, et qu'elle ait tout son vert[21] », sont dégustées avec de l'huile et du vinaigre ou avec une sauce blanche faite de beurre, vinaigre, sel et poivre et d'une liaison de jaunes d'œufs. La cuisson des viandes suscite des remarques. Pour les poulets de grains rôtis, « il ne faut simplement que du feu clair pour leur parfaite cuisson, et au plus un quart d'heure [...] autrement, et à plus grand brasier, ils se dessécheront, et deviendront du parchemin[22] ». Pour éviter le racornissement des viandes ou l'intensité des feux, il est conseillé de les envelopper de papier avant de les embrocher et de faire cuire les entrées et les pâtisseries « feu dessus et dessous ». Si la tendance est à la recherche du naturel et aux cuissons courtes, les ouvrages culinaires du XVIIe siècle n'y portent pas tous la même attention. À en croire Boileau, les empilements de viandes différentes, de sauces, de jus, de coulis et de ragoûts dans un même plat n'ont pas disparu des tables :

J'allais enfin sortir quand le rôt a paru.
Sur un lièvre flanqué de six poulets étiques,
S'élevaient trois lapins, animaux domestiques,
Qui dès leur tendre enfance élevés dans Paris,
Sentaient encore le chou dont ils furent nourris.
Autour de cet amas de viandes entassées
Régnait un long cordon d'alouettes pressées,
Et sur les bords du plat six pigeons étalés
Présentaient pour renfort leurs squelettes brûlés.
À côté de ce plat paraissaient deux salades,
L'une de pourpier jaune, et l'autre d'herbes fades,
Dont l'huile de fort loin saisissait l'odorat,
Et nageait dans des flots de vinaigre rosat[23].

Des bases plus élaborées

C'est au XVIIe siècle que les bases du travail culinaire sont codifiées. « Je vais d'abord parler de la manière de faire les bouillons nourriciers, pour tous les potages, et qui servent aussi à la nourriture des entrées, entremets et de tous les ragoûts généralement quelconques. Ensuite des coulis, des liaisons et des jus desquels on sert à assaisonner, garnir et couronner toutes les soupes, tant blanches que brunes, des galimafrées, fricassées, estouffades, daubes, fritures, gelées[24]. » L'auteur de *L'Art de bien traiter* résume ce que l'on a appelé la « mise en ordre du travail culinaire[25] ». De la confection des bouillons, coulis et jus servant aux préparations ultérieures, à la confection des mets et à leur finition grâce à des liaisons, les différentes opérations doivent s'enchaîner selon un ordre qui correspond au plan des ouvrages de cuisine. Certaines techniques culinaires se modifient, d'autres voient le jour, la plupart reposant sur un ordre précis, qui constitue la base de la cuisine des siècles postérieurs.

Les bouillons. – L'écuyer de cuisine doit s'occuper en premier lieu des bouillons. Présidant à l'élaboration de toutes les préparations culinaires (potages, sauces, coulis, jus de cuisson), ils sont à base de viandes, de poissons, de purée, d'herbes ou d'amandes – surtout en Carême – et nécessitent une cuisson très lente afin que le suc des divers ingrédients qui le composent puisse se diffuser peu à peu.

Manière de faire le boüillon

Vous prendrez trumeaux derriere de simier [cimier], peu de mouton et quelques volailles, et suivant la quantité que vous voulez de boüillon, vous mettez la viande à proportion, puis la ferez cuire avec un bouquet que vous ferez avec persil, siboules et thin liez ensemble, et un peu de chou : tenez toûjours de l'eau chaude pour ramollir le pot, puis étant bienfait, vous le passerez dans une serviette pour vous en servir[26].

Jus et coulis. – Autre nouveauté dans la cuisine de l'époque, les jus et les coulis qui donneront naissance, deux siècles plus tard, à la « théorie des fonds ». Jusque-là, on servait simplement les viandes cuites dans leur bouillon. À présent, on ajoute, peu de temps avant la fin de la cuisson, un jus ou un coulis « non seulement pour arroser les mitonnades, mais encore pour donner bon goût » à toutes les sauces, les potages, les entrées ou les entremets.

Les coulis, proches de nos fonds modernes, sont élaborés avec du bouillon et un grand nombre de produits aromatiques – oignons, clous de girofle, thym, champignons, lard et bœuf, pain ou amandes pour la liaison. Ces ingrédients sont passés à l'étamine, après cuisson, comme les jus de bœuf, de poisson, de pistaches et de champignons.

Manière de tirer le jus de champignons

Après que vous aurez bien nettoié les champignons, mettez-les dans le bassin avec un morceau de lard, ou de beurre si c'est maigre : faites-les rissoler sur la braise, jusqu'à ce qu'ils s'attachent au fond du bassin. Étant bien roux, mettez-y un peu de farine, et faites encore rissoler les champignons : après quoi vous y mettrez bon boüillon, et l'ôterez de dessus le feu ; en mettant ce jus dans un pot à part assaisonné d'un morceau de citron et sel[27].

Nouvelles techniques de liaison. – Pour épaissir ou lier la sauce d'une préparation cuite au pot, les cuisiniers avaient longtemps eu recours à la mie de pain, à des amandes, à des noix, à des jaunes d'œufs, à du foie ou encore à du sang, et l'assouplissaient avec du bouillon de viande ou de poisson, ou des acides. Outre ce type de liaisons, ils vont utiliser dorénavant deux autres techniques : le roux et la réduction.

La liaison à la farine – « roux » –, à base de bouillon, de beurre ou de lard fondu et de farine, est d'abord réalisée au sein de la préparation – ainsi dans la poitrine de mouton aux haricots.

Poitrine de mouton en aricot

Passés-la par la poële avec beurre ou lard fondu, puis l'empotés avec du boüillon et l'assaisonnés de sel ; étant à moitié cuite, passés aussi par la poële des navets coupés en deux ou autrement, les mêlés ensemble, sans oublier un peu de lard passé avec un peu de farine ou oignon haché bien menu, un filet de vinaigre et un bouquet, servés à sauce courte[28].

Puis la « liaison » devient une technique particulière, qui consiste à mélanger un corps gras avec de la farine, puis à l'incorporer dans un milieu liquide afin de l'épaissir. L.S.R. propose, par exemple, de peler et de piler des amandes douces et de les ajouter à du bouillon :

> *En sorte que tout cet appareil soit presque réduit en consistance de pâte, faites fondre du lard gras ou entrelardé, il n'importe, avec autant de bon beurre frais, le tout presque roux, ôtez-en l'écume, jetez un peu de farine dedans, et faites-la cuire, et l'y incorporant en la remuant souvent de crainte qu'elle ne se réduise en grumeaux, versez-y pareillement tôt après une cuillerée ou deux de votre bouillon, mettez à mitonner le tout dans un pot ou une casserole avec vos amandes pilées, un quart d'heure ou environ, et remuez souvent [...] en faisant la réserve dans un pot à part pour le besoin*[29].

Autre technique, la réduction – qui peut s'utiliser conjointement à la première –, c'est-à-dire l'évaporation d'une partie de la sauce par ébullition. Ce procédé figure dans près de la moitié des sauces du *Cuisinier françois* et va peu à peu se systématiser.

Ces liaisons et réductions ont des répercussions sur ce que l'on entend par sauce. Les sauces acides et maigres sont toujours jugées indispensables. Ainsi, La Varenne sert le râble de lièvre avec une poivrade à base de vinaigre, sel, oignon ou ciboule, écorce d'orange ou de citron, et poivre. L.S.R. estime que la sauce qui convient le mieux au rôti, c'est la vinaigrette ou la poivrade. Mais parallèlement, les sauces désignent une autre réalité culinaire : les liquides de cuisson et de liaison des ragoûts, plus ou moins enrichis en épices, en aromates, en matières grasses, liés au pain, à la farine, aux jaunes d'œufs, ou simplement réduits. Destinées à donner tout le bon goût nécessaire, elles contribuent « à un certain embellissement qui satisfait aussi bien les yeux que l'appétit[30] ».

Naissance des ragoûts ou garnitures. – « Aller servir une soupe toute nue sans garniture et sans ornement, bon Dieu, pour une petite épargne, quelle vilenie ! » s'indigne L.S.R. Cuisinées à part et disposées sur le pourtour des plats ou sur les préparations elles-mêmes, les garnitures ont une fonction à la fois esthétique et nourrissante. Elles requièrent l'imagination des cuisiniers et traduisent la richesse d'une table.

S'attaquant à la liaison aux jaunes d'œufs et au verjus distribuée bourgeoisement sur un potage – « est-il rien de plus mécanique et plus rampant que cette méthode[31] ? » –, L.S.R. recommande des garnitures de cardes, de chicorées, de béatilles. Ces dernières, très à la mode, composées de champignons, d'asperges, de fonds d'artichauts, d'andouillettes, de foies de volailles et d'herbes, une fois poêlées, sont mijotées dans du bouillon en ragoût et augmentées de jus, de coulis ou de liaisons. Les ragoûts tendent à se diversifier à la fin du XVIIᵉ siècle. Massialot garnit des potages de concombres farcis, une pièce de bœuf d'un ragoût de champignons, huîtres, câpres et olives, un aloyau d'un ragoût de truffes, champignons, fonds d'artichauts, ris de veau et crêtes ; certains sont à base de viandes, comme les fricandeaux de veau décorant les entrées ; d'autres à base de poissons sont enrichis de laitances ou d'huîtres. La multiplication des garnitures permet de varier les présentations sur une table et d'offrir un plus grand nombre de plats.

Au côté de ces préparations élaborées, les cuisiniers ont recours à des décorations plus simples, comme le persil frit, les graines de grenade rose, les groseilles rouges, les pistaches vertes, les tranches de citron crénelées et même les fleurs, qui apportent une note de couleur.

Prémastiqués. – C'est aussi au XVIIᵉ siècle que se développe la mode des aliments réduits en hachis et servis en tant que plat. Ces ancêtres de la quenelle, qui évitent une mastication grossière et relèvent d'un désir de raffinement, se multiplient avec les godiveaux, à base de veau haché, les andouillettes de poisson, les boudins de foie gras et de chapon et les croquets à base d'une farce augmentée de champignons, de ris de veau, de champignons, d'herbes et de jaunes d'œufs qui, une fois panés, sont frits.

Hachis de carpes

Faites blanchir la chair d'une carpe, la hachez bien menuê avec trois ou quatre quatre champignons, et la mettez dans un pot ou une terrine avec boüillon de poisson, un paquet ; assaisonnez de sel, poivre et muscade, citron vert, jus de citron et de champignons ; en servant garnissez de laitances, champignons farcis et tranches de citron[32].

L'évolution des mets

La diffusion de nouveaux aliments venus d'Asie ou d'Amérique, après des parcours et un temps d'acclimatation plus ou moins longs, a permis d'élargir l'éventail des produits et des goûts. Les médecins furent parfois réticents. L'arrivée des asperges, des artichauts, du riz, des pâtes et du melon venus d'Italie et d'Espagne, du dindon d'Inde venu d'Amérique, du café, du chocolat, du thé, etc., entraînent une modification des comportements alimentaires et un recul dans l'utilisation de légumes anciens. Ces changements ne touchent pas seulement les nouveaux aliments.

La viande. – Au Moyen Âge et à la Renaissance, les rôts nobles étaient essentiellement les volailles et les gibiers. Les viandes de boucherie, à l'exception du veau, de l'agneau et du chevreau, réputées grossières et donc déconseillées à l'élite, servaient surtout pour faire les bouillons, les hachis et les potages – du moins dans l'aristocratie ; elles étaient plus largement utilisées dans la bourgeoisie, comme en témoignent les recettes du *Mesnagier de Paris*. Au XVIIᵉ siècle, les grands oiseaux que l'on voyait sur les tableaux des festins aristocratiques du Moyen Âge ont disparu, mais les volailles et le gibier restent prisés. Les recettes mentionnent de plus en plus les viandes de boucherie en désignant avec précision le nom des morceaux ou des abats : longe, épaule, poitrine, gigot, quartiers, côtelettes, éclanche, carré sont recherchés dans le veau, l'agneau ou le mouton. Aloyau, pièce tremblante, tranche, cimier, culotte, poitrine, rouelle, filets, etc., sont apprêtés dans le bœuf et permettent même en 1652 d'offrir à Mademoiselle un festin composé de services uniquement en bœuf :

Dont par de rares artifices
On fit quatre ou cinq beaux services
(À ce qu'en disent les gens loyaux),
Langues, poitrines, aloyaux,
Rôti, bouilli, capitolades,
Tourtes, pâtes et carbonnades,
Et tout si bien assaisonné
Que chacun dit : j'y bien dîné[33].

Dans le porc, seuls le lard et le jambon ont la faveur des classes aristocratiques. Parmi les abats, têtes, cervelles, rognons, langues, palais, foies, gras double sont présents dans les potages, les entrées, mais aussi dans les entremets.

Pieds de porc à la Sainte-Menehou

Blanchissés les environ deux douzaines de boüillon, et après les mettés tremper en moitié eau, et moitié laict, et ce l'espace de cinq ou six heures, les ferés cuire ensuite dans le meilleur boüillon avec fines herbes, sel, épices, quand ils seront cuits et bien consommés, laissés-les reposer un peu de temps dans le boüillon, et quand ils seront égoutés coupés les en deux de toute leur longueur, que vous tremperés et saulserés dans de la mie de pain bien deliée avec poivre blanc et sel menu, en estat de les faire griller de part et d'autre, que vous servirés garnis de fleurs, de verdure, et que l'on mangera bien chaudement au jus de citron et d'orange[34].

Les poissons. – Quels poissons aimaient les contemporains ? À l'instar des grands oiseaux qui illustraient les festins médiévaux, les mammifères marins ont disparu des tables : les marsouins, les phoques et autres poissons ne sont plus dans les goûts, de même que le lard et la langue de baleine. Les poissons gras, hormis la carpe, sont délaissés au profit des soles, turbots, brochets, barbues, rougets, truites, thons, morues, lottes.

Potage de princesse

Prenez de la purée bien claire, dans laquelle vous ferez cuire des ossemens de carpes, avec quelques jaunes d'œufs et un bouquet, le tout bien assaisonné, puis faites sécher du pain et après mittonner, passez-y fort peu de hachis de carpes, jus de champignons, emplissez votre plat à mesure qu'il mittone, et le garnissez de champignons, truffes, laitances, foyes de lotte, toutes sortes d'herbes, grenades, et tranches de citron[35].

Pour le service du rôt maigre, les poissons sont simplement rôtis sur le gril et servis sur une serviette blanche avec du persil ou accompagnés d'une sauce, ou frits dans du beurre ou de l'huile,

Mémoire pour le marché de blanchissage
des princes de Condé et de Mlle de Bourbon
daté de janvier 1669 et signé par François Vatel
(AN, MC, XCII, 196).

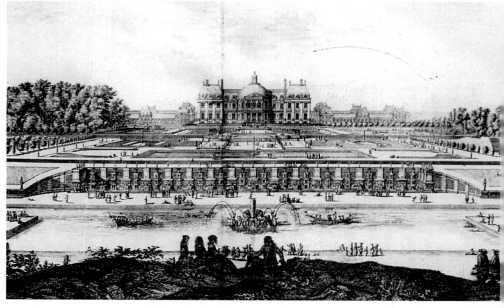

Château de Vaux-le-Vicomte, côté jardin, gravure de Sylvestre. Doc. Giraudon.

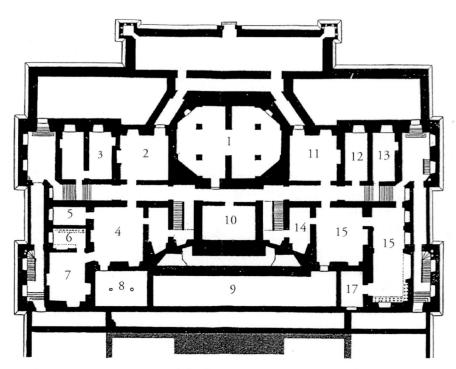

1. Cave.
2. Salle pour la suite.
3. Chambres pour les officiers.
4. Sommellerie pour le fruit.
5. Panneterie.

6. Confiture.
7. Sommellerie
8. Cave pour le vin de bouche.
9 et 10. Caves
11. Salle pour le commun.

12. Dépense.
13. Chambre pour l'officier.
14. Garde-manger.
15. Cuisine et lavoir.
17. Garde-manger.

Plan du sous-sol du château de Vaux-le-Vicomte, d'après Le Vau. D.R.

Repas servi sur une terrasse, musée des ATP, Paris. © Ph. RMN-Daniele Adam.

Les plaisirs de l'île enchantée, 1664, première journée, le festin, eau-forte de Sylvestre, musée Carnavalet, Paris. Doc. Giraudon.

Festin donné dans le petit parc de Versailles, gravure de Le Pautre, bibliothèque des Arts décoratifs, Paris.
Ph. Jean-Loup Charmet.

Festin à Versailles, dans la cour de marbre, à l'occasion de la reprise de la Franche-Comté, 1674, gravure de Le Pautre,
bibliothèque des Arts décoratifs, Paris. Ph. Harlingue-Viollet.

Buffet de la salle de bal de l'Hôtel de Ville de Paris, gouache de F. Blondel, musée Carnavalet, Paris.
Ph. Jean-Loup Charmet.

Festin, détail, gravure de Engelbrecht, Bibliothèque nationale de France,
Paris. Ph. Jean-Loup Charmet.

Repas offert à Louis XIV par le corps municipal à l'Hôtel de Ville, musée Carnavalet, Paris. Doc. Lauros-Giraudon.

Le banquet royal.
Doc. Giraudon.

Repas donné par le duc d'Albe, ambassadeur d'Espagne à Paris,
pour la naissance de Louis-Philippe de Bourbon, 1707, gravure de Desmarets.
Ph. Jean-Loup Charmet.

Le célèbre cuisinier Vatel, étiquette vers 1830.
Ph. Jean-Loup Charmet.

Le suicide de Vatel, dessin de E. Zier, XIXᵉ siècle. Doc. Roger-Viollet.

ou encore cuits dans des courts-bouillons. Comme par le passé, ils figurent toujours sur les tables en périodes de gras.

Le Mesnagier de Paris recommandait des services mêlant viandes et poissons. Dans la seconde moitié du XVIIᵉ siècle, cette juxtaposition – du moins dans les ouvrages culinaires – reste rare. La plupart des menus présentent des repas soit entièrement gras, soit entièrement maigres. Cependant Nicolas de Bonnefons, en 1654, propose, pour un repas gras, un cinquième service de poissons cuits au lard. Massialot, l'auteur du *Cuisinier roïal et bourgeois*, dans un menu servi le 20 juin 1690 devant le cardinal d'Estrées, met un fricandeau d'esturgeon et un esturgeon à la Sainte-Menehoult parmi les hors-d'œuvre au côté d'un pain de veau, de pigeons au basilic, d'une grenade et d'hâtelettes.

Dans ces deux plats, le poisson est revenu dans du lard fondu. Paradoxalement, les menus ne reflètent pas cette nouvelle tendance, alors que le nombre de recettes combinant le lard avec le poisson ne cesse d'augmenter (elles étaient rares au Moyen Âge). En 1653, *Le Pastissier françois* conseille de « larder » un paté de venaison de carpe, soit avec du lard de baleine, comme au Moyen Âge, soit avec une anguille, ou ajoute-t-il : « En charnage vous pouvez larder le poisson avec du lard à larder la viande[36]. » Pierre de Lune, parmi ses vingt-cinq manières d'apprêter le poisson du second service, tant en Carême que les jours gras, donne d'autres recettes : il recommande de piquer un brochet ou un saumon de menu ou de moyen lard, de faire revenir dans du lard fondu des truites, ou encore de cuire un turbot entre des bardes de lard. Le poisson fait ainsi son entrée dans le registre du gras.

Turbot au lard

Escaillez le turbot, le lavez bien, mettez des bardes de lard au fond d'un bassin, puis le turbot, assaisonnez le lard fondu, vin blanc, verjus, un pacquet, sel, poivre, clous entiers, deux feüilles de laurier, citron vert, muscade, et le couvrez encore de bardes de lard, et le couvrez d'un autre bassin, le faites cuire dans un four ou sur le feu, quand vous le voudrez manger, ostez les bardes et faites un ragoust de champignons, avec la sauce du turbot, un peu de farine frite, et mettez sur vostre turbot, et garnissez de tranches de citron[37].

Les légumes. – Le XVIIᵉ siècle a ennobli les légumes. Les traités culinaires médiévaux présentaient peu de recettes à base de légumes : seules les racines – c'est-à-dire les carottes, les panais –, les courges, les pois secs figuraient dans les potages ou les tourtes. Les aliments végétaux étaient laissés aux gens du peuple, car, poussant sur ou dans le sol, ils étaient considérés comme terrestres, grossiers et indigestes[38]. Les plats de légumes dont l'essor commence dès la fin du XVIᵉ siècle – du moins en France – connaissent une vogue qui s'explique en partie par l'influence de l'Italie. Artichauts, asperges, concombres, champignons, choux, choux-fleurs, fèves, citrouilles, épinards, pois verts entrent dans les potages, les entrées, les ragoûts et, bien sûr, dans les entremets.

Le pois vert, produit de luxe, est à la mode. Si l'on en croit Tallemant des Réaux, Louis XIII en cultivait. À la Cour de Louis XIV, il alimente les conversations : « Le chapitre des pois dure toujours. L'impatience d'en manger, le plaisir d'en avoir mangé et la joie d'en manger encore sont les trois points que nos princes traitent depuis quatre ans. Il y a des dames qui, après avoir soupé avec le roi, et bien soupé, trouvent des pois chez elles pour en manger avant de se coucher, au risque d'une indigestion. C'est une mode, une fureur, et l'une suit l'autre[39]. » L'auteur de *La Maison réglée*, qui espère obtenir du roi le monopole de la vente, en France, des liqueurs fines d'Italie, lui rapporte de Gênes le 16 janvier 1661 des pois en cosse qu'il a transportés dans une caisse avec des herbes et des roses. « M. le comte de Soissons prit même une poignée de pois qu'il écossa en présence de Sa Majesté, et qui se trouvèrent aussi frais que si l'on fût venir de les cueillir. Sa Majesté ayant eu la bonté de m'en témoigner sa satisfaction m'ordonna de les porter au sieur de Baudoin, contrôleur de la bouche et de lui dire d'en donner un plat pour la reine mère, un pour la reine, un pour monsieur le cardinal, et qu'on lui conservât le reste que Monsieur en mangerait avec Elle[40]. » L.S.R. propose même des asperges déguisées en pois. C'est cet entremets qu'au début du XIXᵉ siècle le célèbre cuisinier Carême offrira au prince de Talleyrand.

Asperges en pois verts

Coupés menu tout le verd des asperges, jusqu'à ce que vous y trouviez la moindre résistance, lavez-les d'abord en eau fraiche pour en oster la plus grosse terre, les blanchissez, apres sept ou huit boüillons faites-les égouter, peu après vous les passerez à la poêle avec bon beurre frais et lard fondu, et à demi roux, ajoûtés-y du sel, épices, thim, verd de siboulettes hachées menu, retournez-les quelque temps et souvent, aussi-tost les mettrez mitonner un demy quart d'heure au plus en quelque terrine ou casserole avec un peu de vostre meilleur boüillon, et pour conserver leur beauté naturelle, qui consiste dans la couleur ordinaire, jettez-y un moment avant de servir gros comme une noix de bon beurre frais[41].

Les légumes, surtout les primeurs, deviennent le signe d'une alimentation délicate. L'intérêt qu'on leur porte correspond à un engouement pour la nature, mais aussi à une modification du comportement diététique. La multiplication des salades servies avec les rôtis, et non plus au début du repas, dans le but d'ouvrir l'appétit et de préparer l'estomac au travail de la digestion, va dans le même sens. Les salades constituent un « élément gastronomique du menu et l'on attend d'elles qu'elles réveillent les papilles à ce moment crucial de son déroulement[42] ». Crus ou cuits, céleri, persil, asperges, betterave, carde, choux–fleurs, brocoli, chicorée, pourpier, raiponse, concombre apparaissent sur la table avec les salades d'oranges, de citron ou d'amandes, d'olives, de câpres, de fleurs comme les violettes.

Les œufs. – Les livres de cuisine du XVIIe siècle donnent une large place aux œufs. Introduits dans les liaisons, les crèmes, les tourtes, ils constituent à eux seuls des mets, servis le plus souvent en entremets en période de gras. En période de maigre, ils s'intègrent aux entrées. Pierre de Lune dans *Le Nouveau Cuisinier* décline cinquante-six manières de les préparer. Les cuisiniers proposent même des œufs falsifiés ou artificiels pour les entrées du vendredi saint, seul jour où l'on ne doit se nourrir que de végétaux. Dans les omelettes au citron, aux champignons, aux pistaches, ils substituent à l'œuf une pâte faite de farine, de lait, de sel et de beurre. Pour les œufs mollets, le cuisinier a recours pour le jaune à une crème de riz cuite avec du lait et colorée avec du safran et, « avec le reste du lait cuit, vous remplirez à peu près les coquilles d'œufs que vous aurez ouverts comme un œuf que vous voudriez manger ; il faut laver les coquilles et les couronnes des coquilles aussi, et mettre les jaunes que vous aurez faits, les tenir chauds dans un bassin, les ranger sur une serviette dressée, et les couvrir d'un autre bassin ; quand vous voudrez vous en servir, remplissez lesdites coquilles de crème d'amande bien claire, ou de crème de lait sans cuire, que le tout soit bien chaud, et mettez eau de fleur d'orange par-dessus en servant[43] ».

Selon la saison, les œufs durs, pochés, brouillés, en omelette sont servis nature ou complétés de fromages, d'herbes, d'oseille, d'anchois, de verjus, de pain, de rognons de porc, de lard ou d'éléments sucrants – hypocras, confitures, écorces d'agrumes confites, raisins de Corinthe, jus de groseille – ou de fruits, comme des pommes, et parfois relevés par de la cannelle, de l'eau de fleur d'oranger ou du musc. Leurs jaunes se dissimulent dans des préparations portant les noms de « rocher », de « nulle verte » – dont la couleur est donnée par des pistaches –, « nulle rouge » obtenue par le biais d'un jus de groseilles rouges ou « nulle au naturel ».

Nulle au naturel

Mettez dans un mortier deux maquarons, quatre jaunes d'œufs, jus de citron, un peu de lait, de sucre et de sel, escorce de citron rapée, eau de fleur d'orange : faites cuire sur une assiette ou un plat, garnissez d'escorce de citron et de pistaches[44].

Quant aux omelettes, ou « aumelette », qui ont déjà une longue histoire, le *Dictionnaire de Trévoux* signale que certains mangeurs les préfèrent baveuses, à demi cuites.

De nouvelles spécialités en pâtisserie. – Pâtés, tourtes et tartes salées ou sucrées, gaufres, oublies existent depuis le Moyen Âge. Le tournant du XVIIe siècle voit l'apparition du feuilletage, un plus grand usage de la pâte à choux cuite au four et les premiers essais de blancs en neige. Pour la première fois en 1653, les préparations de bases et les techniques sont réunies dans un ouvrage, *Le Pastissier françois*. Une ère nouvelle commence pour la pâtisserie. Chaque livre de cuisine donne désormais des conseils pour le feuilletage, les pâtes bise pour les pâtés de jambon, les pâtes brisées à la farine de blé ou de seigle, les pâtes blanches, les pâtes à base d'amandes pour les tourtes de fruits, les pâtes à choux, les pâtes royales pour les tourtes de confitures, etc. Ces diverses pâtes sont destinées aux tourtes et tartes de viandes, de poisson, de légumes, de fruits ou de confitures, que l'on sert, chaudes ou froides, aux entrées et aux entremets – et non au dessert. On invente des petits pâtés, des tartelettes et des chaussons aux pommes ou aux poires.

Chosson de pommes ou de poires ou d'autres fruid crud

Dressés la crouste de telle grandeur et en telle figure qu'il vous plaira : puis vous le garnirés d'un lict de sucre par dedans ; adjoûtés des pommes ou d'autre fruit coupé par quartiers apres en avoir aussi osté le cœur et la peau : adjoutez un morceau de beurre frais et quelque peu de canelle en poudre ou de l'anis verd. Au lieu de beurre vous pouvez mettre de la moüelle, vous pouvez y mettre aussi du pignon, du raison de Corinthe ou de Damas ou des pruneaux, et de l'escorce de citron coupée en petite tranches : vous pouvez aussi poudrer de sucre en poudre. Couvrez cette tourte ou pasté, et le mettez au four[45].

Les ouvrages donnent aussi des recettes de crème de pâtissier, de mélange à base de sucre et d'œufs battus, à l'origine des gâteaux et des biscuits. Des gâteaux, déjà connus ou nouveaux, y sont codifiés. Ainsi, les flamiches – sorte de sablés au fromage très beurré –, les poupelains – gâteaux au fromage –, les darioles, les talmouses, les gaufres, les beignets de pommes, de fruits rouges comme les cerises ou les groseilles, de blanc-manger, d'herbes ou de parmesan, les casse-museaux – farce à base de fromage, œufs, farine, sucre, raisins de Corinthe et pignons enveloppée dans un feuilletage –, les échaudés ou craquelins, etc., figurent aux côtés de gâteaux mollets et de biscuits. Ces derniers, de même que les massepains ou les macarons, entrent assez souvent dans les plats cuisinés, soit comme décor, soit pour absorber le surplus d'humidité d'un fruit ou d'une crème, soit encore comme liant, ou même comme substitut de pain dans les potages.

Potage de cailles au blanc-manger naturel

Faites cuire les cailles dans un pot de terre avec bon bouïllon, un pacquet et du sel, pillez amendes et les passés avec le bouïllon des cailles par l'estamine et les faites cuire avec un peu de canelle, de sucre, et faites le fonds de vostre potage avec macarons & quand les cailles seront dressées mettez vostre bouïllon blanc par dessus, garnissez de tranches de citron et mettez jus, et grains de grenade[46].

Les macarons et les massepains sont choisis en raison des apports gustatif et culinaire de l'amande. Parmi les biscuits – mélange mousseux de sucre, œufs et fleur de froment, couchés dans des tourtières de fer blanc ou sur du papier –, ceux dits « de Savoie », à « la Reine », et « au Roi », parfumés parfois au fenouil ou à la coriandre sont très en vogue.

C'est également vers la fin du XVIIᵉ siècle qu'apparaissent, du moins dans les livres de cuisine, les premières meringues, « petit ouvrage en sucre fort joli et fort fragile », selon la définition de Massialot. Elles sont plutôt faites par les officiers, mais les cuisiniers les utilisent pour garnir des tourtes d'entremets. Ovales ou rondes, les meringues peuvent rester brutes, être jumelées à un « grain » de framboise, de fraise, aromatisées et colorées avec des pistaches, ou être glacées – le glaçage de sucre permet de donner de l'éclat aux tourtes et pâtés.

Dans les premiers ouvrages parus après 1650, comme dans *Le Pastissier françois* et *Les Délices de la campagne* de Nicolas de Bonnefons, figurent des recettes de pain : « Le plus nécessaire de tous les aliments, que la divine bonté a créés pour l'entretien de la vie de l'homme c'est le PAIN ; sa bénédiction s'étend tellement sur cette nourriture que jamais l'on ne s'en dégoûte ; et les viandes les plus précieuses ne se peuvent manger sans pain[47]. » Le pain des élites en cette fin du XVIIᵉ siècle est toujours blanc et de froment – parmi les plus réputés, signalons le pain à la Reine, le pain mollet, le pain à la mode, le pain à la Montauron, de Ségovie, de Gentilly, de Gonesse. Mais les gens distingués mangent parfois des pains rustiques, comme celui de seigle. Malgré son aspect noir et son caractère pesant, pâteux, d'un suc visqueux et mélancolique, et difficile à digérer, il aide à amollir le ventre : « Ainsi que nous voyons en Cour les grands seigneurs en user pour cette occasion : mais il faut que tel pain soit fait de farine non entière de seigle. » Il serait même indispensable pour les femmes coquettes, puisque « les femmes lyonnaises, pour être belles et avoir un beau teint, le corps solide et succulent, n'usent d'autre pain que de seigle[48] ».

La cuisine des jours maigres

Si les règles concernant le maigre se sont assouplies depuis le Moyen Âge, tant du point de vue de la durée que de la stricte observance, les jours de maigre restent nombreux : outre le vendredi, l'Église interdit de consommer de la viande le mercredi, le samedi et les veilles de fêtes avec des temps forts, comme le Carême et le vendredi saint. Les cuisiniers du XVIIᵉ siècle s'ingénient à proposer toutes sortes de préparations qui, sans contrevenir aux prescriptions de l'Église, flattent les goûts des convives. Suivant la voie ouverte au XVIᵉ siècle par le cuisinier du pape, Bartolomeo Scappi, « le maigre devient gastronomique » selon la formule de Françoise Sabban et Silvano Serventi.

Il ne s'agit plus uniquement de remplacer des produits gras par des produits maigres, comme la viande par le poisson, l'huile par le saindoux et le lard, le lait de vaches ou de brebis par le lait d'amandes, mais de créer une vraie cuisine. Les ouvrages de cuisine présentent des recettes regroupées dans des chapitres séparés, distinguant nettement celles des jours maigres hors Carême, celles pour le Carême et celles pour le vendredi saint.

Ainsi *Le Cuisinier françois* (1651) propose cinquante-huit potages, quatre-vingt-treize entrées et dix-neuf recettes d'œufs, servis dans les entrées, une trentaine de poissons pour le rôt et une trentaine d'entremets. Parmi les potages figurent des potages de légumes (aux choux-fleurs, aux asperges, aux laitues, aux citrouilles, aux pois verts), des potages de lait aux jaunes d'œufs, de lait d'amandes, des potages de poissons, d'écrevisses, d'huîtres, de moules, de tortues, un potage de macreuse (oiseau migrateur, palmipède, voisin du canard, la seule viande autorisée les jours maigres), les homards, les langoustes, cuits au court-bouillon, et les huîtres au demi-court-bouillon, en ragoût, en beignets ou simplement rôties. Une fois les huîtres ouvertes, recommande-t-il, « mettez un peu de beurre frais avec un peu de pain passé et un peu de muscade[49] » avant de les passer au gril. Les huîtres s'intègrent dans les entrées. En temps de gras comme en temps de maigre, elles sont un des symboles de l'art du bien-manger, du bon goût, mais aussi de la gourmandise, comme nous le montrent de nombreux tableaux de l'époque. Considérées par certains comme aphrodisiaques, elles sont consommées crues, avec une pointe de poivre, et accompagnent certaines viandes, les poulets, les chapons, les canards, et leur eau relève certains ragoûts.

Le souci de créer une véritable cuisine maigre concerne aussi le vendredi saint pour lequel Pierre de Lune en 1654 donne plus de cent trente recettes. Ce jour-là, les fruits et légumes proposés en entremets passent en entrées, comme les prunes Sainte-Catherine cuites avec du vin blanc et du sucre. Les truffes – produit aussi très en vogue dans les jours gras – cuites à la braise, ou mises en ragoût, les crèmes de riz ou d'amandes sans œufs, les gelées de couleur côtoient les œufs falsifiés. Les prescriptions religieuses n'empêchent plus de se sustenter correctement et même agréablement lors des jours maigres en attendant le médianoche qui y mettra fin.

Les fruits

« Qui règle les hommes dans leur manière de vivre et d'user des aliments ? La santé et le régime ? Cela est douteux. Une nation entière mange les viandes après les fruits, une autre fait tout le contraire ; quelques-uns commencent leurs repas par certains fruits et les finissent par d'autres : est-ce raison ? est-ce usage[50] ? », note La Bruyère. À l'égard des fruits, à la méfiance succède donc un véritable engouement ; les fruits apparaissent progressivement dans l'entremets et le dernier service du repas, lui-même bientôt appelé « fruit ».

De l'Antiquité au XVIIᵉ siècle, les médecins considéraient les fruits dangereux pour la santé : ils pouvaient engendrer corruption et putréfaction dans le corps humain. On en mangeait, mais selon leurs qualités – sec, chaud, froid, humide –, on les consommait à un moment différent du repas : en début, pour les fruits froids et/ou putrescibles, comme les cerises douces, les pêches, les figues, le raisin, le melon, les fraises, les abricots, les prunes, certaines poires et pommes ; à la fin, pour les coings, les châtaignes, les nèfles, certaines pommes et poires, ceux-ci « ayant la vertu d'empêcher les aliments de remonter vers la bouche et de les pousser au contraire vers la sortie à la manière d'un pressoir[51]. »

Les idées sur la nocivité des fruits évoluent lentement au cours du XVIIᵉ siècle. Ce changement est lié à l'amélioration des techniques horticoles qui permettent d'obtenir des fruits de meilleure qualité, et une plus large utilisation du sucre. Mais les nouvelles pratiques alimentaires ne seront que peu à peu légitimées par les médecins. Il faut en effet attendre 1683 pour que le docteur Nicolas Venette, passionné d'arboriculture, vante les vertus diététiques des fruits : « Nos fruits ont bien plus de vertus et d'attrait que toutes les drogues. » Mettant l'accent sur l'amélioration de leur qualité, il prétend même que si Galien « eût vécu de nos jours et qu'il eût goûté les pêches que l'art et l'industrie de nos jardiniers a rendues si recommandables, [...] il aurait eu une toute autre sorte d'opinion[52] ». La passion des fruits, la modification des principes diététiques, l'évolution de la gastronomie vers une cuisine moins épicée, moins sucrée, laissant plus de place à la saveur des aliments et fondée sur la recherche de la finesse vont bien sûr avoir des conséquences sur l'utilisation du fruit dans le repas.

La présence des fruits en début de repas, en hors-d'œuvre, diminue peu à peu. En 1662, *L'Escole parfaite des officiers de bouche* propose encore en entrée des oranges, des pêches, des abricots, des raisins et des prunes de Damas. Puis bientôt seuls les figues, le melon, la mûre et, très rarement, la fraise figurent aux côtés des beurres, parfois à base de fruits secs, d'artichauts, de raves. Le melon – fruit ou légume ? –, considéré comme le plus dangereux des fruits, que l'on doit manger uniquement en début de repas, et de préférence avec du pain ou du fromage pour corriger sa putrescibilité, voire en se promenant « pour le faire plus tôt descendre au fond de l'estomac afin qu'il se digère mieux[53] », est toujours sujet de polémiques. « Ce fruit si fameux et si renommé par les bonnes et avantageuses parties qui le composent, nonobstant les suites fâcheuses qui l'accompagnent, est aujourd'hui l'objet des empressements universels, écrit L.S.R. ; dans un chapitre consacré aux bons et mauvais usages des melons, on emploie pour l'élever et le rendre parfait des soins et des veilles que l'on refuserait même aux créatures plus raisonnables » ; mais cet auteur recommande d'en tempérer la consommation, de le choisir bien mûr et de l'accompagner de bonnes et succulentes galimafrées[54].

Oranges et citrons entiers ou en jus, en salades, sont encore servis en même temps que le rôt avec des salades de grenades, de pistaches, et décorent les plats. Dans les sauces, les mûres, prunelles, merises ou cormes utilisées au Moyen Âge disparaissent. Plusieurs fruits jusque-là absents des mets cuisinés, comme la fraise, la framboise, l'abricot, la pêche et le melon, entrent dans la composition des entremets et plus rarement dans celle des potages. Il existe ainsi des potages aux framboises ou au melon.

Potage de melon

Coupez le melon, le passez à la poêle avec beurre, le mettez dans un pot avec un paquet, sel, eau, poivre, en passez un peu par l'étamine, et le dressez sur des croustes mitonnées avec le mesme boüillon, et garnissez de melon frit et de grains de grenade[55].

Les pommes, les coings et les poires glissent également des potages et entrées vers les entremets. Dans les premiers services, le fruit n'est pas absent : volailles farcies de marrons avoisinent avec un ragoût de cerneaux de noix. Quant aux amandes, réduites en poudre, elles se servent en potage ; elles rendent les liaisons plus savoureuses, plus riches, et sont utilisées comme ersatz de lait de vache ou de bouillon de viande pendant le Carême. Les pistaches colorent les ragoûts et les galantines, les lapins roulés. Mais l'emploi des raisins secs, figues, pruneaux, dattes, écorces d'agrumes confites, régresse dans les potages, les entrées, les sauces douces accompagnant poissons et viandes.

Surtout le XVIIe siècle voit le triomphe des fruits crus au dernier service. Ils sont présentés avec du sucre, à l'exception de la prune, car, selon Massialot, « quelques abondants et magnifiques que soient les grands régals, on peut dire qu'ils ne sont point complets, si de beaux et bons fruits n'en relèvent l'éclat et n'en laissent une grande idée dans l'esprit des conviés[56] ». Selon les saisons, les fruits rouges, comme les fraises « lavées » en eau ou en vin, les figues violettes ou blanches, les abricots figurent aux côtés des quatre mendiants – avelines, amandes en coque, figues et des raisins secs – et des agrumes. Les pêches sont considérées comme l'un des plus beaux apparats du dessert : « On aura donc que de très bonnes pêches à présenter en son dessert, ce qui attirera à l'officier ou sommelier des éloges sur son choix et sur le bon emploi de ce qu'il sait en faire, de ce qui lui est confié pour la dépense de son maître[57]. » Les plus estimables, d'après Jean de La Quintinie, sont la mignonne, la nivette, l'admirable, la violette hâtive, la pourprée et les pavis, que l'on sert en même temps que des alberges et des brugnons. Des prunes animent les tables par la richesse de leur coloris : perdrigons blancs, rouges ou violets, Damas, mirabelles, Sainte-Catherine, ou encore reine-claude, royales, diaprées, impériales.

Parmi les quarante-sept espèces de pommes citées dans *Le Jardinier françois*, retenons seulement l'api, « une véritable pomme de demoiselle et de bonne compagnie et connue de tout le monde par sa couleur extrêmement vive et perçante[58] », les court-pendu gris ou rouges, les calvilles d'été et d'hiver, le fenouillet, qui tire son nom de son goût de fenouil ou d'anis, les rambourg, les passe-pommes, le châtaignier. Si Olivier de Serres, en 1600, ne recense qu'une soixantaine de poires et Nicolas de Bonnefons près de quatre cents, La Quintinie déclare n'en avoir vu, goûté et décrit que trois cents, mais il n'en retient qu'une trentaine d'excellentes. Parmi toutes ces variétés, les plus appréciées sont, aux yeux des officiers, le bon-chrétien – poire longue et pyramidale à la chair cassante et tendre, dont l'eau, douce, sucrée et un peu parfumée, fait le plus honneur à une table –, le rousselet d'hiver, dont l'eau est sucrée et vineuse, la crassane, la bergamote, le petit-muscat ou muscadille, le blanquet, la cuisse-madame, le muscat-robert, le doyenné, le messire-Jean, la bellissime, la louise-bonne, etc.

Présentés en corbeilles ou en pyramide, les fruits crus ou transformés se multiplient sur les tables, comme dans les traités d'office, au côté de l'une des grandes nouveautés du XVIIe siècle : les « liqueurs et breuvages délicieux » ou les « eaux et liqueurs d'Italie ». Hypocras, rossolis, populo, vin des Dieux, ratafias de cerises, limonades ou orangeades voisinent avec des eaux de fruits secs (comme les pistaches, les noisettes et les pignons), de fruits frais (comme le jasmin ou la fleur d'oranger), d'épices ou d'herbes (comme la coriandre, le fenouil, la pimprenelle) et des sirops de fleurs ou de fruits – boissons toujours sucrées obtenues par macération, infusion, voire distillation, et éventuellement cuisson. Servies pendant le dessert, ces nouvelles boissons sont très prisées dans les collations.

Triomphe du sucre au dessert

Le dernier service, le « réveillon du repas », selon l'auteur de *L'Art de bien traiter*, composé à l'office, fait l'objet de soins particuliers. Ces « plats ne sont inventés que pour l'embellissement et la consommation du repas et non point pour assouvir les convives[59] ». Ce qui fera dire à Grimod de La Reynière, au début du XIXe siècle : « Les vrais gourmands ont toujours achevé leur dîner avant le dessert, l'appétit étant généralement satisfait [...]. Un artiste habile ne doit rien épargner pour le faire renaître : c'est là son triomphe [...]. Le dessert est au dîner ce que la guirlande est au feu d'artifice : c'en est la partie la plus brillante. Il doit parler à l'âme et surtout aux yeux : il doit produire des sensations de surprise et d'admiration[60]. »

Après avoir fait place nette et changé la nappe, le maître d'hôtel, jouant sur la symétrie et les couleurs, fait installer les assiettes, les pyramides remplies de fruits, crus ou transformés, et autres friandises. Le répertoire de l'art du confiseur s'est développé depuis le Moyen Âge, mais le sucre étant rare et cher, beaucoup de confiseries se faisaient avec du miel. Au XVIIe siècle, une plus large diffusion du sucre, une amélioration de la qualité des fruits, l'influence de l'Italie vont permettre d'accroître la gamme de produits. C'est alors que naît l'art des confitures, dont le grand nombre de recettes et le type de fruits utilisés laissent le gourmand d'aujourd'hui pensif. Comme pour la cuisine, les préparations de base – en particulier les cuissons du sucre qui sert à édulcorer, confire et décorer – font l'objet de descriptions précises, surtout pour les confitures, éléments indispensables des desserts sur les tables aristocratiques, comme sur les tables plus simples. Du moins si l'on en croit Olivier de Serres qui, en 1600, prétend qu'à la campagne, « la demoiselle recevra du plaisir et de l'honneur quand, à l'inopinée survenue de ses parents et amis, elle leur couvrira la table de diverses confitures dont la beauté et la bonté ne céderont aux plus précieuses de celles qu'on fait les grosses villes, bien qu'étant aux champs, elle n'ait autre confiseur que l'aide de ses servantes[61] ».

Le mot confiture désigne alors aussi des compotes, des confitures sèches ou liquides, des gelées, des marmelades, des conserves, etc. Les compotes faites de fruits entiers ou en morceaux, pelés ou non, cuites avec du sucre, de l'eau ou du vin (à la braise, à la cloche) et éventuellement de la cannelle et des clous de girofle, garnies d'écorces de citron, de cerises à oreille, de pistaches, de grains de grenade sont consommées chaudes ou froides et accompagnées, si on le désire, d'un jus d'orange ou de citron pour en relever le goût. Présentées en dôme – un fruit au milieu et six autour, trois dessus et un qui fera la pointe –, elles sont recouvertes d'une gelée obtenue par la réduction du sirop.

Compote de pêches, d'abricots ou de prunes grillées

Vous prendrez des abricots, des pêches ou des prunes, telle quantité qu'il vous plaira, que vous ferez griller sur un réchaud de feu ardent de tous les côtés ; puis les pèlerez avec le doigt le plus proprement que vous pourrez et les mettrez dans un plat d'argent ou une terrine, ou dans une petite poële à confitures bien nette ; vous y jetterez une bonne poignée ou deux de sucre en poudre avec un demi-verre d'eau, puis les remettrez sur le feu et leur donnerez quatre ou cinq bouillons, afin que le sucre fonde. Ensuite, vous les retirerez de dessus le feu, les laisserez refroidir, et lorsque vous serez prêt de les servir, vous y mettrez par-dessus quelque jus de citron ou d'orange[62].

Les confitures liquides sont des fruits entiers ou en morceaux, confits dans un sirop fluide, que l'on conserve dans des pots sertis d'une rondelle de papier avec leur sirop pour éviter qu'elles ne se candissent. En dehors des fraises, tous les fruits sont mis au liquide comme les noix, dont la confiture est une des plus longues à réaliser.

Noix blanches

Prenez des noix vertes bien tendres, et les pelez jusqu'au blanc, et qu'il n'y demeure point de vert, mettez-les à mesure dans l'eau fraische, faites les cuire à grand feu et grande eau apres les avoir percées de travers avec une lardoire, laissez les boüillir jusqu'à ce qu'en piquant avec une espingle elles n'y tiennent point, tirez-les et les mettez dans de l'eau fraische et les picquez de canelle de clous de girofle ou d'escorce de citron confite, faites cuire du sucre à lisse et les mettez dedans, faites cuire à grand feu, laissez-les refroidir et les achevez de cuire, faites le syrop à perle, les tirez[63].

Le confiseur peut alors tirer les fruits hors de leur sirop et les mettre à sécher à l'étuve pour obtenir des confitures sèches. Une fois qu'ils sont poudrés de sucre, il les range dans des boîtes de sapin, avec du papier blanc entre chaque rang de fruits. Cette méthode est économique, car elle permet de réutiliser le sirop de la préparation pour réaliser aussitôt d'autres confitures. Les marmelades et les gelées, obtenues avec la pulpe ou le jus des fruits, sont servies sur une assiette ou découpées en bandes pour orner les bords des plats. Les pâtes de fruits, espèce de marmelade épaissie par l'ébullition, sont parfois mises dans des moules de toutes formes. Les conserves sont présentées dans des caisses en papier ; ce sont des sortes de confiture sèche faite avec des fruits ou des fleurs, mondés et pilés, découpés en petits morceaux ou réduits en jus et mélangés hors du feu dans un sucre déjà cuit, parfois à nouveau desséché sur le feu jusqu'à l'obtention d'une petite glace dessus.

On fabrique des candis, à base de fruits entiers ou de fleurs. Après les avoir fait bouillir dans leur sirop, on les maintient dans celui-ci puis on les met à sécher à l'étuve ; ils restent ainsi couverts de sucre candi, ce qui les fait paraître comme des cristaux de différentes couleurs et formes. Les dragées, à base d'amandes, de pistaches, de morceaux d'agrumes ou de melons, sont recouvertes d'un sucre fort dur et très blanc. On contrefait aussi des fruits. Ainsi La Varenne ajoute de la cochenille à la marmelade de pomme, ce colorant permettant de contrefaire des cerises, des framboises ou des groseilles ; il utilise aussi du jus de feuilles de poirée pour la couleur verte et obtenir une pâte de prunes. Les massepains, qui se diversifient tant dans les parfums que dans les formes en devenant des artichauts ou des asperges, prennent place au côté des macarons. Le chocolat fait son entrée en 1692 dans les biscuits au chocolat de Massialot.

Biscuits au chocolat

Vous prenez du blanc d'œuf, et vous y râpez du chocolat ; il n'en faut pas beaucoup ; parce que ce n'est que pour donner l'odeur et la couleur. Prenez ensuite du sucre en poudre, et le mêlez bien avec le reste ; il en faut jusqu'à ce que vous aiez une pâte maniable ; puis vous dressez vos biscuits de la façon que vous voudrez, sur des feuilles de papier et les mettrez au four pour les cuire à petit feu, autant dessous que dessus[64].

Des crèmes « glacées » à base de crème, de sucre et quelquefois d'œufs (elles peuvent être parfumées aux amandes, à la pistache, aux écorces de citron), font leur apparition à côté de celles fabriquées avec des fruits, dont les liqueurs ou le suc sont mis à glacer dans des « vaisseaux », remplis de glace pilée et de sel ou d'une « crème glacée ».

Crème glacée

Prenez une chopine de lait, un demi-setier de bonne crème douce, ou bien trois poissons avec six ou sept onces de sucre et une demi-cuillérée d'eau de fleurs d'oranger, puis la mettrez dans un vaisseau de fer blanc ou autre pour la faire glacer[65].

Les vins à la mode

« Le vin est l'ennemi des reins [...], abstenez-vous [...] ; ne buvez que de l'eau à déjeuner et à souper : à chacun de ces repas, trois grands verres. L'eau froide et pure est merveilleusement amie des reins et de la vessie : pour le dîner, vous boirez un petit verre de vin avec huit fois autant d'eau : j'entends vin de pays blanc ou clairet, mais j'excluerais de votre table tout vin de Bourgogne, de Condrieu, de Grave, et celui qui vient de Guyenne et de Languedoc[66]. »

Vins de pays blancs de substance ténue, vins clairets à la couleur rubis aidant à la digestion, largement coupés d'eau, et eau pure, voilà un discours médical qui en rejetant les vins rouges et noirs laissera plus d'un lecteur sur sa soif. Au XVIIᵉ siècle, on ne se soucie pas encore de l'association des mets et des vins. Le service à la française, par la multiplicité des mets, ne permet pas de dépasser les mesures du raisonnable dans le mélange des vins.

Comme nous ne pouvons évoquer tous les vins venus des différentes régions de France et de l'étranger, « chaque canton en produisant de différents goûts et sèves, Blancs, Dorez, Paillets et rouges[67] », nous nous limiterons aux propos de Nicolas de Bonnefons et de L.S.R. qui parlent dans leurs ouvrages des caves et de leur contenu. « Ceux à qui les friands donnent leur voix pour les plus naturels et les plus agréables par-dessus tous viennent de Bourgogne et particulièrement des environs de Chablis[68] », constate, en 1654, l'auteur des *Délices de la campagne*. Vingt ans plus tard, les choses ont évolué : « En matière de vin, le plus délicat et le plus coulant passe toujours pour le meilleur, et comme les goûts sont différents, que les uns aiment le bourguignon, et les autres le champenois[69]. » Les défenseurs des vins de Champagne – vin qui n'est pas encore pétillant et que l'on utilise dans les préparations culinaires – comptent dans leurs rangs Bussy-Rabutin :

> *N'épargnez aucune dépense pour avoir les vins de champagne fussiez-vous à deux cents lieues de Paris. Ceux de Bourgogne ont perdu tout leur crédit avec les gens de goût et à peine conservent-ils un reste de vieille réputation chez les marchands. Il n'y a point de province au monde qui ne fournisse d'excellents vins pour toutes les saisons que la Champagne. Elle vous fournit le vin d'Ay, d'Ancenet, d'Ouille jusqu'au printemps, Ferté, Sillery pour le reste de l'année.*

Sa cousine, Mme de Sévigné, a une prédilection pour les vins de Bourgogne, surtout les rouges, qui « passent comme de l'eau de Forges », mais d'autres apprécient les graves du Bordelais. Les vins d'Auxerre, de Coulanges et de Joigny, sont, selon L.S.R., les plus propres aux bourgeois, mais :

> *Pour les gens délicats et raffinés, on s'attache aux vins de Chablis, de Tonnerre, de Coulanges si la Bourgogne n'a pas manqué, ce qui arrive rarement, quand le pays beaunois donne, on prend du Volnay qui est*

le plus exquis de tout le canton, et l'un des plus renommés vignobles de France [...]. Si la Champagne réussit, c'est là que les fins et les friands courent avec empressement, il n'est point au monde une boisson, et plus noble, et plus délicieuse, et c'est maintenant le vin si fort à la mode qu'à l'exception de ceux que l'on tire de cette fertile et agréable contrée, que nous appelons généralement parlant de Reims, et en particulier de S. Thierry, de Versenay, d'Ay, et autres lieux de la montagne, tous les autres ne passent presque chez les curieux que pour des vinasses, et des rebuts dont on ne veut pas même entendre parler[70].

L.S.R. conseille d'éviter le vin rouge – car, aussi bon soit-il, il n'est jamais aussi délicieux et ne se digère pas aussi promptement que les autres – et de privilégier les vins vieux car les nouveaux sont de « véritables casse-tête ». Il recommande de boire le vin au sortir de la cave : « ne le gâter point par ces artificieuses mômeries qui font toute la joie de nos débauchés, ajoute-t-il, il suffit que l'eau soit naturellement fraîche sans recourir à la glace, qui est la plus pernicieuse de toutes les inventions ; outre qu'elle est la capitale ennemie des liqueurs, et principalement du vin », elle affaiblit au moins de moitié les qualités du vin.

Livres de cuisine, livres d'offices

Cette nouvelle cuisine est exposée dans plusieurs ouvrages clairs et précis. À quelques exceptions près, les recettes décrites sont destinées à des milieux aristocratiques des plus raffinés, ce qui n'exclut pas que les maisons de moindre rang, les nobles campagnards et les couches supérieures de la bourgeoisie puissent s'en inspirer.

Le premier livre est celui de François-Pierre, dit La Varenne, écuyer de cuisine chez le marquis d'Uxelles, *Le Cuisinier françois, enseignant la manière de bien apprester et assaisonner toutes sortes de viandes grasses et maigres, légumes, pâtisseries et autres mets qui se servent tant sur la table des grands que des particuliers*. L'ouvrage paraît en 1651 et connaît un succès immédiat : quarante et une éditions ont été répertoriées[71] pour la fin du XVIIe siècle. Traduit en anglais, en allemand, il est repris dix ans après sa parution dans la fameuse « Bibliothèque bleue », collection de livres populaires vendus par colportage. Dans sa dédicace au marquis d'Uxelles, gouverneur de Chalon-sur-Saône, La Varenne déclare : « J'ai trouvé dans votre maison par un emploi de dix ans entiers les secrets d'apprêter délicatement les viandes. J'ose dire que j'ai fait cette profession avec grande approbation des princes, des maréchaux de France et d'une infinité de personnes de condition. »

À l'inverse des livres de cuisine des siècles précédents, où les recettes se succèdent souvent de façon confuse, voire sans titre, *Le Cuisinier françois* est présenté avec clarté. Les recettes y sont regroupées par service – potages, entrées, plats du second service, entremets. Les recettes pour les temps de maigre, puis pour le Carême sont classées selon le même ordre et l'ouvrage s'achève sur celles du vendredi saint. Chaque chapitre se voit précédé par des recettes de base, par exemple des bouillons nécessaires « pour la nourriture de tous les pots, soit de potage, entrée ou entrements[72] », des jus, des liaisons et des pâtes indispensables pour les pâtés et tourtes.

La Varenne est l'un des premiers à codifier l'enchaînement du travail culinaire selon un ordre précis. Même s'il ne mentionne que deux bouillons de base, l'un pour le gras et l'autre pour le maigre, il conseille de préparer à l'avance « un roux », c'est-à-dire de la farine revenue dans du lard à laquelle on ajoute des oignons. Ses liaisons à la poudre d'amande, aux jaunes et au jus de citron ébauchent la cuisine moderne. Il se sert aussi des nouvelles herbes et des nouveaux condiments et légumes, et multiplient les garnitures à base de truffes, artichauts, crêtes de coq, comme dans son potage aux profiteroles, très caractéristique des potages à la mode au XVIIIe siècle :

Potage aux profiteroles

Il se fait ainsi faut prendre quatre ou six petits pains, vous en ôterez la mie par une petite ouverture faite au-dessus, vous ôterez le couvert et le faites sécher avec le pain, le faites passer par du sain-doux ou du lard, puis faites mittonner votre pain avec votre meilleur boüillon, et l'arrosez de boüillon d'amande, puis il faut mettre vos pains pour garnir votre potage, et les emplissez de crêtes et ris de veau, béatilles, trufes, champignons et couvrez. Mettez-y du boüillon jusqu'à ce que le pain soit imbu, avant que de servir jettez du jus, et ce que vous aurez par-dessus, puis servez[73].

La Varenne, adepte des cuissons respectant le goût naturel des aliments, diminue les épices fortes et supprime la cannelle, mais ne bannit pas les mélanges trop prononcés de salé et sucré. En fait, il est à mi-chemin entre la cuisine médiévale et moderne. Du Moyen Âge il conserve plusieurs habitudes. Ainsi cette gelée obtenue par la cuisson de veau, de poulet, de vin blanc, de jus de citron et de sucre dans laquelle il introduit des amandes pilées et une goutte de lait pour la blancheur (après les avoir passées dans une serviette). Il continue à sucrer les bouillons, mais leur texture est beaucoup plus onctueuse. Il conserve l'âcreté des plats aigres-doux épicés, les liaisons au pain grillé, l'utilisation de la chapelure sur les rôtis pour accrocher les autres saveurs. Il reste attaché, comme plus tard Pierre de Lune, aux viandes sucrées servies avec des sauces douces, aux ragoûts de tranches de jambons à l'hypo-cras. Tout cela traduit un certain archaïsme comme le soulignent les auteurs de la préface de la réédition du *Cuisinier françois*. À quoi s'ajoutent, selon eux, des « extravagances, incompétence et vulgarité[74] » que critiquera un peu plus tard L.S.R.

Parmi ces extravagances, les « ramequins de suie de che-minée », c'est-à-dire du noir de fumée, déjà utilisé dans *Le Livre fort excellent de cuisine* pour noircir une gelée, à une époque où l'on utilisait les couleurs pour teinter les plats en bleu, en vert, en jaune. De même, la présentation des « poulets en ragoût dans une bouteille ». Le cuisinier introduit la peau d'un poulet dans une bouteille et la farcit de champignons, truffes, ris de veau, asperges, pigeonneaux, jaunes d'œufs, puis il bouche la bouteille avec de la pâte, et la met à cuire dans une marmite. Cette tech-nique conserve les principes nourriciers et les arômes qui ont tendance à s'évaporer à la cuisson : les cuisiniers du XVIIe siècle le savaient déjà puisqu'ils scellaient leurs marmites avec de la pâte et cuisaient des viandes à l'étouffée avec des croûtes épaisses. En revanche, la manière de dresser ce plat sur la table laisse plus perplexe : « Quand vous serez prêt à servir, coupez cette bouteille avec un diamant, en sorte que le bas demeure plein et entier, puis vous servirez[75]. »

Certains plats nous paraissent vulgaires si l'on songe au public auquel s'adressent les recettes de ce livre. Ainsi, une bouillie de fleur de blé qui se « situe au degré zéro de la cuisine et n'avait guère d'usage que pour l'alimentation des enfants en bas âge[76] » ou un potage de son qui n'est qu'un résidu de la mouture des céréales destinée aux porcs. De même, on trouve un potage de marmite, constitué de croûtes de gros pain, voire de « l'entamure du pain », où le poivre et le persil ne sont même pas obligatoires. Mais si La Varenne, comme les cuisiniers qui lui succéderont, n'a pas un très grand sens du raffinement, si ces recettes font encore preuve d'archaïsme, il est le premier de son époque à apporter des matériaux que d'autres perfectionneront. Aussi « lui sera-t-il beaucoup pardonné », estime le cuisinier Bertrand Guégan.

Comme il était au service du marquis d'Uxelles, on lui a attribué l'invention de la « duxelles » – un mélange de champignons, échalotes et beurre –, mais aucune de ses recettes ne porte ce nom, ni ne figure parmi ses recettes à base de champignons. Cependant, il semble qu'il ait donné son propre nom – innovant dans ce domaine – à une préparation d'œufs.

Œufs à la Varenne

Faites un sirop bien fait, faites frire des blancs dans la poële avec du beurre, et les mettez dans votre sirop, étant cuits, servez-les avec eau de fleur d'orange[77].

Les deux ouvrages de Nicolas de Bonnefons sont l'un et l'autre dédiés aux dames. *Le Jardinier françois qui enseigne à cultiver les arbres et herbes potagères* paraît en 1651, et *Les Délices de la campagne. Suitte du jardinier françois où est enseigné à préparer pour l'usage de la vie tout ce qui croist sur la terre et dans les eaux* trois ans plus tard ; il sera réédité dix-sept fois dans les vingt années suivantes. Ce premier valet de chambre du jeune roi Louis XIV est l'un des rares auteurs de ce siècle à ne pas s'adresser exclusivement à l'aristocratie. Son livre est en effet d'abord destiné aux « dames ménagères » qui se soucient de la bonne conduite de leur maison et grâce auxquelles celles-ci « non seulement subsistent dans la splendeur de leur lustre, mais augmentent de beaucoup par le goût qu'elles y apportent ».

Les deux ouvrages de Bonnefons illustrent l'intérêt que porte le Grand Siècle à l'horticulture et à l'arboriculture. Le premier traite des arbres fruitiers et des potagers en mettant l'accent sur la production et la conservation – il fournit des listes de fruits, dont près de quatre cents poires et quarante-sept pommes. Le second porte plus sur la préparation et la consommation des divers produits offerts par la nature (pain, pâtisserie, vin et autres boissons ; légumes, fruits, fromages, laitages et œufs ; viandes, volailles, gibiers et poissons). Les recettes sont ici moins coûteuses puisqu'elles nécessitent moins d'ingrédients et de matériel que celles de La Varenne.

Lui aussi prône le « vrai goût ». Il déplore que les cuisiniers ne s'en soucient pas assez, car « préoccupés de la bonne opinion que chacun d'eux a de sa capacité, ils estiment que, pourvu qu'ils déguisent et garnissent leurs plats en confusion, ils passeront pour d'adroits hommes [...]. C'est pourquoi, essayez-vous le plus que vous pourrez à faire diversifier et distinguer par le goût et par la forme ce que vous ferez apprêter ; qu'un potage de santé soit un bon potage bourgeois, que celui aux choux sente entièrement le chou[78] ». La saveur des différents ingrédients doit rester intacte et reconnaissable ; auparavant il faudra sélectionner les bons produits : « vous ferez tuer un veau, qui n'ait jamais pris aucune nourriture que le lait pur ». Comme chez La Varenne, de nombreuses recettes sont encore empreintes d'héritages antérieurs. Il utilise des épices mais avec modération, comme dans les

---

Pommes cuites sous la cloche

Leur ostant la teste et le trognon, en remplissant le trou de sucre en poudre et fort peu de canelle ; l'on leur coupe la peau en croix jusques près de la queuë, afin quand on les sert on puisse ouvrir facilement cette peau jusques au bas de la pomme sans la destacher[79].

Peu après *Les Délices de la campagne*, paraît, en 1656, le livre de Pierre de Lune, *Le Nouveau Cuisinier ou il est traitté de la véritable méthode pour apprester toutes sortes de viandes, gibier, volatilles, poissons tant de mer que d'eau douce. Suivant les quatre saisons de l'année. Ensemble de la manière de faire toutes sortes de patisseries, tant froides que chaudes, en perfection.* Cet ouvrage s'apparente plus à celui de La Varenne. Écuyer de cuisine du duc de Rohan, dont il « s'était acquis l'honneur de son estime, car le duc le considérait comme un homme capable de donner l'âme à sa table friande et délicate[80] », Pierre de Lune est un patricien de haut rang.

Son ouvrage est divisé selon les quatre saisons de l'année, avec le gras et le maigre ; pour chaque saison, il reprend le classement de La Varenne (potages, entrées, entremets). Il consacre aussi un traité à la pâtisserie, distinguant les plats qui se mangent froids – les pâtés de viande ou de poisson – de ceux à manger chauds – les tourtes de viande ou de poisson, les tourtes à base de légumes, de fruits ou de crème. Dans l'avis au lecteur, il énumère les produits nécessaires aux cuisiniers, en particulier le « paquet » composé « d'une barde de lard, une ciboulette, un peu de thym, deux clous, cerfeuil, persil », qu'il faut lier avec une ficelle ; « pour les jours maigres, vous pouvez en faire autant, n'y mettant point de lard[81] ». Le cuisinier doit en outre tenir toujours prêts des oranges en quartiers, des citrons en tranches tenues au frais dans un bol d'eau, des pistaches décortiquées, des grains de grenade, des olives, des câpres, du persil frit, du pain passé à l'œuf battu, du roux de farine et du saindoux. L'un des principaux mélanges de base, utilisé comme tel, le coulis, est pour la première fois mentionné. Ce fumet de viandes ou de poissons, enrichi de champignons, de bouillon, d'un paquet et de citron et éventuellement de lard est épaissi à la farine ou avec des jaunes d'œufs durs mêlés à des amandes pilées. Fait simplement avec du bouillon, celui aux pistaches est destiné à marbrer les potages blancs ou ceux à la Reine ou aux profiteroles. Il complète par des liaisons à la farine des mets que l'on trouve déjà chez La Varenne, comme dans cette recette de bœuf à la mode.

Bœuf à la mode

Battez-le bien, lardez-le de gros lard, le passez à la poêlle, et le mettez dans une terrine avec un verre de vin blanc, deux verres d'eau, un pacquet, sel, poivre, laurier, citron vert, demy douzaine de champignons, et le bouchez bien d'une autre terrine avec paste, et le faite cuire à petit feu, quand il sera cuit passez farine à la poêlle avec lard fondu et mettez dans vostre terrine, et jus de citron[82].

Les recettes que donne Pierre de Lune ne sont pas toutes nouvelles. Un grand nombre est repris de la cuisine médiévale, dont plusieurs à base de fruits sucrants. Il en est de même dans un ouvrage dû à un auteur anonyme, publié en 1660, qui eut un succès limité, *Le Cuisinier méthodique, où est enseignée la manière d'apprester toute sorte de viandes, poissons, légumes, salades et autres curiositez, utile à toute sorte de personnes.* D'une lecture moins facile que les précédents, tant par la longueur des recettes, les redites, que par l'absence de plan, ce livre est le premier à consacrer un chapitre aux salades considérées comme un travail d'office et non de cuisine. Il ignore en revanche les œufs et la pâtisserie. En fait, il semble attaché à des pratiques anciennes : il utilise en effet plus la cannelle, le sucre ou des agents sucrants, le safran et les herbes comme la menthe, la marjolaine, le romarin et l'hysope, et ne mentionne pas la farine frite. On y trouve un potage bourgeois, une liaison à base d'œufs et de verjus, une large utilisation de la citrouille, de l'ail, de viandes à potages plus roturières et l'indication de pratiques régionales, comme l'utilisation de la crème par les Normands, ce qui en fait un ouvrage moins aristocratique que celui de La Varenne[83].

L'ouvrage de L.S.R., que nous avons souvent cité, n'eut pas non plus beaucoup de succès. Malgré son titre, *L'Art de bien traiter, divisé en trois parties. Ouvrage nouveau, curieux et fort galant utile à toutes les personnes et conditions*, publié en 1674, trois ans après la mort de Vatel, il s'adresse surtout aux milieux aristocratiques. Dès sa préface, L.S.R. se pose comme réformateur des pratiques culinaires : « J'ai eu raison de réformer cette antique et dégoûtante manière d'apprêter les choses et de les servir, dont la disconvenance et la rusticité ne produisent que dépenses inutiles sans ménagement, que profusions excessives sans ordre et enfin que superfluités incommodes, sans profit et sans honneur[84]. » Le temps des compilations de viandes, entassement confus des diverses espèces, de montagnes de rôt est terminé. C'est bien plutôt « le choix exquis des viandes, la finesse de leur assaisonnement, la politesse et la propreté de leur service » qu'il convient de mettre en œuvre. Au moment où le classicisme est à la mode dans l'art et la littérature, L.S.R. s'oppose à la profusion archaïque des premiers cuisiniers comme La Varenne qu'il attaque directement : « Je crois même qu'on ne verra point ici les absurdités, et les dégoûtantes leçons que le sieur de Varenne ose donner et soutenir, dont il a depuis si longtemps leurré et endormi la sotte et ignorante populace [...]. La raison de cet aveuglement, ajoute-t-il, est qu'il ne s'est jamais trouvé personne pour en combattre les erreurs. » Il tourne en ridicule les recettes de son prédécesseur :

> *Ne frémissez-vous point déjà au récit d'un potage de sarcelles à l'hypocras, d'alouettes à la sauce douce ? Voyez-vous sans horreur ce potage de trumeau de bœuf au tailladin, cette soupe de marmite ? Celle de tête de veau frite ne vous fait-elle pas rire, ou plutôt pleurer de compassion [...]. Considérez ces potages de manches d'épaules en ragoût, de citrouille et d'herbes sans beurre, de grenouilles au safran, de son, d'oubelon, de panets, de framboises [...] et une infinité d'autres gueuseries que l'on souffrirait plus volontiers parmi les Arabes et les margajeats que dans un climat épuré comme le nôtre, ou la propreté, la délicatesse et le bon goût sont l'objet et la manière de nos plus solides empressements[85].*

Les recettes de L.S.R., présentées dans un ordre souvent confus, ne sont pas à la mesure de son ambition. Sa critique sur l'assaisonnement bourgeois, à base de jaunes d'œufs délayés dans du verjus, ne l'empêche pas d'y avoir maintes fois recours, comme pour une fricassée de poulets ou de potage d'abattis d'agneau au naturel[86]. Si beaucoup de ses plats restent simplement fondés sur une viande principale, souvent augmentée de nombreuses garnitures, il n'hésite cependant pas à proposer « un potage d'un chapon, d'un jarret de veau et de quatre poulets ».

Les historiens n'ont encore trouvé aucune trace leur révélant l'identité de L.S.R., qui prétend être l'auteur d'autres ouvrages dans lesquels il n'a « pas toujours parlé de cuisine[87] ». S'agit-il d'un cuisinier, d'un maître d'hôtel ou d'un amateur éclairé ? Son ton arrogant pour le monde des cuisines fait douter de son appartenance à ce milieu. Sa connaissance des arts de la table fait pencher vers un intendant ou un maître d'hôtel. Quoi qu'il en soit, l'originalité de son ouvrage et son apport à l'art culinaire tiennent surtout aux conseils donnés pour dresser des tables dans divers lieux, mais surtout à sa présentation détaillée des collations et des ambigus.

Le dernier traité de cuisine du XVIIᵉ siècle est celui de François Massialot, *Le Cuisinier roïal et bourgeois, qui apprend à ordonner toutes sortes de repas, et la meilleure manière des ragoûts les plus à la mode et les plus exquis. Ouvrage très utile dans les familles et singulièrement nécessaire à tous maîtres d'hôtel et ecuïers de Cuisine*, paru en 1691. On ne sait quasiment rien de son auteur, bien que certains le fassent naître en 1660 à Limoges et mourir à Paris en 1733. L'originalité de ce dernier livre, réimprimé et augmenté au début du XVIIIe siècle, tient d'abord aux menus qu'il présente en ouverture des recettes. Voulant aider les cuisiniers et les maîtres d'hôtel, Massialot propose des repas selon les saisons, dont certains servis aux plus grandes tables, notamment chez le Dauphin, Monsieur, Madame, le duc de Chartres, chez le marquis de Louvois ou encore à M. de Livry, premier maître d'hôtel du roi. Il ne précise nulle part s'il en fut le concepteur, se contentant de dire au début de son ouvrage : « C'est un cuisinier qui ose se qualifier de royal, et ce n'est pas sans raison puisque les repas qu'il décrit pour les différents temps de l'année ont été servis depuis peu à la Cour ou chez les princes, et des personnes du premier ordre[88]. » Selon l'historienne américaine, Barbara Wheaton, ce cuisinier était un indépendant dont on louait les services[89]. *Le Cuisinier roïal* est conçu sous la forme d'un dictionnaire, les recettes étant classées généralement à la lettre du principal ingrédient ou de leur place au sein d'un menu avec une version pour le gras et le maigre. Il s'inspire ou emprunte des recettes à Pierre de Lune, mais développe les marinades pour les entrées, multiplie les variétés de coulis et travaille les essences appartenant aux fonds de cuisine et qui seront largement utilisées au siècle suivant. Ainsi cette recette : de petites tranches de jambon passées dans un lard fondu et lié à la farine et cuites dans un jus de veau avec des herbes, de l'ail, du citron, un filet de vinaigre, des champignons et des truffes. Ce jus une fois passé à l'étamine « servira pour toutes sortes de choses où il entre du jambon[90] ».

C'est Massialot qui introduit le chocolat en cuisine. Jusque-là consommé en boisson, ce produit va prendre sa place dans deux recettes : la macreuse en ragoût et une crème. Dans la première, il est conseillé, lorsque la macreuse blanchie sur la braise est empotée avec un bouquet de faire « un peu de chocolat, que vous jetterez dedans », et qui sert d'agent épaississant ; un ragoût de truffes, champignons, foies et marrons accompagne ce plat d'origine aztèque. La crème de chocolat prend place parmi les entremets salés et sucrés. Sa réalisation, sans sucre, est très simple.

Crème de chocolat

Prenez une pinte de lait et un quarteron de sucre, que vous ferez boüillir ensemble un quart d'heure ; et après, vous délaierez un jaune d'œuf, que vous mettrez dans la crème, et vous la ferez boüillir trois ou quatre boüillons. Ôtez-la ensuite de dessus le feu, et mettez-y du chocolat, jusqu'à tant que la Crème en ait pris la couleur. Après, vous la remettrez trois ou quatre tours sur le feu ; l'aiant passé dans une étamine, vous la dresserez où il vous plaira[91].

Nous retrouverons des biscuits de chocolat et des massepains de chocolat glacés, mais servis parmi les desserts dans sa *Nouvelle Instruction pour les confitures*. En présentant son ouvrage sous forme d'un dictionnaire facilement accessible à de nombreux cuisiniers, en proposant des exemples de menus qui sont servis chez les grands que l'on peut imiter, Massaliot a contribué à accélérer le développement de l'art culinaire.

La littérature culinaire au XVIIᵉ siècle ne se limite pas à ces ouvrages puisque, entre 1650 et 1699, dix-huit titres sont publiés. Certains sont des plagiats ou des compilations d'ouvrages. Ainsi *L'Escole parfaite des officiers de bouche contenant le Vray Maistre d'Hostel, le Grand Escuyer tranchant, Le Sommelier royal, Le Confiturier royal, Le Cuisinier royal et Le Patissier royal* (1662) ou *L'Escole des ragousts, ou le chef-d'œuvre du cuisinier, du patissier, et du confiturier. Où est enseignée la manière d'apprêter toutes sortes de viandes, de faire toutes sortes de patisseries, et de confitures*, paru à Lyon en 1668. Si la plupart des ouvrages cités contiennent des recettes de pâtisserie, en 1653 sort un ouvrage qui lui est entièrement consacré *Le Pastissier françois, où est enseignée la manière de faire toutes sortes de Pastisseries, très-utile à toutes personnes. Ensemble le moyen d'aprester les œufs pour les jours maigres, et autres* (cet ouvrage a été attribué à tort par Vicaire à La Varenne). Présentant en préliminaires les techniques de base – les différentes pâtes, les épices de pâtisserie, la dorure, les glaçages, les crèmes pâtissières –, l'auteur présente des pâtés de viandes ou de poisson où des éléments sucrants comme les raisins de Corinthe ou l'écorce de citron confit sont utilisés, de nouveaux biscuits, des tourtes ou tartes de fruits.

Petit pastez à l'espagnolle

Faites paste fine, et sur un litron de farine, adjoutez y quatre jaunes d'œufs ; lors cette paste sera preste, vous dresserez la croute de l'espoisseur de deux feuilles de papier ou d'un teston, vous la garnirez du hachis suivant. Hachez bien délié un blanc de chapon, un quarteron de chair de porc frais, un quarteron de chair de mouton, deux ris ou fagouës de veau, du lard gras, de la bonne moüelle de la graisse de bœuf, de chacun un quarteron, un peu de siboulette ou d'oignon, et force champignons, du sel et l'espice douce à discretion, et hacher toutes ces choses ensemble. Garnissez vos abaisses de ce hachis, puis faudra couvrir vostre pastez de fueilletage, de sain doux, et dorer ce couvercle, puis on fera cuire[92].

Comme, dans les grandes maisons, l'office et la cuisine sont distincts, aussi bien pour l'espace, les achats, le travail lui-même que le personnel, les livres de cuisine accordent rarement une place au dernier service de la table. Après le *Platine en françoys*, paru en 1505, les ouvrages de cuisine vraiment nouveaux sont rares jusque vers 1650, mais cette période voit se multiplier les traités comportant des recettes de confitures. Ainsi, en 1555, Michel de Nostradamus, dans l'*Excellent opuscule moult utile à tous nécessaire*, propose des confitures après avoir parlé des cosmétiques et des parfums. On en trouve aussi dans les *Secrets du seigneur Alexis le Piémontais* (1557), *Le Thresor de santé* (1607), *Le Théâtre d'agriculture et le mesnage des champs* d'Olivier de Serres et *La Manière de faire diverses confitures* du docteur Philibert Guybert (1634) qui contiennent, également des enseignements sur les maladies et des recettes d'apothicaires.

À partir de la seconde moitié du XVIIᵉ siècle, avec la passion des fruits liée aux améliorations de l'arboriculture, l'accroissement de la production du sucre et l'amélioration des techniques culinaires, les livres consacrés à l'office vont s'accroître et leur contenu se diversifier. Le dessert va faire l'objet d'ouvrages spécialisés comme *Le Confiturier françois où est enseignée la manière de faire toutes sortes de confiture, dragées, liqueurs et breuvages agréables. Ensemble la manière de plier le linge de table, et en faire toutes sortes de figures* (1660), *Le Parfaict Confiturier, qui enseigne à bien faire toutes les confitures tant seiches que liquides, de compotes, de fruicts, de sallades,*

de dragées, beuvrages délicieux et autres délicatesses de la bouche de La
Varenne (1667), le *Traité de confiture ou le nouveau et parfait confiturier ; qui enseigne la manière de bien faire toutes sortes de confitures
tant seches que liquides, au sucre, a demi-sucre et sans sucre, au miel, au
moust, à l'eau, sel et vinaigre. Des compostes, des pastes, des sirops et
gelées de toutes sortes de fruits : des dragées, des biscuits, macaron et
massepain. Des breuvages délicieux, des eaux de liqueur de toute façon et
plusieurs autres délicatesses de la bouche. Avec les instructions et devoirs
des chefs d'office de fruiterie et de sommelerie* (1689), la *Nouvelle
Instruction pour les confitures et les liqueurs et les fruits. Avec la manière
de bien ordonner un dessert, et tout le reste qui est du devoir des maîtres
d'hôtels, sommeliers, confiseurs et autres officiers de bouche. Suite du
cuisinier roïal et bourgeois, également utile dans les familles pour savoir ce
que l'on sert de plus à la mode dans les repas, et en autres occasions* de
Massialot (1692).

La confection de ce service particulier est l'objet d'ouvrages
d'économie domestique, comme *Le Jardinier françois qui enseigne à
cultiver les arbres, et herbes potagères. Avec la manière de conserver les
fruits, et faire toutes sortes de confitures, conserves et massepains* de
Nicolas Bonnefons (1651). Elle donne lieu aussi à des ouvrages
destinés à des hommes ou femmes, tant en ville qu'à la
campagne. *La Maison réglée et l'art de diriger la maison d'un grand
seigneur et autres, tant à la ville qu'à la campagne et le devoir de tous les
officiers et autres domestiques en général, avec la véritable méthode de
faire toutes sortes d'essences d'eaux et de liqueurs fortes et rafraîchissantes
à la mode d'Italie* d'Audiger (1692). Le dessert, comme dans *L'Art
de bien traiter*, est parfois traité dans les livres de cuisine, bien qu'il
soit « une affaire d'officier plutôt que de cuisinier ». Cette
réflexion de Massialot rappelle que toutes les maisons n'ont pas
un officier, et que le cuisinier ou la cuisinière, responsable de
l'ensemble du repas, doit savoir confectionner tous les mets.

L.S.R., le premier, propose des modèles de table pour répartir
et composer ce service. Mais il faut attendre 1692 pour avoir
– surtout avec Audiger – des exemples incluant tous les services,
du potage au dessert ; le dessert étant lié surtout pour les fruits
crus à la saison, les auteurs préfèrent laisser le choix au maître
d'hôtel ou aux officiers qui réagissent selon « les saisons et la
fantaisie[93] ».

Présentées pour la plupart avec des tables des matières, suivant
soit un ordre alphabétique plus ou moins rigoureux, soit selon le

calendrier de maturité des fruits qui détermine le travail à l'office, les auteurs multiplient le nombre de recettes concernant le dessert mais aussi les manières de préparer le chocolat, le thé et le café. Des catalogues avec le nom des différents fruits et leurs variétés, leur période de consommation surtout pour les pommes et les poires, les aspects physiques et organoleptiques prennent ici leur place. On trouve aussi les méthodes naturelles de conservation des fruits et des légumes ou par le biais du sel ou du vinaigre. C'est dans ces traités que figure le plus souvent le « fruit hors-d'œuvre » et les salades qui doivent être préparées dans un endroit plus frais que les cuisines. Ils sont aussi beaucoup plus précis que les livres de cuisine sur les quantités et la mesure des ingrédients.

CHAPITRE XI

Le maître d'hôtel
ordonnateur des plaisirs de la table

*« La gastronomie délicate est un signe d'intel-
ligence et d'esprit[1]. »*

MAURICE DES OMBIAUX, 1928

La renommée d'une table est avant tout associée au savoir-
faire et au goût du maître d'hôtel. Tenir table ouverte, nourrir
somptueusement les convives, permanents ou occasionnels,
oblige à exceller dans cet « art de servir » qui inclut de
nombreuses tâches : choix et décoration du lieu du repas, disposition des couverts et des mets, manière de servir et de desservir.
Dorénavant, savoir inviter, ce n'est pas seulement veiller à la
qualité des mets et à leur présentation. La vaisselle, l'argenterie, la
nappe, les serviettes, les lumières, les bougies, le cadre de la salle
à manger, tout doit contribuer à enchanter les sens.

Dans *L'Art de bien traiter*, L.S.R., contemporain de Vatel,
souligne l'importance du cadre. Si le repas a lieu dehors, des vases
remplis de fleurs, des porcelaines de fruits et des caisses d'oranges
agrémentent le décor naturel. À l'intérieur, les pièces d'orfèvrerie, les corbeilles de fruits sont complétées le soir par des
lustres, des flambeaux et des girandoles[2], posés sur des buffets ou
des hauts guéridons, qui répandent une éclatante lumière en se
reflétant dans des miroirs. On prendra soin de disposer des fleurs
et des cassolettes remplies de doux parfums dans la pièce. La table
du Grand Siècle n'est plus celle du Moyen Âge où régnaient un
entassement confus des viandes, des montagnes de rôts et des
entremets spectaculaires. Le maître d'hôtel doit être un véritable
metteur en scène. « Le choix exquis des viandes, la finesse de leur

assaisonnement, la politesse et la propreté de leur service, leur quantité proportionnée au nombre de gens, et enfin l'ordonnance générale des choses qui contribuent essentiellement à la bonté, à l'ornement d'un repas où la bouche et les yeux trouvent également leurs charmes par une ingénieuse diversité qui satisfait les sens et leur fournit avec abondance tout ce qui est capable de remplir leurs désirs et leur inclination[3]. »

La table du mariage de Mlle de Blois avec le prince de Conti, en plein mois de janvier 1680, en est un exemple. Le château se pare d'une infinité de lampes. Du salon, éclairé par des lustres et des candélabres à six branches de huit à neuf pieds de haut, les invités gagnent la galerie illuminée par des bougies et des lustres. C'est là qu'on servit un repas en trois services de quatre cent quatre-vingts plats. Le milieu de la table, longue de cinquante-quatre pieds de long et large de six pieds et huit pouces, « était orné d'une manière toute singulière [...], qui avait quelque chose de galant, de magnifique et de surnaturel tout ensemble à considérer la saison où l'on était[4] ». *Le Mercure galant* a relaté ce mariage. En plein hiver, dix-neuf corbeilles à jour, dorées ou d'argent, remplies d'anénomes, de jacinthes, de jasmins d'Espagne, de tulipes et de feuilles d'orangers réjouissaient la vue et l'odorat. Les corbeilles étaient entourées de girandoles à six bougies et de flambeaux de vermeil doré, joints aux lustres et à des chandeliers disposés dans la pièce projetant leur flamme. Assiettes de vermeil doré pour les convives, plats en argent et or pour les potages, les entrées et les rôts, porcelaines pour les entremets et les compotes, gobelets en argent pour les liqueurs et eaux glacées font l'admiration du chroniqueur.

L'art de dresser la table

Au château de Vaux-le-Vicomte, une pièce particulière, « la salle à manger[5] », avait été prévue pour les repas. Éclairée le soir par deux lustres de cristal, les convives s'asseyaient sur l'une des trente et une chaises en bois tourné autour d'une ou plusieurs tables selon leur nombre. La salle à manger n'est cependant pas encore très fréquente sous Louis XIV, nous l'avons dit. Les grands personnages ne dînaient pas dans les cuisines, comme les paysans, et prenaient habituellement leur repas dans leur

chambre à coucher ou dans des pièces plus vastes, comme les
« salles » ou dans les antichambres et salons. C'est vers 1630 que
les premières salles à manger apparaissent dans les demeures
privées. À Paris, on trouve mention d'une « sallette à manger » en
1634. Trois ans plus tard, une « salle à manger » figure dans l'acte
de vente d'une maison de la rue Sainte-Anastase, et on a vu que
l'architecte Pierre Le Muet en prévoit une à l'hôtel Tubeuf [6].
Mais elles sont encore rares à la fin du XVIIe siècle et ne s'imposent que dans les grandes demeures. Le chapitre consacré à la
« salle à manger » dans *L'Art de bien traiter* ne parle d'ailleurs nullement d'un lieu spécifique. Il dit simplement qu'en hiver il faut
servir les repas dans « l'appartement et le réduit le plus serré, le
plus chaud, le moins exposé au grand air », que l'on prendra soin
de réchauffer par un grand feu ; en été, au contraire, on choisira
l'endroit le plus vaste, le plus frais, le mieux orienté pour être à
l'abri des grandes chaleurs : « Les salons et les galeries y sont fort
propres, notamment lorsqu'elles offrent des vues ou sur la
campagne ou sur des jardins [7]. » On dresse aussi les tables sur les
terrasses et dans les jardins.

À l'approche de l'heure du repas, selon un rituel bien établi, le
maître d'hôtel, ou le sommelier, surveille la mise en place de la
table et des couverts. En fonction du nombre de convives, et de
leur qualité, une ou plusieurs tables sont dressées. Outre les tables
à tréteaux, installées pour la durée du repas, il y a déjà des tables à
pieds fixes : leur succès sera croissant au XVIIIe siècle lorsque les
salles à manger, qui exigent un mobilier fixe, se multiplieront.
Les tables en équerre sont plutôt réservées aux grands repas de
cérémonie officielle. Les tables, comme de nos jours, ont toutes
les formes, rectangulaires ou longues, rondes, ovales ou carrées.
Les tables rectangulaires, qu'Audiger baptise « table royale », sont
généralement utilisées pour un plus grand nombre de convives.
Nicolas de Bonnefons, dans *Les Délices de la campagne*, les
conseille pour une compagnie de trente personnes « que l'on
veut traiter somptueusement ». Il recommande alors de « dresser
une table d'autant de couverts, à la distance l'un de l'autre, de
l'espace d'une chaise ; en mettant quatorze d'un côté, un au bout
d'en haut, et un ou deux en bas [8] ». Le haut bout, réservé au
maître de céans ou à son hôte le plus illustre, se situe du côté de
la cheminée ou des fenêtres les plus éloignées de la porte. Il

semble que les convives soient assis assez près les uns des autres[9]. Certains s'en plaignent, comme Boileau :

> *On s'assied : mais d'abord notre troupe serrée,*
> *tenait à peine autour d'une table carrée,*
> *où chacun, malgré soi, l'un sur l'autre porté,*
> *faisait un tour à gauche, et mangeait de côté[10].*

L'officier chargé d'installer le couvert et assisté de valets ou d'aides va quérir dans une corbeille garnie de linge blanc, la nappe, les serviettes, la vaisselle de table ; tout cela est rangé dans la sommellerie, dans la paneterie, dans l'échansonnerie, voire dans les coffres-forts, comme à Vaux, où sont enfermés les assiettes, les trente-six douzaines de plats en argent, les bassins, les soucoupes, le service en or, les aiguières couvertes, les flacons, le sucrier, la salière et le vinaigrier, les réchauds et les flambeaux en argent vermeil doré[11].

L'aristocratie mange surtout dans de la vaisselle d'argent, d'or, de porcelaine et de cristal. Les princes de Condé ont de la vaisselle de vermeil doré et de la vaisselle blanche, c'est-à-dire d'argent montée et plate, ornée de leurs armes. Leur service de vermeil doré se compose en 1667 de multiples pièces : deux cadenas, deux vinaigriers, deux sucriers, deux douzaines d'assiettes, huit petites salières, six flambeaux, deux essais, six tasses à chocolat, deux bassins à ouille, deux aiguières, deux soucoupes, une douzaine de cuillers, une douzaine de couteaux, une douzaine de fourchettes ; à quoi s'ajoutent six bassins, six aiguières, dix flacons et quatre carafons d'argent qui sont confiés à l'échansonnerie. La vaisselle d'argent plate et montée se trouve dans la paneterie ; elle contient quatorze douzaines de petites assiettes, cinq douzaines de cuillers, cinq douzaines de fourchettes et cinq de couteaux, deux sucriers, deux vinaigriers, quatre salières, six pots à faire des eaux glacées, deux boîtes à glacer des crèmes, deux chocolatières, douze porte-assiettes, seize flambeaux[12].

L'officier ou le sommelier recouvre la table d'une grande nappe blanche dont les bords tombent jusqu'au sol. Puis il installe le couvert de chaque convive. Le développement du couvert individuel, assiette, couvert, pain, serviette, modifie l'ordonnancement de la table, puisque, dorénavant, « les assiettes indiquent la place que doit occuper chaque convive[13] ». À l'époque de

Vatel, l'emplacement des couverts n'est plus celui du XVIᵉ siècle. En 1560, l'enfant avait devant lui sur son assiette une serviette, le couteau étant à droite de son assiette, et son pain à gauche[14]. En 1648, le couvert reste identique, mais le pain passe à droite. En 1662, *Le Sommelier royal* ajoute qu'il faut placer les assiettes au centre de l'espace attribué à chaque mangeur, « de telle sorte, que les armes qui y sont gravées soient tournées vers le milieu de la table et qu'elles débordent en dehors d'environ quatre doigts[15] ».

Les assiettes n'ont pas toujours été présentes sur les tables. Au Moyen Âge, l'écuelle servait pour les aliments liquides et le tranchoir ou tailloir pour les aliments solides ; carrée ou ronde, de bois ou de métal, on y posait une ou plusieurs tranches de pain qui permettaient de boire le jus de la viande découpée. Selon Henri Havard, les Français commencèrent à les utiliser en 1538, date à laquelle François Iᵉʳ passa la première commande d'une demi-douzaine d'assiettes. L'année suivante, Gilles Corrozet les mentionne au milieu de la vaisselle ordinaire dans *Les Blasons domestiques* : « En la cuisine, on voit pintes voler, quartes et brocs, vaisselle rouler, comme grands plats, écuelles et assiettes[16]. » Elles abondent dans l'argenterie de Richelieu et de Mazarin.

Jusqu'au XVIIIᵉ siècle, il existe des vaisselles d'or, d'argent, de cuivre émaillé et d'étain. L'or était réservé au roi, l'argent et l'émail aux puissants et aux riches, l'étain aux classes moyennes. Des assiettes en céramique figurent dans l'inventaire de Catherine de Médicis de 1589[17], mais elles restent exceptionnelles jusqu'à la fin du XVIIᵉ siècle. À cette date, la porcelaine de Chine, la faïence, la céramique et les couverts en étain deviennent à la mode d'autant que les difficultés financières conduisent Louis XIV à promulguer une série d'ordonnances qui limitent d'abord la vente de la vaisselle d'orfèvrerie puis obligent à la fondre[18]. Les assiettes creuses pour le potage apparaissent plus tardivement. Dites « assiettes à l'italienne », elles sont répertoriées dans l'inventaire de Mazarin en 1653 comme « assiettes creuses d'Italie », et deviennent « assiettes à la mazarine ou mazarines » dans l'inventaire d'Henry de Béthune, archevêque de Bordeaux en 1680. À Paris, où le cardinal est moins populaire, on les nomme « potagères ». C'est dans des écuelles, des vases de métal, de bois, de faïence ou de terre munies de deux oreilles, que l'aristocratie boit son bouillon le matin.

À la main droite de chaque assiette, l'officier « mettra les couteaux, le tranchant vers l'assiette, puis les cuillères le creux en bas sans aucunement les croiser, ensuite le pain sur les mêmes assiettes, et la serviette par-dessus le pain[19] ». Ces cuillers, qu'il ne faut pas croiser, englobent peut-être la fourchette dont l'auteur de ces lignes connaît l'usage puisque, un peu plus loin, il précise : « S'il y a un cadenas, lequel ne se met ordinairement que devant les princes, et devant les ducs et pairs, il faut le mettre à la main droite de l'assiette, garnir la salière de sel, et mettre sur ce cadenas une serviette sur laquelle seront mis le couteau, la cuillère et la fourchette, et ensuite étendre encore une serviette qui couvrira le couvert et le cadenas[20]. » D'une façon générale, les traités de civilités ne donnent pas d'indication sur l'emplacement de la fourchette. Si sur le tableau des frères Le Nain *Le Repas de famille* une fourchette plate à trois dents est placée avec un couteau à bout rond et une cuillère à droite de l'assiette, sur d'autres tableaux les fourchettes sont déjà à gauche de l'assiette.

Venue d'Italie, la fourchette a commencé à se répandre en France, surtout dans le grand monde, au début du XVIIe siècle, mais on en trouve quelques-unes dès la fin du Moyen Âge : l'inventaire de Jeanne d'Évreux, en 1372, mentionne une fourchette d'or enfermée avec une cuiller dans un écrin, et celui de Charles V, en 1380, une petite fourchette à manche tors et une autre dans la nef. Au XVe siècle, les fourchettes restent rares sur les tables, et on s'en sert plutôt dans les cuisines. En 1534, François Ier achète à Simon Gautier, joaillier « une gaine de bois d'ébène, garnie de six couteaux, une fourchette de même bois, faite à la damasquine, d'or et pierrerie ». Une quinzaine d'années plus tard, Henri II fait exécuter par Paul Romain et Ascagne Demarry, ouvriers orfèvres, une assiette à cadenas garnie de cuiller, couteau et fourchette. Leurs formes évoluent. Au XVIe siècle, certaines peuvent se plier grâce à une charnière, comme nos couteaux de poche, d'autres sont droites, rigides et terminées par deux fourchons pointus, généralement en fer. Les courtisans ont quelquefois des difficultés à s'en servir. En témoigne Thomas Artus, sieur d'Embry, dont *La Description de l'isle des Hermaphrodites*, évoque les mésaventures de personnages maladroits dans l'usage de cet instrument peu familier :

Ils ne touchaient jamais la viande avec leurs mains ; mais avec des fourchettes ils la portaient jusque dans leur bouche en allongeant le cou et le corps sur leur assiette... Il y avait aussi quelques plats de salades... ils la prenaient avec des fourchettes, car il est défendu en ce pays-là de toucher la viande avec les mains, quelque difficile à prendre qu'elle soit, et aiment mieux que ce petit instrument fourchu touche à leur bouche que leurs doigts. On apporta quelques artichauts, asperges, pois, fèves écossées, et ce fut un plaisir de les voir manger ceci avec leurs fourchettes, car ceux qui n'étaient pas du tout si adroits que les autres laissaient bien autant tomber dans le plat, sur leurs assiettes et par le chemin qu'ils en mettaient à leur bouche[21].

Quant au couteau, jusque-là pointu, il adopte le bout rond. Pour les conserver, une fois nettoyés et bien essuyés, il faut les serrer dans une boîte spéciale que l'on doit ranger dans un endroit sec. Les couteaux qui servent à couper le pain et les viandes ne doivent pas être mélangés à ceux de la cuisine, afin qu'ils n'aillent « pas viloter [brimbaler] de la salle à la cuisine, de la cuisine à la chambre, et de la chambre à l'écurie, ainsi qu'on le voit dans bien des lieux où de telles nécessités sont des selles à tous chevaux, ce qui fait souvent qu'appliquées à de mauvais usages, elles en retiennent le goût et produisent à la longue une très méchante suite[22] ».

Les serviettes individuelles, de couleur blanche, que l'on change de deux services en deux services ou au pire une seule fois au dessert, ont un grand rôle dans la parure de table. L'art du pliage permet au maître d'hôtel de donner une note personnelle à un décor. Il peut laisser aller son imagination pour créer des modèles ou bien se référer aux modèles que proposent des livres italiens et français[23]. *Le Sommelier royal* contient ainsi vingt-huit « instructions familières pour bien apprendre à plier toutes sortes de linges de table, et en toutes sortes de figure ».

Les plus classiques et les plus courantes sont les serviettes simplement bastonnées et frisées. Pour « bastonner » une serviette, il suffit de la plier de travers, puis de la plisser par petits plis avec les doigts, de la manière la plus déliée possible. Une fois bastonnée, on peut la friser, soit par le milieu, soit par un des bouts en petits carreaux. En combinant ces deux techniques, on peut obtenir, comme cela se pratique encore, une « serviette pliée par bandes ».

Serviette pliée par bandes

Prenez une serviette de travers, et pliez-en une bande de la largeur d'un pouce proche de l'ourlet. Faites encore une bande toute proche, et de la même largeur. Continuez à faire de même des deux côtés jusqu'au bout ; renversez ensuite votre serviette de l'autre côté, et pliez-la en trois[24].

Une certaine habileté est requise pour la plier en cœur, en mitre, en croix du Saint-Esprit ou en croix de Lorraine, en forme de coq, de poule avec ses poussins, de pigeon qui couve dans un panier, en chien et pour le maigre en brochet, en tortue, ou la déguiser en coquille, en fruit ou en « serviette pliée en forme de melon double ».

Serviette pliée en forme de melon double

Prenez votre serviette de travers : faites une bande dans le milieu qui soit large d'un pouce, et continuez jusqu'à six ou huit doigts près de l'ourlet : prenez-la de l'autre bout, et faites de même : retournez-la, et bastonnez-la de sa longueur : frisez-la, si vous voulez : mettez un pain long dessous, et pliez les deux bouts de votre serviette sous le pain[25].

Le pain est introduit dans ou sous la serviette lors du pliage pour donner du volume et de la consistance à la figure. Comme les maîtres d'hôtel n'excellent pas tous dans cet art du pliage, on recourt parfois à des experts, comme Vautier qui, en 1671, tient boutique à Paris porte Saint-Martin.

Autre caractéristique du couvert du Grand Siècle, l'absence de verres sur la table. Jusqu'au XIXe siècle, verres et bouteilles sont placés sur le buffet et dans des rafraîchissoirs. L'absence de verres sur la table peut s'expliquer par la multiplication du nombre de plats liés au service à la française. La table va être recouverte non seulement par une multitude de mets quelquefois posés sur des porte-assiettes, mais aussi au centre par des girandoles, des fleurs, un surtout[26]. Chaque convive pouvant se servir librement dans l'échantillon de plats à sa portée, ses gestes ne seront pas entravés par la présence des verres qui risqueraient de provoquer des accidents.

L'officier prépare aussi sur une table indépendante le buffet, notre desserte, lui aussi recouvert d'une nappe blanche et longue. Bien éclairé pour que les convives apprécient la richesse et la propreté des objets d'argent qui le garnissent, il est placé à un endroit commode pour les serviteurs. Au centre sont disposés des bassins d'argent, des flacons, des aiguières, et des sucriers, vinaigriers et verres posés sur des soucoupes de cristal ou d'argent ; les piles d'assiettes et les couverts sont dressés d'un côté, la cuvette et les serviettes pour se laver les mains de l'autre.

Comme on a l'habitude de boire le vin à la glace, un « rafraîchissoir » est placé à proximité du buffet. Dans cette cuvette posée sur un pied, des flacons d'étain et d'argent maintiennent les consommations au frais[27]. Peut-être lasse de s'adresser à un valet chaque fois qu'elle a soif, Mme de Montespan achète à M. de Gourville une machine d'or, qu'il a rapportée d'un voyage à Francfort, « à mettre sur la table pour rafraîchir du vin à la glace, qu'on pouvait tirer pour le boire sans l'aide de personne. Cette machine était semblable à une de verre que Mme la duchesse de Hanovre m'avait fait voir auparavant, et que j'avais trouvé d'une jolie invention. Mme de Montespan, l'ayant vue, me témoigna qu'elle serait bien aise de l'avoir ; elle m'en donna 9 000 livres[28] ».

Les subtilités du service à la française

C'est surtout dans l'ordonnancement des services et dans leur enchaînement que le maître d'hôtel donne toute sa mesure. Vatel fait partie de ceux qui pousseront si loin l'élégance, le raffinement et la délicatesse du bien-manger que leur collaboration sera recherchée par les plus grands noms.

Jusqu'au XVIIe siècle, la présentation des nourritures dans les grandes maisons ne constituait qu'un moment dans les nombreuses réjouissances qui accompagnaient les festivités. À partir de la seconde moitié du XVIIe siècle, l'attention se concentre sur la table, les plats eux-mêmes assurant son décor. À la différence du Moyen Âge, la mode est à l'ordre et à la symétrie des mets, déjà adoptés par les tables italiennes : « La délicatesse, l'ordonnance et la propreté sont trois circonstances, les plus considérables et les plus essentielles d'un repas, qu'elles en sont tout l'établissement, qu'elles en composent toute la gloire et la beauté, note L.S.R. L'ordonnance est une certaine régularité que demande le service pour éviter la confusion et le mélange incommode de plusieurs choses[29]. »

Cette ordonnance se caractérise par une double symétrie – la symétrie des services et la symétrie dans la disposition des plats sur la table à chaque service.

Dans le service à la française – qui a duré jusqu'à la seconde moitié du XIXe siècle –, tous les plats d'un même service sont disposés simultanément sur la table. Au XVIIe siècle – en schématisant – un repas, dans les milieux aisés, se compose de plusieurs services, qui suivent toujours le même ordre, mais dont le nombre varie : on apporte d'abord les potages et les entrées, puis les rôts et salades, éventuellement accompagnés des entremets salés et sucrés, et enfin, les fruits ou le dessert[30]. Mais l'ordre des mets n'est pas immuable et les variantes sont nombreuses. Les potages et les entrées sont parfois séparés, le rôt peut être divisé selon le type de viandes – grosses pièces et petites pièces –, les entremets peuvent être servis conjointement ou séparément du rôt, et constituent alors un troisième service. À l'intérieur même du premier service, il arrive qu'on ajoute des petits potages et des secondes entrées, dites aussi « petites » ou « grosses », les petites prenant le nom d'assiettes volantes ou « hors-d'œuvre ». Ces derniers, que l'on retrouve de temps à autre dans le second service, sont une nouveauté de la fin du XVIIe siècle. Annonçant les raffinements de XVIIIe siècle, ils sont présentés à divers moments du repas et se caractérisent par la petitesse des plats où ils sont servis ; d'abord considérés comme non nécessaires pour l'ordonnancement du repas, ils figureront bientôt comme des mets obligés, présents en nombre égal aux différents services. Les hors-d'œuvre peuvent être disposés en même temps que les autres plats d'un service, ou en relever une partie, les entrées servies simultanément restant en place.

À la fin du XVIIe siècle, il y a en général deux ou trois services principaux, complétés par un troisième ou quatrième, le dessert, mais lors des festins, on compte jusqu'à six ou sept services, ou même plus. Pour un festin de trente personnes que l'on désire traiter somptueusement, Nicolas de Bonnefons propose un repas en sept services.

Repas en sept services proposé
par Nicolas de Bonnefons

Premier service : à l'entrée de table, on leur servira trente bassins dans lequel il n'y aura que des pottages, hachis et pannades ; qu'il y en ait quinze où les chairs paroissent entières, et aux autres quinze, les hachis sur le pain mitonné ; qu'on les serve alternativement mettant au haut bout d'un costé un bon pottage de santé, et de l'autre un pottage à la Royne, fait de quelque hachis de perdrix ou de faisan ; apres dessous le pottage de santé un autre hachis sur les champignons, artichaux ou autres déguisements, et vis à vis une bisque ; sous l'autre hachis un pottage garny, sous la bisque une jacobine, ou autre, et ainsi alternativement jusques au bas bout, mettant toujours apres un fort, un autre foible.

Second service : il sera composé de toutes sortes de ragouts comme les fricassées, les court-boüillons, les venaisons rosties et en paste, les pastez en crouste feuilletée, les tourtes d'entrée, les jambons, langues, andouilles, saucisses, et boudins, melons et fruicts d'entrée ; avec quelques petits ragouts et sallades dans le milieu sur les sallieres et porte-assiettes.

Troisième service : il sera tout de gros rosty comme perdrix, faisans, bécasses, poulets, levrauts, lappins, agneaux entiers, et autres semblables mettant les oranges, citron, olives et les saucieres dans le milieu.

Quatrième service : ce sera le petit rosty comme bécassines, grives, les alloüettes, les ortolans, ris de veau et autres. Il y joindra aussi les fritures de toutes sortes et il meslangera un plat de petit rosty avec un de fritures, laissant les fruicts et sauces du milieu.

Cinquième service : si l'on veut servir du poisson cuit au lard ; on mettra seulement des saumons entiers, des truittes, des carpes, des brochets et des pastez de poisson entremeslant ces plats de fricassées de tortues et d'escrevisses.

Sixième service : il sera de toutes sortes d'entremets au beurre et au lard, de toutes sortes d'œufs, tant au jus de gigot qu'à la poesle, et d'autres au sucre, froids et chauds ; avec les gelées de toutes les couleurs et les blancs mangers, mettez les artichaux, cardons, scéleri au poivre, dans le milieu les salieres.

Septième service : il n'y faudra que des fruicts en cas que la saison le permette, avec les cresmes et peu de pieces de four ; l'on servira sur les porte-assiettes, les amandes et cerneaux pelez.

Huitième service : l'issue sera composée de toutes sortes de confitures liquides et sèches, conserves, massepains et glacis ; sur les assiettes, les branches de fenouil poudrées de sucre de toutes les couleurs, armées de curedens de muscadins ou dragées de Verdun dans les petites abaisses de sucre musqué et ambré[31].

Dans la vie quotidienne, le nombre de plats est moins élevé... Ainsi, à la table du prince de Condé, le maître d'hôtel Daniel de Ricous doit fournir pour les dîners ordinaires : un grand potage et deux petits, une grande entrée et deux petites, un grand plat de rôt et deux salades, un plat d'entremets et deux assiettes et pour le dessert un grand plat de fruits et deux assiettes de compotes ou de confitures[32], soit au total quinze plats. Pour une table de six à sept couverts, *Le Cuisinier roïal et bourgeois* en 1692 propose vingt-huit plats, sans les desserts et cent huit pour une de vingt à vingt-cinq couverts.

À cette époque, il ne s'agit pas d'augmenter le contenu des plats, mais de les multiplier, pour chaque service, à proportion du nombre de personnes. Un tel nombre et une telle diversité des mets pourraient séduire le chat Garfield. Mais à la différence d'aujourd'hui, le convive de l'époque n'est pas obligé de goûter tous les plats. Il peut composer lui-même son menu dans l'échantillon des mets disposés sur la table en se servant directement ou en faisant appel à un voisin ou à un domestique. Il ne déroge pas plus aux règles du savoir-vivre s'il refuse les plats qui lui sont présentés « à la passade » – système qui ne semble pas encore très courant. « Les convives arrêtaient seulement à la passade ce qu'ils voulaient et repoussaient le surplus avec un petit coup de doigts[33]. » Quel que soit le type de service, l'amphitryon laisse à chacun sa liberté. Chaque invité est libre de suivre ses propres goûts et dégoûts. C'est là une conséquence de l'ancienne diététique selon laquelle chacun devait adapter son alimentation à son tempérament en veillant à ne pas contrarier les quatre humeurs dont tout individu est composé – le sang, la colère, le flegme, la mélancolie. Le maître d'hôtel se doit de présenter un large échantillon de mets pour contenter les goûts opposés afin que chacun, selon son « humeur dominante, trouve ce qui a plus de rapport et de conformité avec son désir[34] ». Il doit en outre respecter la diversité des appétits en évitant de placer l'un à côté de l'autre deux plats similaires, « sans en intermédier un d'une autre sorte ; car autrement la chose serait de mauvaise grâce, et pourrait contraindre le goût de quelques-uns de la table, chacun n'aimant pas la même chose[35] ».

La parfaite disposition des plats est donc un véritable casse-tête pour le maître d'hôtel qui a la responsabilité de constituer un menu et d'élaborer un « plan de table », c'est-à-dire un plan des mets, qui concilie harmonie et symétrie : « Qu'il y en ait des forts et des faibles d'un côté, et de l'autre, à distance égale, autant qu'il se pourra, mélangeant si bien son service qu'il semble qu'il n'y ait point de plats doubles, par l'éloignement de l'un à l'autre, et par le changement de côté[36]. »

Rien n'étant plus désagréable qu'un service embrouillé, le maître d'hôtel établit son plan de table en fonction de la disposition des couverts et objets de décor, du nombre de mets, de leur nature, de leur préparation et de leur couleur, « qu'il y ait de la diversité entre les viandes, en sorte qu'il ne s'en rencontre point de deux façons, c'est-à-dire blanc, vert, rouge et noir[37] ». L'habitude de colorer des plats artificiellement comme au Moyen Âge n'a pas disparu, mais l'on tient compte aussi des couleurs naturelles des aliments ou de celles résultant d'un traitement culinaire, comme les sauces blanches ou rousses, le potage blanc à la Reine. Les différentes formes et tailles de plats, leurs supports et leur nombre lui permettent d'atteindre l'effet esthétique voulu et ceci de sorte que chaque service présente un nombre de plats similaires.

La littérature culinaire offre aux maîtres d'hôtel des exemples de plans de table et des modèles de repas selon la saison, le nombre de personnes et la forme de la table. En 1641, le sieur Crespin conseille pour une table carrée de servir par quatre plats, mais pour une table ronde il recommande de choisir un nombre impair de plats (sept, neuf ou treize). En 1654, si l'on croit Nicolas de Bonnefons, la grande mode pour les tables de douze personnes, qu'elles soient rondes ou carrées, est de servir par quatre : « Quatre beaux potages dans les quatre coins ; et quatre porte-assiettes entre deux, tirant sur le milieu de la table, avec quatre salières qui toucheront les bassins de potages en dedans ; sur les porte-assiettes quatre entrées dans des tourtières à l'italienne[38]. » Au milieu, « que le maître d'hôtel aura peine à y atteindre, à cause de sa largeur », un bassin de melons, de salades différentes, d'agrumes, de confitures liquides et de massepains disposés dans de petites assiettes où chacun se sert. Cette règle de quatre n'est pas absolue. En 1692, Massialot, dans *Le Cuisinier roïal et bourgeois*, prévoit un nombre impair, sept plats à chaque service pour un repas servi en avril 1690 :

Repas pour quatre personnes

Premier service

Potages : une bisque de pigeons – un potage de santé avec une poularde.

Entrées : un quartier de mouton farci – une poularde en ragoût – une poitrine de veau farcie – des pigeons au basilic avec petite farce – et la grande pièce de bœuf au milieu.

Second service

Pour le rôt : un grand plat de rôt composé de diverses volailles – deux salades.

L'entremets : un pain au jambon – de la crème brûlée – un ragoût de ris de veau et foies gras – un plat d'asperges, sauce au jus lié[39].

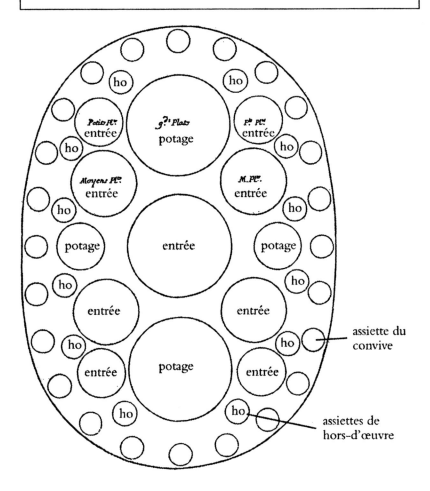

L'organisation du plan de table est d'autant plus compliquée qu'à chaque service doit figurer le même nombre de plats, chacun prenant la place des autres dès qu'ils sont enlevés. En principe, car les menus des ouvrages culinaires ne confirment pas toujours cette règle. Mais *La Maison réglée*, en 1692, illustre bien cette volonté. Pour une table de douze couverts, son auteur propose de présenter à chaque service sept plats : au premier service, un grand potage, accompagné de quatre entrées flanquées de deux assiettes ; au second service, un grand plat de rôts, deux petits plats de rôts, deux petits plats d'entremets et deux salades ; au dessert, le même nombre de plats, avec une corbeille de fruits frais, quatre assiettes de fruits crus et deux assiettes de compotes. Pour un dîner de vingt-quatre couverts, servi de trois grands plats, quatre moyens, six petits et douze assiettes (schéma ci-contre), il suggère

Premier service : deux grands potages, une grosse entrée au milieu – dans les quatre moyens plats quatre entrées – dans les deux petits plats des flancs deux petits potages – quatre entrées dans les autres plats – et dans les douze assiettes hors d'œuvre, boudins, saucisses, fricandeaux, côtelettes, andouilles, petits pâtés, melons, fraises, figues, raves, mûres, beurre et autres choses suivant les saisons ; et souvent, à une semblable table on sert deux de ces sortes d'assiettes-là de même façon.
Deuxième service : dans le grand plat du milieu du gros rôt – dans les deux autres grands plats autre gros rôt – dans les quatre moyens du moyen rôt – dans les deux petits plats des flancs du petit rôt – dans les autres quatre petits plats quatre salades – et dans les douze assiettes de hors d'œuvre des sauces, des grillades ou autres choses à la fantaisie du maître d'hôtel ou du cuisinier.
Troisième service : dans le grand plat du milieu un jambon rôti ou quelque pâté de venaison – dans les deux autres grands plats de l'entremets froid – dans les quatre moyens gelées, blanc-manger ou tourtes – dans les deux petits plats des flancs pieds à la Sainte Ménéhould, oreilles de cochon en ragoûts, artichauts ou cardes et cardons – dans les quatre autres petits plats des nulles ou œufs de plusieurs manières et artichauts frits – et dans les douze petites assiettes des petits ragoûts chauds suivant que le cuisinier ou le maître d'hôtel le jugeront à propos.
Et pour le fruit qui est le quatrième service : dans les trois grands plats du fruit cru – dans les quatre moyens du sec – dans les deux petits des flancs deux plats de liquides ou de petit sec, ou deux soucoupes d'eau glacées – dans les quatre autres petits plats quatre compotes – dans les douze assiettes hors d'œuvre ce qui plaira à l'officier[40].

La symétrie de la disposition des plats constitue l'une des clefs de la réussite. Dans les grands repas, ces fastueux tableaux peuvent être obtenus par le doublement des mets de chaque côté de l'axe central de la table. Ainsi lors d'un repas offert par Louvois le 25 août 1690, dans son château de Meudon, à Monseigneur, Monsieur, Madame, M. le duc de Chartres et Mademoiselle, les plats proposés à chaque service sont en deux exemplaires : pour les potages, deux bisques de pigeons, deux potages de julienne, deux de cailles au basilic, deux de pois au canard, deux de concombres farcis au chapon, deux oilles, deux de casseroles, deux de racines aux ramereaux, deux de navets aux poulets farcis, deux de poireaux aux oies, deux de chicorée aux dindons. C'est là un moyen de respecter les goûts individuels des convives qui, du fait de leur nombre, n'auraient pas eu facilement accès à certains plats tout en augmentant l'impression de magnificence. La réalisation de tels chefs-d'œuvre suppose, on l'imagine, un grand nombre de répétitions.

L'étiquette exige également qu'à chaque service figure un plat dit « plat de milieu », particulièrement spectaculaire, lui-même étant entouré par d'autres mets disposés de façon symétrique. À la place, il y a parfois une pyramide de fruits ou un bassin. Vers la fin du XVIIe siècle, on commence à le remplacer par un « surtout » : « Il y avait au milieu de la table un grand surtout ou milieu de table de vermeil doré, remarque *Le Mercure galant*. Il y a peu de temps que ces sortes d'ouvrage sont inventés. Ils demeurent sur la table tout le repas... Ils sont souvent enrichis de figures et portent quantité de choses pour l'usage de la table[41]. »

Les plats qui couvrent la table doivent constituer un ensemble proportionné, « car d'aller servir un grand bassin, puis un plat médiocre, puis un autre de grandeur différente, ce serait tout mettre en confusion et détruire cette agréable symétrie qui fait toute la beauté du festin ». Les maîtres d'hôtel utilisent principalement des plats de différente taille[42], de la vaisselle creuse à rebords — en vermeil et argent chez Condé —, des assiettes à grands bords et petits bords, des assiettes volantes creuses disposées entre les plats pour des entrées, les ragoûts ou les desserts. Ces assiettes volantes peuvent être surélevées sur des porte-assiettes, des colliers ou des bassins. Étant creuses, elles peuvent aussi contenir des sauces et prendre alors le nom de saucière[43]. L'ouille ou oile — francisation du mot espagnol *olla*, marmite — commence à être servie dans un « pot à oille », plat vaste, circulaire, à fond arrondi et muni d'un couvercle, reposant grâce à des pieds sur un plateau assorti[44].

Le bassin, espèce de grand plat rond ou ovale qui a peu de profondeur, où l'on se lave les mains, peut aussi orner un buffet et être utilisé sur la table pour disposer des pyramides de viandes. Il prit une telle importance dans les repas que l'on compta les mets par bassins. Il est aussi fréquemment utilisé pour les desserts. *Le Mercure galant* évoque des réceptions où « le fruit et tout ce qu'il y a de plus délicat et de plus délicieux pour composer le superbe dessert était servi au milieu de toute la longueur de la table dans des bassins en vermeil ciselé de différentes formes[45] ». C'est aussi un support, et l'on y installe des assiettes pour les pyramides de fruits et des porcelaines pour les confitures et autres, dressées en dôme, entourant le tout de fleurs.

Comme pour le reste du repas, le dernier service nécessite un plan de table rigoureux, jouant sur les couleurs des fruits crus ou transformés et des confiseries. Les pyramides de fruits sont alors très en vogue. Conçues pour les grands repas, elles peuvent aller de quelques fruits installés en dôme sur des assiettes à des hauteurs assez impressionnantes si l'on en croit Mme de Sévigné : « Pour les pyramides, il fallait hausser les portes. Une pyramide veut entrer : cette superbe pyramide avec vingt porcelaines fut si parfaitement renversée à la porte que le bruit en fit taire les violons[46]. » Pour assurer la stabilité de ces constructions verticales, mais aussi à cause de la rivalité des officiers qui veulent faire plus haut et plus beau, on intercale des plats toutes les deux ou trois couches de fruits. Cependant, certaines sont élaborées uniquement avec des fruits de la manière suivante :

Une pyramide

Il faut prendre un entonnoir de fer blanc en forme pyramidale selon la grandeur de la porcelaine. On met au fonds une cerise pour la pointe. Au second rang vous en mettez trois, au troisième quatre ou cinq et ainsi de suite, couchant les queues en travers et contre le milieu que vous garnissez à mesure de méchantes feuilles hachées parce que votre fruit ne reste pas sur le bord. Pour orner ces pyramides on y entremêle des rangs de fleurs qui aident à les soutenir faisant par exemple un rang de fleurs tous les deux ou trois rangs de cerises. Le tout étant ainsi bien dressé et bien solide, vous posez votre porcelaine sur l'entrée du moule et ayant renversé l'un sur l'autre vous retirez doucement votre moule qui laisse la pyramide fort bien dressée[47].

Pour les rendre plus solides, on peut couler en surface un caramel qui aura l'avantage de l'embellir. Les officiers conçoivent aussi des pyramides glacées. Utilisant le même type de moules remplis de fruits diversifiés, ils l'emplissent d'eau et l'installent dans un seau de glace pilée et de sel. Cette pyramide, une fois démoulée, est posée sur un plat et accompagnée de gobelets remplis d'eaux glacées[48]. Certains critiquent cette disposition, comme Jean de La Quintinie, ou même Massialot qui conseille aux officiers « de les accompagner de corbeilles pleines de fruits de saison beaux et mûrs tandis que la pyramide s'en retournera saine et entière[49] ». Jean de La Quintinie surenchérit :

> *À mon sens, je ne trouve guère rien de plus misérable pour un honnête curieux que d'en vouloir avoir [des fruits] simplement pour faire parade dans la bigarrure de certaines pyramides ; ce sont fruits qu'il ne faut approcher que de la vue, et qui ne sont pour l'ordinaire que des décorations de table, qui sont véritablement aujourd'hui à la mode. Dans les grandes maisons où ces sortes de pyramides sont en usage et devenues en quelque façon nécessaires, il faut une application particulière pour avoir dans les grandissimes jardins de quoi en pouvoir faire. Je demande qu'elles soient toujours accompagnées d'une jolie corbeille pleine de principaux fruits de la saison et que chacun de ces fruits soit beau et parfaitement mûr [...] ; comme l'honneur de cette pyramide est de s'en retourner saine et entière sans avoir souffert aucune brèche, ni dans sa construction, ni dans sa symétrie, je prétends au contraire que l'honneur de la corbeille consiste à s'en retourner vide[50].*

Un service empressé, mais discret

« Que le domestique soit prêt à servir et n'interrompe pas les personnes qui sont à table[51] », recommande Massialot. Le premier service mis en place, le maître d'hôtel demeure un moment dans la salle à manger, debout derrière la chaise du maître ou de la maîtresse de maison, qui sont seuls habilités à l'inviter à desservir ou servir, ou derrière celle de l'hôte que celui-ci veut honorer. Aucun service ne doit durer plus d'un quart d'heure ou un quart d'heure et demi afin d'éviter que les maîtres s'ennuient[52]. Mais le mangeur doit goûter aux divers plats posés devant lui sans faire preuve de précipitation, ce qui serait une marque d'incivilité. Les gourmands de l'époque se plaignent de la rapidité des services plus que de leur longueur.

Le maître d'hôtel entre à nouveau en action à la fin du premier service. Il va alors dans la cuisine, où il vérifie l'arrangement et la propreté des plats, qui sont disposés sur une table couverte d'une nappe blanche selon l'ordre qui sera reproduit à la table des invités. Appelant tout son monde pour enlever les plats, il retourne dans la pièce du repas pour renouveler le service. Comme la table ne doit jamais être vide, les plats retirés sont immédiatement remplacés par des nouveaux selon le plan pré-établi. Le maître d'hôtel sert toujours du côté droit, tandis qu'un aide dessert de l'autre côté ; il n'enlèvera les plats qu'« à mesure qu'il servira, et ne lui laissera que quatre places vides[53]. » Derrière ces deux personnages, les aides, qui ont apporté les plats de la cuisine, passent les mets ou saisissent les plats déjà consommés. Boileau a ironisé sur le ballet ordonné qui précède l'arrivée d'un jambon de Mayence :

> *Un valet le portait, marchant à pas comptés,*
> *Comme un recteur suivi de quatre facultés[54].*

Ici deux marmitons crasseux, revêtus de serviettes, remplacent les valets ou les suisses. Pour qu'un convive puisse apprécier la parfaite ordonnance d'un service, le maître d'hôtel ne doit jamais poser un bassin chargé de grosses viandes devant les personnes importantes, « à cause qu'il leur boucherait la vue du service[55] ». Une fois les mets posés, lorsqu'un invité de haut rang est présent, le maître d'hôtel reste derrière lui soit pour lui proposer des petits plats particuliers, ou « s'il voulait envoyer quelque part à un autre ce qu'il a devant lui[56] ».

Changer d'assiette est de rigueur dans les grandes demeures :

> *Et votre assiette jamais,*
> *Ne serve pour différents mets*
> *Très souvent il faut en changer*
> *Pour en changer elles sont faites[57].*

C'est le maître d'hôtel qui donne l'ordre que l'on change d'as-siettes au moins à chaque service, et les serviettes de deux en deux. Il tend aussi les cuillers et fourchettes à long manche desti-nées au service – Saint-Simon en attribue l'invention au duc de Montausier, célèbre pour sa propreté à table[58]. D'un regard, il surveille les valets chargés de servir à boire. Sur un signe de sa part ou sur celui d'un convive, l'un d'eux prend un verre sur le buffet, le remplit et le présente sur une soucoupe, en se tenant à la gauche du convive. Parfois, deux valets, l'un tenant la bouteille et la carafe, l'autre le verre, sont chargés de cette mission. Quand l'invité a bu, le valet reprend aussitôt le verre – qui est éventuellement « fringué », ou rincé –, puis le repose dans un rafraîchissoir ou bien brillant sur le buffet. Ce n'était pas le cas chez l'hôte de Boileau « où les doigts des laquais, dans la crasse tracés, témoignaient par écrit qu'on les avait rincés[59] ».

Après le dernier service de cuisine, le maître d'hôtel se rend à l'office où l'attend le dessert. Quelquefois, un buffet de fruits est directement dressé dans la pièce avant le repas. Dans les deux cas, c'est au moment du dessert que la table est entièrement desservie. Commençant par le bas bout de la table, le maître d'hôtel retire les plats, les assiettes, les salières, les couverts. Il peut laisser la nappe à moins qu'il ne suive les conseils de L.S.R. : « Il faut toujours changer de serviettes au dessert et de nappe autant que l'on peut, ce qui se fait facilement en la mettant double, avant de mettre le couvert, et que l'on enlève promptement par les quatre coins rien lors ne faisant obstacle sur la table et ce en si peu de temps que difficilement s'en peut-on apercevoir[60]. » La première nappe étant imbibée des sauces, et ayant reçu la fumée des viandes, elle risque de sentir encore « le goût des galimafrées ». Ces tâches et odeurs s'accommodent mal aisément avec la délicatesse et la propreté d'un dessert, et de ce qui doit être mangé « bien moins goinfrement que les autres services précédents[61] ». Le fruit servi, le maître d'hôtel reste un moment pour voir si on n'a rien à lui dire sur leur qualité ; puis il se rend à la cuisine où il regarde ce qui a été desservi, voit ce qui peut être servi une seconde fois, et distribue le reste aux tables des officiers, demoiselles et autres.

Dans les grands repas d'apparat, le maître d'hôtel fait appel à du personnel complémentaire, les Suisses :

> *Comme il était difficile qu'on put servir sans confusion les quatre cents plats qui furent mis à double rang de deux côtés en quatre différents services, le maître d'hôtel [prit des] précautions. Il rangea tous ceux qui portaient leurs plats vis-à-vis des endroits où ils devaient être placés, de sorte qu'en passant entre leurs rangs il les posait en un moment sur la*

table sans aucun désordre. Cela fit dire agréablement à quelqu'un [...]
qu'il croyait voir un exercice de gens de guerre[62].

Des marques de couleur différentes permettent de mieux les distinguer, « et par ce moyen ceux qui avaient à les employer connaissaient en un moment à quoi chacun était destiné[63] ».

La domesticité nombreuse est omniprésente durant tout le repas. Sa présence gêne parfois, comme le relate la duchesse d'Orléans qui, à midi, mange seule, « mais je me dépêche autant que possible, car rien n'est plus ennuyeux comme d'avoir autour de soi vingt valets qui regardent ce que vous vous mettez dans la bouche et qui comptent tous les morceaux que vous avalez[64] ». Ce qui conduira Grimod de La Reynière, au début du XIXᵉ siècle, à réclamer leur bannissement au dessert. L'on a alors moins besoin de renouveler les assiettes, et « la dilatation des cœurs et des esprits » rend les témoins pour le moins indésirables. « C'est là où les esprits se réveillent, disait déjà L.S.R., où se disent les bons mots et où se débitent les plus agréables nouvelles ; c'est là que se forment des parties de visites, de jeux, de promenades, et où comme on dit, entre la poire et le fromage, on invente mille plaisanteries pour passer le temps et entretenir une honnête société qui fit tout le charme de notre vie[65]. »

C'est dans ce souci de tranquillité, selon Tallemant des Réaux, que le marquis de Rouillac aurait fait usage d'une clochette pour appeler ses serviteurs. Ce maréchal de camp, général de la milice des armées navales, prétendant, dans un vocabulaire éloquent, « qu'il n'a rien à faire que ses gens lui voient remuer la mâchoire et qu'il veut péter s'il en a envie[66] », fait mettre son pot et son verre sur sa table comme sa viande et sonne lorsqu'il a besoin de quelque chose. À la fin du siècle, la duchesse de Bourgogne introduit cette sonnette à la Cour. Lors d'un repas, au retour de la chasse, en compagnie de la princesse de Conti, la duchesse de Berry et d'autres dames et hommes, elle choisit de dîner « à ce qu'on appelle présentement à la clochette, n'ayant personne à les servir. On fait mettre une petite table auprès de la grande où il y a des verres, des assiettes, du vin et de l'eau et une clochette pour appeler quand ils veulent qu'on desserve. Le repas fut fort long et fort gai[67] ».

L'honneur de trancher

À la Cour et dans les maisons princières, la charge qui consiste à découper, à trancher les viandes et les fruits qui les accompagnent, appartient à l'écuyer tranchant. Comme Joinville, qui trancha un jour à la table du roi de Navarre, les grands seigneurs acceptent avec fierté cet honneur. Chez un prince, le « tranchant ordinaire » peut, quand il y a plusieurs tables, se faire aider par des gentilshommes. Dans les maisons particulières, le maître de céans ou quelque invité distingué s'en chargent sur sa demande. Mais chacun peut être amené à découper le plat posé devant lui, comme le laisse supposer Courtin : « Si la personne qualifiée vous demande de quelque chose qui soit devant vous, il est important de savoir couper les viandes proprement et avec méthode[68]. »

Pratiqué généralement debout par commodité, cet art demande de l'adresse et une connaissance de la dissection dont l'apprentissage commence dans la jeunesse. Des manuels de découpe, illustrés de planches, facilitent l'acquisition de la dissection des pigeons, des poules bouillies, des poulets rôtis, des chapons, des oies, des canards, du gibier à plume ou à poil, des gigots de mouton ou de veau, des jambons, des cochons de lait, des poissons et des écrevisses. Les fruits servis avec ces rôtis doivent être tranchés le plus rapidement possible : les oranges sont piquées avec une fourchette et coupées en travers, alors que les pommes et les melons le sont en long. L'adresse et l'habileté sont aussi nécessaires pour couper les pâtés d'entrées ou d'entremets. Ainsi les pâtés de viandes solides et massives, comme les gibiers, sont coupés par tranches et de travers, sans en rompre le fond.

L'écuyer tranchant, ou le maître de maison, doit présenter les morceaux en fonction de la qualité des invités. Jusqu'au début du XVIIᵉ siècle, les gens assis à la même table ne sont pas censés manger les mêmes nourritures ni boire les mêmes boissons. En plein XVIIᵉ siècle, les traités de civilité – comme les livres de cuisine, manuels de découpe et autres ouvrages relatifs à l'alimentation – donnent encore de multiples recommandations sur les morceaux qu'il convient de servir aux grands personnages qui honorent la table, ce qui implique de connaître les meilleurs morceaux : ce sont l'aile pour les oiseaux qui grattent la terre avec leur pâte ; la cuisse pour les oiseaux qui vivent en l'air ; les blancs pour les grosses volailles rôties, les chapons, les oies, les dindons ; le râble et les cuisses pour le lièvre et le lapin. Pour les grands poissons, comme les brochets, le saumon, le côté de la tête est le plus délicat ; pour les plus petits, comme la sole et la vive, on estime surtout le milieu et l'on honore particulièrement un convive en lui offrant la langue de carpe.

La mode des collations

Dès le Moyen Âge, l'arrivée d'un hôte de marque dans une ville était souvent marquée par une collation, avec du vin accompagné de fromages, de poires et de fruits secs, et de confiseries[69]. Lors des réceptions officielles et des entrées royales dans une ville, les confiseries à base de sucre, produit alors rare, et donc de luxe, et les fruits en constituent l'essentiel. En 1571, la ville de Paris, lors de l'entrée solennelle de Charles IX, offre au roi et à la Cour une collation « en laquelle outre le nombre infini de toutes sortes de confitures sèches et liquides, diversités de dragées, cotignac, massepains, biscuits... des sortes de fruits qui ne puissent se trouver au monde, en quelque saison que ce soit qui ne fût là... le tout de sucre si bien ressemblant le naturel que plusieurs y furent tromper même les plats et les écuelles étaient faites de sucre[70] ». Sous Louis XIII, les bals aussi sont l'occasion de collation ; la ville de Paris s'adresse alors aux meilleurs fruitiers des Halles et expédie un homme en Touraine pour rapporter dix douzaines de melon ; aux confitures et sucreries s'ajoutent des services de viandes froides. Sous Louis XIV, les collations deviennent une manière de recevoir.

Les dictionnaires de l'époque en donnent plusieurs définitions. La première qualifie la collation de repas léger qu'on fait au lieu de souper, particulièrement les jours de jeûne, comme lorsqu'on dit : « il a fait collation d'une pomme ». Le *Dictionnaire de Trévoux* en donne une autre : « À la Cour, ample repas qu'on fait au milieu de l'après-dîner ou la nuit. Il y aura bal, ballet et collation. » Ce repas, pris entre le dîner et le souper et parfois après le souper, peut s'appeler « collation lardée » quand on sert de la viande, et le maître d'hôtel doit y appliquer tout son art.

Les gazettes de l'époque relatent en détail la somptuosité des buffets des collations. Leur structure et leur composition dépendent du moment de la journée. Il est de bon ton l'après-midi, lors de la visite d'un ami ou d'une personnalité, de faire dresser un buffet dans les jardins ou dans les salons. Ainsi à Chantilly, en octobre 1669, après la visite des jardins, Olivier Lefèvre d'Ormesson, rapporteur du procès de Fouquet, et son épouse se voient offrir des fruits, des confitures, des gâteaux et des boissons rafraîchissantes[71]. Souvent, elles suivent ou précèdent un spectacle, une comédie, comme lors de la visite de la reine de Christine de Suède chez M. Hesselin, où tous les assistants sont enthousiasmés :

> *Par le nombre de confitures,*
> *Des très délicates pâtures,*
> *Et des fruits beaux et colorés,*
> *Servis dans des grands plats dorés*[72].

Les collations permettent à une compagnie de se rafraîchir et de reprendre de nouvelles forces durant une soirée de bal ou de jeu. On joue souvent et beaucoup : échecs, dames, dés, trou-madame[73], tric-trac, reversi, lanquenet, hombre occupent les tables, sans oublier le billard. Le maître d'hôtel fait alors dresser, dans un salon ou une antichambre, une table ayant un nombre de couverts suffisants et un buffet qui doit être un festin pour les yeux, avec des bassins remplis de fruits crus, de citrons doux, d'oranges du Portugal, des confitures sèches et liquides, des massepains, des biscuits et parfois des jambons, des langues, des daubes froides, des saucissons et des parmesans ; les eaux parfumées, les limonades, les vins sont maintenus au frais dans des cuvettes de glace. Cela fait partie de l'art de recevoir et c'est un agréable moyen de conclure une soirée, comme lors de la fête du 20 août 1661 à Vaux-le-Vicomte, où Vatel met son point d'honneur à offrir une ultime collation destinée aux voyageurs royaux qui repartent vers Fontainebleau.

Le mot « collation » désigne également un festin. En 1681, Louvois, qui vient d'acquérir le château de Meudon, offre une collation en ambigu à la reine et à dix-huit dames de première qualité. Ces dix-neuf convives, assis autour d'une table de dix-huit pieds de long et six de large, décorée de huit grandes pyramides de fruits, se voient proposer en quatre services quarante plats d'entrée, quarante plats de rôtis accompagnés de salades, des entremets froids et chauds et des desserts[74].

Quel que soit le moment, collations et ambigus doivent constituer un spectacle pour l'œil. Chez Fouquet, Vatel a pu laisser libre cours à son imagination dans les jardins, où, au détour d'un bosquet, les invités découvraient de somptueux buffets dressés sous des berceaux et des treilles de verdure. À Chantilly, en avril 1671, il choisit un cabinet de verdure tapissé de jonquilles, selon l'engouement du temps pour la nature.

Lorsque l'on « collationne » dans la nature, la table et le buffet doivent s'intégrer au paysage, des corbeilles de fleurs et de branchages, des caisses d'orangers complétant le décor naturel, et si la nuit tombe avant la fin de la collation, le maître d'hôtel fait disposer des flambeaux, des lustres et des miroirs aux endroits les moins gênants avec de la cire blanche. Un endroit abrité du soleil, mais mieux encore les grottes, alors très en vogue, permettent au maître d'hôtel de donner toute sa mesure. La vue du dessert disposé de toutes parts doit provoquer l'admiration de l'assemblée. L'émerveillement des invités devait atteindre son apogée devant cette collation proposée par l'auteur de *L'Art de bien traiter* dans laquelle les eaux jaillissent parmi les viandes rôties et les pyramides de fruits :

> *Si on veut manger proche d'une fontaine, ou dans quelque endroit considérable par une infinité de jets d'eau, soit qu'elle s'élève par le soin de la nature ou par l'artifice et le secours de la pompe, il faut supposer, que ce jet d'eau passe au milieu d'une table de bois, de pierre ou de marbre, par un conduit fait exprès qui est adroitement caché dans un petit corps en forme de boîte [...]. Il faut employer le secours et l'industrie des gens qui en ont la connaissance et la pratique, des fontainiers qui soudent et attachent plusieurs petits tuyaux de fer blanc fort délicatement fabriqués au corps principal, et embouchure du grand tuyau qui sera percé en distances égales pour servir aux fins que dessus, et leur donnent tel pli et tel tour qu'il faut pour passer aisément dans le milieu de certains plats faits exprès de fer blanc qui s'ouvrent en deux, on coule par-dessous tout autre pourtour de ladite table et des bassins une grande nappe, que l'on fait si l'on veut descendre jusqu'à terre, il faut revêtir de fleurs et de verdure les plats, et leurs espaces, si elles n'étaient occupées par des assiettes volantes, dresser les fruits en pyramide, les viandes rôties, les daubes*[75].

Les robinets ne sont ouverts qu'une fois les convives installés. Sept ou huit jets d'eau jaillissent du milieu des bassins, en sorte qu'ils retombent sur le sol, sur la terre ou dans des cuvettes ; ils s'arrêtent et recommencent au gré du maître de maison, qui, par un clin d'œil, communique sa volonté au maître d'hôtel. Pour le metteur en scène, la merveille de tout ce spectacle « consiste dans la surprise, et rien n'est plus étonnant que de voir une si belle compagnie environnée de toutes parts de fontaines jaillissantes, se tenir facilement à couvert sous une pluie artificielle sans être mouillée, mais au contraire y goûter délicieusement tous les plaisirs imaginables[76] ».

CHAPITRE XII

Savoir manger

> *Jadis le potage on mangeait*
> *Dans le plat sans cérémonie,*
> *Et sa cuiller on essuyait*
> *Souvent sur la poule bouillie.*
> *Dans la fricassée autrefois*
> *On sauçait son pain et ses doigts.*
> *Chacun mange présentement*
> *Son potage sur son assiette ;*
> *Il faut se servir poliment*
> *Et de cuiller et de fourchette,*
> *Et de temps en temps qu'un valet*
> *Les aille laver au buffet.*
>
> *Tant qu'on peut il faut éviter*
> *Sur la nappe de répandre,*
> *Tirer du plat sans hésiter*
> *Le morceau que l'on y veut prendre,*
> *Et que votre assiette jamais*
> *Ne serve pour différents mets.*
>
> *Très souvent il faut en changer,*
> *Pour en changer elles sont faites,*
> *Tout ainsi que pour essuyer*
> *On vous donne des serviettes*
> *À table comme ailleurs enfin*
> *Il faut songer à son prochain[1].*

MARQUIS DE COULANGES

Cet extrait d'une chanson du marquis de Coulanges, ami des Précieuses et cousin de Mme de Sévigné, évoque les progrès réalisés entre 1640 et 1680 dans le service de table. Dès le Moyen Âge, des manuels de savoir-vivre ont codifié minutieusement l'art de se comporter en société et notamment à table, prescrivant des règles concernant la façon de se tenir, de se servir, de servir les autres, de manger. Ces traités de civilité avaient à l'origine une destination pédagogique, ils étaient destinés aux religieux et aux gens de bonne éducation afin qu'ils puissent gouverner leur comportement à table lorsqu'ils se retrouvaient en haute compagnie.

Au XVIᵉ siècle, Érasme publie un texte fondateur, *La Civilité puérile*, traduite en français dès 1537, qui donne aux jeunes gens une série de préceptes, grâce auxquels, et quelle que soit leur naissance, ils pourront pénétrer dans le cercle des personnes éduquées. Dès la fin du XVIᵉ siècle, parallèlement aux civilités s'intéressant à l'instruction des enfants, les traités de bonnes manières pour adultes se multiplient. Ainsi *L'Art de bien plaire à la Cour* de Faret (1630), *La Civilité nouvelle* (1667) et *Le Nouveau Traité de la civilité qui se pratique en France parmi les honnestes gens* d'Antoine de Courtin (1671). Ces ouvrages s'adressent à des hommes de qualité qui ne vivent pas à la Cour, mais tiennent à s'informer de ses coutumes et de ses usages. La vingtaine d'éditions, françaises et étrangères, de manuels de savoir-vivre que l'on dénombre avant le milieu du XVIIIᵉ siècle témoigne du besoin de se référer aux usages en vigueur à la Cour.

Les prescriptions figurant dans les traités du XVIIᵉ siècle reprennent, sur un certain nombre de points, celles prescrites par Érasme ; mais de nouvelles s'y ajoutent qui « développent l'idée de propreté – déjà présente au Moyen Âge – en ordonnant d'utiliser de nouveaux ustensiles de table : assiettes individuelles, verres, couteaux, cuillers et fourchettes individuels[2] ». Dorénavant, chacun doit respecter les règles collectives en usage à la table et connaître le maniement des couverts. Souci de l'élégance, propreté, maintien, politesse de table, courtoisie des propos tenus, tout cela se conjugue. Le repas devient « une sorte de ballet à l'occasion duquel l'ordre des gestes doit être réglé pour tous... Quand toutes ces conditions ont été satisfaites, la table peut se prêter à l'exercice d'une sociabilité visible qui est sa véritable fin[3] ».

Les bonnes manières de table

Le savoir-vivre à table impose d'abord un respect scrupuleux de la hiérarchie sociale. Première règle : se comporter selon son âge et sa condition sociale. Les meilleures places sont réservées aux personnages que l'on désire honorer. L'amphitryon place ses hôtes les plus illustres au « haut bout », puis les autres convives et les enfants vers le « bas bout ». Mais la disposition de la pièce, la forme de la table, le nombre de tables servies en même temps peuvent éventuellement modifier cet ordre.

Avant de passer à table, ou de toucher aux mets, il faut respecter trois obligations : se libérer, se laver les mains, dire le *Benedicite*. La première, dans les textes, ne semble concerner que l'enfant, qui doit « lâcher son eau et son vent » avant le repas. Les deux autres concernent tous les convives. La propreté des mains est un geste élémentaire qui remonte à la plus haute Antiquité. Cet acte de purification, ce rite de passage entre les occupations quotidiennes et le temps de la table, occupe une place importante dès le XIIᵉ siècle dans les *Contenances de table* :

> *Enfant d'honneur, lave tes mains*
> *À ton lever, à ton dîner,*
> *Et puis au souper sans finer ;*
> *Ce sont trois fois à tous le moins*[4].

Au XVIIᵉ siècle, les Français attachent beaucoup d'importance à la propreté à la cuisine, on l'a dit, mais aussi à la table. Un chambellan, un échanson, un écuyer ou un page tenant de la main gauche un bassin et de la main droite une aiguière versent de l'eau sur les doigts de chaque personne – eau aromatisée avec des fleurs d'oranger, des roses, de l'iris, ou d'herbes dans cette recette du XIVᵉ siècle :

> Mettez bouillir de la sauge, puis coulez l'eau, et faites refroidir jusques à plus tiède. Ou vous mettez camomille ou marjolaine ; ou vous mettez du romarin : et cuire avec l'escorce. Et aussi feuilles de laurier sont bonnes[5].

À la Cour, on se borne à présenter au souverain une serviette. Le futur Louis XIII, lorsque M. de Montmorency la lui offre, en fait un jeu « en la tourpillant », c'est-à-dire en formant une sorte de boule, et prétend ainsi se laver à la française[6]. Louis XIV se contente de poser les doigts sur une serviette parfumée, présentée entre deux assiettes d'or. Mais que ce soit à la table royale ou dans les grandes demeures, on doit donner à laver premièrement au personnage le plus considérable de toute la compagnie[7]. En fait, le lavage des mains des personnes de qualité correspond plus à un rituel de distinction qu'à une volonté de propreté, mais c'est une incivilité que de le faire en même temps qu'une personne de qualité. Vient ensuite la prière. Pour le *Benedicite*, au XVIIe siècle, il faut être debout la tête nue pour les hommes[8]. Les hommes, une fois assis, remettent leur chapeau et ils conservent leur manteau et leur épée ; à la Cour et dans les grandes maisons, la table est bénie par l'aumônier.

> *Il ne se sert à table que de ses mains, il manie les viandes, les remanie, démembre, déchire et en use de manière qu'il faut que les conviés, s'ils veulent manger, mangent ses restes ; il ne leur épargne aucune de ses malpropretés dégoûtantes, capables d'ôter l'appétit aux plus affamés : le jus et les sauces lui dégouttent du menton et de la barbe : s'il enlève un ragoût de dessus un plat, il en répand en chemin dans un autre plat et sur la nappe, on le suit à la trace ; il mange haut et avec grand bruit, il roule les yeux en mangeant : la table est pour lui un râtelier ; il écure ses dents et continue à manger[9].*

Ce portrait peu ragoûtant de Gnathon, tracé par La Bruyère dans ses *Caractères*, évoque un certain nombre d'incorrections. La satire n'est peut-être pas si éloignée de la réalité. Au XVIIe siècle, tout convive doit se soumettre à des règles strictes correspondant à une série d'interdits qui figuraient, plus ou moins, dans les traités de civilité antérieurs à ce siècle. Ces manières passent par le contrôle de la spontanéité corporelle. Manger en compagnie requiert un contrôle de son corps, un contrôle de soi. Il faut faire oublier le corps, ses bruits, ses appétits indiscrets. Il faut réfréner, voire éviter, toute manifestation d'agitation, de saleté, de gourmandise, non pas seulement au nom de principes d'hygiène, mais pour ne pas dégoûter les autres convives.

Il importe aussi d'adopter un comportement qui permet de se distinguer de celui des gens du peuple. La première règle concerne l'obligation de savoir gouverner son corps. L'enfant entend les sempiternelles remarques : « Tiens-toi droit sur ton siège », « Ne mets pas tes coudes sur la table », « Ne te renverse pas nonchalamment sur ton siège. » Quand Lénie, l'amoureux de Dorimène dans *L'Étourdi* de Molière, provoque sous la table avec ses pieds un bruit, un tric-trac, il manifeste un manquement insupportable à la bonne tenue[10]. Mais cela ne s'arrête pas au maintien physique. Il est impensable de laisser son corps émettre des bruits incongrus, comme tousser, avoir le hoquet et roter comme le fait volontiers Tartuffe à la table de son hôte Orgon[11]. Les bruits de la mastication ou la déglutition sont inconvenants. En 1613, Hardy conseillait de mâcher sans bruit ou de ne pas souffler avec ses narines. Courtin, en 1671, recommande de prendre garde en buvant « de ne point faire du bruit avec le gosier pour marquer toutes les gorgées qu'on avale en sorte qu'un autre pourrait les compter[12] ». Il est hors de question de consommer son potage comme le peuple mange sa soupe. La civilité rejette la communion populaire où manger est un assouvissement silencieux, ponctuée par des bruits de langue et de lèvres, des lapements, des soupirs de satisfaction. Tout signe d'un comportement rustique est condamnable. Les traités de civilité font appel à des représentations du bestiaire comme éléments repoussoirs. Érasme se référait fréquemment au monde animal pour tout ce qui n'est pas convenable de faire : ne pas avaler les morceaux entiers comme les cigognes, ne pas ouvrir les mâchoires si fort « qu'elles sonnent haut comme les pourceaux ». En 1613, on recommandait de ne pas boire en penchant la tête en arrière à la manière des cigognes. En 1667, de ne pas « flairer » les viandes et de « tailler » le pain en petits morceaux, « pour ne point se faire les poches aux joues comme les singes[13] ». Il faut avant tout se distinguer des vilains, des gens du village, si proches de l'animalité.

Certains bruits sont révélateurs d'un tempérament gourmand. Le bruit régulier des couverts est un signe d'un laisser-aller alimentaire : « Moins encore faut-il en se servant faire du bruit et racler les plats ou ratisser son assiette en la desséchant jusqu'à la dernière goutte. Ce sont les cliquetis d'armes qui découvrent comme par un signal notre gourmandise à ceux qui sans cela n'y prendraient pas garde[14]. » La bienséance implique de discipliner son appétit. Les auteurs des traités de civilité condamne l'avidité et la gourmandise. En 1613, Hardy invitait l'enfant, pour commander son appétit, à rester un moment sans toucher sa viande. Un demi-siècle plus tard, Antoine de Courtin conseille de se servir selon ses besoins et ne pas se conduire comme Tartuffe, qui mange comme six[15], ou comme le Gnathon de La Bruyère, qui goûte tous les mets au lieu de choisir discrètement parmi eux ou de toucher seulement à ceux qui passent devant lui[16]. Scarron, le mari de Françoise d'Aubigné, pensionné de Fouquet, jugé par ses pairs comme un agréable convive par son esprit, ignore la retenue et la modération : « J'ai encore le dedans du corps si bon que je bois toutes sortes de liqueurs et mange toutes sortes de viandes avec aussi peu de retenue que le ferait le plus grand glouton. » Don Juan a l'audace de ne pas cacher sa faim et de crier son impatience de passer à table : « Me fera-t-on souper bientôt ? » ou « Vite à souper »[17].

Le convive ne doit en aucun cas se précipiter sur la nourriture. Dès le potage, qui ouvre le repas, il lui faut prendre garde à ne pas céder au vertige de l'appétit en se jetant dessus. Se servir en premier, sans en être invité par le maître de céans, relève de la gourmandise et pas uniquement du manque de savoir-vivre : « Garde-toi de porter le premier la main au plat[18]. » Que le convive évite tout regard laissant paraître une avidité inquiétante, comme Gnathon qui « roule les yeux en mangeant » ! Regarder dans l'assiette de son voisin est une impolitesse. Il est bon de s'arrêter quand on est « saoul » de viandes.

Le convive ne devra pas non plus « faire, comme l'on dit, la petite bouche[19] ». Un homme bien éduqué mange honnêtement et selon ses besoins. La pulsion boulimique se combat par l'apprentissage rigoureux du manger, par la manducation. Comme il est interdit de manger ou boire en s'y prenant à deux fois, il faut calculer ses bouchées et ne pas avaler de gros morceaux. La manière de s'y prendre varie selon les pays. Ainsi *La Civilité* de 1530 notait : « Les Allemands mâchent la bouche close et trouvent laid de faire autrement. Les Français au contraire ouvrent à demi la bouche et trouvent la procédure des Allemands peu ord [recommandable]. Les Italiens procèdent fort mollement, et les Français plus rondement, en sorte qu'ils trouvent la procédure des Italiens trop délicate et précieuse[20]. » En prenant des petits morceaux et en mâchant bien, ce qui est indispensable tant pour l'honnêteté que pour la santé du corps, le mangeur évite le hoquet, lequel est la conséquence d'une mauvaise manducation et la marque de l'intempérance. Il ne faut pas manger « vite ni goulûment, quelque faim que l'on ait de peur de s'engouer [s'obstruer le gosier]. Il ne faut pas manger jusqu'à s'en faire venir le hoquet. Il faut boire d'une haleine et posément de peur de s'ennoüer[21] ».

Pas plus qu'il ne faut céder aux mouvements spontanés de l'appétit, il ne faut céder aux mouvements violents du dégoût. La civilité méconnaît les dégoûts alimentaires. Il est très malséant d'exprimer à haute voix un refus. Ces refus ne sont que des aversions imaginaires, qui doivent se corriger durant l'enfance. En public, les répugnances doivent demeurer secrètes. Si elles sont insurmontables, la discrétion est de règle. Il faut faire semblant de rien, laisser son morceau sur l'assiette, manger autre chose, et se faire desservir quand personne n'y prend garde[22]. Mais il est préférable de se faire violence. Parfois, cela est difficile, comme lorsqu'on brûle. En cas de brûlure superficielle, il faut cependant souffrir patiemment. Si la sensation de chaleur est insupportable, il est interdit de cracher ostensiblement ; avec un souci d'élégance, le sinistré porte son assiette à sa bouche, puis, se couvrant de l'autre main, dépose sur l'assiette le morceau responsable. Discrètement et rapidement, un valet s'empare de son assiette, car « la civilité veut que l'on ait de la politesse, mais elle ne veut pas que l'on soit homicide de soi-même[23] ». Le souffle de la bouche dégoûtant certaines personnes, il est impensable de souffler sur les truffes couvertes de cendre, ou à chaque cuillerée d'un potage trop chaud[24].

Savoir se retenir, temporiser, endurer, cacher sont les mots clefs de la civilité. La même discrétion est de mise dans les attitudes. Se gratter la tête, cracher, se moucher dans sa serviette, tirer la langue en mangeant, se curer les dents, tous ces gestes sont des « saletés à faire soulever le cœur de tout le monde[25] ». Le chancelier Séguier accumule les incivilités de table, Tallemant des Réaux le décrit comme l'homme du monde qui mange le plus mal proprement, qui déchire les viandes avec des mains sales qu'il trempe dans les sauces, il « se curait un jour les dents chez le cardinal [de Richelieu] avec un couteau. Le cardinal s'en aperçut [...] commanda au maître d'hôtel de faire épointer tous les couteaux[26] ». Informé de son manquement à la bienséance par le maître d'hôtel, le chancelier se procure immédiatement un cure-dent en or et parade dans tous les lieux qu'il fréquente.

Si l'invité ne connaît pas certains usages de table, il doit observer comment procèdent les autres convives pour ne pas afficher son inexpérience. Mais bien souvent son ignorance trahit la médiocrité de l'éducation et donc celle de ses origines. Les excuses, un moyen de se faire pardonner, sont alors très à la mode. Dans *Le Roman bourgeois* de Furetière, œuvre réaliste et satirique sur la bourgeoisie de robe et les gens de lettres, Bedout le galant de Javotte, en témoigne lorsque, après avoir fait tomber une poire qu'il pèle à l'intention de sa maîtresse, « il la ramassa avec une fourchette, souffla dessus, la ratissa un peu, puis la lui offrit et lui dit encore, comme font plusieurs personnes maintenant, qu'il lui demandait un million d'excuses[27] ».

Au XVIIᵉ siècle, la civilité prend en compte l'espace de la table auquel chaque corps doit se soumettre. Au Moyen Âge, chacun puisait avec sa main dans les différents plats déposés sur la table, posait sa viande sur un tranchoir qu'il partageait souvent avec un autre convive, mangeait avec ses doigts, sauçait son pain ou ses morceaux de viande directement dans des salières et les saucières communes – mais avec seulement deux doigts ! –, buvait dans une coupe qui circulait autour de la table, s'essuyait plus ou moins les mains sur la nappe. Rompre le pain, manger au même plat étaient des gestes qui créaient une communion. Le couvert rompt le partage communautaire. Transformant la relation personnelle du mangeur avec la nourriture, le couvert transforme aussi la relation du mangeur avec les convives ; la cuiller et la fourchette sont une médiation entre le plat collectif et l'assiette individuelle, et renforcent de ce fait l'individualisme. Ces nouveaux ustensiles contribuent à élargir le fossé entre les élites et les masses populaires qui n'en disposent que rarement.

À partir du milieu du XVIIᵉ siècle, il n'est plus question de se servir directement dans le plat avec les doigts. Tout ce qui est pris dans les plats et les saucières présents sur la table doit être saisi, selon les règles de la bienséance, avec des couverts de service et déposé dans l'assiette avant d'être mangé : « Il ne faut pas manger le potage au plat, mais en mettre proprement sur son assiette. Aussi sert-on à présent en bien des lieux des cuillers dans les plats qui ne servent que pour prendre du potage et de la sauce[28]. » Ainsi évite-t-on ce qui advient à M. de Coulanges, chez le duc de Chaulnes où, ayant souhaité une vive, il est servi par Mme de Saint-Germain : « J'eus beau dire que je ne voulais point de sauce, la dame l'arrosa à diverses reprises avec sa cuiller, qui sortait toute fraîche de sa belle bouche[29]. »

Certains convives ignorent encore l'usage de la cuiller de service. Ménalque, dans *Les Caractères* de La Bruyère, distrait, la prend, la plonge dans le plat, l'emplit, la porte à sa bouche, et s'étonne de voir répandu sur son linge et sur ses habits le potage qu'il vient d'avaler[30]. Lorsqu'il n'y a pas de couverts de service, il faut essuyer avec sa serviette la cuillère dont on s'est servi pour manger avant de se servir dans le plat commun, car il existe des gens « si délicats qu'ils ne voudraient pas manger du potage où vous l'auriez mise après l'avoir portée à la bouche [...] ; et même si on est à table avec des gens bien propres, il ne suffit pas d'essuyer la cuiller, il ne faut plus s'en servir, mais en demander une autre[31] ».

Non seulement on ne mange plus directement dans le plat, mais on se garde bien de saucer ses morceaux dans le plat ou dans la salière commune. La pointe du couteau sert à transférer le sel de la salière à l'assiette.

Se servir avec des couverts spécialisés ne veut nullement dire le faire n'importe comment et n'importe quand ! La politesse de table implique, là aussi, des règles de préséance. Il est incivil de prendre un mets présenté dans un plat sans s'assurer que les personnes plus qualifiées ne soient déjà servies – sauf si le maître ou la maîtresse de la maison insiste. De même, il est impoli de découper des viandes à la table d'une personne supérieure ou de prendre les meilleurs morceaux[32]. Le service à la française multipliant le nombre de plats posés au même moment sur la table, chaque convive a devant lui un échantillon de ces mets ; s'il désire goûter à un plat disposé loin de lui, il doit s'adresser à un domestique, car il est inconvenant de demander soi-même quelque chose qui est sur la table ou d'étendre le bras par-dessus le plat qui est devant soi pour en atteindre un autre.

Reste encore un obstacle à franchir : le bon usage du couvert individuel. Les incivilités à contourner sont nombreuses et les difficultés d'autant plus ardues que le maniement et les prescriptions sont encore nouvelles. Le bon goût et le souci de l'élégance implique de respecter un code de plus en plus subtil. La cuiller et la fourchette doivent être tenues avec deux doigts[33]. La fourchette est d'ailleurs utilisée par politesse, par égard réciproque, pour épargner à son voisin la vue d'un individu mangeant avec ses doigts. En fait, tout le monde ne l'utilise pas. Louis XIII, enfant, tambourine contre son assiette avec sa cuiller et sa fourchette avant de les utiliser, mais Anne d'Autriche ne s'habitue pas à cet ustensile :

Et les belles mains de la reine
Prirent assez souvent la peine
De porter à son bec rouge
(Ceci soit dit avec respect)
Maintes savoureuses pâtures,
Tant de chair que de confitures[34].

Manger avec ses doigts détend certaines dames qui soupent parfois avec la reine dans l'intimité, sans ordre ni mesure, avec seulement une serviette à laver et un reste de pain[35]. Louis XIV continue à manger sans fourchette à la différence de l'Énée de Scarron, qui « était si propre, dit-on, qu'il n'eût pas pour un ducaton [grand signe d'attention nette], voulu rien manger sans sa fourchette[36] ». Un tableau de la fin du XVIIᵉ début du XVIIIᵉ siècle, *Repas servi sur une terrasse* présenté dans l'ouvrage *Les Français à table* confirme que l'utilisation de la fourchette en tant que couvert individuel n'est pas totalement acquise. Autour de cette table, deux dames mangent avec leurs mains, tandis qu'un homme utilise son couteau et sa fourchette pour découper sa viande.

Le couteau et la fourchette servent alors à préparer les aliments dans l'assiette individuelle et, parfois, à les offrir à un autre convive, mais pas toujours à porter les morceaux à la bouche. Le couteau – aujourd'hui entouré d'interdictions et de tabous qui n'existaient pas au Moyen Âge – n'est plus porté à la bouche. Il est proscrit avec la salade et le poisson, symbole du sacrifice dans la mythologie chrétienne. Mais il devient indispensable pour passer le fromage, au préalable coupé en petits morceaux, à ses voisins.

Quant aux verres, leur nombre égale celui des convives, mais ils sont toujours absents de la table. Celui qui désire boire fait signe à un valet. La bouche vide et les lèvres essuyées, il doit boire posément le contenu du verre, d'une seule haleine. Goûter le vin, s'y reprendre à deux ou trois reprises tient du familier ; en laisser est particulièrement incivil. Les amateurs de vin d'aujourd'hui trouveraient bien frustrante cette manière de boire qui ne laisse aucune place à la dégustation, au plaisir de découvrir un vin. En fait, selon les traités de civilité, il s'agit plus de se désaltérer que de savourer. Bien sûr, il est impoli d'émettre un bruit de déglutition ou un soupir de satisfaction[37].

La serviette, jusque-là posée sur le bras ou l'épaule gauche, est maintenant étendue sur les habits. Elle ne doit plus ressembler à un torchon de cuisine, « écœurant pour les autres convives[38] », puisque la main n'a plus, théoriquement, que peu de contacts avec les aliments, en dehors du pain, des fruits, des œufs frais et des crustacés ou mollusques, comme les huîtres, et aucun avec les aliments gras ou en sauce. Les serviettes sont changées parfois plusieurs fois durant le repas et systématiquement au moment du dessert, ce qui montre que l'usage de la fourchette n'était certainement pas si généralisé que ne le laisse supposer les traités de civilité. Quand il n'y a pas de couverts de service, les serviettes servent à essuyer son couteau et sa fourchette, car il est interdit de se servir de pain et de nappe[39].

Enfin, les traités de savoir-vivre indiquent la bonne manière de consommer certains aliments. Plutôt que mordre dans le pain, mieux vaut le couper en petits morceaux avec le couteau. Manger un œuf à la coque est tout un art. L'apprentissage de cette technique est d'ailleurs un exercice de bonne socialisation pour l'enfant : il faut tenir l'œuf de la main gauche, et le rompre avec le couteau par le bout le plus menu ; puis ôter le germe et une partie du blanc alentour, le saler à la pointe du couteau ; l'enfant peut alors tremper ses « apprêts », ou morceaux de pain[40]. Les olives et les dragées se prennent dans le plat avec la cuillère, mais on peut prendre à la main, sans autre cérémonie, les cerneaux de noix, les confitures sèches et les fruits crus. Pour les tartes de confitures et les gâteaux, le plat du couteau fait office de pelle à gâteau.

Sans doute ces mœurs du Grand Siècle ont-elles encore besoin d'être policées : Jean-Baptiste de La Salle, au XVIIIᵉ siècle, précise qu'il est malséant d'avaler les noyaux des fruits, de les casser avec les dents pour en tirer l'amande, de les cracher sur son assiette, de les jeter à terre ou dans le feu ; il faut, dit-il, les recevoir dans la main gauche à demi ouverte et les mettre ensuite sur son assiette[41].

Les règles de bienséance donnent une impression de sévérité, de rigorisme. Les repas ne se déroulent pas toujours dans l'atmosphère guindée qui préside aux repas de la Cour ou à celui que décrit Mme de Sévigné, invitée en Bretagne en août 1680 : « Nous mangeons si sérieusement, et si fort comme du temps de nos pères, que l'on ne sent que l'ennui de la dépense[42]. » Bien souvent, corrige-t-elle dans une autre lettre, les conversations sont « sublimes et divertissantes[43] ». Dans la noblesse, les repas, les dîners et soupers sont un moment privilégié de convivialité et de sociabilité. Le maître et la maîtresse de maison doivent les animer par un bon visage, et une certaine gaieté, en prenant soin de laisser une entière liberté aux convives. Mais les sujets politiques sont à éviter, de même que les allusions à ce que l'on mange. Même un compliment sur un mets peut être indécent : « Parler sans arrêt de mangeaille dénote une âme sensuelle et base[44]. » Si le convive doit donner une appréciation sur un mets, l'hypocrisie est son seul recours ; avec modestie et prudence, il se contentera de déclarer que « les viandes sont parfaitement bonnes et bien assaisonnées[45] ». Le personnage du gourmet, le gastronome, est alors incongru. On est bien loin de la théorie émise par Châtillon-Plessis au XIXe siècle : « Jusqu'au troisième service on ne doit parler de rien sinon de ce que l'on mange, de ce que l'on a mangé, de ce que l'on va manger. Mais lorsqu'on a bien mangé, on se doit alors d'alimenter la conversation avec esprit[46]. »

Le comble de l'impolitesse consiste à ne pas savoir garder sa place, ou à parler trop de soi. La Bruyère, dans ses *Caractères*, fait endosser à ses personnages un grand nombre d'incivilités gastronomiques. Troïle se contente de trancher sur tous les sujets. Théodecte fait mieux : « A-t-on servi, il se met le premier à table et dans la première place, il mange, il boit, il conte, il plaisante, il interrompt tout à la fois. Il n'a nul discernement des personnes, ni du maître, ni des conviés ; il abuse de la folle déférence que l'on a pour lui[47]. » Espérons qu'en sortant de table, il ne « serre du fruit ou autre chose dans sa poche ou dans sa serviette pour l'emporter[48] » sans y être convié et qu'il respecte les usages du repas concernant les ablutions. Théoriquement, les mains n'étant plus aussi salies que par le passé, le rite du lavage, qui précède les grâces, au sortir de table devient formel. Mais les nobles se prêtent à la cérémonie du « rince-bouche », même si Antoine de Courtin juge qu'il est incivil de « se rincer la bouche après le repas devant des personnes que nous devons respecter[49] » ; ces ablutions buccales collectives réunissent les convives dans une pièce attenante à celle du repas. Ainsi à Marly, la princesse de Conti et ses demi-sœurs, la duchesse de Chartres et la duchesse de Bourbon, se trouvent au buffet « dans le moment de chaos où chacun se lavait la bouche[50] ».

Les repas sont sans doute beaucoup plus animés que ne le laissent croire toutes ces règles, particulièrement au dernier service, au dessert, lorsque les invités trinquent et portent des « santés ». « C'est là où les esprits se réveillent, où se disent les bons mots, et où se débitent les plus agréables nouvelles, c'est là que se font les meilleurs contes à rire, se forment les parties de visites, de jeux, et de promenades, et où comme on dit entre la poire et le fromage, on invente mille plaisanteries pour passer le temps et entretenir une honnête société qui fait le charme de notre vie[51]. »

Le plaisir de manger et de boire ensemble remonte à l'Antiquité. À la gaieté de la commensalité que célébraient les banquets romains a succédé une communauté de manières et de goûts. La recherche de la symétrie et de l'élégance des mets, l'avènement du savoir-vivre, tout cela est lié à une nouvelle conception de la gastronomie. Versailles, où le service de la bouche du roi a compté jusqu'à cinq cents personnes, a joué un rôle essentiel dans cette métamorphose de la cuisine aristocratique, désormais indissociable des arts de la table.

Le coup de fourchette de Louis XIV

Quelle cuisine servait-on à Versailles ? Les goûts et dégoûts alimentaires de Louis XIV et de son entourage permettent de mieux comprendre l'influence dominante de la société de Cour dans la naissance et la propagation de l'art culinaire.

Gens de Cour, historiographes, écrivains, voyageurs français ou étrangers, chroniqueurs et médecins sont unanimes : tous leurs témoignages s'accordent sur l'incroyable « coup de fourchette » du roi.

MAÎTRE JACQUES. – *Il faudra quatre grands potages et cinq assiettes. Potages… Entrées.*
HARPAGON. – *Que diable ! voilà pour traiter toute une ville entière !*
MAÎTRE JACQUES. – *Rôt…*
HARPAGON. – *Ah ! traître, tu manges tout mon bien !*
VALÈRE. – *Est-ce que vous avez envie de faire crever tout le monde ?*
et monsieur a-t-il invité des gens pour les assassiner à force de

mangeaille ? Allez-vous-en lire un peu les préceptes de la santé, et demander aux médecins s'il y a rien de plus préjudiciable à l'homme que de manger avec excès[52].

Louis XIV ne s'est certainement pas senti concerné par les propos de l'intendant Valère, dans cette scène de *L'Avare*. Il a ce qu'on appelle un robuste appétit. Raillant la reine Marie-Thérèse, qui grignote toute la journée selon la Palatine[53], il ne prend rien entre ses repas, mais s'amuse à voir les autres « manger, et manger à en crever ». Il ne supporte pas les petits appétits. Les femmes doivent non seulement être belles et spirituelles, mais apprécier la nourriture et faire preuve d'une belle appétence. Durant les promenades ou les voyages en carrosse, il ne cesse de leur proposer de se sustenter, car il emporte dans un baudrier (valise de drap rouge galonnée d'or), du pain, des biscuits, des confitures sèches, des pièces de four, du vin et de l'eau dans deux flacons d'argent et « un essai », des serviettes et un couteau : « On n'avait pas si tôt fait un quart de lieu que le roi demandait si on ne voulait pas manger[54]. »

L'appétit du roi à table surprend même la Palatine, laquelle ne craint personne dans ce domaine : « J'ai vu le roi manger, et cela très souvent quatre pleines assiettes de soupes diverses, un faisan entier, une perdrix, une grande assiette de salade, deux grandes tranches de jambon, du mouton au jus et à l'ail, une assiette de pâtisserie, et puis encore du fruit et des œufs durs[55]. »

La voracité serait-elle un signe caractéristique des Bourbons ? C'est ce qu'affirme Saint-Simon : « Monseigneur au souper avec le roi s'était crevé de poisson : il était grand mangeur comme le roi et comme les reines ses mère et grand-mère[56]. » Monsieur ne se contente pas de deux repas fort copieux. Le matin, il apprécie un chocolat abondant, puis grignote à longueur de journée des fruits, des pâtisseries, des confitures sèches, des friandises dont il bourre ses poches et les tables de ses cabinets[57]. La duchesse de Berry mange jusqu'à tomber en syncope. Pendant deux heures à une comédie, elle déguste des pâtes de groseilles, des cerises sèches, des pêches au caramel, des marrons, tout en buvant beaucoup de limonades. Un peu plus tard, elle soupe normalement, puis s'évanouit et vomit[58].

Un soir où Louis XIV est malade au point qu'il ne puisse faire maigre, il ne prend au souper que du bouillon avec du pain. Cela passe mal, de sorte que le lendemain, son état empirant, on lui présente « "seulement" des croûtes, un potage avec une volaille, et trois poulets rôtis, dont il mange comme le vendredi, quatre ailes, les blancs et une cuisse[59]. » Avec l'âge, son appétit reste vif. À soixante et onze ans, en 1709, l'année de la famine durant laquelle le roi fait fondre sa vaisselle d'argent, le dîner reste aussi copieux : « Outre les croûtes, le pain mitonné en potages et les viandes fort solides..., il combla la mesure à son dessert, avec des vents faits avec du blanc d'œuf et du sucre, cuits et séchés au four, force confitures et des biscuits bien secs ; ce qui joint à quatre verres en dînant, et trois d'eau sortie de la glace[60]. »

Louis XIV se fait réveiller chaque matin à sept heures et demie, puis reçoit la visite de son premier médecin et de son premier chirurgien. Sa journée publique commence. À neuf heures, les gens de qualité pénètrent dans la chambre et le roi demande son déjeuner, habituellement composé d'un bouillon et de pain, d'un peu de vin coupé d'eau. En 1696, durant quatre mois, le café fait son apparition, puis il est remplacé par deux tasses d'une infusion de sauge et de véronique sucrée avec du sucre candi[61]. Ce petit déjeuner est somme toute assez frugal. C'est au dîner, pris à treize heures, et au souper de dix heures qu'il donne la preuve de son appétit aux courtisans. Un repas ordinaire de Louis XIV comporte en effet plus de trente plats différents, le roi ayant le choix entre deux grands et quatre petits potages, deux moyennes et six petites entrées, deux grands et deux petits plats de rôts, deux ou quatre salades, deux grands, deux moyens et deux petits entremets. Au grand couvert, le fruit – ou dessert – est composé de deux grands bassins de fruits crus, de deux plats de toutes sortes de confitures sèches, de quatre compotes et confitures liquides et de fours. Au petit couvert, pour le même service, il doit se contenter de deux petits plats de fruits crus, de confitures sèches dressées et de quatre compotes ou confitures liquides[62]. Les plats non consommés à la table du roi sont donnés au serdeau – l'officier de bouche – qui les fait reporter à l'office ou servir à la table des gentilshommes servants[63]. Le vol d'aliment lors de la desserte de la table royale insupporte Louis XIV. Apercevant un valet qui met un biscuit dans sa poche, il le frappe : « Ce prince, si égal à l'extérieur et si maître de ses moindres mouvements... dans l'instant oublia toute sa dignité, et, sa canne à la main, qu'on venait de lui rendre avec son chapeau, court sur ce valet, le frappe, l'injurie et lui casse sa canne sur le corps : à la vérité, elle était de roseau et ne résista guère[64]. »

Les potages, par lesquels le repas débute, ouvrent l'appétit du roi. « Il mangeait si prodigieusement et si solidement soir et matin, et si également encore qu'on ne s'accoutumait point à le voir[65] », s'étonne Saint-Simon. En se précipitant avidement sur les premiers plats, il semble céder au vertige de l'appétit et agit à l'inverse des recommandations des manuels de civilité. Aux potages succèdent des entrées, comme le mouton dans son jus d'ail, des canards aux pois ou du bœuf aux concombres, que Fagon condamne en 1707 ; puis les rôts et les salades. Il mange une quantité prodigieuse de salades, suivant les nouvelles tendances, mais son goût pour les plats relevés ne correspond pas à celles-ci : « Ses potages, dont il mangeait matin et soir de plusieurs, et en quantité chacun, sans préjudice du reste, étaient pleins de jus et d'une extrême force, et de tout ce qu'on lui servait plein d'épices, au double au moins de ce qu'on y met ordinairement, et très fortes d'ailleurs[66]. »

Entrée de filet de bœuf au concombre

Prenez un filet de bœuf bien tendre ; faites-le rôtir, bardé de lard, et enveloppé dans du papier ; qu'il ne soit pas trop cuit. Après, coupez-le par petites tranches bien minces, et les mettez dans un plat. Il faut couper les concombres par tranches, selon la quantité de vos filets ; il faut qu'ils soient marinez : ensuite pressez-les, et aiez du lard dans une casserole, pour les y bien passer sur le fourneau. Égouttez ensuite tout le lard, et mettez-y un brin de farine, et le passez encore un peu : après moüillez avec de bon jus. Étant cuits, il faut mettre de bonne liaison : une cuillerée d'essence de jambon y feroit merveilles. Vous y mettez un filet de verjus ou de vinaigre, et vous ne laissez pas boüillir vos filets davantage, parce qu'ils durciroient. On les sert chaudement, garnis de pain frit, marinades, ou rissoles[67].

Ces plats requièrent l'usage d'une fourchette, mais le roi préfère manger avec ses doigts. Au dire de la Palatine, il impose cet usage à d'autres convives : « On avait par politesse appris au duc de Bourgogne et à ses deux frères de se servir de la fourchette en mangeant. Mais quand ils furent admis à la table du roi, celui-ci n'en voulut rien savoir et leur défendit. À moi on ne me l'a jamais défendu, car de tout temps je ne me suis servie, pour manger, que de mon couteau et de mes doigts[68]. » À la veille du XVIIIᵉ siècle, Monnier de Richardin constate encore que les membres de la famille royale ne se servent guère de leur fourchette[69], et l'on continue à tendre une serviette mouillée au roi à la fin de chaque service pour lui permettre de se nettoyer les doigts.

Le roi est friand de potages, de volailles, de sucreries, mais un peu moins de pâtisserie, et il ne mange aucune sorte de venaison ni d'oiseaux d'eau. Il raffole par-dessus tout des légumes et des fruits. Champignons, asperges, melons, petits pois, artichauts, concombres, fraises et figues sont ses préférés. Il exige qu'on lui serve des fraises dès le début du mois d'avril, des petits pois en mai, des melons en juin.

Les primeurs, obtenus par la culture sous châssis, suscitent alors un engouement : « Asperges vertes en novembre, fraises en avril, cerises précoces à la mi-mai..., un bon jardinier doit avoir la passion pour les nouveautés[70] », écrit Jean de La Quintinie, que Louis XIV a nommé intendant général des potagers et vergers en 1670. Sur un terrain marécageux d'environ neuf hectares, il va s'ingénier à faire pousser les légumes et les fruits préférés du roi, et à élargir la gamme des produits en mettant au point une série de stratagèmes : cloches, châssis de verres, serres, répartition en carrés, choix des fumiers, engrais, pépinières pour les jeunes plants, terrains spéciaux pour les arbres fruitiers de plein vent, espaliers ou caisses pour les autres arbres fruitiers, greffage, entage, traitements antiparasites, épluchage sur l'arbre, seringage. Il serre des cardes, des artichauts et des choux-fleurs dans une voûte, développe les melonnières, acclimate les épinards, l'oseille, les haricots et toutes les herbes qui relèvent les salades. Dans le verger, il cultive, grâce à des coupe-vent, quatre variétés de fraises, la rouge, la blanche, la jaune fraise des bois et la capron. Louis XIV les déguste avec un peu de sucre, rincées au vin. Pour obtenir des figues, la blanche ronde de Versailles et la blanche longue d'Argenteuil, il place les figuiers dans des caisses mobiles ou sur des espaliers. Il y a là aussi des cerisiers, des abricotiers, des pruniers, des framboisiers, des pommiers. Seules sept variétés de pommes sont servies à la table royale : la reinette grise et blanche, la calville d'automne, le fenouillet, le court-pendu et l'api. Sur les quelque quatre cents variétés de poiriers existant à l'époque, La Quintinie en sélectionne vingt-cinq. La poire est un des fruits les plus appréciés à la Cour : la robine, la louise-bonne, la cuisse-madame, la beurrée, la bergamote figurent dans les desserts. Louis XIV aime montrer aux visiteurs les pêches, comme le pavie de Pomponne, le téton de Vénus, la violette hâtive, la belle de Vitry. Ce remarquable jardinier s'intéresse aussi au muscat long « qui a le don de plaire au plus grand roi du monde [...] et que ne fais-je point pour chercher les moyens de lui en fournir plusieurs mois de suite[71] ».

Louis XIV est amateur de poissons, de légumes, d'œufs, et profite des jours de maigre pour se rassasier jusqu'à l'indigestion. Il interdit aux personnes qui mangent gras autre chose que du bouilli et rôti « fort court[72] ». Ayant une très mauvaise dentition, il ne mange que de la mie du pain à la reine, une variété de pain mollet malgré les réticences de son médecin, qui jugeant ce pain un peu trop lourd, lui conseille le pain bourgeois. Il est en revanche un petit buveur. Jusqu'à l'âge de vingt et un ans, il ne boit que de l'eau. Puis il adopte le vin de Champagne, fort coupé d'eau. En 1693, Fagon obtient qu'il le remplace par le vin de Bourgogne et choisit celui de Nuits[73]. Amateur de limonades servies fraîches durant les collations, il apprécie aux repas les rossolis, une composition à base de fleurs odoriférantes macérées dans de l'eau, d'essence d'anis, d'esprit de vin et de sucre. À partir de 1682, il en prend trois ou quatre gorgées chaque fois qu'il se sent l'estomac un peu chargé, mais il n'aime guère l'eau pure[74]. Pour satisfaire son envie de boire en dehors des repas, une cantine contenant du pain, deux bouteilles d'eau, de la glace et une serviette est installée dans son cabinet de travail. Deux chefs du gobelet peuvent aussi lui porter des liqueurs et les lui présenter directement, seul cas où il n'y a pas de contrôle pour vérifier la présence de poison[75].

Les excès de table de Louis XIV associés à sa boulimie de travail désespèrent ses médecins. Pendant ses soixante-dix-sept ans de vie, il aura plusieurs « premiers médecins » – de 1647 à 1711, Antoine Vallot, puis Antoine d'Aquin, son neveu par alliance, et enfin Guy Crescent Fagon. Cette charge exige une présence quotidienne : dès son réveil, le premier médecin entre dans sa chambre pour lui tâter le pouls, s'informer de sa nuit et de ses digestions. Il ordonne les bouillons, assiste à chaque repas,

conseille ou déconseille tel plat et suit le roi dans tous ses déplacements jusqu'au coucher. En tant que premier médecin, il peut
donner des ordres à la cuisine bouche, mais rien ne nous dit qu'il
est obéi[76].

Purges, lavements adoucissants, saignées se succèdent. Les
régimes aussi. Ainsi, en 1653, le roi, à la suite de la répétition
d'un ballet durant laquelle il avait fait quelques excès de breuvages sucrés, en particulier de limonade, et mangé trop d'oranges
du Portugal, accepte pendant « huit mois entiers de manger ni
fruits crus, ni salades, ni aucune viande de dure digestion[77] ».
Cette promesse, bien sûr, ne dure que quelques jours. Une fois la
crise passée, Sa Majesté retrouve son appétit pantagruélique. Les
ragoûts trop pleins de sel et d'épices, les pois consommés à l'entremets et les fraises dont le roi s'empiffre sont les bêtes noires de
Fagon qui les accuse d'entretenir un concert de vents, « comme
une tempête perpétuelle dans le bas-ventre, duquel les
membranes violemment étendues tirent celles de la tête et
donnent occasion aux étourdissements[78] ». À partir de 1670, l'absence de dents n'améliore pas sa digestion. Le médecin retrouve
dans le pot de chambre de gros morceaux d'artichauts tout indigestes, ainsi qu'une grande quantité de légumes et particulièrement de petits pois, qui paraissent encore tout entiers. En
vieillissant, Louis XIV doit tenir bon contre la tentation des
confitures, des fruits confits, meringues et autres biscuits servis au
dessert, car le sucré, dont il a trop abusé, le constipe ou lui fait
tourner la tête. Une fois par mois, ses médecins réussissent à lui
imposer « un jour de médecine ». Louis XIV reste au lit jusqu'à
trois heures de l'après-midi. Il y entend la messe, reçoit, joue aux
dés avec M. du Maine. À deux heures et demie, les officiers du
gobelet lui installent une petite table sur laquelle est préparé le
service du dîner, qui a lieu en public, puis le roi se lève[79].

La table du roi, un spectacle

Déjà au Louvre, le public était admis à contempler le roi
dînant ou soupant. Sous Henri III, en 1585, un Règlement
général décrit minutieusement le cérémonial sous le titre :
« L'ordre que le roi veut être tenu en sa Cour tant au départe-
ment des heures, que de la façon dont il veut être honoré et

servi. » Trois gentilshommes servants apportaient les couteaux et gobelets, le tranchant et la salière dans la salle du repas. Un huissier, marchant devant eux, portait la nef. Une fois la table dressée, le maître d'hôtel avec son bâton, suivi du gentilhomme panetier, de pages, l'écuyer de cuisine et le garde vaisselle apportaient ce qui convenait, tandis que deux archers de la garde vêtus de hocquetons et mandilles, et armés de hallebardes ou d'arquebuses ne laissaient personne s'approcher de la Viande de Sa Majesté. La foule était maintenue à distance afin qu'Henri III puisse manger tranquillement : « Veut Sa Majesté qu'Elle étant à table, l'on se tienne un peu loin d'Elle [...][80]. »

Le cérémonial élaboré par Louis XIV sera appliqué, avec quelques modifications, sous Louis XV puis Louis XVI. Il lui donne un caractère absolu qui régente toute la vie et la société de Cour et qu'il respectera jusqu'à son dernier jour. Il en définit lui-même l'importance dans ses *Mémoires* :

Ceux-là s'abusent lourdement qui s'imaginent que ce ne sont là que des affaires de cérémonie. Les peuples sur qui nous régnons, ne pouvant pénétrer le fond des choses, règlent d'ordinaire leurs jugements sur ce qu'ils voient au-dehors et c'est le plus souvent sur les préséances et les rangs qu'ils mesurent leur respect et leur obéissance. Comme il est important au public de n'être gouverné que par un seul, il lui est important aussi que celui qui fait cette fonction soit élevé de telle sorte au-dessus des autres qu'il n'y ait personne qu'il puisse ni confondre ni comparer avec lui, et l'on ne peut, sans faire tort à tout le corps de l'État, ôter à son chef les moindres marques de supériorité qui le distingue de ses membres[81].

Plus un prince se montre distant, plus sera grand le respect que le peuple lui témoigne. L'étiquette[82] n'est pas un simple cérémonial destiné à marquer la distance qui sépare le roi de ses sujets. Elle lui permet de soumettre une noblesse dont il n'a pas oublié l'attitude pendant la Fronde. Les grands personnages de l'aristocratie qui occupent une charge dans la Maison royale doivent être présents à la Cour et le servir tout au long de la journée, plus particulièrement au lever, au coucher, aux repas. Les autres se tiennent à une distance respectueuse et le regardent. Acteurs ou figurants, ils participent de cette « société de Cour, où chacun, le roi en premier, se voit certifier par d'autres son prestige et sa position de force relative[83] ».

Les ordonnances royales signées par le roi, comme celles du 14 avril 1665, détaillent le cérémonial des repas et le rôle de chacun. Elles sont appliquées au début du règne dans les lieux où la Cour séjourne, au Louvre, à Saint-Germain, à Fontainebleau, à Saint-Cloud, à Chambord et, pour de courtes périodes, à Versailles, dont la transformation commence en 1661. Le 16 mai 1682, Louis XIV s'y installe définitivement. Cette date marque la fin des grandes fêtes, des amusements. Louis XIV affirme son absolutisme, renforce son pouvoir sur la noblesse et impose, par le règlement pris un an plus tôt le 7 janvier 1681, un lourd cérémonial. Les repas deviennent de véritables spectacles publics.

L'étiquette prévoit plusieurs types de repas : le « grand couvert », le plus souvent le soir, et le « petit couvert », à midi – ces dénominations n'apparaissent qu'en 1692[84]. Selon les circonstances, le grand couvert peut être un grand couvert ordinaire, qui réunit la famille proche, avec ou sans la reine, un grand couvert avec toute la famille royale lors des festins de noce, ou encore un grand couvert en « cérémonie », pour les jours de fête.

Le grand couvert ordinaire. – Le souper débute généralement à dix heures, sauf certains soirs de bal où il est avancé à neuf heures ; à partir de 1690, il se tient dans la première antichambre du roi[85]. Les préparatifs commencent en son absence. Sur son ordre, l'huissier de salle se rend à la salle des gardes du corps. Il frappe à leur porte de sa baguette, marque de sa charge, et crie : « Messieurs, au couvert du Roi ! » Ces quelques mots déclenchent une procédure minutieusement réglée. Tandis que les courtisans se regroupent pour ne rien manquer du spectacle, l'huissier, accompagné d'un garde du corps, descend au gobelet pour avertir les cuisiniers. Un flambeau de cire blanche dans une main, il remonte l'escalier des princes, suivi d'un cortège d'officiers chargés des nappes, du cadenas et des couverts ; de l'autre main, avec sa baguette, il écarte les courtisans. Au passage de la nef, portée par le chef du gobelet, il invite les femmes à faire une révérence et les hommes à se découvrir. Le cadenas et la nef, une pièce d'orfèvrerie de vermeil doré, en forme de navire démâté, sont les symboles du grand couvert.

Une fois dans la salle des gardes, les officiers préparent deux tables. La nef est installée sur la table « des prêts »[86]. C'est là que, par crainte d'empoisonnement, un des six gentilshommes préposés au service du roi va « faire le prêt », c'est-à-dire contrôler tous les objets touchés, tous les aliments et boissons consommés par Louis XIV. La psychose du poison, très forte depuis la Renaissance, n'a pas disparu. Si on a abandonné les contrepoisons, comme les crapaudines, les dents de licorne, et autres épreuves enchâssées dans des montures d'or ou d'argent, le gentilhomme du prêt avec des mouillettes de pain touche les serviettes, la cuiller, la fourchette, le couteau, le cure-dent et le sel. Sur une deuxième table qui sert de buffet les officiers déposent la soucoupe avec le verre couvert du roi, les autres verres, les flacons de vin et d'eau, les assiettes et couverts, les serviettes qui serviront pendant le repas.

L'huissier et l'un des officiers du gobelet passent ensuite dans l'antichambre, lieu du repas où une table sur des tréteaux a été placée devant la cheminée[87]. Sur une longue nappe un gentilhomme dispose « une serviette, dont la moitié déborde du côté de Sa Majesté, et sur cette serviette y dépose le couvert du Roi : à savoir l'assiette et le cadenas[88], sur lequel sont deux pains, la cuillerée, la fourchette et le couteau du Roi, ayant dessous une serviette de la grandeur de ce cadenas, et par-dessus est la serviette proprement pliée bastonnée, pliée à gaudrons et petits carreaux ». Enfin il replie la serviette de dessous sur le couvert et reste en faction devant la table pour garder le couvert de Sa Majesté.

Pendant ce temps, l'huissier est retourné à la salle des gardes. Frappant une nouvelle fois avec sa baguette, il s'écrie : « Messieurs, à la viande du Roi ! » Accompagné de trois gardes, il se rend à l'office bouche où l'attend le maître d'hôtel. Une longue procession s'engage dans l'escalier des Princes : en tête, trois gardes, leurs carabines à l'épaule, suivis de l'huissier de salle, du maître d'hôtel avec son bâton, du gentilhomme servant-panetier, du contrôleur général, du contrôleur clerc d'office et d'autres qui portent la viande, avec l'écuyer de bouche et le garde-vaisselle ; deux autres gardes de Sa Majesté ferment la marche, empêchant quiconque de s'approcher de la viande du roi[89]. Après une révérence en direction de la nef, chacun dépose son plat sur la table des prêts dans la salle des gardes pour procéder à l'« essai ». Les officiers redescendent aux cuisines où ils recommenceront le même cérémonial au service suivant. Les quatre gentilshommes servants, restant disponibles, disposent ces plats, sur la table du roi dans l'antichambre. La mise en scène est achevée. Les courtisans sont arrivés. Le souper peut commencer. Précédé de l'huissier de salle portant sa baguette et son flambeau, le maître d'hôtel, avec son bâton, va prévenir le roi, « avec, comme marque de sa fonction, une serviette mouillée entre deux assiettes d'or, afin que Sa Majesté voit par là que la table est servie[90] ».

Les figurants. – Le souper du roi étant public, chacun est autorisé à y assister, à condition d'être correctement vêtu – on peut d'ailleurs louer chapeau et épée. Certaines personnes réussissent à se faire admettre, malgré leur apparence comme Mme Panache : « Une petite et fort vieille créature, avec des lippes et des yeux éraillés à y faire mal à ceux qui la regardaient, une espèce de gueuse qui s'était introduite à la Cour sur le pied d'une manière de folle, qui était tantôt au souper du Roi, tantôt au dîner de Monseigneur et Madame la Dauphine, ou à celui de Monsieur et Madame[91]. » Une bonne recommandation est cependant requise pour assister en « bayeur » aux repas, c'est-à-dire regarder avidement le spectacle. Lorsque Monnier de Richardin, professeur à la faculté de droit de Douai, veut assister à un grand couvert en 1699, il se fait introduire par un garde de ses amis. Quelques jours plus tard, il se représente, mais ayant négligé cette précaution, il est refoulé[92]. Devant ces curieux de passage et les voyageurs étrangers, les gens de Cour se disposent en demi-cercle face à la table du roi. Au premier rang, les princesses, duchesses ou membres des grandes charges qui ont le privilège du tabouret s'assoient sur des pliants. Viennent ensuite les dames debout, puis les seigneurs[93] qui veulent être vus ou entendus du roi. Chacun sait le prix d'une absence, lorsque Louis XIV recense son monde d'un coup d'œil. Les courtisans arrêtent leurs conversations quand le cortège des officiers apporte les plats. Les hommes ôtent leur chapeau et s'inclinent respectueusement en murmurant : « C'est la viande du Roi[94] ! » Les officiers titulaires des premières charges de la Maison du roi se placent derrière son fauteuil. Le grand maître de France – rarement présent –, le premier gentilhomme de la chambre, le capitaine des gardes, le premier maître d'hôtel, le premier médecin, le premier chirurgien, le premier aumônier, le premier maître de musique, tous sont là et leur présence contribue à l'expression de la puissance royale.

Chacun étant à la place qui lui est assignée par l'étiquette, le spectacle commence, mais son acteur principal n'est pas encore là. La foule « baye » devant le premier service qui est installé sur la table. Un quart d'heure passe. Enfin, sortant de chez Mme de Maintenon, Louis XIV se présente dans l'antichambre. Chacun fait une révérence profonde. Une fois assis seul ou en compagnie de la reine au haut bout de la table, les fils et filles, les petits-fils et petites-filles de France se répartissant sur les côtés, il reçoit des mains du maître d'hôtel une serviette mouillée pour se laver les mains ; si un prince du sang ou légitimé ou le grand maître de France est présent, ce rôle, qui est une marque d'honneur[95], leur revient. Le roi commence à manger. Les gentilshommes servants se tiennent face à Sa Majesté, serviette sur l'épaule. À la fin de chaque service, ils apportent les nouveaux plats, tandis que le serdeau débarrasse. L'écuyer tranchant « découvre tous les plats au Roi, et les relève quand Sa Majesté lui dit ou lui fait signe, et les donne au serdeau ou à ses aides. Il change d'assiettes au Roi de temps en temps, et de serviettes à l'entremets, ou plus souvent s'il en était besoin, et coupe les viandes, à moins que le Roi ne le fasse lui-même[96]. »

Quand le roi demande à boire, l'échanson crie tout fort : « À boire pour le Roi ! » Il se rend au buffet pour prendre des mains du chef d'échansonnerie bouche la soucoupe d'or garnie d'un verre couvert et des deux carafes de cristal pleines de vin et d'eau. Il le présente à l'un des gentilshommes servants qui verse un mélange d'eau et de vin dans deux tasses en vermeil. Le chef de l'échansonnerie et lui-même se prêtent à l'« essai », puis le gentil-homme servant présente le verre découvert et la soucoupe avec les deux carafes au roi. Ayant bu, Louis XIV replace son verre sur la soucoupe. Le chef de l'échansonnerie reporte alors le tout au buffet[97]. Après le dessert, le gentilhomme servant, resté à la table des prêts, offre une dernière serviette mouillée au roi par l'inter-médiaire d'un prince ou de l'écuyer tranchant. Après avoir dit les Grâces, le roi, suivi des dames, passe dans sa chambre. Le spec-tacle est achevé. Il n'a duré que quarante-cinq minutes.

Le petit couvert. – À l'issue d'une matinée consacrée aux conseils, aux audiences ou à la messe, le temps du dîner arrive : « L'heure ordinaire était une heure ; si le conseil durait encore, le dîner attendait et on n'avertissait point le Roi[98]. » Les jours où il n'y a pas conseil, le dîner peut être avancé pour la chasse ou la promenade. Le roi, qui a décidé le matin même, petit couvert ou très petit couvert, dîne seul dans sa chambre vis-à-vis de la fenêtre du milieu. Il dînait en public avec Marie-Thérèse, puis, après la mort de la reine, avec la Dauphine[99]. Quand cette dernière tomba malade, en 1686, il prit l'habitude de manger seul. Le fait d'être seul à table n'est pas une nouveauté. Les rois, les princes et les ducs souverains, depuis Charlemagne, agissaient souvent ainsi, les convives se trouvant à des tables voisines dans la même salle.

Le petit couvert se caractérise par l'absence de la nef et du cadenas, un personnel réduit et un cérémonial allégé. En présence du maître d'hôtel, qui ne porte pas son bâton, les plats des trois services, présentés par le chef du gobelet, sont servis par le grand chambellan ou, en son absence, par le premier gentilhomme. Au petit couvert, des courtisans sont présents, comme Saint-Simon : « J'ai vu, mais fort rarement, Monseigneur et Mgrs ses fils au petit couvert, debout, sans que jamais le roi leur ait proposé un siège. J'y ai vu continuellement les princes de sang et les cardinaux tout du long[100]. » En fait, le roi ne dîne pas toujours seul. Monsieur, venant de Saint-Cloud, sa demeure, ou sortant du Conseil des dépêches assiste et assez souvent prend place à la table royale.

Il donnait la serviette et demeurait debout. Un peu après, le Roi, voyant qu'il ne s'en allait point, lui demandait s'il ne voulait point s'asseoir ; il faisait la révérence, et le Roi ordonnait qu'on lui apportât un siège. On mettait un tabouret derrière lui. Quelques moments après le Roi lui disait : « Mon frère, asseyez-vous donc. » Il faisait la révérence et s'asseyait jusqu'à la fin du dîner, qu'il présentait la serviette. D'autres fois, quand il venait de Saint-Cloud, le Roi en arrivant à table demandait s'il ne voulait pas dîner... S'il acceptait, le Roi demandait un couvert pour lui. La table était carrée ; il se mettait à un bout, le dos au cabinet. Alors le grand chambellan, quand il servait, ou le premier gentilhomme de la chambre, donnait à boire et des assiettes à Monsieur, et prenait de lui celles qu'il ôtait, tout comme il faisait au Roi[101].

La présence de Monsieur égaie la conversation. Louis XIV, d'une manière générale, parle peu, « quoique par-ci par-là quelques mots, à moins qu'il n'y eût de ces seigneurs familiers avec qui il causait un peu plus, ainsi qu'à son lever[102] ».

Saint-Simon estime qu'aucun homme, pas même les princes de sang, à l'exception de Monsieur, n'a jamais mangé avec le roi, ailleurs qu'à l'armée ou lors des festins de noces. L'anecdote concernant Molière, partageant un repas du roi, a sans doute été inventée par Mme de Campan, lectrice des filles de Louis XV. Mais Lefèvre d'Ormesson, dans son journal, évoque un dîner en tête-à-tête avec un prélat, qui s'achève par des grandes pyramides de vingt-quatre assiettes de porcelaine de toutes sortes de fruits et quatorze assiettes de citronnades et autres services[103]. En principe, aucune femme ne vient au petit couvert. Cependant, la maréchale de La Motte, ancienne gouvernante des enfants de France, dès qu'elle y paraît, a droit à un siège[104].

Les autres repas. – Les grands festins sont rares à Versailles. La Cour de France, à la différence d'autres Cours d'Europe, ne célèbre pas les jours de naissance ou les fêtes du roi et de sa famille. Seuls les mariages princiers sont l'occasion de grands festins, durant lesquels on applique le protocole du grand couvert avec un peu plus de faste qu'à l'ordinaire. Les princesses et les princes de sang sont admis à la table du roi. Les tables sont dressées soit dans l'antichambre de la reine, comme pour le mariage du duc de Chartres en 1692, soit dans celle du roi pour celui du duc de Bourgogne en 1697.

L'épiphanie donne lieu à un repas auquel Louis XIV convie un grand nombre de dames. Avant 1698, ce souper se tient dans le salon de Mars, donc dans les grands appartements de Versailles. À partir de 1698, il est transféré à Marly, le roi reculant devant l'obligation d'inviter au moins deux cents dames sur la liste des quatre cent sept qu'il avait lui-même dressée. Il peut limiter plus facilement le nombre d'invités à Marly. Le souper du 5 janvier 1688, qui se déroule encore à Versailles, débute par toutes sortes de jeux, puis

> *on servit cinq tables pour les dames, qui furent tenues par le Roi, par Monseigneur, par Mme la Dauphine, par Monsieur et par Madame... Le repas se passa fort gaiement. On fit les rois à toutes les*

tables ; il y avait musique dans les deux tribunes de la salle où l'on mangeait. Il y avait soixante-dix dames, outre les cinq personnes qui tiennent les tables[105].

Celui qui tire la fève est roi ou reine. Et chaque fois qu'il ou elle boit, le monde doit s'écrier « Le roi boit ! » ou « La reine boit ! ». Ces soupers de l'épiphanie suscitent une gaieté qui tranche avec le cadre rigide des repas versaillais. Le roi s'y détend et ne se contente pas de crier « la reine boit, mais comme en franc cabaret, il frappa et fit frapper chacun de sa cuiller et de sa fourchette sur son assiette : ce qui causa un charivari fort étrange et qui à reprises dura tout le souper[106] ».

À partir de 1687, Louis XIV semble chercher à se libérer d'une étiquette trop rigide. Quand il séjourne à Marly, le cérémonial de la Cour s'allège. Le public est absent lors des dîners et soupers qui ont lieu le plus souvent lors des retours de chasse. Louis XIV et Monseigneur président des tables occupées par des dames sélectionnées lors du grand couvert à Versailles. Deux tables ovales sont installées dans le petit salon qui sépare les appartements du roi de ceux de Mme de Maintenon. À droite et à gauche du roi et de Monseigneur, les princesses de sang et duchesses prennent place. Les dames non titrées – parmi elles, Mme de Maintenon –, assises sur des tabourets, achèvent le tour de table. Un détachement du service bouche prépare des repas en trois services. Au sortir du dîner, l'on se rend chez Mme de Maintenon, et l'on s'installe auprès de « cabarets », tables à bords relevés, où l'on sert du thé ou du café, selon une mode nouvelle que Louis XIV ne semble pas priser. Être des voyages de Marly, manger à la table du roi est un honneur, mais l'ambiance qui y règne est différemment ressentie. La Palatine considère que, « quoique à dîner nous soyons quatorze ou seize personnes à table, tout est plus calme que dans un réfectoire de religieuses : chacun se tient à part soi et ne dit pas un seul mot, et personne ne songe à rire[107] ». Saint-Simon estime que les manières se relâchent :

À un dîner pendant lequel Monseigneur était à la chasse, et où sa table était tenue par Mme la Princesse de Conti, le Roi s'amusa à badiner avec Mme la Duchesse [de Chartres] et sortit de cette gravité qu'il ne quittait jamais, pour, à la surprise de la compagnie, jouer avec elle aux olives. Cela fit boire quelques coups à Mme la Duchesse, le Roi fit

semblant d'en boire un ou deux, et cet amusement dura jusqu'au fruit
et à la sortie de table[108].

Un autre témoin confirme que ces soupers sont plus libres que ceux de Versailles. Parfois le roi se divertit à jeter des boulettes de pain aux dames et accepte la même chose de leur part en retour. Un jour, le roi lança des pommes et des oranges. « On prétend que la fille d'honneur de Mme la Princesse de Conti... lui riposta en lui lançant à la tête toute une salade assaisonnée[109]. » Mais en 1710, le roi décide « avec un air de joie amère, qu'il ne nourrirait plus les dames à Marly, qu'il y dînerait désormais seul à son petit couvert, comme à Versailles, qu'il souperait tous les jours à une table de seize couverts avec sa famille, et que le surplus des places serait rempli par des dames qui seraient averties dès le matin[110] ».

Si la cuisine de Versailles est peut-être, comme l'estime Jean-Robert Pitte, « à l'image du château et des Jardins : rayonnante de beurre, bardée d'académisme[111] », elle est modèle de référence mais aussi source d'émulation pour l'aristocratie et ses maîtres d'hôtel et cuisiniers. Une telle conception de la cuisine implique la perfection, où chaque détail a son importance puisqu'il fait partie d'une gigantesque mise en scène. C'est à ce nouvel art culinaire que le nom de Vatel reste attaché.

TROISIÈME PARTIE

Le plaisir partagé

L'art culinaire passe par la pratique : nul ne le contestera ! On ne peut savoir ce qu'aimaient les Français du XVIIe siècle qu'en reconstituant soi-même les mets et en les partageant éventuellement avec d'autres convives. Or les recettes du XVIIe siècle ne comportent que peu d'indications sur les quantités et les temps de cuisson. Nous avons donc fait appel à Patrick Rambourg, historien de formation, chef de cuisine, qui enseigne cet art dans un lycée professionnel, pour en sélectionner et en confectionner quelques-unes. Puisse la mise en application de ses conseils donner envie au lecteur de réaliser d'autres recettes contenues dans cet ouvrage ! Pour parachever le plaisir gastronomique, nous conseillons, pour accompagner ces plats, de choisir des vins plutôt légers de cépage pinot noir ou pinot meunier.

Bouillon de poisson

Ce boüillon est le corps de tous les Potages de Poisson que l'on peut servir, avec les distinctions qui sont marquées pour chacun... Il s'en peut faire aussi de cette maniere. Prenez une marmite grande à propor-tion des Potages dont vous aurez besoin : mettez-sur le feu, et l'eau dedans, avec des racines de persil, panais et oignons entiers, une poignée de persil et d'ozeille, toutes sortes de fines herbes et bon beurre, le tout bien assaisonné. On y ajoûtera les arêtes et carcasses des poissons dont on aura pris la chair pour faire des farces ; les tripes même de ceux qu'on aura farcis, après les avoir bien nettoiées ; et si l'on veut, quelques queuës d'Écrevices pilées, et quatre ou cinq cueil-lerées de jus d'oignon. Le tout étant bien assaisonné et bien cuit, passez-le par l'étamine ; remettez-le dans la marmite et le tenez chaudement, pour faire mitonner vos soupes, et empoter vos poissons pour le Potage, et autres choses. (Massialot, *Le Cuisinier roïal et bour-geois*, p. 157-158.)

Ingrédients pour 1 bon litre de fumet

600 g d'arêtes et parures de poissons
40 g de beurre
100 g d'oignons
60 g de panais ou de carottes
15 g de persil
15 g d'oseille

15 g de cerfeuil
5 à 6 tiges de ciboulette
1 belle feuille de laurier
1 ou 2 brins de thym
Gros sel, poivre en grains

Réalisation

Faire fondre le beurre dans un rondeau. Ajouter l'oignon et le panais émincés. Laisser suer quelques minutes (sans coloration), puis ajouter les arêtes bien lavées et bien égouttées. Faire de nouveau suer quelques minutes. Mouiller avec 1,5 litre d'eau, ajouter un bouquet garni composé des queues de persil, de la ciboulette, du cerfeuil, du thym et de la feuille de laurier, le tout lié par un tour de ficelle. Ne pas oublier l'oseille et les têtes de persil hachés grossière-ment. Cuire le fumet (petites ébullitions) trente minutes environ. Écumer si nécessaire, saler légèrement et ajouter quelques grains de poivre en fin de cuisson. Puis passer le fumet au chinois étamine.

Potage à la reine (jours maigres)

Hacher chair d'anguille, la faites cuire avec un peu de beurre et demi-verre de vin blanc ; quand elle sera cuite, pilez-la en mortier avec un quarteron d'amandes et la passez par l'étamine avec bouillon de poisson au naturel ; la faites cuire dans un petit pot assaisonné de sel, un paquet avec clous, un champignon, et la remuez avec un rouleau, mettez un morceau de citron vert, et faites mitonner les croûtes avec bouillon de poisson, et mettez votre coulis garni de laitances, champignons, grenade, jus de citron et jus de chanpignons. (Pierre de Lune, Le Cuisinier, p. 291.)

Ingrédients pour 4 personnes

1,2 kg d'anguilles
1 bon litre de fumet de poisson
40 g de beurre
125 g d'amandes en poudre
20 cl de vin blanc
200 g de champignons de Paris
10 g environ de queues de persil
10 g de cerfeuil

5 à 6 tiges de ciboulette
1 ou 2 brins de thym
2 clous de girofle
1 citron vert (80 g environ)
1 citron (100 g environ)
2 tranches de pain de
     campagne (80 g environ)
Sel fin

Réalisation

Faites dépouiller, vider et lever les filets des anguilles par votre poissonnier. Récupérer les arêtes, les têtes et les queues et confectionner un fumet de poisson (voir recette précédente). Couper la chair d'anguille en petits cubes, la faire suer (sans coloration) dans le beurre chaud pendant cinq minutes. Ajouter le vin blanc et laisser cuire dix à quinze minutes. Incorporer ensuite la poudre d'amandes, bien piler l'ensemble dans un mortier (ou mixer). Passer le tout au tamis avec le fumet (réserver un peu de fumet pour mitonner le pain). Bien mélanger, puis ajouter le bouquet garni composé des queues de persil, du cerfeuil, de la ciboulette, du thym, des clous de girofle au milieu, le tout lié avec un tour de ficelle. Mettre aussi le citron vert pelé à vif et coupé en cubes. Cuire un quart d'heure environ. Pendant ce temps, cuire dix minutes (environ) les champignons émincés dans un peu d'eau salée avec le jus du citron. Si nécessaire passer le potage au chinois et rectifier l'assaisonnement. Au moment de servir, disposer dans votre soupière les deux tranches de pain légèrement grillées (chacune coupées en deux). Verser un peu de fumet bien bouillant ; laisser le pain s'en imprégner. Mettre ensuite les champignons égouttés puis le potage. Servir bien chaud.

Potage de citrouilles au lait

Coupez les citrouilles par dés bien menus, les passez à la poêle avec beurre blanc, persil, cerfeuil menu, un paquet, sel, et les mettez dans un pot de terre avec lait bouillant ; les dressez sur croûtes mitonnées ; garnissez de pain frit, et mettez poivre blanc en servant. (Pierre de Lune, *Le Cuisinier*, p. 348.)

Coupez les citrouilles en dés, les passez à la poêle avec du beurre blanc ; quand elles seront cuites, mettez-les dans un pot de terre avec lait chaud ; assaisonnez de sel, poivre, un paquet, fines herbes bien menues ; quand il sera cuit, dressez sur croûtes mitonnées ; garnissez de pain frit. (Pierre de Lune, *Le Cuisinier*, p. 413.)

Ingrédients pour 4 personnes

1 kg de chair de citrouille ou de potiron	5 à 6 tiges de ciboulette
1 litre de lait entier pasteurisé	1 ou 2 brins de thym
40 g de beurre	2 clous de girofle
10 g de persil	4 tranches de pain de campagne (160 g environ)
10 g de cerfeuil	Sel fin, poivre blanc

Réalisation

Couper la chair de citrouille en dés d'un centimètre de côté (environ). Faites-les sauter (sans coloration) dans une poêle pendant huit minutes avec vingt grammes de beurre. Saler en fin de cuisson puis ajouter le persil et le cerfeuil finement hachés. Disposer le tout dans une russe (casserole) et verser le lait bouillant par-dessus. Ajouter le bouquet garni composé des queues de persil et de cerfeuil, de la ciboulette, du thym, des clous de girofle au milieu, le tout lié avec un tour de ficelle. Laisser cuire à petites ébullitions pendant cinq à dix minutes. Rectifier l'assaisonnement si nécessaire. Pendant ce temps faire revenir et colorer dans les vingt grammes de beurre restant, la mie de deux tranches de pain coupées en petits carrés.

Au moment de servir, disposer les deux autres tranches de pain (séchées au four et coupées chacune en deux) dans votre soupière. Les imbiber avec le lait bouillant du potage puis ajouter le reste de la garniture. Poivrer et servir à part les croutons de pain de campagne.

LES POISSONS

Tranches de saumon à la sauce douce

Coupez un saumon ou ce que vous voulez par tranches et le farinez, et faites frire en beurre affiné ; faites sauce douce avec vin vermeil, sucre, cannelle, un peu de sel, poivre, clous, citron vert, et mettez avec votre saumon ; le faites mitonner sur le feu ; mettez en servant tranches de citron. (Pierre de Lune, *Le Cuisinier,* p. 298.)

Ingrédients pour 4 personnes

640 g de filet de saumon
  (4 portions de 160 g)
60 à 80 g de farine

50 g de beurre
1 citron (100 g environ)
Sel fin

Sauce

1 litre de vin rouge
  (Beaujolais, Côtes-du-Rhône)
130 g de sucre
  en poudre
3 clous de girofle

1 citron vert (80 g environ)
1/2 cuillère à café
  de cannelle en poudre
15 g de mie de pain
Sel fin, poivre

Réalisation

Mettre le vin, le sucre, la cannelle, les clous de girofle, le citron pelé à vif (sans les pépins), un peu de sel et de poivre dans une russe (casserole). Laisser bouillir un quart d'heure environ. Ajouter ensuite le pain grillé et coupé en gros cubes. Laisser cuire dix minutes. Mixer l'ensemble puis passer au chinois étamine. Rectifier l'assaisonnement si nécessaire.

Chauffer votre beurre clarifié dans un sautoir, puis disposer vos saumons salés et farinés (sans excès). Les laisser cuire cinq à six minutes sur chaque face : ils doivent prendre un peu de couleur. Dégraisser si nécessaire puis verser les trois quarts de la sauce sur les saumons. Faire mijoter à feu doux cinq minutes environ. Attention les saumons ne doivent pas être trop cuits. Disposer sur un plat avec des demi-tranches de citron cannelé autour et de la sauce en saucière.

Anguille à la sauce brune

Coupez l'anguille par tranches et la passez à la poêle avec beurre roux, fines herbes bien menues, ciboules, un verre de vin blanc, un peu de verjus et farine frite, et poivre, muscade, clous, sel et câpres ; faites cuire le tout ensemble dans une terrine ou plat, garnissez de citron en servant. (Pierre de Lune, *Le Cuisinier*, p. 299.)

Ingrédients pour 4 personnes

1,2 kg d'anguilles
50 g + 15 g de beurre
15 g de farine
20 cl de vin blanc
20 cl de verjus du Périgord
30 cl d'eau
15 g de persil

15 g de ciboulette
15 g de câpres
100 g de petits oignons
ou de gros oignons
3 clous de girofle
Muscade, sel fin, poivre blanc
1 citron (100 g environ)

Réalisation

Faire dépouiller et vider les anguilles par le poissonnier. Les inciser légèrement sur le corps pour éviter la déformation des morceaux pendant la cuisson. Les détailler en tronçons réguliers de cinq à six cm de longueur, les saler, les poivrer et râper un peu de noix de muscade. Les faire revenir dans un beurre chaud et légèrement coloré pendant cinq minutes environ. Disposer ensuite les morceaux dans une cocotte avec le persil haché et la ciboulette ciselée, réserver.

Reprendre le sautoir déjà utilisé pour saisir les anguilles, et, dans la même matière grasse, faire revenir les oignons ciselés (petits carrés). Les colorer un peu puis ajouter le vin blanc, le verjus, l'eau et les clous de girofle. Laisser bouillir dix minutes. Pendant ce temps, faire fondre dans une petite russe les quinze grammes de beurre, ajouter la farine et cuire quelques minutes. Délayer le roux (farine frite) dans le bouillon et cuire une dizaine de minutes. Passer la sauce au chinois sur les morceaux d'anguille, ajouter les câpres et faire bouillir doucement pendant cinq minutes environ. Rectifier si nécessaire l'assaisonnement, vérifier la cuisson du poisson et servir avec des demi-tranches de citron cannelé.

Brochet aux huîtres

Coupez vôtre Brochet par tronçons, et mettez-les dans une casserole, avec du vin blanc, persil, ciboule, champignons, truffes hachées, avec sel, poivre, et bon beurre. Vous aurez des Huîtres, que vous ferez un peu blanchir à l'eau, avec quelque filet de verjus. Étant blanchies, jetez-les dans le reste avec leur eau, quand vous serez prêt à servir : dressez, et garnissez de ce que vous aurez. Les autres Poissons qu'ont met aux Huîtres, s'accommodent de la même manière. (Massialot, *Le Cuisinier roïal et bourgeois*, p. 161.)

Ingrédients pour 4 personnes

4 darnes (200 g chacune) de brochet ou autres poissons (colin, lieu jaune, etc.)	8 g de truffes
	250 g de champignons de Paris
12 huîtres	200 g de petits oignons
75 cl de vin blanc	ou de gros oignons
20 cl de verjus du Périgord	10 g de persil
20 cl d'eau	Gros sel, poivre
30 g de beurre	

Réalisation

Ficeler les darnes. Faire suer (sans coloration) dans le beurre chaud les petits oignons ou les gros oignons coupés en fines rondelles pendant cinq minutes (environ). Ajouter les champignons épluchés, lavés, émincés et cuire l'ensemble cinq minutes. Remuer régulièrement avec une spatule en bois. Adjoindre les truffes taillées en julienne et le persil haché. Mouiller avec le vin blanc, saler, poivrer et cuire une dizaine de minutes sur feu moyen. Rectifier l'assaisonnement puis laisser refroidir.

Ouvrir les huîtres en récupérant le jus. Mettre ce dernier dans une russe (casserole) avec le verjus, l'eau et cuire cinq minutes. Puis pocher rapidement les huîtres. Les retirer et réserver. Filtrer le jus sur le court-bouillon et verser sur les darnes disposées dans un plat à poisson. Porter doucement à ébullition et cuire huit à dix minutes. Poser ensuite le poisson déficelé sur votre plat de présentation avec les huîtres chaudes autour, la garniture et un peu de court-bouillon dessus.

Vous pouvez accompagner ce brochet d'une *Sauce d'Allemagne*
... *Quand le bouillon sera presque tout consommé à la réserve d'une
chopine, tirez le brochet, mettez une livre de bon beurre frais manié
avec muscade, câpres, citron par tranches, et remuez bien et vous
verrez que la sauce se liera.* (Pierre de Lune, *Le Cuisinier*, p. 313.)

Ingrédients pour 4 personnes

5 cl de court-bouillon	5 g de câpres
1/4 de citron	Noix de muscade
100 g de beurre extra-fin	Sel fin

Réalisation

Réunir le court-bouillon et le jus du citron dans une petite russe
(casserole). Réduire de moitié. Baisser le feu et incorporer progressivement le beurre (ramolli) coupé en parcelles. Fouetter énergiquement pour émulsionner le beurre. Râper d'un peu de noix de
muscade, rectifier l'assaisonnement si nécessaire et ajouter les
câpres. Dresser la sauce en saucière.

Moules de poisson

Nettoyés-les et les faites boüillir avec un bouquet : si tôt qu'elles seront ouvertes, tirés-les et les ôtés de dedans la coquille, puis les fricassés avec du beurre frais, persil et siboules bien hachés assaisonnés de poivre et muscade, puis délayés jaunes d'œufs avec verjus, et mêlés ensemble, servés et garnissés de leurs coquilles. (La Varenne, *Le Cuisinier françois*, p. 248.)

Ingrédients pour 4 personnes

1,2 kg de moules de bouchots	15 g de persil
	10 g de cerfeuil
40 g de beurre	5 à 6 tiges de ciboulette
8 cl de verjus du Périgord	1 ou 2 brins de thym
6 jaunes d'oeufs	2 clous de girofle
40 g de petits oignons ou de gros oignons	Sel fin, poivre blanc, noix de muscade

Réalisation

Gratter et laver soigneusement les moules. Les mettre dans une cocotte avec un bouquet garni composé des queues de persil, du cerfeuil, de la ciboulette, du thym, des clous de girofle au milieu, le tout lié avec un tour de ficelle. Couvrir et mettre sur le feu jusqu'à l'ouverture des moules. Laisser refroidir et les décoquiller. Réserver le jus.

Faire revenir ensuite les moules bien égouttées et les oignons ciselés (petits carrés) dans le beurre chaud (avec coloration). Attention cependant à ne pas les faire sécher. Ajouter le persil finement haché, le poivre et la noix de muscade râpée. Réserver.

Mettre les jaunes d'œufs dans une sauteuse ou une petite russe (casserole) avec un tout petit peu de jus filtré des moules (2 cl). Mélanger avec un fouet et chauffer doucement sur le coin d'une plaque de fourneau en fouettant énergiquement pour émulsionner et cuire les jaunes. Ces derniers doivent doubler de volume et leur cuisson est certaine quand on aperçoit le fond de la sauteuse après un coup de fouet. Retirer alors du feu et incorporer progressivement le verjus en mélangeant. Rectifier l'assaisonnement. Vous pouvez, si vous le souhaitez, ajouter du jus des moules dans la sauce, mais celle-ci doit rester onctueuse. Disposer la moitié de la sauce sur les moules chaudes et le reste en saucière.

LES VIANDES, VOLAILLES, ABATS

Foie de veau à la marinade

Coupez le foie par tranches et le mettez en vinaigre, sel, poivre, un paquet ; farinez et le faites frire en lard fondu, et servez avec persil, poivre blanc et vinaigre à l'ail. (Pierre de Lune, *Le Cuisinier*, p. 357.)

Ingrédients pour 4 personnes

4 tranches (150 g chacune)
   de foie de veau
50 g de farine
50 g de lard
15 cl de vinaigre
20 g de persil

15 g de cerfeuil
5 à 6 tiges de ciboulette
1 ou 2 brins de thym
2 clous de girofle
2 gousses d'ail (environ 10 g)
Poivre blanc, sel fin

Réalisation

Confectionner un bouquet garni composé des queues de persil, de la ciboulette, du cerfeuil, du thym, des clous de girofle au milieu, le tout lié par un tour de ficelle. Vous pouvez ajouter une tranche de lard comme le précise Pierre de Lune dans sa description du paquet, mais, pour une marinade instantanée, ce n'est pas vraiment nécessaire. Disposer les tranches de foie, salées et poivrées, dans un plat avec le bouquet garni, ajouter le vinaigre et laisser mariner un bon quart d'heure. Pendant ce temps hacher les têtes de persil et l'ail (après avoir enlevé le germe).

Égoutter ensuite les tranches de foie, les sécher dans du papier absorbant et les fariner sans excès. Les disposer dans le lard fondu et chaud (dans une poêle). Les cuire doucement cinq minutes environ sur chaque face. Puis les débarrasser dans un plat. Faire revenir dans la poêle l'ail quelques instants, déglacer au vinaigre et laisser un peu réduire. Remettre les foies pour les réchauffer et les disposer dans le plat de service avec le jus par-dessus. Saupoudrer de persil et servir.

Pastille d'épaule de mouton

Il faut une épaule de mouton bien mortifiée ; larder de gros lard assaisonné de sel, poivre, muscade, ciboulette, et la faire cuire à la broche ; l'arroser d'eau et un peu de sel ; quand elle sera cuite, mettre dans la sauce huîtres, anchois, câpres, champignons ; passer en poêle avec lard fondu et farine ; servir l'épaule dans la sauce, avec tranche de citron. (Pierre de Lune, *Le Cuisinier*, p. 259.)

Ingrédients pour 4 personnes

1,2 kg d'épaule d'agneau
100 g de lard
40 g de beurre ou de lard
20 g de farine
12 huîtres
3 filets d'anchois
à l'huile

10 g de câpres
6 g (environ) de ciboulette
300 g de champignons
de Paris
60 cl d'eau
1 citron (100 g environ)
Sel, poivre, noix de muscade

Réalisation

Faire désosser, larder et ficeler l'épaule d'agneau par votre boucher. Récupérer les os. Préchauffer votre four à 230 °C. Saler (vous pouvez utiliser du gros sel, mais attention à la quantité utilisée), poivrer, râper de noix de muscade toutes les faces de la viande. Faire de même avec la ciboulette finement ciselée. Disposer l'épaule sur la plaque du four avec les os autour. La laisser cuire quarante minutes environ : retourner la viande au bout d'un quart d'heure et arrosez-la, dix minutes avant la fin de la cuisson, avec vingt centilitres d'eau.

Pendant ce temps, éplucher, laver et escaloper les champignons. Les faire sauter dans une poêle avec vingt grammes de lard ou de beurre chaud. Ils doivent rendre leur eau de végétation. Ajouter les anchois égouttés et finement coupés. Faire colorer l'ensemble. Adjoindre ensuite les huîtres décoquillées (en ayant pris soin de garder le jus) et les câpres. Réserver.

Enlever la viande de la plaque du four et la réserver enveloppée dans une feuille d'alluminium. Mettre les os dans une russe (casserole) avec le jus et les sucs de la plaque. Ajouter le reste d'eau et le jus des huîtres. Faire cuire vingt minutes environ. Dans une autre russe, faire fondre le lard ou le beurre restant, ajouter la farine et cuire cinq minutes avec coloration. Laisser refroidir. Enlever les os du jus et le passer au chinois étamine. Délayer le jus chaud avec le roux (à l'aide d'un fouet) et faire cuire (bouillir) cinq bonnes minutes. Ajouter enfin la poêlée de champignons, laisser cuire de nouveau quelques minutes. Rectifier l'assaisonnement si nécessaire.

Présenter votre viande chaude déficelée (coupée ou non) sur un plat avec la sauce autour, décorée avec des demi-tranches de citron cannelé.

Poulardes en filets

Il faut faire rôtir les Poulardes ; ensuite en tirer les filets et toute la chair bien proprement. Ôtez la graisse, et rangez les dans le fond du plat. Il faut faire cette sausse : Hachez du persil, un peu de ciboule, de capres, d'ail ; et mettez le tout dans une casserole, avec un peu d'huile et de vinaigre, bien assaisonné. Délaiez tout cela bien ensemble, et pressez-y un jus de citron : il ne faut pas mettre la sausse sur le feu. Après qu'elle est bien délaiée, versez la dans le plat où sont vos filets de Poulardes, et servez froid. (Massialot, *Le Cuisinier royal et bourgeois*, p. 428-429.)

Ingrédients pour 4 personnes

1 poule de 1,2 kg environ	1 citron (100 g environ)
60 g de persil	4 cl de vinaigre
40 g de petits oignons	20 cl d'huile d'olive
40 g de câpres	Sel fin, poivre blanc
2 gousses d'ail (environ 10 g)	

Réalisation

Préchauffer votre four (200 °C - 220 °C). Saler, poivrer la poule et la faire rôtir une bonne heure. Pendant ce temps, hacher le persil, les câpres, l'ail et ciseler les petits oignons (en petits carrés). Confectionner une vinaigrette en délayant l'huile d'olive dans le mélange vinaigre, citron, sel, poivre. Ajouter les herbes et les oignons, réserver.

La poule cuite, laissez-la refroidir un peu. Lever ensuite les filets et les cuisses. Enlever la peau, les os et couper la chair en lanière. Disposez-la en une seule couche dans un plat (style gratin), verser dessus la vinaigrette aux herbes et laisser mariner quelques heures.

LES ŒUFS

Œufs pochés aux oignons

Vous ferez roussir du beurre dans une poesle, puis faites y cuire de l'oignon haché ; assaisonnez les de sel bien menu, et de poivre ; et quand l'oignon sera cuit, adjoustez-y un fil de vinaigre, et incontinent après on versera cette sausse sur les œufs pochez : quelques-uns y adjoutent un peu de muscade. Remarquer que si les œufs sont arrengez dans le plat en façon d'un poisson, on les appelle un Saumon d'œufs. (La Varenne, *Le Pastissier françois*, p. 430.)

Ingrédients pour 4 personnes

4 œufs extra-frais
5 cl de vinaigre blanc
4 cl de vinaigre rouge

400 g d'oignons
Sel fin, poivre blanc, noix de muscade

Réalisation

Éplucher, laver et ciseler les oignons (en petits cubes). Faire fondre dans une russe (casserole) moyenne le beurre. Ajouter les oignons, saler, poivrer, râper un peu de noix de muscade, puis laisser compoter à feu moyen et couvert pendant une heure et demie environ. Mélanger régulièrement avec une spatule en bois : les oignons doivent colorer mais ne doivent pas brûler. En fin de cuisson, ajouter le vinaigre rouge et retirer du feu.

Pendant ce temps, porter de l'eau à ébullition dans un sautoir ou une petite russe (la hauteur de l'eau ne doit pas excéder 6 à 8 cm). Ajouter le vinaigre blanc. Casser un œuf dans un petit ramequin puis le verser à l'endroit de l'ébullition, réduire ensuite le feu ; durant la cuisson (deux à trois minutes), l'eau doit juste frémir. Le blanc coagule mais le jaune doit rester crémeux. Récupérer ensuite l'œuf avec une écumoire et le mettre dans l'eau froide. Recommencer l'opération pour les trois autres œufs. Parer (c'est-à-dire redonner, si nécessaire, une forme ovale en coupant l'excès de blanc) les œufs et les égoutter sur du papier absorbant.

Au moment du service, replonger délicatement les œufs dans de l'eau frémissante pendant une minute environ pour les réchauffer. Les disposer ensuite sur un plat puis verser dessus les oignons compotés chaud.

Aumelette à la mode

Battés des œufs et les sallés ; adjoustés y du pignon, du raisin de Corinthe, et de l'escoce de citron confite hachée menu, le beurre estant fondu et à demy roux dans la poësle : versés y les œufs en les brouillant bien, dressés cét aumelette des qu'elle sera cuite moderement, on peut la rousler comme une andoüille, raspes-y du sucre par dessus : vous pouvés aussi y adjoüter par dessus quelques gouttes d'eau rose ou de canelle. (La Varenne, *Le Pastissier françois*, p. 430.)

Ingrédients pour 4 personnes

12 œufs
50 g de beurre
40 g de raisins de Corinthe
40 g de pignons de pin
1 citron (100g environ)
50 g de sucre

10 cl d'eau
Sel fin
Quelques gouttes d'eau de rose
Un peu de sucre en poudre
pour le saupoudrage

Réalisation

Laver et sécher soigneusement le citron. Épluchez-le à l'aide d'un couteau économe (vous ne devez garder que la partie colorée de l'écorce), puis superposer les zestes et les émincer finement dans le sens de la longueur. Disposez vos zestes (en julienne) dans une petite russe (casserole) avec de l'eau, porter à ébullition et laisser blanchir quelques minutes. Égoutter, puis recommencer l'opération une fois. Bien les refroidir à l'eau froide. Dans une autre russe, mettre le sucre et les dix centilitres d'eau, mélanger avec un fouet et porter à ébullition. Ajouter les zestes dans le sirop et les laisser confire à petites ébullitions pendant un quart d'heure. Pendant ce temps, mettre à tremper les raisins de corinthe dans de l'eau tiède. Dans un saladier, casser et battre vos œufs. Les saler, ajouter les zestes confits et les raisins égouttés. Faire fondre le beurre dans une poêle. Quand celui-ci est chaud, faire revenir quelques minutes les pignons puis verser les œufs et confectionner votre omelette. Au moment de servir, arroser de quelques gouttes d'eau de rose et saupoudrer de sucre.

Garniture : Champignons en ragoût

Vous coupez les champignons par tranches, et les passez avec lard ou beurre, assaisonnez de sel, muscade, et un bouquet : on y fait une liaison avec un peu de farine, jaunes d'œufs, et jus de citron. (Massialot, *Le Cuisinier roïal et bourgeois*, p. 184, 185.)

Ingrédients pour 4 personnes

600 g de champignons de Paris	5 à 6 tiges de ciboulette
50 g de beurre	1 ou 2 brins de thym
10 g de farine	2 clous de girofle
2 jaunes d'œufs	1 citron (100 g environ)
20 g de persil	20 cl d'eau
15 g de cerfeuil	Sel fin, noix de muscade

Réalisation

Éplucher, laver, émincer les champignons. Les faire suer (sans coloration) cinq minutes environ dans le beurre chaud : ils rendent ainsi leur eau de végétation. Les saler, râper un peu de noix de muscade, ajouter le jus de citron, l'eau et le bouquet garni composé des queues de persil, de la ciboulette, du cerfeuil, du thym, des clous de girofle au milieu, le tout lié par un tour de ficelle. Vous pouvez y ajouter une tranche de lard. Laisser cuire à petites ébullitions huit minutes environ.

Égoutter les champignons et mélanger progressivement, avec un fouet, le jus et la farine. Porter à ébullition et cuire cinq minutes. Passer au chinois étamine, incorporer les champignons, rectifier l'assaisonnement. Chauffer de nouveau l'ensemble puis hors du feu, délayer lentement les jaunes d'œufs. Ne plus faire bouillir et servir.

LA PÂTISSERIE

La maniere de faire de la paste blanche fine, pour servir à faire des pastez d'assiette, et autres que l'on mange chauds ; et la croute des tartes, des tourtes, talemouses, et autres pastisseries

Faites de la paste blanche, et au lieu de mettre seulement deux livres de beurre pour un demy boisseau de farine, on y mettra trois livres... Mettez sur le tour à paste, c'est-à-dire sur une table bien nette... de la fleur de farine ; faites y un trou, ou fosse, dans le milieu. Les Pastissiers nomment ce creux, une fontaine : ... Mettez-y le beurre frais, et si le beurre est dur, il faut le manier avant que le mettre sur le tour, afin de le ramollir : quand le beurre sera dedans la farine, on y adjoustera environ trois onces de sel écrasé et réduit comme en poudre : Adjoustez-y dés l'abord un demy septier d'eau ou environ, puis on commencera aussi-tost à fraiser la paste et à la bien manier entre les mains : et à mesure que vous ferez la paste, on l'arrosera de fois à autre avec un peu d'eau.... (La Varenne, *Le Pastissier françois*, p. 329, 330.)

Ingrédients pour 8 personnes

250 g de farine	125 g de beurre
5 g de sel fin	5 cl d'eau

Réalisation

Tamiser la farine sur votre plan de travail. Couper le beurre en parcelles et l'assouplir si nécessaire. Disposer le beurre sur la farine et mélanger délicatement l'ensemble avec le bout des doigts : le beurre et la farine doivent s'absorber. Vous obtenez ainsi un mélange qui ressemble à du sable et que vous frotterez entre les deux paumes de vos mains pour en affiner la texture.

Disposer le sablage en fontaine. Ajouter l'eau au milieu, le sel, puis le dissoudre du bout des doigts. Incorporer progressivement le sablage à l'eau, puis écraser à pleines mains le mélange et former une boule. Fraiser en écrasant, sur le plan de travail, des morceaux de pâte avec la paume de la main. Reformer une boule, fariner légèrement, puis l'envelopper dans du papier « film » et la réserver au frais pour qu'elle se raffermisse.

Tourte de melon en marmelade

Faites bouillir la chair de melon avec un verre de vin blanc ; quand le bouillon sera consommé, pilez dans un mortier avec deux maca- rons, un peu de sucre, cannelle et faites tourte en pâte fine sans couvrir ; mettez sucre, fleurs d'oranger en servant ou la glacez. (Pierre de Lune, *Le Cuisinier*, p 390.)

Ingrédients pour 8 personnes

Pâte brisée :
250 g de farine
5 g de sel fin
125 g de beurre
5 cl d'eau

Marmelade :
1,5 kg de chair de melons
  pas trop mûrs
15 cl de Monbazillac

3 à 4 macarons moyens
120 à 150 g de sucre en
poudre
  (selon la maturité des
melons)
1 cuillère à café de cannelle
  en poudre (10 g environ)
Un peu de sucre en poudre
  pour le saupoudrage
Quelques gouttes d'eau
  de fleurs d'oranger

Réalisation

Confectionner la pâte brisée (voir recette précédemment), la laisser reposer au frais. Éplucher les melons, enlever les pépins puis couper la chair en quartier. La mettre dans une russe (casserole), y ajouter le vin blanc et porter à ébullition. Laisser bouillir à feu moyen pendant une bonne demi-heure. Égoutter, si nécessaire, les melons dans une passoire pour enlever l'excès de jus. Émietter les macarons sur la chair, incorporer le sucre puis mixer l'ensemble. Abaisser votre pâte (pas trop épaisse) et la foncer dans un moule à tarte (diamètre 26 cm). Étaler la marmelade dans l'abaisse puis mettre dans un four préchauffé à 190° C - 200° C pendant trois quarts d'heure environ. Servir tiède avec quelques gouttes d'eau de fleurs d'oranger sur le dessus et un peu de sucre.

Une tourte avec de la chair de poires

Garnissez une tourtière d'une abesse de paste, puis faites y un lit de sucre, et la garnissés en suite de pommes ou de poires pelées et hachez assez menu, ou coupées par tranches, les pépins et le cœur en estans ostés, entremeslés y du pignon, du raisin de Corinthe, et de l'escorce de citron si vous en désirer, poudrés cet appareil avec un peu de cannelle en poudre ; adjoûtez y aussi du sucre à discretion qui soit en poudre et un morceau de beurre frais : par exemple la grosseur d'une noix ou environ pour une tourte de fruit, et la mettés au four quand elle sera dorée : lors qu'elle sera cuite, vous la poudrerés de sucre, et la remettrez un peu de temps au four. (La Varenne, Le Pastissier françois, p. 381.)

Ingrédients pour 6 à 8 personnes

Pâte brisée :
500 g de farine
10 g de sel fin
250 g de beurre
10 cl d'eau

Garniture :
1,5 kg de poires pas trop mûres
50 g de raisins de Corinthe

50 g de pignons de pin
1 citron (100 g environ)
100 g + 50 g de sucre en poudre
10 cl d'eau
40 g de beurre
1/2 à 1 cuillère à café de cannelle en poudre
1 jaune d'œuf
Un peu de sucre en poudre pour le saupoudrage

Réalisation

Confectionner la pâte brisée (voir recette précédemment), la laisser reposer au frais. Laver et sécher soigneusement le citron. L'éplucher à l'aide d'un couteau économe (vous ne devez garder que la partie colorée de l'écorce), puis superposer les zestes et les émincer finement dans le sens de la longueur. Disposer les zestes (maintenant en julienne) dans une petite russe (casserole) avec de l'eau, porter à ébullition et laisser blanchir quelques minutes. Égoutter, puis recommencer l'opération une fois. Bien les refroidir à l'eau froide. Dans une autre russe, mettre cinquante grammes de sucre et dix centilitres d'eau, mélanger avec un fouet et porter à ébullition. Ajouter les zestes égouttés dans le sirop et les laisser confire à petites ébullitions pendant un quart d'heure. Pendant ce temps, mettre à tremper les raisins de corinthe dans de l'eau tiède.

Éplucher les poires, enlever les pépins, les laver, puis les couper en petits quartiers. Les mettre dans un saladier avec le sucre, les raisins égouttés, les pignons, les zestes confits et la cannelle.

Mélanger l'ensemble et laisser macérer. Pendant ce temps, abaisser les 2/3 de la pâte (pas trop fine) et foncer un moule à génoise (diamètre 24 cm, hauteur 5 cm). Abaisser aussi le reste de la pâte qui formera le couvercle de la tourte. Disposer ensuite le mélange dans la pâte et le moule, y ajouter le beurre en parcelles et fermer avec le dernier tiers de pâte, bien sceller. Faites un petit trou au milieu du couvercle pour que la vapeur puisse s'échapper pendant la cuisson, puis dorer, à l'aide d'un pinceau, avec le jaune mélangé à un peu d'eau. Mettre dans un four préchauffé à 200 °C pendant environ cinquante minutes à une heure. En fin de cuisson saupoudrer de sucre en poudre. Tiède ou froide, cette tourte est très bonne. Il est normal que du jus s'échappe de la tourte quand vous la couperez. Arroser donc les parts de ce jus, la tourte ne sera que meilleure.

Le biscuit a la Reyne

Faites de la paste comme au chapitre precedent, sinon que vous y mettrez moins d'œuf, car il faut que la paste du biscuit à la Reyne soit un peu plus ferme : c'est pourquoi au lieu par exemple de huict œufs ce sera assez d'y en mettre six. Lors que la paste sera preste, vous la coucherez avec une gâche sur du papier bien blanc, et vous ferez ces biscuits ronds comme des petits pains, et on les poudrera par dessus avec du sucre. Il faut donner l'âtre un peu plus chaud au biscuit à la Reyne, qu'au biscuit commun. Aussi-tost que le biscuit à la Reyne sera cuit, vous le tirerez hors du four, et le détacheres hors de dessus son papier, en coulant adroitement un cousteau mince entre le biscuit et le papier. La pâte « biscuit commun » : « *Cassés par exemple huict œufs dans une escuelle, battez les comme si c'estoit pour faire une omelette ; adjoustez y environ pour deux liards de coriandre battuë, ou d'anis verd, et une livre de sucre en poudre, delayez un peu ces choses ensemble, puis y adjouster trois bons quarterons ou pres d'une livre de fleur de farine ; il faut delayer ensemble toutes ces choses exactement, et les battre jusques à ce que la paste devienne blanche, et le biscuit sera d'autant plus beau et mieux fait que la paste aura esté battuë...* (La Varenne, *Le Pastissier françois*, p. 416, 417.)

Ingrédients pour 40 biscuits environ

3 œufs
200 g de sucre en poudre
250 g de farine

1 cuillère à café d'anis vert en poudre
Un peu de sucre en poudre pour le saupoudrage

Réalisation

Préchauffer votre four à 180 °C. Dans une calotte ou saladier, battre les œufs en omelette. Y adjoindre le sucre et fouetter jusqu'à ce que l'appareil blanchisse et double de volume (vous pouvez utiliser un batteur électrique). Ajouter l'anis, puis incorporer en plusieurs fois la farine tamisée en mélangeant délicatement avec une spatule en bois. Laisser reposer un bon quart d'heure. Pendant ce temps, mettre du papier cuisson sur une plaque à pâtisserie. Disposer ensuite la pâte en petits tas de 4,5 à 5 cm de diamètre à l'aide d'une poche avec une douille unie (n° 6). Saupoudrer légèrement de sucre chaque biscuit et cuire au four pendant huit à dix minutes. Décoller les biscuits dès la sortie du four, les laisser refroidir puis les conserver dans une boîte hermétique (en fer).

La manière de faire du macaron

Pilez des amandes, ainsi qu'il à esté proposé au chapitre du masse-
pain, puis vous les pilerez et reduirez en paste très douce : par exemple
une livre adjoustez y autant pesant de sucre en poudre et quatre blanc
d'œufs : meslez ces choses ensemble en y adjoustant un peu d'eau
rose, et les rebattez derechef dans le mortier pour faire cette paste bien
liante, il faut pourtant qu'elle soit un peu molette. Quand cette paste
sera preste, couchez là sur du papier blanc éloignez quelque peu l'un
de l'autre, et que ces morceaux soient un peu longs en forme de
macaron, et les poudrez par dessus de sucre fin : puis on les mettra au
four pour secher jusques à ce qu'ils soient bien fermes par dessus en les
touchant. Il faut que la chaleur du four soit douce comme au chapitre
de masse-pain, et que l'âtre soit pourtant un peu chaud afin de pousser
la paste, et la faire bouffer... (La Varenne, *Le Pastissier françois*,
p. 422.)

Ingrédients pour 30 macarons environ

250 g d'amandes en poudre	4 cl d'eau de rose
250 g de sucre en poudre	Un peu de sucre en poudre
3 à 4 blancs (selon le calibre de	pour le saupoudrage
l'œuf)	

Réalisation

Préchauffer votre four à 160 °C. Dans une calotte ou saladier,
réunir la poudre d'amandes et le sucre puis mélanger. Faire une
fontaine (un trou au milieu) ajouter les blancs d'œufs et mélanger
avec une spatule en bois en incorporant progressivement l'eau de
rose. Battre quelques minutes l'appareil pour lui donner un peu de
corps. Mettre du papier cuisson sur une plaque à pâtisserie. Disposer
ensuite la pâte en petits tas allongés (5 cm de large sur 6,5 de long
environ) à l'aide d'une poche avec une douille unie (n° 6). Saupoudrer légèrement de sucre chaque biscuit et cuire au four pendant
vingt minutes environ. Décoller les macarons dès la sortie du four,
les laisser refroidir puis les conserver dans une boîte hermétique (en
fer).

LES ENTREMETS ET LES DESSERTS

Crème blanche légère

*Il faut prendre trois demi-setiers de lait et demi-quarteron de sucre,
que vous ferez bouillir un demi-quart-d'heure. Après vous l'ôterez de
dessus le feu, vous y mettrez deux blancs bien fouettez, remuant
toujours le tout ensemble. Remettez votre lait ou crème sur le feu, faites-
la bouillir quatre ou cinq bouillons, en la fouettant toujours. Ensuite
vous la dresserez dans ce qu'il vous plaira ; et étant froide, vous l'ar-
roserez d'eau de fleur d'orange, et vous la poudrerez de sucre fin. Vous
lui pouvez donner couleur avec la pêle rouge.* (Massialot, *Le Cuisinier
roïal et bourgeois*, p. 225.)

Ingrédients pour 4 personnes

1/2 litre de lait entier pasteurisé	2 blancs d'œufs
60 g de sucre en poudre	1/2 à 1 cuillère à café d'eau de fleurs d'oranger

Réalisation

Faire bouillir le lait (sur feu moyen) pendant dix minutes. Retirer
votre lait de la source de chaleur, puis monter vos blancs en neige
bien ferme. Incorporer ces derniers, en trois fois, dans le lait encore
chaud avec l'aide d'un fouet. Mélanger bien, puis remettre sur le feu
en fouettant constamment (former des huits avec votre fouet).
Donner cinq à six ébullitions (arrêter quelques secondes votre fouet
pour constater l'apparition de grosses bulles comme pour la crème
pâtissière), puis retirer du feu. Vous pouvez ajouter dès maintenant
l'eau de fleurs d'oranger. Disposer la crème dans quatre coupelles,
laisser refroidir et reposer au frais plusieurs heures. Il n'est pas nécessaire de rajouter du sucre au moment de servir.

Compote de pommes en gelée

Prenez des pommes reinettes que vous couperez par quartiers, les pèlerez, en ôterez le dedans et les mettrez dans l'eau fraîche. Puis, avec les pelures, vous prendrez encore quatre ou cinq pommes que vous couperez par morceaux, les ferez bien cuire dans deux pintes d'eau, et les passerez au travers d'une étamine ou d'un linge ; ensuite, dans cette eau-là vous mettrez une demi-livre ou trois quarterons de sucre, et la mettrez sur le feu où vous jetterez vos quartiers de pommes pelées ; et prendrez garde qu'ils ne cuisent trop, de peur qu'elles ne s'en aillent en marmelade. Lorsqu'elles seront cuites, vous les retirerez de dessus le feu et les tirerez l'une après l'autre et les presserez tout doucement entre deux cuillères pour en faire sortir le jus et les arrangerez sur une assiette. Cela fait, vous remettrez votre sirop sur le feu et le ferez cuire jusqu'à ce qu'il soit en gelée, prenant bien garde de le laisser brûler ; étant tiré et un peu refroidi, vous le remuerez bien avec une cuillère et en couvrirez vos pommes, qui se pourront ainsi garder quatre ou cinq jours. (Audiger, *La Maison réglée*, p. 563.)

Ingrédients pour 4 personnes

1,2 kg de pommes	1 litre d'eau
(Reine de reinette)	250 g de sucre en poudre

Réalisation

Laver, éplucher les pommes et enlever les pépins à l'aide d'un vide-pomme. Immerger quatre pommes dans l'eau froide en les maintenant avec une assiette (pour éviter qu'elles noircissent). Mettre les deux autres pommes coupées en quartiers avec les pelures des six pommes dans l'eau. Porter à ébullition et laisser cuire quinze à vingt minutes. Écraser un peu les pommes avec une fourchette, puis passer le jus dans un chinois étamine ou dans un linge. Mélanger le jus (il reste 3/4 de litre environ) avec le sucre et faire bouillir. Égoutter et couper chacune des pommes réservées en quatre, puis les pocher dans le sirop à petites ébullitions pendant huit minutes environ. Prendre ensuite chaque quartier de pomme que vous presserez doucement entre deux cuillères à soupe pour en extraire le jus, puis former des quenelles que vous disposerez dans un plat.

Porter de nouveau le sirop sur le feu et faire réduire, toujours à petites ébullitions, pendant un bon quart d'heure. Attention votre sirop ne doit pas brûler. Pour être certain de la transformation du sirop en gelée, ce dernier doit napper une spatule en bois. Passer au chinois si nécessaire, laisser tiédir puis couvrir délicatement les pommes. En refroidissant le sirop concentré deviendra une belle gelée ambrée.

LES BOISSONS

Vin des Dieux

Pelez des pommes reinettes, et des citrons, autant de l'un que de l'autre, les coupez par rouëlle, ayez un bassin ou plat, faite un lict de pomme et de citron, et mettez dessus un lict de sucre en poudre, et continuez selon la quantité que vous en desirez faire, et mettez de bon vin par désus jusques à ce qu'elles trempent, les couvrir et les laisser environ deux heures infuser, et le passez à la chausse comme l'hypocras. (La Varenne, *Le Confiturier françois*, p. 430.)

Ingrédients pour 75 cl de vin

75 cl de Bourgogne Hautes-Côtes-de-Beaune
400 g de pommes (Reine de reinette)

400 g de citrons
100 g de sucre en poudre

Réalisation

Éplucher les pommes et enlever les pépins à l'aide d'un vide-pomme. Peler à vif les citrons, puis tailler en rondelles les deux fruits. Disposer ensuite dans un plat rond à bord haut une couche de pommes, puis une couche de citrons et saupoudrer de sucre. Recommencer jusqu'à ne plus avoir de fruits. Arroser l'ensemble avec le vin et poser une assiette plus petite que le plat pour immerger les fruits. Couvrir et laisser infuser deux heures trente environ. Puis enlever les fruits, passer le vin au chinois étamine et verser dans une bouteille ou un pichet. À consommer frais.

Pour faire de l'eau de framboises

Il faut prendre la même quantité de fruit [comme pour l'eau de groseille] *et l'écraser dans pareille quantité d'eau ; cependant, si la framboise est bonne, il suffira de trois quarterons avec cinq onces de sucre ; il n'y faut point de citron, non plus qu'à l'eau de groseilles ; le tout fondu et incorporé, vous le passerez à la chausse, le ferez rafraîchir et le donnerez à boire.* (Audiger, *La Maison réglée*, p. 550.)

Ingrédients pour 1 litre d'eau

1 litre d'eau de source

500 g de framboises
150 g de sucre en poudre

Réalisation

Mixer les framboises, ajouter le sucre et mixer de nouveau. Délayer l'eau dans la purée de fruits, couvrir et laisser infuser une heure environ. Passer l'ensemble au chinois étamine en pressant avec une petite louche, puis filtrer au travers d'un linge. Verser dans un pichet ou autre récipient et consommer très frais.

Sources des recettes :

Audiger, *La Maison réglée*, Paris, 1692, dans *L'Art de la cuisine française au XVII* siècle*, Paris, Payot, 1995.

La Varenne, *Le Cuisinier françois*, Paris, 1651 ; réédition, Paris, Montalba, 1983.

La Varenne, *Le Pastissier françois*, Paris, 1653 ; réédition, Paris, Montalba, 1983.

La Varenne, *Le Confiturier françois*, Paris, 1660 ; réédition, Paris, Montalba, 1983.

Lune (Pierre de), *Le Cuisinier*, Paris, 1656, dans *L'Art de la cuisine française au XVII* siècle*, Paris, Payot, 1995.

Massialot, *Le Cuisinier roïal et bourgeois*, Paris, 1691 ; réimpression, Limoges, René Dessagne.

NOTES

Chapitre I
Le mythe Vatel

1. L.S.R., *L'Art de bien traiter*, 1674, p. 320.

2. *Ibid.*, p. 306.

3. Gaston Lenôtre, *Le Temps*, 11 janvier 1930.

4. Jean Hérault de Gourville, *Mémoires*, 1698, t. I, p. 213, et t. II, p. 39, 40.

5. Baronne d'Oberkirch, *Mémoires sur la cour de Louis XIV et la société française avant 1789*, p. 310, 311.

6. Marquis de Cussy, *L'Art culinaire*, 1848, t. I, p. 249-283.

7. Louis Nicolardot, *Histoire de la table*, 1868, p. 331.

8. Amédée Achard, in *Grand Dictionnaire universel du XIX⁰ siècle*.

9. Antonin Carême, *L'Art de la cuisine française au XIX⁰ siècle*, 1833, p. 8, et *Les Classiques de la table* : « aphorismes, pensées et maximes », p. 367.

10. Pierre Lacam, *Mémorial historique et géographique de la pâtisserie*, 1898, t. I, p. 58.

11. Gaston Lenôtre, *Le Temps*, 11 janvier 1930.

12. Bertrand Guégan, *La Fleur de la cuisine française*, 1920, préface p. LII.

13. Grimod de La Reynière, *Manuel des Amphitryons*, XXVI.

14. Pierre Lacam, *Mémorial historique et géographique de la pâtisserie*, 1898, t. I, p. 58.

15. Brillat-Savarin, *Physiologie du goût*, aphorisme 20, 1826.

16. *Ibid.*, réédition p. 270.

17. Antonin Carême, *L'Art de la cuisine française au XIX⁰ siècle*, p. 367.

18. Joseph Berchoux, *La Gastronomie ou l'Homme des champs à table*, 1805, p. 74-78.

19. Marquis de Cussy, *L'Art culinaire*, t. I, p. 359, 360.

20. Alexandre Dumas, *Grand Dictionnaire de cuisine*, 1873, p. 30.

21. Maurice des Ombiaux, *L'Art de manger et son histoire*, 1928, p. 5-10 et p. 201.

22. Amédée Achard, in *Grand Dictionnaire de la cuisine française*.

23. Prosper Montagné, *Larousse gastronomique*, 1938, article de Philéas Gilbert, p. 1049.

24. Présent à la fête de Chantilly : « M. d'Hacqueville, qui était à tout cela, vous fera des relations sans doute ; mais comme son écriture n'est pas si lisible que la mienne, j'écris toujours » (Mme de Sévigné, lettre du 26 avril 1671).

25. Louis Lurine, *La Véritable Mort de Vatel*, 1854, p. 153-170.

26. Eugène Scribe, *Vatel ou le petit-fils d'un grand homme*, comédie-vaudeville en un acte, 1825, p. 4-8.

27. *Encarta*, 1999.

28. Loret, *La Muse historique*, lettre de 1650.

29. Nicolas de Bonnefons, *Les Délices de la campagne*, 1654, p. 205. Il est vrai que le sucre est absent de cette recette alors qu'il entre dans l'une des

recettes du *Cuisinier méthodique* en 1659 (mais au côté de gomme adragante) et cette crème doit être épaisse comme du beurre. La crème Chantilly est également utilisée au XVIIIe siècle comme dans des tartelettes à la crème Chantilly dans *Les soupers de la Cour*, 1755, t. III, p. 274.

30. Baptiste Platine de Crémone, *De l'honneste volupté*, 1539, p. CCIX.

31. Antonin Carême, *L'Art de la cuisine française au XIXe siècle*, 1883, p. 420, chapitre VIII : « Traité des grosses pièces de turbot », et p. 35, chapitre II : « Traité des grosses pièces de cabillaud ou morue fraîche », p. 48.

32. Henri-Paul Pellaprat, *L'Art de la cuisine moderne*, 1952, p. 270.

33. Robert Courtine, *La Vie parisienne*, 1984, p. 254.

34. Marcel Proust, *À la recherche du temps perdu*, t. I, p. 459 et 484.

35. Comtesse de Ségur, *Mémoires d'un âne*, p. 93.

36. Comtesse de Ségur, *L'Auberge de l'ange gardien*, p. 56-57.

Chapitre II
Au service de Fouquet

1. Si Ménage estime que le mot « gâteau » vient de *pastelum*, diminutif de *pasta*, Du Cange le dérive de *vvastellus* ou *gastellus*, mot de basse latinité qui vient du saxon, et Nicod le fait venir de *vastus*, quasi *vastellum*.

2. *L'Escole parfaite des Officiers de Bouche*.

3. Nicolas Fouquet, *Œuvres...*, 1696, t. XIV, p. 9-11, p. 79.

4. Daniel Dessert, *Fouquet*, 1987, projet de Saint-Mandé, annexe 4, p. 354-364.

5. *Ibid.*, p. 170.

6. Courtois, ancien domestique de son père, est mort septuagénaire durant le procès de Fouquet.

7. AN, MC, LI 536, 21 octobre 1654 ; LI 534, 30 mars 1654. Par actes en date des 31 août, 5, 7 et 10 septembre 1654, Fouquet acquit des terres auprès de Jean Vitry demeurant à la Pissotte ; de Jean Viennot, vigneron à Vincennes ; de Martin Bouillon vigneron à Saint-Mandé et de Jean de La Haye vigneron à Charenton-Saint-Maurice. En 1655, il achète deux maisons et un parc à Pierre de Beauvais conseiller d'État et conseiller privé du roi, époux de Mme de Beauvais, première femme de chambre d'Anne d'Autriche.

8. Jean de La Fontaine, *Œuvres diverses*, « Les merveilles de Vaux », p. 504 et note p. 889. Il s'agit des coffres des momies de Chéphren et Chéops découverts en 1632 et transportés en France. Fouquet en fait l'acquisition et expose les coffres dans la grande galerie de sa bibliothèque et les momies dans son magasin de sculptures. Les coffres sont entrés au Louvre en 1844.

9. Orangers qui prirent la route de Versailles, après la disgrâce.

10. Jean Moura, Paul Louvet, *La Vie de Vatel*, 1929, p. 72.

11. Maurice Girard, Pierre Lebeau, *Saint-Mandé, notre ville*, 1996, p. 45.

12. Loret, *La Muse historique*, lettre du 27 mai 1656.

13. *Ibid.*, lettre du 19 août 1656 pour le 13 août.

14. Le comte de Saint-Aignan fit ainsi dresser un théâtre dans le parc de Fontainebleau, collation, comédie nouvelle et « la fête fut si magnifique qu'on soupçonna qu'il en était l'ordonnateur » selon l'abbé de Choisy, *Mémoires pour servir à l'histoire de Louis XIV*, t. I, p. 152.

15. Loret, *La Muse historique*, lettre du 12 novembre 1657.

16. Collection Morel de Thoisy, vol. 401, première partie de la production de M. Fouquet contre celle de M. Talon.

17. Nicolas Fouquet, *Œuvres...*, 1696, t. IX, p. 138.

18. Loret, *La Muse historique*, lettre du 26 août.

19. *La Gazette de France*, 1656.

20. *Le Mercure galant*, 1656.

21. *Ibid.*, p. 1038.

22. Mlle de Montpensier, *Mémoires*, t. III, p. 77.

23. Nicolas Fouquet, *Œuvres...*, *op. cit.*

24. Arlette Jouana, *Le Devoir de révolte*, 1989, p. 75.

25. En 1656, La Fontaine prend le chemin de Saint-Mandé où l'introduit l'oncle de sa femme. En 1659, il perçoit une pension annuelle de 1 000 livres contre une pièce de vers pour chaque trimestre. Scarron reçoit, quant à lui, une pension annuelle de 1 600 livres.

26. Loret, *La Muse historique*, lettre de février 1657, et *La Gazette de France*, 1657, p. 169.

27. Daniel Dessert, *Fouquet*, 1987, p. 150.

28. Pierre Clément, *Histoire de Colbert*, p. 30.

29. Collection Morel de Thoisy, vol. 401, sans date, ni signature, mais de l'écriture de Fouquet.

30. *Ibid.*

31. *Ibid.*

32. François Bluche, *Louis XIV*, 1986, p. 147.

33. Jean de La Fontaine, *Œuvres diverses*, « Les merveilles de Vaux », p. 501 et note p. 888. Publiée d'abord dans ses *Fables nouvelles* (1671) en 1685, cette strophe est remplacée dans les ouvrages de prose et de poésie par : « La paix, sœur du doux repos,/Et que Jules va conclure,/Fait déjà refleurir [Vaux], dont je tire bon augure. »

34. Jean-Baptiste Colbert, *Lettres, Instructions, Mémoires*, t. I, p. 504-505.

35. La localisation des services en sous-sol serait apparue en France pour la première fois au château de Madrid au bois de Boulogne du temps de François Ier.

36. D'après une quittance des entreprises Vidello et Bergeron, en date du 25 février 1661.

37. Adolphe Cherruel, *Mémoires sur la vie publique et privée de Fouquet, surintendant des Finances*, 1862, t. II, p. 6-7 : texte d'un anonyme.

38. *La Gazette de France*, juillet 1659

39. Daniel Dessert, *Fouquet*, 1987, p. 147.

40. *La Gazette de France*, 24 juillet 1660.

41. Loret, *La Muse historique*, lettre du 24 juillet 1660.

42. Mme de Montpensier, *Mémoires*, t. III, p. 489.

43. Collection Morel de Thoisy, vol. 401.

44. Loret, *La Muse historique*, lettre du 22 janvier 1661.

45. François Bluche, *Louis XIV*, 1986, p. 150.

46. *Ibid.*, p. 143.

47. Abbé de Choisy, *Mémoires pour servir à l'histoire de Louis XIV*, t. I, p. 105.

48. Charles Auguste de La Fare, *Mémoires et réflexions sur les principaux événements du règne de Louis XIV*, p. 259.

49. Loret, *La Muse historique*, lettre du 17 juillet 1661.

50. Nicolas Fouquet, *Œuvres...*, t. IX, p. 138.

51. Tallemant des Réaux, *Historiettes*, note p. 937.

52. BN, Mss, Fr. 7621, f° 27.

53. AN, MC, XCII, 201 : « La seconde un autre sous seing privé signé de Bevinghem en date du 20 février 1658 portant reconnaissance du remboursement de toutes les sommes reçues par ledit feu Sieur Wattel de lui et par ses ordres dont il l'acquitte sans réserve » et « la troisième missive dudit sieur Delorme écrites à Yvoy le 21 février par laquelle il marque avoir chargé ledit Sieur de Berighen de donner le billet qu'il envoie, inventoriez sur lesdites deux décharges. »

54. AN, MC, XCII, 201.

55. *Ibid.*

56. Collection Morel de Thoisy, vol. 401.

57. *Ibid.*

58. *Ibid.*

59. Nicolas Fouquet, *Œuvres...*, 1696, t. II, p. 79.

60. Jean Hérault de Gourville, *Mémoires*, 1698, t. I, p. 151.

61. Nicolas Fouquet, *Œuvres...*, 1696, t. XI, p. 79, 80.

62. *Ibid.*, t. IX, p. 138, 139.

Chapitre III
La fête de Vaux

1. *La Gazette de France*, 20 août 1661.

2. Loret, *La Muse historique*, lettre du 20 août 1661.

3. Jean de La Fontaine, *Œuvres diverses*, « Les merveilles de Vaux », p. 522-527. Cette lettre ne fut pas publiée par La Fontaine lui-même. Elle a paru pour la première fois dans les œuvres diverses (1729).

4. Mme de La Fayette, *Histoire de Mme Henriette d'Angleterre. Mémoires de Cour pour les années 1688-1689*, p. 168.

5. Abbé de Choisy, *Mémoires pour servir à l'histoire de Louis XIV*, t. I, p. 169-171.

6. *Ibid.*

7. BN, Recueil Morel de Thoisy, n° 402.

8. *Ibid.*

9. *Ibid.*

10. *Ibid.* Il s'agit du terre-plein d'Hercule.

11. *Ibid.*

12. L.S.R., *L'Art de bien traiter*, 1674, p. 360.

13. *Ibid.*, p. 373.

14. *Ibid.*, p. 369.

15. *Ibid.*, p. 372, 373.

16. *Ibid.*, p. 369-371.

17. *Ibid.*, p. 375.

18. Recueil Morel de Thoisy, n° 402, fol. 714.

19. Loret, *La Muse historique*, lettre du 20 août 1661.

20. Jean de La Fontaine, *Œuvres diverses*, « Les merveilles de Vaux », p. 524.

21. BN, Recueil Morel de Thoisy, n° 402.

22. Jean de La Fontaine, *Œuvres diverses*, « Les merveilles de Vaux », p. 527.

23. Edmond Bonnaffé, *Le Surintendant Foucquet*, 1882, p. 94-96.

24. Tallemant des Réaux, *Historiettes*, p. 303.

25. Jules Michelet, *Histoire de France*, t. XV, p. 39.

26. Abbé de Choisy, *Mémoires pour servir à l'hisoitre de Louis XIV*, t. I, p. 170-171.

27. *Ibid.*, p. 135, 136.

28. Louis XIV, *Mémoires, suivis de réflexions sur le métier de roi*, p. 81.

29. *Ibid.*, p. 9, 10.

30. Alexandre Dumas, *Le Vicomte de Bragelonne*, t. IV, p. 213.

31. Mme de La Fayette, *Histoire de Madame Henriette*, t. LXIV, p. 168.

32. Adolphe Cherruel, *Mémoires sur la vie publique et privée de Fouquet, surintendant des Finances*, 1862, t. II, p. 545.

33. Jules Michelet, *Histoire de France*, t. XV, p. 39.

Chapitre IV

Pour éviter un injuste traitement

1. Un souterrain partant de l'hôtel permet de gagner la rivière et donc Belle-Île.

2. BN, Mélanges Colbert, n° 106, lettre de Berryer à Colbert.

3. Jean de La Fontaine, *Œuvres diverses*, « La chute du surintendant », p. 528, lettre datée du samedi matin.

4. BN, Mss Fr. 7620, fol. 106.

5. AN, MC, XCII, 201, Inventaire après décès du 4 mai 1671.

6. Ceci grâce à l'organisation de Fouquet qui, chaque fois qu'il voyageait, avait l'habitude d'établir des relais de 7 lieues en 7 lieues sur la grande route.

7. BN, Mss Fr. 7620, fol. 106, et Edmond Bonnaffé, *Le Surintendant Fouquet*, 1882, p. 94-96.

8. On retrouva 1 494 969 livres dans l'ensemble des demeures dont 27 607 livres à Vaux d'après Daniel Dessert, *Fouquet*, 1987, p. 350.

9. Nicolas Fouquet, *Œuvres...*, 1696, t. XI, p. 79, 80.

10. Daniel Dessert, *Fouquet*, 1987, p. 382, note 25.

11. Ce chancelier avait parti contre le roi pendant la Fronde.

12. AN, AP, 156 MI 10, p. 5, 6.

13. Daniel Dessert, *Fouquet*, 1987, p. 248 et p. 383, note 41 : « Les papiers de Lefèvre d'Ormesson fournissent d'autres chiffres que ceux avancés par Talon d'après les comptes de Bernard : 804 628 l. pour les dépenses domestiques, 327 605 l. pour les dépenses de Saint-Mandé, 693 620 l. pour celles de Vaux et 226 904 l. en deniers comptants, donnés de la main à la main à Fouquet et à sa femme. »

14. *Ibid.*, p. 152 et p. 350. Jean-Christian Petitfils fournit, par une lecture différente des pièces, des chiffres un peu différents : l'actif se monterait à 180 004 553 livres et le passif à 16 213 807 livres, p. 545-546.

15. Nicolas Fouquet, *Œuvres...*, 1696, t. II, p. 324.

16. Jean Hérault de Gourville, *Mémoires*, 1698, t. I, p. 180-193.

17. Copie figurée de l'écrit trouvé dans le cabinet appelé « secret » de la maison de M. Fouquet, à Saint-Mandé, pièce inventoriée par MM. Lauzon, Poncet & de La Fosse, commissaires du roi et reconnue par M. Fouquet dans ses interrogatoires, écrite de sa main. Texte intégral du projet dans Daniel Dessert, *Fouquet*, 1987, annexe 4, p. 354-364.

18. *Ibid*, p. 254.

19. Nicolas Fouquet, *Œuvres...*, 1696, t. XIV, p. 9.

20. *Ibid.*, t. IX, p. 131.

21. *Ibid.*, p. 138, 139 : compte de Vatel arrêté le 1er janvier 1660.

22. *Ibid.*, p. 155.

23. Jean de La Fontaine, *Œuvres diverses*, « Les merveilles de Vaux », p. 505.

24. Nicolas Fouquet, *Œuvres...*, 1696, t. IX, p. 145.

25. *Ibid.*, t. XI, p. 219.

26. *Ibid.*, t. IX, p. 138.

27. *Ibid.*, p. 132.

28. *Ibid.*, p. 140. Le jour de son arrestation, il reste encore à Fouquet 678 750 livres à payer sur le prix des terres, 511 000 livres sur le prix des maisons. Les emprunts divers se montent à 11 700 000 livres.

29. AN, 156 MI 1ᵇⁱˢ, n° 1, fol. 13 et v°.

30. Jean Hérault de Gourville, *Mémoires*, 1696, t. I, p. 213.

31. Samuel Pepys, mémorialiste anglais (1633-1703).

32. Jean Moura, Paul Louvet, *La Vie de Vatel*, 1929, p. 172.

33. Barbara Wheaton, *L'Office et la Bouche*, 1983, p. 205.

34. Mme de Sévigné, *Lettres*, t. I, p. 78.

35. Nicolas Gervaise, *Fucquetus in vinculis. Ad Dei matrem*, s.l., s.d.

36. Dans une épître pompeuse, Corneille le remercie après l'échec de *Pertharite* de l'avoir ramené à la scène au bout de sept ans de silence, lorsque Fouquet lui proposa trois sujets au choix et parmi lesquels Corneille choisit la table d'Œdipe pour en faire une tragédie en 1659.

37. Nicolas Fouquet, *Œuvres...*, 1696, t. XIII, p. 41, 270, et t. XIV, p. 267.

38. *Ibid.*, t. XIII, p. 9.

39. *Ibid.*, p. 44.

40. Procès de Fouquet d'après Mme de Sévigné, in Récits jours de l'histoire, p. 316-336.

41. Nicolas Fouquet, *Œuvres...*, 1696, t. XIII, p. 9.

42. *Ibid.*, p. 45.

Chapitre V
Au service des Condé

1. AN, MC, XCII, 201 : « deux pièces attachées ensemble, la première est une quittance signée de Vailhac de la somme de 2 000 livres dudit sieur Wattel pour représenter les provisions quelconques qu'il aurait à lui faire pour raisons de tous les revenants biens qui lui provisions appartenir pendant tout le temps que le sieur Wattel l'avait exercée ladite charge d'argentier des services des écuries de Monsieur frère du Roi en date du 9 juillet 1665. La seconde est un état de compte faisant le sieur Bresson, au pied duquel il revenait que ledit sieur Wattel lui a payé la somme de 5 520 livres 9 sols pour certificat dudit compte en date du 9 juillet audit an 1665. »

2. D'après Mme de Motteville, citée dans la préface des *Mémoires* de Gourville, p. LXXVIII.

3. Jean Hérault de Gourville, *Mémoires*, 1698, t. II, p. 5.

4. François Bluche, *Louis XIV*, 1986, p. 135.

5. Lettre citée dans François Bluche, *Louis XIV*, p. 452.

6. AN, MC, XCII, 193, traité pour la fourniture des maisons de leurs A.S., 20 décembre 1669.

7. Katia Béguin, *Les Princes de Condé*, 1999, p. 249.

8. AN, MC, XCII, 193, traité pour la fourniture des maisons de leurs A.S., 20 décembre 1669.

9. Katia Béguin, *Les Princes de Condé*, 1999, p. 163.

10. AN, MC, XCII, 190 : marchés de janvier et février 1668.

11. AN, MC, XCII, 196.

12. AN, MC, XCII, 201.

13. François de La Rochefoucauld, *Œuvres complètes*, p. 358.

14. Corrado Fata, *Esprit de Saint-Simon*, 1954, p. 215.

15. Olivier Lefèvre d'Ormesson, *Journal*, t. II, p. 572.

16. Loret, *La Muse historique*, lettre du 29 septembre 1663.

17. Les trois premiers actes avaient été lus durant les Plaisirs de l'île enchantée, mais Louis XIV interdit la pièce. Entière, en cinq actes, elle fut rejouée au château du Raincy, le 29 septembre 1664. Mais l'autorisation de représenter *Tartuffe* en public ne fut accordée définitivement que le 5 février 1669.

18. Olivier Lefèvre d'Ormesson, *Journal*, t. I, p. 220.

19. Arthur Michel de Boislisle, *Trois Princes de Condé à Chantilly*, p. 64-68.

20. Jean Hérault de Gourville, *Mémoires*, 1698, t. II, p. 33-56.

21. D.M. Tissot, *Essai sur les maladies des gens du monde*, 1758, p. 82.

22. Cité par Nicolardot, *Histoire de la table*, p. 320.

23. Duc de Saint-Simon, *Mémoires*, t. III, p. 411.

24. AN, MC, XCII, 190 : marché du pain pour le roi en janvier 1668, marché du vin pour le roi, février 1668. Ces deux marchés démontrent que le roi est déjà venu à Chantilly.

Chapitre VI
L'ultime fête

1. Mme de Sévigné, *Lettres*, t. I, p. 224-225.

2. La Canardière, la partie ouest de la vallée de la Nonette située à l'extrémité ouest du canal.

3. Jean Hérault de Gourville, *Mémoires*, 1698, t. II, p. 39, 40.

4. *Ibid.*

5. *La Gazette de France* du 20 août 1661.

6. *Le Mercure galant*, février 1705.

7. *La Gazette de France* du 20 août 1661. Pour une meilleure compréhension, nous avons choisi de transcrire les deux textes en français actuel.

8. *Ibid.*

9. *Ibid.*

10. *Ibid.*

11. Jean Hérault de Gourville, *Mémoires*, 1698, t. II, p. 39, 40.

12. *La Gazette de France* du 20 août 1661.

13. Mlle de Montpensier, *Mémoires*, t. VI, p. 104.

14. Mme de Sévigné, *Lettres*, t. I, p. 235, 236.

15. Les jours maigres étaient alors le mercredi, le vendredi et le samedi ainsi que les veilles de grandes fêtes. Louis XIV ne manqua jamais un jour de maigre à moins de vraie et de très rare incommodité selon Saint-Simon.

16. AN, MC, XCII, 189, marché de pourvoirie du 11 avril 1668.

17. Mme de Sévigné, *Lettres*, t. I, p. 235, 236.

18. *Ibid.*

19. *La Gazette de France* du 20 août 1661.

20. *Ibid.*

21. Georges Mongrédien, *Le Grand Condé*, 1959, p. 73.

22. Jean Hérault de Gourville, *Mémoires*, 1698, t. II, p. 39, 40.

23. *Ibid.*

24. Corrado Fata, *Esprit de Saint-Simon*, 1954, p. 212, « *viada es sueno*, III, 8 ».

25. Arlette Jouanna, *Le Devoir de révolte*, 1989, p. 52.

26. Jean-Yves Patte, Jacqueline Queneau, *Mémoire gourmande de Mme de Sévigné*, Paris, 1996, p. 52.

27. Charles Pinot Duclos, *Considérations sur les mœurs de ce siècle*, 1768, p. 341.

28. Albert Desjardins, *Les Sentiments moraux au XVIᵉ siècle*, 1887, p. 145.

29. Pierre de Brantôme, *Œuvres du seigneur de Brantôme*, t. IV, p. 136.

30. François Bluche, *Louis XIV*, 1986, p. 275.

31. Molière, *Don Juan*, acte III, scène IV.

Chapitre VII
Inventaire après décès d'un homme de qualité

1. *Aune* : ancienne mesure de longueur (1,18 m puis 1,20 m) supprimée en 1840.

2. *Brocatelle* : ce mot désigne trois étoffes différentes ; la plus ancienne est un drap d'or ; puis on trouve la brocatelle de Flandres, étoffe de laine et de fil utilisée pour les housses de lit, pour les chaises et les tapisseries. Peu ornée, le plus souvent à petites fleurs ou petits carreaux, assez commune, on en rencontre un peu partout y compris dans l'inventaire des meubles de la Couronne en 1675. Enfin, arrive une troisième brocatelle italienne ou française, la plus cotée étant la vénitienne. L'inventaire des meubles de la Couronne en 1673 mentionne six tentures de cette belle étoffe (2 à fond blanc, 2 à aurore, 1 à vert et 1 à jaune et rouge) et cinq d'ameublement complet à ramages.

3. Annik Pardailhé-Galabrun, *La Naissance de l'intime : 3 000 foyers parisiens, XVIIᵉ-XVIIIᵉ siècle*, 1988, p. 369.

4. Ces tapisseries furent d'abord fabriquées à Bergame puis en France à Lyon dès 1622, et dans les villes du Nord comme Rouen, Lille, Amiens,

Tournai. En raison de son prix abordable – entre 1 livre et 10 livres l'aune –, elle jouit d'une grande faveur dans les milieux modestes. Les motifs varient : barres unies, barres chargées d'oiseaux et de fleurs, rayées, à points de Hongrie, c'est-à-dire avec chevrons. Sa chaîne ordinairement en chanvre lui confère une grande solidité. Les tapisseries d'Auvergne, d'Aubusson sont destinées aux milieux plus aisés.

5. AN, MC, XCII, 201 : « Premièrement une paire de chenets de fer, une poêle pincette et tenailles, prisés à 4 l. »

6. Annik Pardailhé-Galabrun, *La Naissance de l'intime : 3 000 foyers parisiens, XVIIᵉ-XVIIIᵉ siècle*, 1988, p. 287-292.

7. AN, MC, XCII, 201.

8. Daniel Roche, *La Culture des apparences*, 1989, p. 108.

9. Molière, *Le Bourgeois gentilhomme*, acte I, scène II.

10. Daniel Roche, *La Culture des apparences*, 1989, p. 130.

11. *Culotte* : « espèce de haut-de-chausses » *(Dictionnaire de l'Académie française).*

Justaucorps : « espèce de vêtement à manches, qui va jusqu'aux genoux et qui serre le corps » *(Dictionnaire de l'Académie française).*

Pourpoint : « partie d'un habit d'homme qui couvre le corps depuis le cou jusque vers la ceinture. On dit proverbialement d'un homme qui devient gros et gras, qu'il commence à remplir son pourpoint. Et d'un homme qui a fait un bon repas, qu'il a bien rempli son pourpoint » *(Dictionnaire de l'Académie française).*

Haut-de-chausses : « partie du vêtement qui couvre les cuisses, ce qui sert à couvrir les cuisses » *(Dictionnaire de l'Académie française).*

Veste : « sorte de longue robe, qui se met par-dessus les autres habits et se porte par les peuples du Levant. Se dit aussi d'une manière de longue camisole, qu'on porte sous le justaucorps, et qui sert comme de pourpoint » *(Dictionnaire de l'Académie française).*

12. Selon Daniel Roche, *La Culture des apparences*, 1989, p. 127, tableau 11 : « Couleurs et motifs vers 1700 ».

13. La camisole, sorte de chemisette, qui se met sous l'habit ordinaire qui couvre depuis la ceinture, jusqu'aux genoux ou jusqu'aux pieds, peut être de toile, de chamois, ou de futaine, d'étoffe de fil et de coton.

14. Daniel Roche, *La Culture des apparences*, 1989, p. 162.

15. La cravate est alors une sorte de mouchoir fait de toile ou de taffetas qui entoure le col et tient lieu de collet.

16. *Coquemar* : à l'origine petit vase à ventre arrondi, allant en se rétrécissant par en haut et muni d'une anse, d'un couvercle et parfois d'un goulot ; il devient dès le XVᵉ siècle un instrument indispensable du barbier qui figure dans le grand testament de François Villon, dans les comptes des ducs de Bourgogne en 1467. Présent dans l'inventaire de Catherine de Médicis en 1589 avec un bassin et deux petites écuelles pour se laver la bouche selon Henri Havard, *op. cit.*

17. Le peintre et valet de chambre du roi Jacques Linard possédait en 1663 « une table en équerre avec une cuvette de marbre blanc et rouge prisée dissimulée derrière un paravent ». Le demi-bain de cuivre rouge avec son culot et robinet sur châssis de bois inventorié dans un petit réduit chez le secrétaire des Finances, Roland Gruyn, représente le comble du raffinement en 1666. Voir Annik Pardailhé-Galabrun, *La Naissance de l'intime*, 1988, p. 355.

18. *Ibid.* 1988, p. 360.

19. Daniel Roche, *La Culture des apparences.* Dans la noblesse, sur une fortune mobilière totale de 62 000 livres, les biens d'usage représentaient 13 500 livres et les vêtements et linge 1 800 livres en 1700. Chez les domestiques, sur 4 200 livres de fortune mobilière, les biens d'usage se montaient à 550 livres et les vêtements et linge à 115 livres. Tableau 4 : « Valeur des garde-robes et du linge en 1770 », p. 95.

20. Katia Béguin, *Les Princes de Condé*, 1999, p. 233-236.

21. *Ibid.*, p. 250.

22. AN, MC, XCII, 201 : billet « signé Fouquet du 17 février 1661 par lequel le soussigné promet de payer au porteur une somme de 20 000 livres pour valeur [...] et un autre passé par ledit sieur Wattel par-devant Lenormand et Gigault notaires au Châtelet de Paris le 13 septembre 1661 par lequel le sieur Wattel déclare pour le respect qu'il portait au sieur Fouquet il ne s'est pas opposé à la levée des scellés apposés sur ses biens pour la somme de 20 000 livres dont il est son créancier ».

Chapitre VIII
Le parfait maître d'hôtel

1. Montaigne, *Essais I*, chap. 51.

2. Tallemant des Réaux, *Historiettes*, t. I, p. 427.

3. *L'Escole parfaite des officiers de bouche*, 1662, p. 1-13.

4. Audiger, *La Maison réglée*, 1692, rééd. 1995, p. 464-466.

5. Crespin, sieur, *L'Œconomie ou le vray advis pour se faire bien servir*, 1641, p. 23.

6. L.S.R., *L'Art de bien traiter*, p. 127.

7. Appelée aussi perce-pierre, noms de plusieurs plantes vivant sous les rochers ou les murs comme la criste-marine.

8. L.S.R., *L'Art de bien traiter*, p. 127

9. Crespin, sieur, *L'Œconomie ou le vray advis pour se faire bien servir*, 1641, p. 2.

10. AN, MC, XCII 190 : marché pour le pain du roi, janvier 1668 – marché pour le vin du roi, février 1668.

11. Nicolas de Bonnefons, *Les Délices de la campagne*, 1654, p. 384.

12. *Dictionnaire de l'Académie française*.

13. AN, MC, XCII 193, traité pour la fourniture des maisons de Leurs A.S., 20 décembre 1669.

14. Claude Fleury, abbé, *Les Devoirs des maîtres et des domestiques*, 1688, p. 13.

15. Philippe Ariès, *L'Enfant et la vie familiale sous l'Ancien Régime*, 1973, p. 448-450.

16. Crespin, sieur, *L'Œconomie ou le vray advis pour se faire bien servir*, 1641, p. 21.

17. *Ibid.*, p. 17.

18. Claude Fleury, abbé, *Les Devoirs des maîtres et des domestiques*, 1688, p. 227.

19. Crespin, sieur, *L'Œconomie ou le vray advis pour se faire bien servir*, 1641, p. 18.

20. Claude Fleury, abbé, *Les Devoirs des maîtres et des domestiques*, 1688, p. 185.

21. *Ibid.*, p. 177.

22. *Ibid.*, p. 187.

23. Audiger, *La Maison réglée*, 1692, rééd. 1995, p. 443.

24. Claude Fleury, abbé, *Les Devoirs des maîtres et des domestiques*, 1688, p. 14.

25. Massialot, *Le Cuisinier roïal et bourgeois*, 1691, p. 30.

26. Primi Visconti, *Mémoires sur la Cour de Louix XIV*, p. 104.

27. Françoise Sabban et Silvano Serventi, *La Gastronomie du Grand Siècle*, 1998, p. 35-44.

28. *Ibid.*, p. 43.

29. Crespin, sieur, *L'Œconomie ou le vray advis pour se faire bien servir*, 1641, p. 21.

30. Nicolas de Bonnefons, *Les Délices de la campagne*, 1654, p. 375-384.

31. Audiger, *La Maison réglée*, 1692, rééd. 1995, préface, p. 441-444.

32. Massialot, *Le Cuisinier roïal et bourgeois*, 1692, titre.

Chapitre IX
Le monde des cuisines

1. Désaugiers, Marc Antoine (1772-1827), chansonnier et vaudevilliste, président du Caveau dont les dîners avaient lieu au *Rocher de Cancale* in Robert J. Courtine et Jean Desmur, *Anthologie de la poésie gourmande*, p. 242.

2. Olivier de Serres, *Le Théâtre d'agriculture et le mesnage des champs*, 1600, p. 22-24.

3. La salle du commun destinée au personnel n'existe que dans les grandes maisons ; dans les maisons moyennes, les domestiques mangent dans les cuisines.

4. Louis Savot, *L'Architecture françoise des bastiments particuliers*, 1673, p. 42.

5. La Palatine, *Lettres de Mme la duchesse d'Orléans, née Princesse Palatine*, p. 112, 16 janvier 1695.

6. Hôtel de Claude d'Avaux (Saint-Aignan), 71, rue du Temple (1643-1648), plan gravé par Jean Marot d'après un dessin de Pierre Le Muet publié dans *Augmentations, supplément à la seconde édition de la Manière de bâtir*, Paris, 1647, pl. 26.

7. Hôtel Tubeuf, 16, rue Vivienne (1653-1655), plans gravés d'après le dessin de Pierre Le Muet dans le « Petit Marot », publié dans *Augmentations, supplément à la seconde édition de la Manière de bâtir*, Paris, 1647, pl. 26.

8. Zeev Gourarier, « La Mutation des comportements alimentaires », dans *Les Français à table*, 1985, p. 187-188.

9. L.S.R., *L'Art de bien traiter*, 1674, p. 65-70.

10. *Ibid.*, p. 65-70.

11. Raymond Lecoq, *Les Objets de la vie domestique, ustensiles en fer de la cuisine et du foyer des origines au XIXᵉ siècle*, 1979, p. 128.

12. Présente dès le XIVᵉ siècle dans tous les intérieurs riches ou pauvres, elle se différenciait du chaudron par sa taille et surtout par le couvercle à poignet, munie de trois pieds, anse mobile. Servant à chauffer l'eau y compris celle du bain de Jeanne de France (compte de l'argenterie de Charles VI en 1338), elle fut utilisée par la suite à des fins culinaires.

13. L.S.R., *L'Art de bien traiter*, 1674, p. 67, 68.

14. *Ibid.*, p. 69-71.

15. *Ibid.*

16. *Ibid.*

17. *Ibid.*

18. *Le Confiturier françois*, 1660, rééd. 1983, p. 499.

19. *Ibid.*, p. 492.

20. L.S.R., *L'Art de bien traiter*, 1674, p. 70.

21. *Ibid.*, p. 1, 2.

22. La Bruyère, *Les Caractères ou les mœurs de ce temps*, p. 148.

23. Audiger, *La Maison réglée*, rééd. 1995, p. 479.

24. L.S.R., *L'Art de bien traiter*, 1674, p. 383.

25. *Le Confiturier françois*, 1660, rééd. 1983, avertissement, p. 462.

26. Cependant, à cette époque, on utilise pour les confitures des casseroles de cuivre jaune ou rouge, alors que certaines marmites en cuisine sont en cuivre étamé. Ce choix rejoint peut-être plus le souci du beau. Le cuivre pur conserve en effet la couleur du fruit mais le vert-de-gris s'y développe, alors que l'étamé offre les avantages et les inconvénients contraires. Il est clair que dans le monde de l'office l'aspect extérieur du produit a longtemps joué au détriment de l'étamé.

27. Jean de La Quintinie, *Instructions pour les jardins fruitiers et potagers*, 1690, éd. de 1700, p. 219, 220.

28. Varron, *Économie rurale*, chap. LIX, p. 82.

29. Louis Savot, *L'Architecture françoise des bastiments particuliers*, 1673, p. 212-217.

30. Audiger, *La Maison réglée*, 1692, rééd. 1995, p. 478.

31. Georges Mongrédien, *La Vie quotidienne sous Louis XIV*, 1948, p. 586-589.

32. Audiger, *La Maison réglée*, 1692, rééd. 1995, p. 480.

33. *Ibid.*

34. Les hâteurs au Moyen Âge avaient sous leurs ordres des gamins de cuisine plus couramment appelés happelopins, puis galopins. En 1674, Olivier de La Marche cite « les happelopins et les enfants nourris sans gages à la cuisine doivent tourner les rôts, et faire tous les menus autres services qui appartiennent à la dite cuisine », in Raymond Lecoq, *Les Objets de la vie domestique, ustensiles en fer de la cuisine et du foyer des origines au XIX siècle*, 1979, p. 127.

35. Ce terme concerne aussi celui qui vend des viandes rôties ou prêtes à rôtir. Le rôtisseur en blanc est celui qui vend et fournit les viandes lardées prêtes à rôtir, mais qui ne les vend point rôties.

36. Audiger, *La Maison réglée*, rééd. 1995, p. 478.

Chapitre X
Naissance de la cuisine moderne

1. Brillat-Savarin, *Physiologie du goût*, aphorisme 9, p. 19.

2. Jean-François Revel, *La Sensibilité gastronomique de l'Antiquité à nos jours*, 1985, p. 178.

3. Pierre de Lune, *Le Nouveau Cuisinier*, 1656, p. 65 : entremets pour jours gras ou maigres.

4. Jean-Louis Flandrin, Philip et Mary Hyman, *Le Cuisinier françois*, 1660, rééd. 1983, p. 16, 17.

5. Pierre de Lune, *Le Nouveau Cuisinier*, 1656, p. 287 : entremets pour jours gras et maigres.

6. *Le Cuisinier méthodique*, 1660, p. 164.

7. Pierre de Lune, *Le Nouveau Cuisinier*, 1656, p. 36, 37 : entrée pour les mois de janvier, février et mars.

8. *Ibid.*, p. 160.

9. De 69 % à 72 % pour le Moyen Âge, elles passent de 50 à 60 % pour les XVIIᵉ et XVIIIᵉ siècles, d'après Jean-Louis Flandrin, *Histoire de l'alimentation*, 1996, p. 668.

10. La Varenne, *Le Cuisinier françois*, 1651, rééd. 1983, p. 140-141 : entrée qui peut se faire dans les campagnes ou les armées.

11. *Le Pastissier françois*, 1653, rééd. 1983, p. 445.

12. Jean-Louis Flandrin, Philip et Mary Hyman, *Le Cuisinier françois*, 1660, rééd. 1983, p. 21. Philip et Mary Hyman se réfèrent à l'article « Burrier » du *Thresor de la langue française*.

13. *Le Cuisinier méthodique*, 1660, p. 155.

14. Les quantités de sucre mises sur le marché européen passent de 70 000 arrobes en 1508 à 380 000 en 1570, 410 000 en 1580 et 1 240 000 en 1600, soit 16 000 tonnes selon les préfaciers de la réédition du *Cuisinier françois*, p. 32.

15. Pierre de Lune, *Le Nouveau Cuisinier*, 1656, p. 173-174 : potage maigre pour les mois d'avril, mai, juin.

16. L.S.R., *L'Art de bien traiter*, 1674, p. 58.

17. Pierre de Lune, *Le Nouveau Cuisinier*, 1656, p. 285.

18. Nicolas de Bonnefons, *Les Délices de la campagne*, 1654, p. 208 et 212.

19. L.S.R., *L'Art de bien traiter*, 1674, p. 56.

20. Massialot, *Le Cuisinier roïal et bourgeois*, 1691, p. 324 : la betterave, qui va donner une belle couleur, est pilée avec un morceau de citron, un peu de macarons, du sucre et de la cannelle. Le tout est incorporé dans un mélange d'œufs battus avec du lait et un peu de sel, puis cuit sur le feu avec un couvercle comme des œufs au lait.

21. L.S.R., *L'Art de bien traiter*, 1674, p. 141.

22. *Ibid.*, p. 55.

23. Boileau, « Satire III », v. 89-100, p. 77.

24. L.S.R., *L'Art de bien traiter*, 1674, p. 72.

25. Françoise Sabban, Silvano Serventi, *La Gastronomie au Grand Siècle*, 1998, p. 68.

26. La Varenne, *Le Cuisinier françois*, 1651, p. 114.

27. Massialot, *Le Cuisinier roïal et bourgeois*, 1691, p. 180.

28. La Varenne, *Le Cuisinier françois*, 1651, p. 141 : entrées qui peuvent se faire dans les armées ou à la campagne.

29. L.S.R., *L'Art de bien traiter*, 1674, p. 82.

30. *Ibid.*, p. 86.

31. *Ibid.*

32. Pierre de Lune, *Le Nouveau Cuisinier*, 1656, p. 129 : entrée de poisson pouvant se servir toute l'année.

33. Loret, *La Muse historique*, 19 octobre 1652.

34. L.S.R., *L'Art de bien traiter*, 1674, p. 192.

35. La Varenne, *Le Cuisinier françois*, 1651, rééd. 1983, p. 217 : potage maigre hors de carême.

36. *Le Pastissier françois*, 1653, rééd. 1983, p. 361.

37. Pierre de Lune, *Le Nouveau Cuisinier*, 1656, p. 142, 143.

38. Allen Grieco, *Classes sociales, nourriture et imaginaire alimentaire en Italie (XIVᵉ-XVIᵉ siècle)*, 1987.

39. Mme de Maintenon, *Correspondances*, t. III, p. 52.

40. Audiger, *La Maison réglée*, 1692, rééd. 1995, p. 532.

41. L.S.R., *L'Art de bien traiter*, 1654, p. 135, 136.

42. Françoise Sabban et Silvano Serventi, *La Gastronomie au Grand Siècle*, 1989, p. 65.

43. Pierre de Lune, *Le Nouveau Cuisinier*, 1656, p. 327 : entrée pour le vendredi saint.

44. *Ibid.*, p. 60 : entremets tant gras que maigre.

45. *Le Pastissier françois*, 1653, rééd. 1983, p. 381, 382.

46. Pierre de Lune, *Le Nouveau Cuisinier*, 1656, p. 154 : potage gras pour avril, mai et juin.

47. Nicolas de Bonnefons, *Les Délices de la campagne*, 1654, p. 1, 2.

48. D'après Charles-Estienne, in Jean-Louis Flandrin, *Chroniques de Platine*, p. 163.

49. La Varenne, *Le Cuisinier françois*, 1651, rééd. 1983, p. 238.

50. La Bruyère, *Les Caractères ou mœurs de ce siècle*, p. 408.

51. Jean-Louis Flandrin, « Diététique et gastronomie », 1993, p. 180.

52. Nicolas Venette, *L'Art de tailler les arbres fruitiers*, 1683, p. 26-31.

53. *Le Thresor de santé*, 1607, p. 437, 438.

54. L.S.R., *L'Art de bien traiter*, 1674, p. 336, 337.

55. Pierre de Lune, *Le Nouveau Cuisinier*, 1656, p. 200. De nos jours, Marc Meneau propose une recette édulcorée, servie froide, qui rafraîchit agréablement en été. Voici sa recette : Après avoir fait fondre 20 g de beurre et 30 g d'oignons hachés pendant 5 minutes, on ajoute la chair de deux melons coupés en gros morceaux. On passe ce mélange au mixer, on assaisonne de sel, poivre et herbes fraîches, et on laisse reposer au frais toute la nuit. Le jour même, on passe dans la poêle à feu vif dans laquelle on a versé de l'huile, des lamelles de melon, puis on les laisse refroidir sur un linge ou un papier absorbant. Au moment de servir, on sert le potage dans des tasses ou assiettes individuelles en les garnissant de lamelles de melon frit et de grains de grenade (*La Cuisine en fêtes*, 1986, p. 227).

56. Massialot, *Nouvelle Instruction pour les confitures*, 1692, p. 315.

57. *Ibid.*, p. 354-364.

58. Jean de La Quintinie, *Instructions pour les jardins fruitiers et les potagers*, 1690, p. 391.

59. L.S.R., *L'Art de bien traiter*, 1674, p. 343.

60. Grimod de La Reynière, *Almanach des gourmands*, 1802-1808, t. I, p. 219, et t. II, p. 49.

61. Olivier de Serres, *Le Théâtre d'agriculture et le mesnage des champs*, 1600, p. 843.

62. Audiger, *La Maison réglée*, 1693, rééd. 1995, p. 559.

63. *Le Confiturier françois*, 1660, rééd. 1983, p. 488-489.

64. Massialot, *Nouvelle Instruction pour les confitures*, 1692, p. 171.

65. Audiger, *La Maison réglée*, 1692, rééd. 1995, p. 553.

66. Guy Patin, *Lettres*, 1683.

67. Nicolas de Bonnefons, *Les Délices de la campagne*, 1654, p. 52.

68. *Ibid.*, p. 52, 53.

69. L.S.R., *L'Art de bien traiter*, 1674, p. 24.

70. *Ibid.*, p. 24-34.

71. La Varenne, *Le Cuisinier françois*, rééd. 1983, préface de Jean-Louis Flandrin et Philip et Mary Hyman.

72. *Ibid.*, p. 114.

73. *Ibid.*, p. 118 : potage pour jour gras.

74. *Ibid.*, p. 41-55.

75. La Varenne, *Le Cuisinier françois*, p. 157, 158 : entrée qui peut se faire dans les armées ou à la campagne. La cuisine maghrébo-andalouse au Moyen Âge utilisait ce type de cuisson dans des pots. Ainsi dans le « *Ras Mimun* » [la Tête de Mimun] : on mouille de la semoule avec de l'eau chaude puis on la pétrit vigoureusement, après avoir ajouté un peu de farine fine, du levain et du sel, puis on arrose la pâte peu à peu jusqu'à ce qu'elle devienne de consistance moyenne, on lui ajoute du beurre fondu et quatre œufs pour un Rtel de semoule, on laisse lever en l'aspergeant d'eau et de beurre fondu jusqu'à ce que la pâte se mélange. On prend un pot neuf verni et possédant un col, on fait couler à l'intérieur du beurre et de l'huile, on remplit de pâte jusqu'à la base du col seulement. On introduit dans le pot une bobine en roseau enduite de beurre, quand la pâte est levée — et cela se voit à ce qu'elle forme des bulles — on envoie le pot au four, on l'écarte du feu et on le laisse jusqu'à ce qu'il soit cuit à point, on le retire du feu, puis on casse le pot avec précaution, morceau par morceau jusqu'à ce qu'on n'obtienne qu'une seule pièce. Si c'est difficile, on verse dans le pot un peu de beurre fondu et on le manipule doucement pour dégager la pâte cuite sous la forme d'une tête humaine. On retire la bobine et on remplit le trou de miel et de beurre fondu ou de miel et de beurre, on pose le gâteau tel qu'il est dans un plat. On l'implante de pignons de pin propres, de pistaches et d'amandes, on verse dessus du beurre et du miel fondu, on saupoudre de sucre en poudre et on l'utilise si Dieu le transcendant le veut. » Recette communiquée par Mohamed Oubahli, d'après Ibn Razin, p. 38, 39, trad. M. Mezzine, p. 48, 49.

76. Jean-Louis Flandrin, Philip et Mary Hyman, dans *Le Cuisinier françois*, rééd. 1983, p. 41-55.

77. *Ibid.*, p. 191 : entremets pour les jours de viande.

78. Nicolas de Bonnefons, *Les Délices de la campagne*, 1654, p. 208-213.

79. *Ibid.*, p. 158.

80. Épître dédicatoire signé par Pierre David, l'éditeur.

81. Pierre de Lune, *Le Nouveau Cuisinier*, 1656 : autre advis au lecteur nécessaire de savoir.

82. *Ibid.*, p. 194 : entrée pour juillet, août, septembre.

83. Jean-Louis Flandrin, Philip et Mary Hyman, *Le Cuisinier françois*, 1660, rééd. 1983, p. 56-59.

84. L.S.R., *L'Art de bien traiter*, 1674, p. 1.

85. *Ibid.*, p. 1-7.

86. *Ibid.*, p. 95.

87. *Ibid.*, p. 92.

88. Massialot, *Le Cuisinier roïal et bourgeois*, préface de l'édition de 1705.
89. Barbara Wheaton, *L'Office et la Bouche*, 1984, p. 191.
90. Massialot, *Le Cuisinier roïal et bourgeois*, 1691, p. 227.
91. *Ibid.*, p. 295.
92. *Le Pastissier françois*, 1653, rééd. 1983, p. 360, 361.
93. Audiger, *La Maison réglée*, 1692, rééd. 1995, p. 468.

Chapitre XI
Le maître d'hôtel
ordonnateur des plaisirs de la table

1. Maurice des Ombiaux, *L'Art de manger et son histoire*, 1928.
2. *Girandole* : chandelier composé de plusieurs branches et bassinets qui aboutit en pointe.
3. L.S.R., *L'Art de bien traiter*, 1674, p. 1, 2.
4. *Le Mercure galant*, janvier 1680.
5. Nom figurant dans l'inventaire dressé à Vaux-le-Vicomte le 13 septembre 1661 ; le mot « salle à manger » figure également dans une quittance délivrée par Michel Villedo et Antoine Bergeron pour la somme de 3 200 livres qui leur restait due en raison des travaux de maçonnerie et de charpenterie. Quittance citée dans Jean Cordey, *Vaux-le-Vicomte*, 1925, p. 195.
6. Jean-Pierre Babelon, *Demeures parisiennes sous Henri IV et Louis XIII*, p. 200. Le Muet, *Manière de bien bastir pour toutes sortes de personnes*, 1623.
7. L.S.R., *L'Art de bien traiter*, 1674, p. 19.
8. Nicolas de Bonnefons, *Les Délices de la campagne*, 1654, p. 373.
9. D'après Carême étudiant un plan de La Chapelle : dix-huit pouces pour le placement de chaque personne.
10. Nicolas Boileau, « Satire III », p. 76, lignes 48-51.
11. BN, ms fr. 7620, fol. 106.
12. AN, MC, XCII, 189 : mémoire de vaisselle dressé le 12 décembre 1667.
13. *Dictionnaire de l'Académie française*, 1694, qui au mot « assiette » renvoie au mot « seoir ».
14. Jean-Claude Bonnet, *La Table dans les civilités*, 1977, p. 100.
15. *L'Escole parfaite des officiers de bouche : Le Sommelier royal*, 1662, p. 78-94.
16. Henri Havard, *Dictionnaire de l'ameublement et de la décoration depuis le xIIIᵉ siècle jusqu'à nos jours*, 1887-1890.
17. Une douzaine et huit assiettes de terre, façon jaspe, seize assiettes de terre blanche selon Henri Havard, *ibid.*

18. Le 26 avril 1672 : « Interdiction de vendre de la vaisselle d'or ; des bassins d'argent excédant le poids de douze livres, des plats excédant huit marcs, et toutes autres vaisselles ou pièces d'argenterie pour l'usage des tables, excédant le dit poids de huit marcs. » Cette interdiction s'étend aussi aux sceaux, buires, cuvettes et autres vases d'argent servant d'ornement de buffet, aux feux d'argent, braziers, chandeliers à branche, girandoles, miroirs, cabinets, tables, guéridons, paniers, corbeilles, urnes et tous autres ustensiles garnis d'argent massif. Renouvelée une première fois le 10 février 1687, elle est complétée le 14 décembre 1689 par une obligation faite à toutes personnes de quelque qualité et condition de porter tous ces objets à l'hôtel des monnaies avec en plus les caisses d'orange, les carafons, les marmites et casseroles de tout poids, les flacons et les bouteilles. Voir Nicolas de La Mare, *Traité de police*, 1705-1738, p. 409.

19. *L'Escole parfaite des officiers de bouche : Le Sommelier royal*, 1962, p. 78-94.

20. *Ibid.*

21. Thomas Artus, sieur d'Embry, *La Description de l'isle des Hermaphrodites*, 1724, p. 105-107.

22. L.S.R., *L'Art de bien traiter*, 1674, p. 21, 22.

23. Mathias Giegher, *Nel primo si monstra con facilita grande il modo di piegare ogni sorte di panni*, Padoue, 1621.

24. *L'Escole parfaite des officiers de bouche : Le Sommelier royal*, 1662, p. 78-94.

25. *Ibid.*

26. Le « surtout », ou milieu de table, est en général orné de fleurs ou d'agrumes. On y place le sucrier, l'huilier et la salière.

27. À Versailles, Louis XIV possède deux cuvettes de forme ovale à deux anses en vermeil, divisées intérieurement en compartiments ronds pour recevoir les bouteilles, AN 01★3306, fol. 363.

28. Jean Hérauld de Gourville, *Mémoires*, 1698, t. II, p. 105.

29. L.S.R., *L'Art de bien traiter*, 1674, p. 301.

30. Dans les menus, le mot « fruicterie » était employé dès la fin du XVe siècle pour désigner le dessert. Aux XVIIe et XVIIIe siècles, on le remplace par le mot « fruit » ou « dessert », mais celui-ci passe alors pour bourgeois.

31. Nicolas de Bonnefons, *Les Délices de la campagne*, 1654, p. 373-379.

32. AN, MC, XCII, 193 : traité pour la fourniture des maisons de Leurs A.S., 20 décembre 1669.

33. *Le Mercure galant*, janvier 1680.

34. L.S.R., *L'Art de bien traiter*, 1674, p. 3.

35. Massialot, *Le Cuisinier roïal et bourgeois*, éd. de 1705, p. 2.

36. Nicolas de Bonnefons, *Les Délices de campagne*, 1654, p. 375, 376.

37. Crespin, *L'Œconomie ou le vray advis pour se faire bien servir*, 1641, p. 18.

38. Nicolas de Bonnefons, *Les Délices de campagne*, 1654, p. 382.

39. Massialot, *Le Cuisinier roïal et bourgeois*, 1691, p. 16, 17 : repas du 10 avril 1690 chez le marquis d'Arci ci-devant ambassadeur du roi à Turin et à présent gouverneur de M. le duc de Chartres.

40. Audiger, *La Maison réglée*, 1692, rééd. 1995, p. 470.

41. *Le Mercure galant*, avril 1698.

42. Un grand plat mesure 16 pouces et demi ; un moyen, 15 pouces, et un petit 12 pouces ; les assiettes à hors-d'œuvre : 10 pouces un quart selon Massialot, *Le Cuisinier roïal et bourgeois*, éd. 1701. Les bassins de fruits crus ovales mesuraient 21 pouces de long, les plats de confitures sèches 20 pouces au mariage de Mlle de Blois en 1680 pour une table de 54 pieds de long et 8 pieds de large.

43. *Saucière ou saussière* : ce type existait depuis le XIIᵉ siècle sous le nom de sausseron ou saussier. Jusqu'au XIIIᵉ siècle, elles sont toujours en argent oʼ étain.

44. Plat présent dans l'inventaire de l'orfèvrerie royale de 1671.

45. *Le Mercure galant*, octobre 1677, noce du comte de Beringhen et de Mlle d'Aumont.

46. Mme de Sévigné, *Lettres*, 5 août 1671, t. I, p. 313.

47. Massialot, *Nouvelle Instruction pour les confitures*, 1692, p. 336

48. Audiger, *La Maison réglée*, 1692, rééd. 1995, p. 554.

49. Massialot, *Nouvelle Instruction pour les confitures*, 1692.

50. Jean de La Quintinie, *Instructions pour les jardins fruitiers et les potagers*, 1690, p. 256, 257.

51. Massialot, *Le Cuisinier roïal et bourgeois*, 1705, p. 2-8.

52. *Ibid.*

53. Nicolas de Bonnefons, *Les Délices de la campagne*, 1654, p. 375.

54. Boileau, « Satire III », p. 79, lignes 151, 152.

55. Nicolas de Bonnefons, *Les Délices de la campagne*, 1654, p. 375.

56. *La Civilité nouvelle*, 1667, p. 220.

57. Marquis de Coulanges, *Recueil de chansons choisies*, t. I, p. 161.

58. Dangeau, *Journal*, t. III, p. 127.

59. Boileau, « Satire III », p. 79, lignes 139-141.

60. L.S.R., *L'Art de bien traiter*, 1674, p. 346.

61. *Ibid.*

62. *Le Mercure galant*, octobre 1677.

63. *Ibid.*, février 1680.

64. La Palatine, *Lettres de Mme la duchesse d'Orléans, née Princesse Palatine*, p. 254, 255 : du 23 février 1707.

65. L.S.R., *L'Art de bien traiter*, 1674, p. 303.

66. Tallemant des Réaux, *Historiettes*, t. II, p. 622.

67. Dangeau, *Journal*, t. VIII, p. 297, 21 janvier 1702.

68. Antoine de Courtin, *Le Nouveau Traité de civilité qui se pratique en France parmi les honnestes gens*, 1671, p. 226.

69. Bruno Laurioux, *Le Moyen Âge à table*, 1989, p. 119.

70. Louis Douet d'Arcq, *Les Comptes de l'hôtel des rois de France aux XIVᵉ et XVᵉ siècles*, 1865, p. 26.

71. Olivier Lefèvre d'Ormesson, *Journal*, t. II, p. 572.

72. Loret, *La Muse historique*, lettre 34 du 26 août 1656.

73. Sorte de jeu composé de treize portes et d'autant de galeries auquel on joue avec treize petites boules.

74. *Le Mercure galant*, juillet 1681.

75. L.S.R., *L'Art de bien traiter*, 1674, p. 320-322.

76. *Ibid.*, p. 322.

Chapitre XII
Savoir manger

1. Marquis de Coulanges, dans A. Franklin, *La Vie privée d'autrefois. Les repas*, 1889, p. 42.

2. Jean-Louis Flandrin, « La distinction par le goût », dans *Histoire de la vie privée*, 1986, p. 268, 269.

3. Jacques Revel, « Les usages de la civilité » dans *Histoire de la vie privée*, 1986, p. 186-209.

4. Contenance de la table du XVᵉ siècle.

5. *Le Mesnagier de Paris*, 1393, rééd. 1994, t. II, p. 247.

6. Jean Héroard, *Journal de Jean Héroard sur l'enfance et la jeunesse de Louis XIII*, 9 juillet 1605.

7. *La Civilité nouvelle*, 1667, p. 219.

8. Antoine de Courtin, *Nouveau Traité de civilité qui se pratique en France parmi les honnestes gens*, 1671, p. 101.

9. La Bruyère, *Les Caractères ou les mœurs de ce siècle*, XII, p. 121.

10. Molière, *L'Étourdi*, acte IV, scène IV.

11. Molière, *Le Tartuffe*, acte I, scène II.

12. Antoine de Courtin, *Nouveau Traité de civilité qui se pratique en France parmi les honnestes gens*, 1671, p. 239.

13. *Ibid.*, p. 234.

14. *Ibid.*, p. 233.

15. Molière, *Le Tartuffe*, acte I, scène II.

16. La Bruyère, *Les Caractères ou les mœurs de ce siècle*, XI, p. 121.

17. Molière, *Don Juan*, acte IV, scène V, p. 143, et scène VII.

18. Érasme, *La Civilité puérile*, 1613, dans A. Franklin, *La Vie privée d'autrefois. Les repas*, 1889, p. 51.

19. Antoine de Courtin, *Nouveau Traité de civilité qui se pratique en France parmi les honnestes gens*, 1671, p. 236.

20. Jean-Claude Bonnet, *La Table dans les civilités*, 1977, p. 100.

21. Antoine de Courtin, *Nouveau Traité de civilité qui se pratique en France parmi les honnestes gens*, 1671, p. 236.

22. *Ibid.*, p. 231.

23. *Ibid.*, p. 234.

24. *Ibid.*, p. 231.

25. *Ibid.*, p. 236.

26. Tallemant des Réaux, *Historiettes*, t. I, p. 615.

27. Antoine Furetière, *Le Roman bourgeois*, 1666, p. 959.

28. Antoine de Courtin, *Nouveau Traité de civilité qui se pratique en France parmi les honnestes gens*, 1671, p. 233.

29. Lettre de M. de Coulanges adressée à Mme de Sévigné, in *Lettres*, t. I, p. 161.

30. La Bruyère, *Les Caractères ou les mœurs de ce siècle*, XI, 7.

31. Antoine de Courtin, *Nouveau Traité de civilité qui se pratique en France parmi les honnestes gens*, 1671, p. 233.

32. *Ibid.*, p. 232.

33. *Ibid.*, p. 233.

34. Loret, *La Muse historique*, 23 avril 1651.

35. Mlle de Motteville, *Mémoires pour servir à l'histoire d'Anne d'Autriche*, 1982.

36. Paul Scarron, *Virgile travesti*, livre I, 1759, p. 79.

37. Antoine de Courtin, *Nouveau Traité de civilité qui se pratique en France parmi les honnestes gens*, 1671, p. 239.

38. *Ibid.*, p. 234.

39. *Ibid.*, p. 235.

40. *La Civilité nouvelle*, 1667, p. 222, 223.

41. Jean-Baptiste de La Salle, *Les Règles de la bienséance et de la civilité chrétienne*, 1782, p. 275.

42. Mme de Sévigné, *Lettres*, 4 août 1680, p. 308.

43. *Ibid.*, vendredi 29 mars 1680.

44. Antoine de Courtin, *Nouveau Traité de civilité qui se pratique en France parmi les honnestes gens*, 1671, p. 237.

45. *Ibid.*

46. Théodore Zeldin, *Histoire des passions françaises*, 1978, t. II, p. 448.

47. La Bruyère, *Les Caractères ou les mœurs de ce siècle*, V, p. 12.

48. Antoine de Courtin, *Nouveau Traité de civilité qui se pratique en France parmi les honnestes gens*, 1671, p. 240.

49. *Ibid.*

50. Duc de Saint-Simon, *Mémoires*, t. I, p. 263.

51. L.S.R., *L'Art de bien traiter*, 1674, p. 302-304.

52. Molière, *L'Avare*, acte III, scène v.

53. La Palatine, *Lettres de Mme la duchesse d'Orléans, née Princesse Palatine*, t. I, p. 281 et p. 146.

54. Duc de Saint-Simon, *Mémoires*, t. III, p. 134.

55. La Palatine, *Lettre de Mme la duchesse d'Orléans, née Princesse Palatine*, t. II, p. 37, lettre du 5 décembre 1718.

56. Duc de Saint-Simon, *Mémoires*, t. I, p. 86, samedi 19 mars 1701.

57. *Ibid.*, p. 867.

58. La Palatine, *Lettres de Mme la duchesse d'Orléans, née Princesse Palatine*, p. 295, lettre du 14 décembre 1710.

59. Antoine Vallot, Antoine d'Aquin, Guy Crescent Fagon, *Journal de la santé du roi Louis XIV de l'année 1647 à l'année 1711*, p. 304.

60. Michèle Caroly, *Le Corps du Roi-Soleil*, 1991, p. 80.

61. *État de la France*, 1699, p. 101, 1712, t. I, p. 262, et Antoine Vallot, Antoine d'Aquin, Guy Fagon, *Journal de la santé du roi Louis XIV de l'année 1647 à l'année 1711*, p. 233.

62. *État de la France*, 1694, p. 105.

63. *Ibid.*, p. 85 : « Sous ce ser d'eau sont encore d'autres garçons qui servent à cet office et les valets des gentilshommes servants mangent après eux de leur desserte. »

64. Duc de Saint-Simon, *Mémoires*, 1695, p. 245.

65. Duc de Saint-Simon, *Mémoires*, t. V, p. 411.

66. *Ibid.*

67. Massialot, *Le Cuisinier roïal et bourgeois*, 1692, p. 140.

68. La Palatine, *Lettres de Mme la duchesse d'Orléans, née Princesse Palatine*, t. I, p. 329, 22 janvier 1713.

69. *Versailles et les tables royales en Europe*, 1994, note 73.

70. Jean de La Quintinie, *Instructions pour les arbres fruitiers*, 1690, t. I, p. 116.

71. *Ibid.*, p. 236.

72. Duc de Saint-Simon, *La Cour*, p. 438.

73. Antoine Vallot, Antoine d'Aquin, Guy Fagon, *Journal de la santé du roi Louis XIV de l'année 1647 à l'année 1711*, p. 71 et 11.

74. Michèle Caroly, *Le Corps du Roi-Soleil*, 1991, p. 54.

75. *État de la France*, 1694, p. 99 et p. 106.

76. *Ibid.*, 1674, p. 124.

77. Michèle Caroly, *Le Corps du Roi-Soleil*, 1991, p. 61.

78. *Ibid.*, p. 102.

79. *État de la France*, 1694, p. 107, et duc de Saint-Simon, *Mémoires*, t. II, p. 676.

80. AN, KK 01-547 : code des officiers du Roy, p. 3 et 4.

81. Louis XIV, *Mémoires, suivis de réflexions sur le métier de roi*, p. 15.

82. *Étiquette* : il s'agit pour le dictionnaire Furetière des placets ou mémoires qu'on donne au premier huissier pour appeler les causes à l'audience du Grand Conseil. Dans le Littré de 1891 : cérémonial de la Cour noté sur un formulaire. Mme d'Aulnoy : relation d'un voyage en Espagne, « j'ai appris qu'il y a certaines règles établies par le roi que l'on suit depuis plus d'un siècle, sans s'en éloigner en aucune manière. On les appelle les étiquettes du palais ».

83. Norbert Élias, *La Société de Cour*, 1974, p. 84.

84. *État de la France*, 1692, p. 280, 281.

85. Des grands couverts eurent lieu dans l'antichambre de la reine jusqu'à sa mort, puis jusqu'à la mort de la Dauphine en 1690. Il passe alors chez le roi, dans sa première antichambre. Lorsque le roi mangeait chez la reine, les deux

offices bouche fournissaient les plats : la reine et les convives placés de son côté mangeaient les plats préparés par l'office bouche de la reine. Le roi et les personnes assises de son côté avaient les plats de l'office bouche du roi.

86. Avant 1664, celle-ci prenait place sur la table royale, puis, « voulant faire manger avec lui sa famille royale devenue plus nombreuse, la table se trouvant embarrassée de la nef, il [Louis XIV] ordonna qu'elle fût portée et mise dans la salle des gardes sur une table qui serait une espèce d'entrepôt de sa table » ; la nef ne revient alors sur la table du roi que dans les grandes occasions.

87. *Versailles et les tables royales en Europe*, 1994, p. 48-51.

88. Le cadenas, également en usage chez les princes, ducs et pairs, est installé à droite de l'assiette. Ce petit coffre de métal précieux est destiné à enfermer les couverts et cure-dents, les protégeant ainsi de toute tentative d'empoisonnement.

89. *État de la France*, 1694, p. 78.

90. *Ibid.*, p. 80, 81 : règlement du 5 septembre 1676.

91. Duc de Saint-Simon, *Mémoires*, année 1697, p. 365.

92. *Versailles et les tables royales en Europe*, 1994, cité par B. Perrin, p. 169, note 73, p. 66.

93. *Le Mercure galant*, octobre 1707.

94. Alfred Franklin, *La Vie privée d'autrefois. La cuisine*, 1888, p. 179.

95. Le 27 décembre 1619, lorsque Louis de Bourbon, en vertu de son office de grand maître de la Maison du roi, présenta la serviette à Louis XIII qui était en train de souper, Condé voulut lui arracher des mains et la lui donner lui-même comme premier prince de sang. La serviette du souverain était l'un de ces objets symboliques qui signifiaient la faveur royale et les honneurs rendus à la qualité. In Arlette Jouanna, *Le Devoir de révolte*, 1989, p. 241.

96. *État de la France*, 1694, p. 84, et *ibid.*, 1682, p. 54.

97. *Ibid.*, 1694, p. 82, 83.

98. Duc de Saint-Simon, *Mémoires*, t. III, p. 141, 142.

99. *Versailles et les tables royales en Europe*, 1994, note 26, p. 65.

100. Duc de Saint-Simon, *Mémoires*, t. V, p. 605-609.

101. *Ibid.*

102. *Ibid.*, p. 610-612.

103. Olivier Lefèvre d'Ormesson, *Journal*, t. II, p. 199.

104. Duc de Saint-Simon, *Mémoires*, t. III, p. 141, 142.

105. *Ibid.*, p. 26

106. *Ibid.*, p. 108.

107. La Palatine, *Lettres de Mme la duchesse d'Orléans, née Princesse Palatine*, t. I, p. 79 : 16 mai 1705.

108. Duc de Saint-Simon, *Mémoires*, t. I, p. 263.

109. Michel de Grèce, *Louis XIV*, 1979, p. 265.

110. Duc de Saint-Simon, *Mémoires*, t. III, p. 887.

111. Jean-Robert Pitte, *Gastronomie française*, 1991, p. 125-128.

Bibliographie

SOURCES MANUSCRITES

Archives nationales

Minutier central

AN, MC, XCII, 169, 187, 189, 190, 193, 196, 201 : étude de maître... papiers concernant les Condé.

AN, MC, LI : étude de Me Jérôme Cousinet, notaire des Fouquet : cartons 505 à 644, 534, 536.

AN, AP, Fonds d'Ormesson microfilms 156 MI 6 à 156 MI 30.

Maison du roi

O1 3241 et O1 3242 : fêtes diverses.

O1 3259 : descriptions et relations de fêtes, cérémonies, tirées des gazettes et parfois accompagnées de leur compte.

O1 3260 et 3261 : cérémonies et fêtes pour les naissances, baptême, mariage à la cour.

O1 3263 : fêtes en plein air, régales, réjouissances publiques de 1605 à 1752.

O1 3264 : carnavals, bals, ballets.

Monuments historiques

KK 01-547 : code des officiers du Roy, pp. 3 et 4.

KK 204 1 à 204 13 : Louis XIV.

KK 207 : compte de la chambre aux deniers, 1657.

KK 207.b : dépenses de la chambre aux deniers, 1671 à 1674.

KK 209 : comptes de la maison du Roi 1656.

Juridictions spéciales

Z1a.522 : Cour des aides de Paris. Maison des princes de Condé : gentilshommes et officiers.

Bibliothèque nationale de France

Fonds Français : 7620, 7621-7628, 9438, 10958.
Cinq-Cents Colbert : vol. 235.
Mélanges Colbert : 106.
Collection Morel de Thoisy : vol. 401 et 402.

SOURCES IMPRIMÉES

Ouvrages culinaires (1651-1692)

AUDIGER, N., *La Maison réglée et l'Art de diriger la maison d'un grand seigneur et autres, tant à la ville qu'à la campagne et le devoir de tous les officiers et autres domestiques en général, avec la véritable méthode de faire toutes sortes d'essence d'eaux et de liqueurs fortes et rafraîchissantes à la mode d'Italie*, Paris, 1692.

BONNEFONS, N. de, *Le Jardinier françois qui enseigne à cultiver les arbres, & herbes potagères. Avec la manière de conserver les fruits, & faire toutes sortes de confitures, conserves et massepains. Dédié aux dames*, Paris, 1651.

—, *Les Délices de la campagne. Suitte du jardinier françois où est enseigné à préparer pour l'usage de la vie tout ce qui croist sur la terre et dans les eaux. Dédié aux dames mésnagères*, Paris, 1654.

Le Confiturier françois où est enseigné la manière de faire toutes sortes de confiture, dragées, liqueurs et breuvages agréables. Ensemble la manière de plier le linge de table, et en faire toutes sortes de figures, Paris, 1660.

Le Cuisinier méthodique, où est enseigné la manière d'apprester toute sorte de viandes, poissons, légumes, salades et autres curiositez, utile à toute sorte de personnes, Paris, 1660.

L'Escole parfaite des officiers de bouche contenant Le Vray Maistre d'hostel, Le Grand Escuyer tranchant, Le Sommelier royal, Le Confiturier royal, Le Cuisinier royal et Le Patissier royal, Paris, 1662.

L'Escole des ragousts, ou le chef d'œuvre du cuisinier, du patissier, et du confiturier. Où est enseigné la manière d'apprêter toutes sortes de viandes, de faire toutes sortes de patisseries, & de confitures, Lyon, 1668.

LA VARENNE, F. de, *Le Cuisinier françois, enseignant la manière de bien apprester et assaisonner toutes sortes de viandes grasses et maigres, légumes, pâtisseries et autres mets qui se servent tant sur la table des grands que des particuliers. Par le sieur de la Varenne, escuyer de la cuisine de monsieur le marquis d'Uxelles*, Paris, 1651.

—, *Le Parfaict Confiturier, qui enseigne à bien faire toutes les confitures tant seiches que liquides, de compotes, de fruicts, de sallades, de dragées, breuvages délicieux et autres délicatesses de la bouche*, Paris, 1667

L.S.R., *L'Art de bien traiter, divisé en trois parties. Ouvrage nouveau, curieux, et fort galant utile à toutes les personnes et conditions. Exactement recherché, et mis en lumière par L.S.R.*, Paris, 1674.

LUNE, P. de, *Le Nouveau Cuisinier ou il est traitté de la véritable méthode pour apprester toutes sortes de viandes, gibbier, volatilles, poissons tant de mer que d'eau douce. Suivant les quatre saisons de l'année. Ensemble de la manière de faire toutes sortes de patisseries, tant froides que chaudes, en perfection. Par le Sieur de Pierre de Lune, escuyer de cuisine de feu monsieur le duc de Rohan*, Paris, 1656.

—, *Le Nouveau et Parfait Maistre d'hostel royal, enseignant la manière de couvrir les tables dans les ordinaires et festins, tant en viande qu'en poisson, suivant les quatre saisons de l'année. Le tout représenté par un grand nombre de figures. Ensemble un nouveau cuisinier à l'espagnole contenant une nouvelle façon d'apprester toutes sortes de mets tant en chair qu'en poisson, d'une méthode fort agréable par le sieur Pierre de Lune, escuyer de cuisine de feu monsieur le duc de Rohan*, Paris, 1662.

Le Maistre d'hostel qui apprend l'ordre de bien servir sur une table et d'y ranger les services. Ensemble Le Sommelier qui enseigne la manière de bien plier le linge en plusieurs figures. Et à faire toutes sortes de confitures, tant seiches que liquides. Comme aussi toutes sortes de dragées, & autres gentillesses fort utiles à tout le monde. Avec une table alphabétique des matières qui sont trai-tées dans ce livre, Paris, 1659.

MASSIALOT, F., *Le Cuisinier roïal et bourgeois, qui apprend à ordonner toutes sortes de repas, & la meilleure manière des ragoûts les plus à la mode & les plus exquis. Ouvrage très utile dans les familles & singulièrement nécessaire à tous maîtres d'hôtel & écuïers de cuisine*, Paris, 1691.

—, *Nouvelle Instruction pour les confitures et les liqueurs et les fruits. Avec la manière de bien ordonner un dessert, et tout le reste qui est du devoir des maîtres d'hôtels, sommeliers, confiseurs et autres officiers de bouche. Suite du cuisinier roïal et bourgeois, également utile dans les familles pour savoir ce que l'on sert de plus à la mode dans les repas, et en autres occasions*, Paris, 1692.

Le Pastissier françois, où est enseigné la manière de faire toutes sortes de pastis-series, trés-utile à toutes personnes. Ensemble le moyen d'apprester les œufs pour les jours maigres, & autres, en plus de soixante façons, Paris, 1653.

Traité de confiture ou le nouveau et parfait confiturier ; qui enseigne la manière de bien faire toutes sortes de confitures tant seches que liquides, au sucre, a demi-sucre et sans sucre, au miel, au moust, à l'eau, sel et vinaigre. Des composites, des pastes, des sirops et gelées de toutes sortes de fruits : des dragées, des biscuits, macaron et massepain. Des breuvages délicieux, des eaux de liqueur de toute façon et plusieurs autres délicatesses de la bouche. Avec les instructions et devoirs des chefs d'office de fruiterie et de sommelerie, Paris, 1689.

Pour *La Maison réglée* d'Audiger, nous avons utilisé le texte paru dans *L'Art de la cuisine française au xviiᵉ siècle* qui contient également *Le Nouveau Cuisinier* de Pierre de Lune et *L'Art de bien traiter* de L.S.R.

Pour *Le Cuisinier françois* de La Varenne, nous avons utilisé la réédition intégrale de Jean-Louis Flandrin, Philip et Mary Hyman qui contient également *Le Confiturier françois* et *Le Pastissier françois* (*Le Cuisinier françois*, Paris, Montalba, 1983).

Autres sources

APOSTOLIDÈS, J.-M., *Le Roi-machine : spectacle et politique au temps de Louis XI*, Paris, 1981.

ARIÈS, Ph., *L'Enfant et la vie familiale sous l'Ancien Régime*, Paris, 1973.

L'Art de la cuisine française au xviiᵉ siècle, éd. G. et L. Laurendon, Paris, 1989.

ARTUS, T., sieur d'Embry, *Description de l'isle des Hermaphrodites... pour servir de supplément au journal d'Henri III*, Cologne, 1724.

ATTUEL, J.-C., *Le Procès Fouquet et Olivier d'Ormesson. L'honneur et l'indépendance des juges*, Paris, 1987.

AUMALE, H., duc d', *Histoire des princes de Condé pendant les xviᵉ et xviiᵉ siècles*, Paris, 1896.

BABEAU, A., *Les Artisans et les domestiques d'autrefois*, Paris, 1886.

BABELON, J.-P., *Demeures parisiennes sous Henri IV et Louis XIII*, Paris, 1991.

BAYARD, F., *Le Monde des financiers au xviiᵉ siècle*, Paris, 1988.

BÉGUIN, K., *Les Princes de Condé. Rebelles, courtisans et mécènes dans la France du Grand Siècle*, Seyssel, 1999.

BERCHOUX, J. de, *La Gastronomie ou l'homme des champs à table, poème, suivie de poésies furtives de l'auteur*, Paris, 1805.

BERTRAND, L., *Louis XIV*, Paris, 1924.

BESCHERELLE, L.-N., *Dictionnaire national ou Dictionnaire de la langue française*, Paris, 1853.

BIZY, C., *La Diversité des goûts alimentaires en France, Angleterre et Espagne, à l'époque moderne*, D.E.A., Paris-VIII, 1993.

BLEGNY, N. de, *Le Livre commode contenant les adresses de Paris et le trésor des almanachs pour l'année bissextile 1692*, Paris, 1692.

BLONDEL, J.-F., *De la distribution des maisons de plaisance et de la décoration des édifices en général*, Paris, 1737-1738, 2 vol.

BLUCHE, F., *Louis XIV*, Paris, 1986.

BOILEAU, N., *Satires*, texte annoté, Paris, La Pléiade, 1966.

BOISLISLE, A. de, « Trois Princes de Condé à Chantilly », *Annuaire-bulletin de la Société de l'histoire de France*, Paris, 1904.

BONNAFFÉ, E., *Le Surintendant Foucquet*, Paris, 1882.

BONNET, C., « La table dans les civilités », dans *La Qualité de la vie au XVIIe siècle*, VIIe colloque de Marseille, numéro spécial de la revue *Marseille*, 1977.

BOUILLET, M.N., *Dictionnaire universel d'histoire et géographie*, Paris, 1842.

BRANTÔME, P. de Bourdeille, *Œuvres du seigneur de Brantôme*, La Haye, 1740.

BRAUDEL, F., *Civilisation matérielle, économie et capitalisme (XVe-XVIIIe siècle)*, Paris, 1979.

BRILLAT-SAVARIN, J.-A., *Physiologie du goût*, Paris, 1982.

BROCHET, H., *Le Rang et l'étiquette sous l'Ancien Régime*, Paris, 1934.

BROGLIE, R. de, *Chantilly, histoire du château et de ses collections*, Le Château de Chantilly, Paris, 1975.

BUJ, A., *Le Chocolat, de la boisson à l'aliment en France aux XVIIe et XVIIIe siècles*, D.E.A., Paris-VIII, 1997.

CAMPAN, Mme de, *Mémoires sur la vie privée de Marie-Antoinette, reine de France et de Navarre, suivis de souvenirs et anecdotes historiques sur les règnes de Louis XIV, de Louis XV et de Louis XVI*, Paris, 1822.

CARÊME, A., *L'Art de la cuisine française au XIXe siècle, traité élémentaire et pratique des bouillons en gras et en maigre, des essences, fumets, des potages français et étrangers ; des grosses pièces de poisson, des grandes et petites sauces ; des ragoûts et des garnitures, des grosses pièces de boucherie, de jambon, de volaille et de gibier suivi de dissertations culinaires et gastronomiques utiles au progrès de cet art*, Paris, 1833.

——, « Aphorismes, pensées et maximes », dans *Les Classiques de la table, à l'usage des praticiens et des gens du monde*, Paris, 1843.

CAROLY, M., *Le Corps du Roi-Soleil : grandeur et misère de Sa Majesté Louis XIV*, Paris, 1991.

CHATELAIN, U.-V., *Le Surintendant Nicolas Fouquet, protecteur des lettres, des arts et des sciences*, Paris, 1971.

CHERRIER, H., *Découverte d'un portrait de Vatel*, Paris, 1894.

CHERRUEL, A., *Mémoires sur la vie publique et privée de Fouquet, surintendant des Finances*, Paris, 1862.

CHOISY, abbé de, *Mémoires pour servir à l'histoire de Louis XIV*, Utrecht, 1777.

La Civilité nouvelle, Paris, 1667. Extraits reproduits dans Alfred Franklin, *La Vie privée d'autrefois. Les repas*, Paris, 1889.

Les Classiques de la table, à l'usage des praticiens et des gens du monde, Paris, 1843.

CLÉMENT, P., *Histoire de la vie et de l'administration de Colbert, contrôleur général des Finances, précédée d'une étude sur Nicolas Fouquet*, Paris, 1846.

COLBERT, J.-B., *Lettres. Instructions. Mémoires*, Paris, 1861-1862.

CORDEY, J., *Vaux-le-Vicomte, Notice historique et descriptive sur le château et sur le parc*, Paris, 1923.

—, *Vaux-le-Vicomte*, Préface de Pierre de Nolhac, Paris, 1925.

CORRADO FATA, *Esprit de Saint-Simon*, Paris, 1954.

CORROZET, G., *Les Blasons domestiques contenantz la decoration d'une maison honneste, et du menage estant en icelle*, Paris, 1559.

—, *Les Crys d'aucunes marchàndises que l'on crye dans Paris. Études sur Gilles Corozet et sur deux anciens ouvrages, relatifs à l'histoire de la ville de Paris*, par A. Bonnardot, Parisien, Paris, 1848.

COULANGES, marquis de, *Recueil de chansons choisies*, Paris, 1694.

COURTIN, A. de, *Nouveau Traité de civilité qui se pratique en France parmi les honnestes gens*, Paris, 1671. Extraits reproduits dans Alfred Franklin, *op. cit.*

COURTINE, R., *La Vie parisienne : cafés et restaurants des boulevards (1814-1914)*, Paris, 1984.

COURTINE, R., DESMUR, J., *Anthologie de la littérature gastronomique, les écrivains à table*, Paris, 1970.

—, *Anthologie de la poésie gourmande, les poètes à table*, Paris, 1970.

COYER, abbé, *Bagatelles morales*, Londres, 1754.

CRESPIN, sieur, *L'Œconomie ou le vray advis pour se faire bien servir*, Paris, 1641.

La Cuisine de nos pères, L'art d'accommoder le gibier suivant les principes de Vatel et des grands officiers de bouche. Deux cents recettes à la portée de tout le monde, Paris, 1886.

La Cuisine de nos pères. L'art d'accommoder le poisson suivant les principes de Vatel et des grands officiers de bouche. Trois cents recettes, Paris, 1888.

CUSSY, marquis de, « L'art culinaire », dans *Les Classiques de la table à l'usage des praticiens et des gens du monde*, Paris, 1848.

DANGEAU, marquis de, *Journal de la Cour de Louis XIV depuis 1684 à 1715*, Paris, 1854.

DESJARDINS, A., *Les Sentiments moraux au XVIᵉ siècle*, Paris, 1887.

DES OMBIAUX, M., *L'Art de manger et son histoire*, Paris, 1928.

DESSERT, D., *Fouquet*, Paris, 1987.

—, *Argent, pouvoir et société au Grand Siècle*, Paris, 1984.

Dictionnaire de l'Académie des gastronomes, Paris, 1962.

DOUET D'ARCQ, L., *Les Comptes de l'hôtel des rois de France aux XIVᵉ et XVᵉ siècles*, Paris, 1865.

DUCLOS, C. Pinot, *Considérations sur les mœurs de ce siècle*, Paris, 1768.

DUMAS, A., *Grand Dictionnaire de cuisine*, Paris, 1873.

—, *Le Vicomte de Bragelonne*, Paris, 1961.

DU PIÉMONT, A. (parfois attribué à Girolamo Ruscelli), *Les Secrets du seigneur Alexis le Piémontois*, Paris, 1561.

ÉLIAS, N., *La Civilisation des mœurs*, Paris, 1973.

—, *La Société de Cour*, Paris, 1974.

ÉRASME, *La Civilité puérile*, trad. A. Bonneau, éd. Ph. Ariès, Paris, 1977.

ERLANGER, P., *Louis XI*, Paris, 1965.

ESCOFFIER, A., *Grande Cuisine traditionnelle*, rééd. Paris, 1989.

ESTIENNE, C., LIEBAULT, J., *L'Agriculture et la maison rustique... dans laquelle est contenu tout ce qui peut être requis pour bâtir maison champestre, nourrir et mediciner bestail et volaille de toutes sortes, dresser jardins tant potager que parterres...*, Paris, 1583.

État de la France, 1674, 1692, 1694.

FAVRE, J., *Dictionnaire universel de cuisine pratique*, Paris, 1883-1889.

FÉLIBIEN, A., *Les Plaisirs de l'île enchantée ; course de bague, collation ornée de machines ; comédie meslée de danses et de musique, ballet du palais d'Alcine, feu d'artifice : et autres festes galantes et magnifiques ; faites par le Roy à Versailles, le 17 may 1664 et continuées plusieurs autres jours*, Paris, 1664.

—, *Relation de la feste de Versailles du 18 juillet 1668*, Paris, P. Le Petit, 1664.

FLANDRIN, J.-L., « Le goût et la nécessité : sur l'usage des graisses dans les cuisines d'Europe occidentale, XIVᵉ-XVIIIᵉ siècle », *Annales ESC*, mars-avril 1983, n° 3.

—, « Pour une histoire du goût », *L'Histoire*, n° 85, 1986.

—, « La distinction par le goût », *Histoire de la vie privée*, éd. Ph. Ariès, R. Chartier, Paris, 1986.

—, « Le goût a son histoire », *Autrement*, n° 108, septembre 1989 *(Nourritures, plaisirs et angoisses de la fourchette)*, éd. F. Piault, Paris, 1989.

—, « Le lent cheminement de l'innovation alimentaire », *Autrement*, n° 108, septembre 1989 *(Nourritures, plaisirs et angoisses de la fourchette)*, éd. F. Piault, Paris, 1989.

—, « Les fruits et légumes dans l'alimentation des élites sociales du XIVᵉ au XVIIIᵉ siècle », *Le Grand Livre des fruits*, éd. D. Meiller, P. Vannier, Besançon, 1991.

—, *Chronique de Platine. Pour une gastronomie historique*, Paris, 1992.

—, « Diététique et gastronomie », Recueil des actes du colloque de Bruxelles, 12 octobre 1990, éd. R. Jansen-Fieven Ria, F. Daelemans, Bruxelles, 1993.

—, « Les légumes dans les livres de cuisine française du XIVᵉ au XVIIIᵉ siècle », dans *Le Monde végétal (XIIᵉ-XVIIᵉ), savoirs et usages sociaux*, éd. A. Grieco, O. Redon, L. Tongiorgi Tomasi, Paris, 1993.

FLANDRIN, J.-L., MONTANARI, M. (sous la dir. de), *Histoire de l'alimentation*, Paris, 1996.

FLANDRIN, J.-L., COBBI, J., *Tables d'hier, tables d'ailleurs*, Paris, 1999.

FLEURY, C., Abbé, *Les Devoirs des maîtres et des domestiques*, Paris, 1688.

FORTOUL, H., *Les Fastes de Versailles*, Paris, 1839.

FOUQUET, N., *Les Œuvres de M. Fouquet, ministre d'Estat, contenant son accusation, son procez, ses défenses contre Louis XIV*, Paris, 1696.

FOURNIER-SARLOVÈZE, *Les Châteaux de France. Vaux-le-Vicomte*, Paris, 1898.

FRANCE, A., *Le Château de Vaux-le-Vicomte*, dessiné et gravé par Rodolphe Pfnor, accompagné d'un texte historique et descriptif par Anatole France, Paris, 1888.

—, *Le Château de Vaux-le-Vicomte*, suivi d'une étude historique et artistique par Jean Corday, Paris, 1933.

FRANKLIN, A., *La Vie privée d'autrefois*, Paris, *La cuisine*, 1888 ; *Les repas*, 1889 ; *Variétés gastronomiques*, 1891 ; *L'annonce et les réclames. Les cris de Paris*, 1887, *Variétés parisiennes*, 1901.

—, *La Civilité, l'étiquette, la mode, le bon ton du XIIIᵉ au XIXᵉ siècle*, Paris, 1908.

FURETIÈRE, A., *Le Roman bourgeois*, Paris, 1666.

—, *Dictionnaire universel, contenant tous les mots françois tant vieux que modernes, et les termes de toutes les sciences et les arts...*, La Haye, 1690.

GIRARD, A., « Le triomphe de la cuisine bourgeoise. Livres culinaires, cuisine et société aux XVIIe et XVIIIe siècles », *Revue d'histoire moderne et contemporaine*, 1977.

GIRARD, A., LEBEAU, P., *Saint-Mandé, notre ville*, Saint-Mandé, 1996.

GOUBERT, P., *La Vie quotidienne des paysans français au XVIIe siècle*, Paris, 1982.

—, *L'Avènement du Roi-Soleil, 1661*, 1967.

GOURARIER, Z., « La Mutation des comportements alimentaires », dans *Les Français à table*, Paris, 1985.

GOURVILLE, J. Hérauld de, *Mémoires de Monsieur de Gourville, conseiller d'État*, Amsterdam, publiés par la Société de l'histoire de France par Léon Lecestre, Paris, 1894-1895.

GRÈCE, M. de, *Louis XIV : l'envers du Soleil*, Paris, 1979.

GRIECO, A., *Classes sociales, nourriture et imaginaire alimentaire en Italie (XIVe-XVIe siècle)*, thèse, École des hautes études en sciences sociales, 1987.

GRIMOD DE LA REYNIÈRE, A.B., *Almanach des gourmands*, Paris, 1804-1812.

—, *Manuel des amphitryons*, rééd., Paris, 1983.

GROUCHY, vicomte de, « Comptes de maison du cardinal de Richelieu, des ducs de Nemours et de Candalle, du cardinal Mazarin, du roi Louis XIV, de mesdemoiselles d'Orléans, de la duchesse de Bourgogne et de la reine Marie Leczinska », *Bulletin de la Société de l'histoire de la ville de Paris et de l'Île-de-France* (XIX), 1902.

GRUBER, A., *Orfèvrerie. Catalogue des collections des XVIIIe et XIXe siècles*, Paris, 1987.

GUÉGAN, B., *La Fleur de la cuisine française*, Paris, 1920.

GUIFFREY, J., *Le Mobilier de la couronne sous Louis XIV (1663-1715)*, Paris, 1885.

GUTTON, J.-P., *Domestiques et serviteurs dans la France de l'Ancien Régime*, Paris, Aubier-Montaigne, 1981.

GUYBERT, P., *Les Œuvres du médecin charitable, où sont contenus les traités suivants, le médecin charitable, le prix des médicaments composés, l'apothicaire charitable... Avec un régime de vivre pour la conservation de la santé traduit par le sieur Hardy. La manière de faire les confitures*, Paris, 1634.

HAVARD, H., *Dictionnaire de l'ameublement et de la décoration depuis le XIIIe siècle jusqu'à nos jours*, Paris, 1887-1890.

—, *La Verrerie*, Paris, 1894.

HÉROARD, J., seigneur de Vaugrigneuse, *Journal de Jean Héroard sur l'enfance et la jeunesse de Louis XIII (1601-1628)*, extrait des manuscrits originaux par MM. E. Soulié et D. de Barthélemy, Paris, 1868.

HYMAN, P., HYMAN, M., « Friandises », *Autrement*, n° 140 (*La gourmandise, délices d'un péché*), 1993.

JAL, A., *Dictionnaire critique de biographie et d'histoire, errata et supplément pour tous les dictionnaires d'après des documents authentiques inédits*, Paris, 1872.

JOUANNA, A., *Le Devoir de révolte : la noblesse française et la gestation de l'État moderne*, Paris, 1989.

JOUSSELIN, R., *Au couvert du roi, XVIᵉ-XVIIᵉ siècle*, Paris, 1998.

LA BRUYÈRE, J., *Les Caractères ou les mœurs de ce siècle*, préface de Pierre Sipriot, Paris, 1973.

LACAM, P., *Mémorial historique et géographique de la pâtisserie*, Paris, 1898.

LA CHAPELLE, V., *Le Cuisinier moderne qui apprend à donner toutes sortes de repas en gras et en maigre d'une manière délicate que ce qui en a été écrit jusqu'à présent divisé en quatre volumes, orné de figures en taille douce dédié à son altesse sérénissime Monseigneur le Prince d'Orange de Nassau, par le sieur Vincent La Chapelle, son chef de cuisine et ci-devant de Mgr lord Chesterfield*, La Haye, 1735.

LA FARE, Ch.-A., marquis de, *Mémoires et réflexions sur les principaux événements du règne de Louis XIV, et sur le caractère de ceux qui y ont eu la principale part*, Paris, 1838.

LA FAYETTE, Mme de, *Histoire de Mme Henriette d'Angleterre. Mémoires de Cour pour les années 1688-1689*, Maëstricht.

LA FONTAINE, J., *Œuvres diverses*, édition établie et annotée par Pierre Clarac, Paris, La Pléiade, 1958.

LAIR, J., *Nicolas Fouquet, procureur général, surintendant des Finances, ministre d'État de Louis XIV*, Paris, 1890.

LA MARE, N. de, *Traité de police, où l'on trouvera l'histoire de son établissement, les fonctions et les prérogatives de ses magistrats, toutes les lois et les règlements qui la concernent. On y joint une description historique et topographique de Paris avec un recueil de tous les statuts et règlements des six corps de marchands et de toutes les communautés des arts et métiers*, Paris, 1705-1738.

LA QUINTINIE, J. de, *Instructions pour les jardins fruitiers et les potagers avec un traité des orangers, suivy de quelques réflexions sur l'agriculture par feu Jean de la Quintinye, Paris, 1690.

LA SALLE, J.-B. de, « Les Règles de la bienséance et de la civilité chrétiennes, 1782 », extraits reproduits dans Alfred Franklin, *op. cit.*

LAURIOUX, B., *Le Moyen Âge à table*, Paris, 1989.

LEBAULT, A., *La Table et le repas à travers les siècles*, Paris, s.d.

LECOQ, R., *Les Objets de la vie domestique. Ustensiles en fer de la cuisine et du foyer des origines au XIXᵉ siècle*, Paris, 1979.

LEFÈVRE D'ORMESSON, O., *Journal*, Paris, 1860-1861.

LE GRAND D'AUSSY, P.-J.-B., *Histoire de la vie privée des Français depuis l'origine de la nation à nos jours*, Paris, 1782.

LE MESNAGIER DE PARIS, *Traité de morale et d'économie domestique, composé vers 1393... par un bourgeois parisien, contenant des préceptes moraux, quelques faits historiques, des instructions sur l'art de diriger une maison, des enseignements sur la consommation du roi, des princes, et de la ville de Paris, à la fin du XIVᵉ siècle, des conseils sur le jardinage et sur le choix des chevaux, un traité de cuisine fort étendu...*, Paris, rééd. 1994.

LE MUET, *Manière de bien bastir pour toutes sortes de personnes* (1623), Paris, 1881.

LENOTRE, G., *Le Temps*, 11 janvier 1930.

Le Livre fort excellent de cuisine tres utille et proffitable contenant en soy la maniere dabiller toutes viâdes. Avec la maniere de seuir es bâquetz & festins. Le tout veu & cooige oultre la pmiere impressiô p le grât escuyer de cuisine, Lyon, O. Arnoullet, 1555. S.p. in 8°.

LORET, J., *La Muse historique, ou recueil des lettres en vers contenant les nouvelles du temps écrites à S.A. Mlle de Longueville par le sieur Loret (4 mai 1650-28 mars 1655)*, Paris, 1658.

Louis XIV. Fastes et décors, Musée des arts décoratifs, Paris, 1960.

LOUIS XIV, *Mémoires, suivis de réflexions sur le métier de roi. Instructions au duc d'Anjou. Projet de harangue*. Textes présentés et annotés par Jean Longnon, Paris, 1978.

LURINE, L. (pseud. Louis de Burgos), *La Véritable Mort de Vatel*, 1854.

MACON, G., *Chantilly et le musée Condé*, Paris, 1910.

MAINTENON, Mme de, *Correspondance de Mme de Maintenon*, Paris, 1933-1939.

MALO, H., *Le Grand Condé*, Paris, 1980.

MANDROU, R., *Louis XIV et son temps*, Paris, 1973.

MARENCO, C., *Manières de table, modèle de mœurs (XVIIᵉ-XVIIIᵉ siècle)*, Paris, 1992.

MARIN, F., *Les Dons de Comus où les délices de la table. Ouvrage non seulement très utile aux officiers de bouche, pour ce qui concerne leur art, mais principalement à l'usage des personnes qui sont curieuses de sçavoir donner à manger, et d'être servie délicatement, tant en gras qu'en maigre, suivant les saisons et dans le goût le plus nouveau*, Paris, 1739.

MARION, M., *Dictionnaire des institutions de la France aux XVIᵉ et XVIIIᵉ siècles*, Paris, 1923.

MENEAU, M., *La Cuisine en fêtes*, Paris, 1986.

MENELL, S., *Français et Anglais à table du Moyen Âge à nos jours*, Paris, trad. fr., 1987.

MENON, *Les Soupers de la Cour, ou l'art de travailler toutes sortes d'alimens, pour servir les meilleures tables, selon les quatre saisons*, Paris, 1755.

Le Mercure de la Cour ou histoire comique de ce temps contenant tout ce qui se passe tant à la Cour qu'à Paris, 1652.

Le Mercure galant, 1672-1705.

MEYER, D., *Quand les rois régnaient à Versailles*, Paris, 1982.

MICHELET, J., *Histoire de France*, Paris, 1866.

MIGNOT, Cl., « De la cuisine à la salle à manger, ou de quelques détours de l'art de la distribution », *XVIIᵉ*, n° 162, 1989.

MOINE, M.-C., *Les Fêtes à la Cour du Roi-Soleil (1653-1715)*, Paris, F. Sorlot, F. Lanore, 1984.

MOLIÈRE, *Théâtre complet*, Paris, Bibliothèque Larousse, s.d.

MONGRÉDIEN, G., *La Vie quotidienne sous Louis XIV*, Paris, 1948.

—, *Le Grand Condé*, Paris, 1959.

—, *L'Affaire Fouquet*, Paris, 1973.

MONSELET, C. (pseud. C. Duvergier), *Almanach des gourmands pour 1862*, Paris, 1862.

MONTAGNÉ, P., *De la table à l'alcôve*, Paris, 1928.

—, *Larousse gastronomique*, Paris, 1938.

MONTAIGNE, *Essais*, Paris, La Pléiade, 1962.

MONTPENSIER, Mlle de, *Mémoires*, Paris, 1778.

MORAND, P., *Fouquet ou le soleil offusqué*, Paris, 1961.

MOREL, E., *Recueil de nouveaux vers français... suivi de la mort de Vatel signé Berchoux*, Paris, 1859.

MOTTEVILLE, F. de, *Mémoires pour servir à l'histoire d'Anne d'Autriche*. Notice biographique de Mme Carette, Paris, 1982.

MOURA, J., LOUVET, P., *Vie de Vatel*, Paris, 1929.

NEIRINCK, E., POULAIN, J.-P., *Histoire de la cuisine et des cuisiniers. Techniques culinaires et pratique de table en France, du Moyen Âge à nos jours*, Paris, 1992.

NICOLARDOT, *Histoire de la table, curiosités gastronomiques de tous les temps et de tous les pays*, Paris, 1868.

NOLHAC, P. de, *La Création de Versailles*, Paris, 1901.

NOSTRADAMUS, M. de, *Excellent et moult utile opuscule à touts nécessaire, qui désirent avoir cognoissance de plusieurs exquisses recettes, divisé en deux parties. La première traicte de diverses façons de fardement et senteurs pour illustrer et embellir la face. La seconde nous montre la façon et manière de faire des confitures de plusieurs sortes*, Lyon, 1555.

OBERKIRCH, baronne d', *Mémoires de la baronne d'Oberkirch sur la Cour de Louis XVI et la société française avant 1789*, Paris, 1989.

ORLÉANS, E.-C. d', *Lettres de Mme la duchesse d'Orléans, née Princesse Palatine*, Paris, 1981.

PARDAILHÉ-GALABRUN, A., *La Naissance de l'intime : 3 000 foyers parisiens (XVIIᵉ-XVIIIᵉ siècle)*, Paris, 1988.

PATIN, G., *Lettres choisies de feu monsieur Guy Patin*, Paris, 1683.

PATTE, J.-Y., QUENEAU, J., *L'Art de vivre au temps de Mme de Sévigné*, Paris, 1996.

—, *Mémoire gourmande de Mme de Sévigné*, préface Bernard Loiseau, Paris, 1996.

PELLAPRAT, H.-P., *L'Art culinaire moderne*, Paris, 1952.

PELLISSON-FONTAINIER, P., *Seconde Défense de M. Fouquet*, Paris, s.d.

—, *Le Procès de Fouquet*, 1891.

PÉROUSSE DE MONTCLOS, J.-M., *Vaux-le-Vicomte*, Paris, 1997.

PETITFILS, J.-C., *Fouquet*, Paris, 1998.

PITTE, J.-R., *Gastronomie française. Histoire et géographie d'une passion*, Paris, 1991.

PLANHOL, X. de, *L'Eau de neige. Le tiède et le frais. Histoire et géographie des boissons fraîches*, Paris, 1995.

POILLY, R., *Essai d'histoire locale*, Péronne, 1984.

POMMET, P., *Histoire générale des drogues traitant des plantes et des animaux, et des minéraux ; ouvrage enrichy de plus de quatre cents figures en taille-douce tirées d'après nature ; avec un discours qui explique leurs differens noms, les pays d'où elles viennent, la maniere de connoître les véritables d'avec les falsifiées, et leurs proprietez, où l'on découvre les erreurs des Anciens et des Modernes ; le tout très utile au public ; par le sieur Pierre Pomet, marchand épicier et droguiste*, Paris, 1694.

PONS, J., *Traité des melons ou il est parlé de leur nature, de leur culture, de leurs vertus et de leur usage*, Lyon, 1583.

POUILLY, I. de, *Portrait de Condé*, mémoire de maîtrise, Nanterre, 1985.

POUY, F., *La Mort tragique à Chantilly du célèbre cuisinier Wattel ou Vatel d'après Mme de Sévigné*, Amiens, 1874.

PRADEL, J., *Traité contre le luxe*, Paris, 1705.

La Pratique de faire toutes confitures, condiments, distillations, d'eaux odoriferantes & plusieurs autre receptes tres utiles. Avec la vertu et la proprieté du Vinaigre, approuvé (contre l'opinion de plusieurs) grandement profitable au corps humain, Lyon, 1558.

PRIMI VISCONTI, J.-B., *Mémoires sur la Cour de Louis XIV, 1673-1681*, rééd. Paris, 1988.

PROUST, M., *À la recherche du temps perdu*, Paris, 1954.

RAMBOURG, P., « Le sang dans la sauce : le civet de lièvre », *L'Histoire*, sept. 1999, p. 24, 25.

REVEL J., « Les usages de la civilité ». *Histoire de la vie privée*, éd. Ph. Ariès, R. Chartier, Paris, 1986.

REVEL, J.-F., *La Sensibilité gastronomique de l'Antiquité à nos jours. Un festin en paroles*, Paris, 1982.

ROBERT, U., *Notes historiques sur Saint-Mandé*, Saint-Mandé, 1989.

ROCHE, D., *La Culture des apparences : une histoire du vêtement*, Paris, 1990.

—, *Histoire de choses banales. Naissance de la consommation, XVIIᵉ-XIXᵉ siècle*, Paris, 1977.

—, « Aperçus sur la fortune des princes de Condé à l'aube du XVIIIᵉ siècle », *Revue d'histoire moderne*, t. XIV, 1967.

ROUSSET DE MISSY, *Le Cérémonial diplomatique des Cours de l'Europe*, Amsterdam, 1739.

SABBAN, F., SERVENTI, S., *La Gastronomie au Grand Siècle*, Paris, 1998.

SAINT-MAURICE, T.-François Chabod, marquis de, *Lettres sur la Cour de Louis XIV*, Paris, 1910-1911.

SAINTOT, J.B., *Ordre et règlement qui doit estre tenu et observé en la Maison de Roy, tant pour le fait et despense d'icelle que du devoir que les officiers ont à rendre en l'exercice et fonction de leur charge*, Paris, 1651.

SAINT-SIMON, *Mémoires*, éd. établie par Yves Coirault, Paris, 1983.

SAVOT, L., *L'Architecture françoise des bastiments particuliers*, Paris, 1685.

SCARRON, P., *Œuvres de M. de Scarron*, Paris, 1759.

SCRIBE, E., *Vatel ou le petit-fils d'un grand homme*, comédie-vaudeville en un acte par MM. Scribe et Mazères, Paris, 1825.

SCUDÉRY, Mlle de, *Conversations sur divers sujets*, Paris, 1680.

—, *Clélie, histoire romaine*, Paris, 1656-1661.

SÉGUR, comtesse de, *Mémoire d'un âne*, Paris, 1930.

SERRES, O. de, *Le Théâtre d'agriculture et le mesnage des champs*, Paris, 1600.

SÉVIGNÉ, Mme de, *Lettres*, texte édité et annoté par Roger Duchêne, Paris, 1978.

SOLNON, J.-F., *La Cour de France*, Paris, 1987.

SOMMIER, E., *Vaux-le-Vicomte*, s.l., 1933.

SPANHEIM, E., *Relation de la Cour de France en 1690*, Paris, 1973.

TALLEMANT DES RÉAUX, G., *Historiettes*, édition établie et annotée par Antoine Adam, Paris, La Pléiade, 1960.

Le Thresor de santé ou mesnage de la vie humaine, divisé en dix livres. Lesquels traitent amplement de toutes sortes de viandes et breuvages, ensemble de leur qualité et préparation. Œuvre autant curieuse et recherchée, qu'utile et nécessaire. Faict par un des plus célèbres et fameux médecins de ce siècle, Lyon, 1607.

TISSOT, D.M., *Essai sur les maladies des gens du monde*, Lausanne, 1770.

Les Toques blanches, New York, N.Y. Vatel Club.

VALLOT, A., AQUIN, A. d', FAGON, G., *Journal de la santé du roi Louis XIV de l'année 1647 à l'année 1711, écrit par Vallot, d'Acquin et Fagon, tous trois ses premiers médecins, avec introduction, notes, réflexions critiques et pièces justificatives par J.A. le Roi*, Paris, 1862.

VARRON, *Économie rurale*. Livre premier. Texte établi, traduit et commenté par Jacques Heurgon, Paris, 1978.

VATEL, J., *Mémoires d'un garçon de café*, Paris, 1891.

Vatel, tragédie (si l'on veut) ou drame burlesque en trois actes et en vers par un gastronome en défaut, Poitiers, 1845.

VENETTE, N., *L'Art de tailler les arbres fruitiers, avec un dictionnaire de mots dont se servent les jardiniers en parlant des arbres et un traité à l'usage des fruits des arbres pour se conserver en santé ou se guérir avec une liste de fruits fondans pendant toute l'année*, Paris, 1683.

VERDOT, C., *Historiographie de la table ou abrégé historique, philosophique, anecdotique et littéraire des substances alimentaires et des objets qui leur sont relatifs*, Paris, 1833.

Versailles et les tables royales en Europe, Paris, Musées nationaux, 1994.

VICAIRE, G., *Bibliographie gastronomique*, Paris, 1890.

VIGARELLO, G., *Le Sain et le malsain : santé et mieux-être depuis le Moyen Âge*, Paris, 1993.

VOGÜÉ, P. de, *Vaux-le-Vicomte*, 1984.

VOLTAIRE, *Le Siècle de Louis XIV*, Paris, 1966.

VONLETT, J., *La vraiye mettode de bien trencher les viandes tant à l'italienne qu'à la main et les différentes façons de peler et servir touttes sortes de fruits et le moyen den faire diverses figures*, Lyon, 1647.

WHEATHON, B., *L'Office et la Bouche : histoire des mœurs de la table en France, 1300-1789*, trad. B. Vierne, Paris, 1984.

WILHELM, J., *La Vie quotidienne des Parisiens au temps du Roi-Soleil, 1660-1715*, Paris, 1977.

ZELDIN, T., *Histoire des passions françaises*, Paris, 1978.

Remerciements

À Jean-Louis Flandrin, sans qu'il soit nécessaire d'en dire plus, nous savons l'un comme l'autre ce que je lui dois. À Daniel Dessert pour les nombreuses heures qu'il a accepté de me consacrer et à Katia Béguin qui m'a ouvert des pistes précieuses. À Catherine Bizy pour ses minutieuses recherches et à Nadine Roger pour son aide précieuse pour transcription de l'inventaire de François Vatel. À Madame et Monsieur de Vogüé qui ont eu la gentillesse de me recevoir et de me laisser errer dans leur château de Vaux-le-Vicomte. À François Giustiniani, directeur des archives de la Somme, et à ses collaborateurs pour leur remarquable efficacité et diligence concernant les renseignements sur la famille de Vatel. À Frédéric Vignes, conservateur de la bibliothèque et des archives de Chantilly, à Laure Leveziel, attachée de conservation aux archives de la ville de Saint-Mandé, et au personnel de la mairie de Vineuil-Saint-Firmin. À toute l'équipe du séminaire de Jean-Louis Flandrin à l'École des hautes études en sciences sociales pour ses apports divers, mais aussi (et surtout !) pour les grands moments gastronomiques que nous partageons. À Patrick Rambourg, qui en plus de ses recettes gourmandes, m'a apporté en tant que professionnel un éclairage différent sur la lecture de recettes, et à Agnès Fontaine sans qui Vatel ne serait resté pour certains qu'un cuisinier.

ANNEXES

La famille de François Vatel

Les inventaires débutèrent le 4 mai 1761, en l'absence des héritiers et autres prétendants droits, à la requête de maître Jean Guy procureur à la cour, d'un chargé de pouvoir spécial de son altesse sérénissime M. le Prince et d'Armand Jean de Rianz chevalier marquis de Villeroy, conseiller et procureur du roi. François Blondel et le sieur Bonyer, conseiller de la maison du prince furent établis comme les gardiens des scellés.

Ces inventaires se poursuivirent en présence de membres de la famille du défunt. À partir du 11 mai Claude Wattel marchand de vin à Paris demeurant rue Mazarine paroisse Saint-Sulpice, cousin et présomptif héritier, se présenta au côté de maître Michel Prudhomme, procureur au Châtelet fondé de procuration pour les autres membres de la famille parisienne et leurs descendances : « Martin Vatelle, maître talonnier à Paris demeurant rue Auber paroisse Saint-Eustache, Joseph le Tonnelier maître scellier et loueur de carrosse à Paris et Marie Vatelle sa femme, Marie et Anne Vatelle filles jouissantes de leurs droits demeurant à savoir Marie rue Saint-Honoré paroisse Saint-Roch et Anne sous les piliers des halles paroisse Saint-Eustache, Antoinette veuve de Pierre Vatelle de son vivant maître talonnier demeurant rue de la Poterie mère et tutrice naturelle de Martin Claude Anne enfants mineurs dudit et Marie Vatelle fille majeure jouissante de ses droits demeurant rue de la Poterie tant en son nom que comme le faisant et jouissant fort de Gilles Vatelle son frère et de Catherine et Jeanne Vatelle ses sœurs, et de Jean Christophe Schellé bourgeois de Paris à cause de Michelle Vatel. »

Quelques jours plus tard ces héritiers présomptifs furent rejoints par la branche provinciale, les cousins germains : « Jean

Watel laboureur demeurant au Cramoy en Arrouzaire, Pierre Lebrun marchand de bois demeurant à Bouchaurgne et Thomas Masse laboureur demeurant à la Cense du Castelet paroisse Cartiny-Cours. » Ils logèrent provisoirement à Paris dans un établissement au faubourg Saint-Denis à l'enseigne du « Roy David » paroisse Saint-Laurent. Ces trois hommes représentèrent le reste de la famille restée en Picardie soit un total de onze personnes, toutes héritières en pareil degré. C'est à eux que le sieur Bonyer remettra le 4 juillet les possessions, meubles, lettres, titres, papiers et autres effets – à l'exception des papiers relevant de la gestion – dont il était chargé après le décès selon la sentence confirmée et rendue au Châtelet le 28 mai 1671 : Jean Watel, laboureur, et Antoine Chastelain, maréchal et mari d'Appoline Watel, demeurent au Cramoy en Arrouzaire (de nos jours Carnoy en Arrouaise, Somme, arrondissement de Péronne, canton de Combles). Pierre Lebrun, marchand de bois, et Pierre Lemoyne, marchand de bois, et Marie Watel sa femme résident à Bouchaurgne (Bouchavesne, Somme, arrondissement de Péronne, canton de Péronne), Thomas Masse, laboureur, à la Cense du Castelet paroisse Cartigny-Cours (Cartigny, Somme, arrondissement de Péronne, canton de Péronne), Enforian Watel, laboureur, à la barque les Bapaunie (La Barque les Bapaume, Pas-de-Calais, arrondissement d'Arras, canton de Bapaume, commune de Ligny-Tilloy), Pierre Desvaquiers, laboureur, et sa femme Jeanne Watel à Villers aux flotz (Villers au Flos, Pas-de-Calais, arrondissement d'Arras, canton de Bapaume), Pierre de Gouse, laboureur, et sa femme Eléonor Watel à Ayette (Pas-de-Calais, arrondissement d'Arras, canton de Croisilles), Nicolas Marcotte, laboureur, à Momiace paroisse de Ham (Hem-Monacu, Somme, arrondissement de Péronne, canton de Combles), Noëlle Marest veuve d'Antoine Masse, laboureur, à Omicourt (Omiecourt, Somme, arrondissement de Péronne, canton de Chaulnes), Jean Lardé, laboureur, et sa femme Jeanne Marcot à Lendicour (probablement Heudicourt, Somme, arrondissement de Péronne, canton de Roisel).

Index des recettes dans les divers chapitres

Index des recettes de Patrick Rambourg

Glossaire

Abaisse : pâte qui fait le dessous et le dessus d'une pièce de four, d'une pâtisserie.

Aloyau : « Pièce de bœuf qu'on coupe le long des vertèbres au haut bout du dos de cet animal. On dit un aloyau de la première, de la seconde, de la troisième pièce. Quand il n'y a de la chair que d'un côté on l'appelle une charbonnée. L'aloyau se mange ordinairement ou rôti, ou mariné, ou mis en ragoût. » (*Dictionnaire de Trévoux.*)

Angélique : plante ombellifère aromatique dont la tige et les pétioles sont utilisés en confiserie. « Sorte de racine fort chaude. » (*Dictionnaire de l'Académie française.*)

Archal : fil de laiton passé par la filière. Se dit aussi du fil de fer dont on fait des treillis.

Aveline : grosse noisette. Ce fruit faisait partie des quatre mendiants, assortiment de fruits secs (figues, amandes, noisettes, raisins) servi pendant le Carême. Mises en dragées, les avelines se servaient à la fin du repas pour faciliter la digestion et « donner bonne bouche ».

Béatilles : « Petites viandes délicates dont on compose des pâtés, des tourtes, des potages, des ragoûts, comme ris de veau, palais de bœuf, crêtes de coq, truffes, artichauts, pistaches, etc. » (*Furetière.*)

Bigarade : orange amère. Ce mot désigne aussi une variété de poire.

Biscuit : « Pain fort desséché par une double cuisson, d'où il est appelé biscuit, pour le garder fort longtemps, et particulièrement sur la mer... Est aussi une pâtisserie friande faite avec de la plus fine farine, des œufs et du sucre; on y met aussi de l'anis et de l'écorce de citron... On les fait cuire au four dans des moules de fer blanc ou de papier. Il y a aussi des biscuits de Carême faits sans œufs avec de la pâte d'amandes; des biscuits de conserve de roses, de citron, de grenade, etc. » (*Dictionnaire de Trévoux*.)

Blanc manger : préparation à base d'amandes et de gelée obtenue à partir du suc de viande qui « est un mets délicat fait en forme de gelée ». (*Dictionaire de Trévoux*.)

Blanchir : mettre de la viande, des légumes ou des fruits à l'eau bouillante pour leur faire subir quelques bouillons, puis les passer à l'eau fraîche.

Braisière : vaisseau de cuivre étamé, de figure allongée et arrondie à ses extrémités, muni de deux anses et d'un couvercle à rebord dans lequel on posait des braises. Elle est utilisée pour les cuissons qui requièrent un long mitonnage sans évaporation.

Cadenas : espèce de coffret d'or ou de vermeil doré où l'on met le couteau, la cuiller, la fourchette, le pain et qu'on sert à la table du roi, des princes, des ducs et des pairs.

Candi : fruit confit, sur lequel on a fait candir (cristalliser) du sucre, après l'avoir fait cuire dans le sirop.

Cannelon : moule de fer blanc qui a la figure cannelée et dans lequel on met des fromages glacés, des neiges, des glaces qui se servent au dessert.

Capitolade : sauce que l'on fait avec les restes de volailles ou pièces de rôt dépecées.

Carbonnade : « Ragoût que font des goinfres, en faisant rôtir eux-mêmes quelque chose sur les charbons. Ils ont fait une carbonnade de plusieurs pigeons, de côtelettes, de morceaux de porc frais, etc. » (*Dictionnaire de Trévoux*.)

Casses-museaux : Sorte de petite pâtisserie. Pâtisserie sucrée en feuilletage tendre et creux. Il s'agit aussi d'un « coup de poing dans le nez, sur le visage ». (*Richelet*.)

Charnage : temps de l'année où l'on mange de la viande et des œufs.

Cimier : pièce de bœuf ou de cerf, charnue, prise sur le quartier de derrière.

Clayon : meuble d'office en osier avec ou sans rebord et anses, utilisé à l'office pour faire sécher les fruits à l'étuve. Les confiseurs appellent aussi de ce nom un rond de fils d'archal en treillis, assez serré, sur lequel ils posent particulièrement les préparations « au sec » pour les glacer au sucre. En pâtisserie, cette petite claie, plus serrée, est utilisée pour le transport des préparations.

Cloche : ustensile de cuisine, de fer, de cuivre, ou de terre cuite, en forme de cloche pour faire cuire des fruits que l'on sert en compote. Elle est pour les fruits ce que la braisière est pour les viandes.

Cochenille : colorant rouge. « Graine d'un arbre qui ressemble à un chêne vert, et dont on se sert pour faire l'écarlate. On appelle aussi cochenille un ver qui se fourre dans cette graine, et qui sert au même usage. » (*Dictionnaire de l'Académie française.*)

Collier : porte-assiette, cercle de métal ou de céramique qui sert à élever un plat ou une assiette volante.

Corme ou sorbe : fruit à pépin, très acide, « de la grosseur et de la forme d'une petite poire qui a un goût fort âpre, et qui étant ramolli par le temps est bon à manger. La corme resserre. » (*Dictionnaire de l'Académie française.*)

Cotignac : gelée de jus de coing additionnée de vin blanc et de sucre. Consommé à la fin des repas, le cotignac – le plus célèbre étant celui d'Orléans – était estimé fort profitable pour libérer « le cours du ventre ».

Craquelin : sorte de gâteau fait avec de la farine, de l'eau et du sel, parfois des œufs et du beurre qui « craque sous les dents, lorsqu'on le mange ». (*Dictionnaire de l'Académie française.*)

Croquet : « Espèce de pain d'épice qui est fort mince, fort sec, et fort dur, qui par conséquent croque sous la dent. En France on

mange ordinairement des croquets en buvant de la bière. »
(*Dictonnaire de Trévoux*.)

Dariole : petite pièce de pâtisserie faite de crème, enfermée dans
un petit rond de pâte.

Daube : « Cuisson d'une viande qu'on fait bouillir dans une
marmite ou un chaudron avec du vin, du lard et des épices. »
(*Dictionnaire de Trévoux*.)

Eau de senteur : eau parfumée. Les plus utilisées étaient l'eau de
rose et l'eau de fleurs d'oranger.

Échaudé : Gâteau fait en forme de triangle ou de cœur avec de la
pâte échaudée (cuite à l'eau bouillante), de l'eau, du sel et
quelquefois avec du beurre et des œufs : « On mange le Jeudi
Saint des échaudes bénits. » (*Dictionnaire de Trévoux*.)

Éclanche : gigot de mouton.

Empoisser : enduire de poix, matière visqueuse à base de résine.

Fricandeau : « Tranche de veau fort mince et bien battue, assaisonnée avec plusieurs herbes, cuite avec graisse de bœuf ou
mouton dans une terrine ou tourtière, et qui est liée avec des
œufs crus, et que l'on sert aux entrées de table. » (*Furetière*.)

Gâche : « Spatule avec quoi les pâtissiers manient leurs farces. »
(*Richelet*.)

Galanga : plante des Indes orientales. On utilise sa racine à odeur
aromatique et qui pique extrêmement la langue. Elle a des
vertus stomachiques et excitantes.

Galimafrée : espèce de fricassée composée de plusieurs restes de
viande. « Il n'était autrefois en usage que parmi les goinfres.
Mais présentement il est devenu fort commun parmi les
honnêtes gens : surtout quand ce mot se prend pour un hachis
de haut goût, comme on le prend d'ordinaire aujourd'hui. »
(*Dictionnaire de Trévoux*.)

Godiveau : farce composée de hachis de veau ou de lard et de
graisse ou « espèce de pâté qui se fait de veau haché, et d'andouillettes avec plusieurs ingrédients, et ragoûts comme
asperges, culs d'artichauts, palais de bœuf, jaunes d'œufs,

champignons, etc. Les pâtes de godiveau sont des déjeuners d'écoliers. » (*Dictionnaire de Trévoux.*)

Graine de Paradis ou *maniguette* : épice d'Afrique au goût de poivre.

Haricot : ragoût ou « hachis fait en gros morceaux, de mouton ou de veau bouilli avec des marrons, des navets, etc. L'Avare de Molière demande un haricot bien gras pour faire un repas bon marché ». (*Dictionnaire de Trévoux.*)

Hatelets : petites broches de bois où l'on enfile des garnitures ou des petites pièces pour décorer les entremets ou les plats de rôts.

Herbes : ce terme concernait toutes les plantes vivant à la surface de la terre comme les salades, les épinards, les choux, les herbes aromatiques.

Hypocras : boisson à base de vin mélangé avec des épices, musc, ambre, miel

Massepain : « Pâtisserie ou confiture fait d'amandes pilées avec du sucre. » (*Furetière.*)

Nef : vase en forme de navire, ordinairement de vermeil doré, où l'on met les serviettes qui doivent servir à table au roi, à la reine, aux enfants de France. Avant 1664, celle-ci prenait place sur la table royale, puis, « voulant faire manger avec lui sa famille royale devenue plus nombreuse, la table se trouvant embarrassée de la nef, il [Louis XIV] ordonna qu'elle fût portée et mise dans la salle des gardes sur une table qui serait une espèce d'entrepôt de sa table » ; la nef ne revient alors sur la table du roi que dans les grandes occasions.

Nulle : « Sorte de mets composé de jaune d'œufs et de sucre. » (*Richelet.*)

Oublie : « Pâtisserie ronde, déliée et cuite entre deux fers. À Paris, les oublies sont insipides. À Lyon, on les fait comme des cornets de métier. C'est le profit des garçons pâtissiers de crier le soir en hiver des oublies. Ils appellent une main d'oublies les sept ou huit qu'ils jettent sur la table. On appelle quelquefois le pain à chanter une oublie. » (*Dictionnaire de Trévoux.*)

Panade : espèce de soupe ou de potage faite de pain cuit et mitonnée dans le jus de viande « qu'on donne aux malades qui ne peuvent encore digérer la viande et aux personnes délicates qui en prennent le matin en guise de bouillon pour s'engraisser ». (*Dictionnaire de Trévoux.*)

Panais : « Racine bonne à manger, et qui a un goût doucereux. » (*Dictionnaire de l'Académie française.*)

Pimprenelle : plante herbacée à fleur généralement rouge dont les jeunes feuilles sont utilisées en cuisine comme assaisonnement stomachique, un peu échauffant et sain et qui relèvent le goût des substances un peu insipides.

Populo : boisson parfumée faite d'eau de vie, de sucre, de fleurs, etc. : « Le populo est moins fort que le rossolis. » (*Dictionnaire de l'Académie française.*)

Poupelain ou *poupelin* : « Pièce de four, pâtisserie de traiteur faite avec du beurre, du lait, des œufs frais, pétris avec de la fleur de farine ; on y mêle du sucre et de l'écorce de citron. » (*Dictionnaire de Trévoux.*)

Pourpier : herbe potagère à petites feuilles charnues, à fleurs multicolores.

Racines : se dit des plantes dont la racine ou la partie cachée sous la terre est bonne à manger comme les carottes, les panais, les betteraves, les navets.

Rafraîchissoir : « Vase où l'on fait rafraîchir des liqueurs. Au lieu de la glace que l'on ne trouve pas toujours et dont l'usage ne convient pas à toutes sortes d'estomacs, on peut employer des sels qui jetés dans un rafraîchissoir mettent l'eau au degré du froid de la glace. On peut tirer ce service du sel marin, et encore mieux de l'ammoniac. » (*Dictionnaire de Trévoux.*)

Raiponce : plante potagère cultivée pour ses racines et ses feuilles que l'on utilise surtout dans les salades.

Rossolis : sorte de liqueur composée d'eau de vie, de sucre et de quelques parfums.

Sucre musqué : sucre mêlé de musc

Surtout ou « *milieu de table* » : « Pièce de vaisselle d'argent ou de cuivre doré que l'on place au milieu d'une grande table, et sur laquelle il y a un sucrier, un poivrier, un vinaigrier, des salières. » (*Richelet.*) Le surtout est en général orné de fleurs ou d'agrumes.

Tailladin : écorces de fruits confits au sucre, de la taille d'un doigt

Talmouse ou *talemouse* : « Pièce de pâtisserie faite avec du fromage, des œufs et du beurre. » (*Richelet.*)

Tourte : pâtisserie salée ou sucrée de pâte avec couvercle, qui se sert pour entrée, entremets et au dessert.

Tourtière : récipient ou « vaisseau de cuivre rond et plat, qui sert aux pâtissiers à faire cuire leurs tourtes ». (*Dictionnaire de Trévoux.*)

Trumeau : jarret de bœuf.

Verjus : suc acide extrait de certaines espèces de raisin ou de raisin cueilli encore vert.

Vin clairet : vin rouge ou rosé clair.

Vinaigrette : « Préparation de quelque viande avec du vinaigre, de l'huile, du sel, du poivre, du persil, de la ciboule, dont on fait une sauce froide. Ce bœuf froid sera bon à la vinaigrette. Les écoliers disent en se défiant "Faisons quatre coup de poing à la vinaigrette." » (*Dictionnaire de Trévoux.*)

Les cuissons du sucre
d'après *Le Confiturier françois*

La première est *à lissé*, elle se remarque lorsque le syrop commence à s'épaissir, qu'en le prenant avec le doigt, et le mettant sur le poulce, il ne coule plus et demeure rond comme un pois.

– *cuit à perle* : seconde cuisson est lors qu'en prenant avec un doigt, et le mettant sur le poulce, et en ouvrant les doigts il en sort un petit filet ; et lors qu'il en sort un gros de la longueur de la main, cela s'appelle *à perle grosse*.

– *cuit à la plume* : cette cuisson a plusieurs noms differents, les uns disent à *soufle*, les autres *à l'espatule*, d'autres *à rosard* [rosat], d'autres *à la plume*. Elle se remarque en mettant une espatule [spatule] dedans, et en secouant le sucre en l'air, il s'envole comme des plumes seiches sans glue, ou bien trempez une écumoire dans le sucre, souflez au travers jusqu'à ce que le sucre s'envole par feuilles.

– *cuit à brusle* : cette cuisson se remarque lors que l'on trempe son doigt dans l'eau fraische, puis dans le sucre, et qu'en le remettant dans l'eau fraische, le sucre se casse net comme un verre sans glue, on peut faire la mesme remarque avec un petit baston. Cette cuisson est celle du caramel et du sucre tors ou penide, c'est la dernière cuissé du sucre.

Tableau des poids et mesures

Chopine :	0,5 litre
Demi-septier :	0,25 litre
Once :	31,25 grammes
Pinte :	0,9 litre
Pouce :	2,7 centimètres
Septier :	une demi-pinte

TABLE DES MATIÈRES

Première partie
François Vatel, un homme mystérieux

Deuxième partie
Les arts de la table

Troisième partie
Le plaisir partagé

Achevé d'imprimer en septembre 2005
par la Sté TIRAGE sur presse numérique
www.cogetefi.com

pour le compte des Éditions Fayard

35-14-0713-05/4
N° d'édition : 64275 - N° d'impression : 05080025
Dépôt légal : septembre 2005
ISBN : 2-213-60513-0
Imprimé en France